抗日战争档案汇编

满铁与七七事变档案汇编

3

辽宁省档案馆 编

中華書局

本册目录

七、天津事务所

十、总裁室人事课

十一、总裁室东亚课

七、天津事务所

天津事务所长关于石桥参事就任天津陆军机关员并兼任治安维持会顾问事致总裁室东亚课长的电文（一九三七年八月十五日）

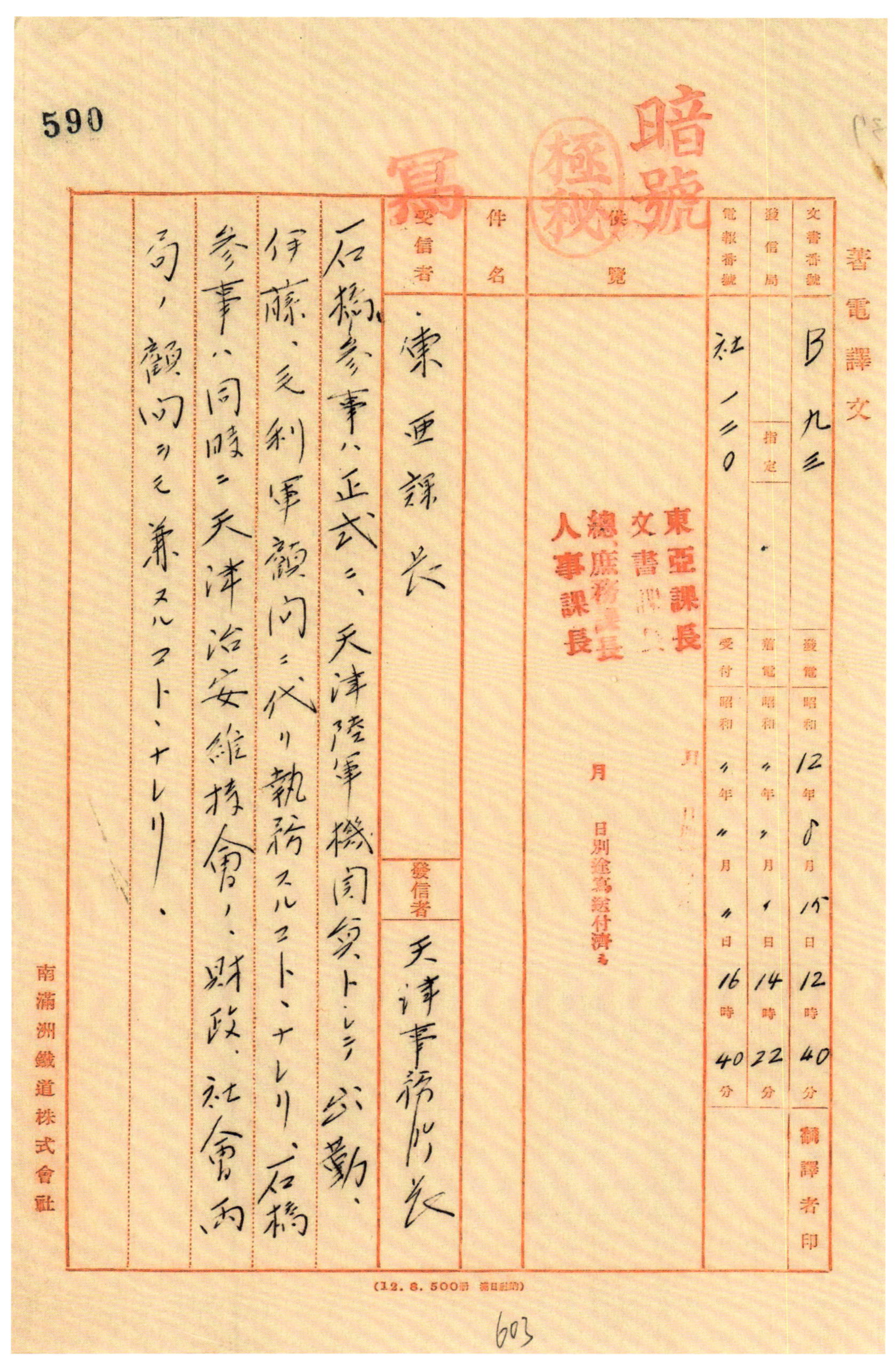

590

暗號　極秘　寫

著電譯文

文書番號：B九三
發信局：
電報番號：社一二〇
指定：

發電：昭和12年8月15日12時40分
着電：昭和〃年〃月〃日14時22分
受付：昭和〃年〃月〃日16時40分

供覽：東亜課長　文書課長　總、庶務課長　人事課長

月　日別途寫送付濟

受信者：東亜課長

發信者：天津事務所長

石橋參事ハ正式ニ天津陸軍機関員トシテ公勤、伊藤、毛利軍顧問ニ代リ執務スルコトヽナレリ、石橋參事ハ同時ニ天津治安維持會ノ財政、社會両局ノ顧問ヲモ兼ヌルコトヽナレリ、

南滿洲鐵道株式會社

（12.8.500冊　滿日印刷）

603

天津事务所长关于报告外派人员的情况事致总裁室东亚课长的电文（一九三七年八月十五日）

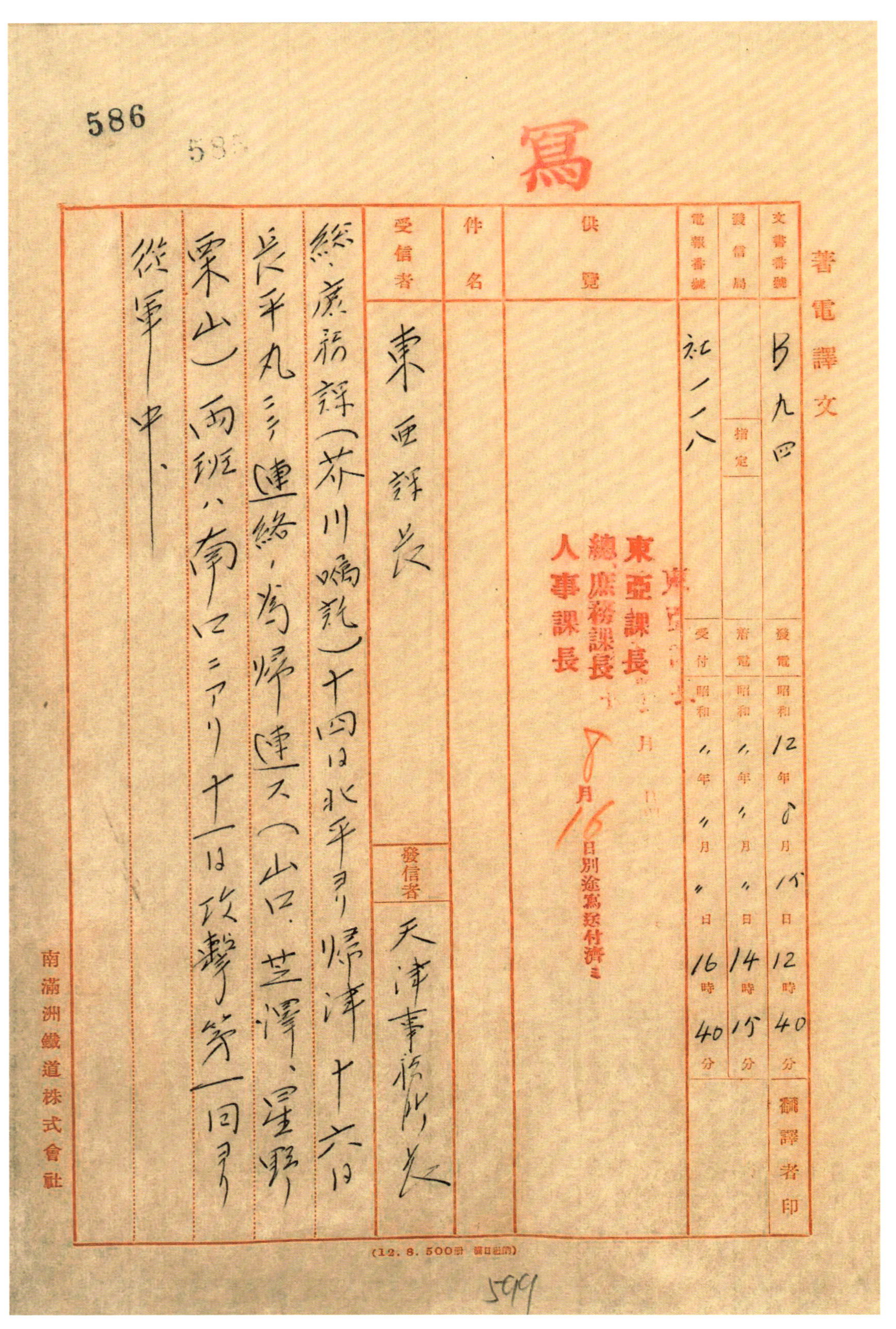

586

585

寫

著電譯文

文書番號	發信局	電報番號
B九四		社一一八

指定

發電	着電	受付
昭和12年8月15日12時40分	昭和〃年〃月〃日14時15分	昭和〃年〃月〃日16時40分

飜譯者印

東亞課長
總、庶務課長
人事課長

8月16日別途寫送付濟ミ

受信者：東亞課長

件名：

供覽：

發信者：天津事務所長

總庶務課（芥川嶋就）十四日北平ヨリ帰津十六日長平丸ニテ連絡ノ為帰連ス（山口、芝澤、星野、栗山）両班ハ南口ニアリ十一日攻撃第一日ヨリ從軍中、

南滿洲鐵道株式會社

（12. 8. 500冊）

599

天津事务所关于民团粮食本日装车发往北平事致总裁室东亚课长的电文（一九三七年八月十五日）

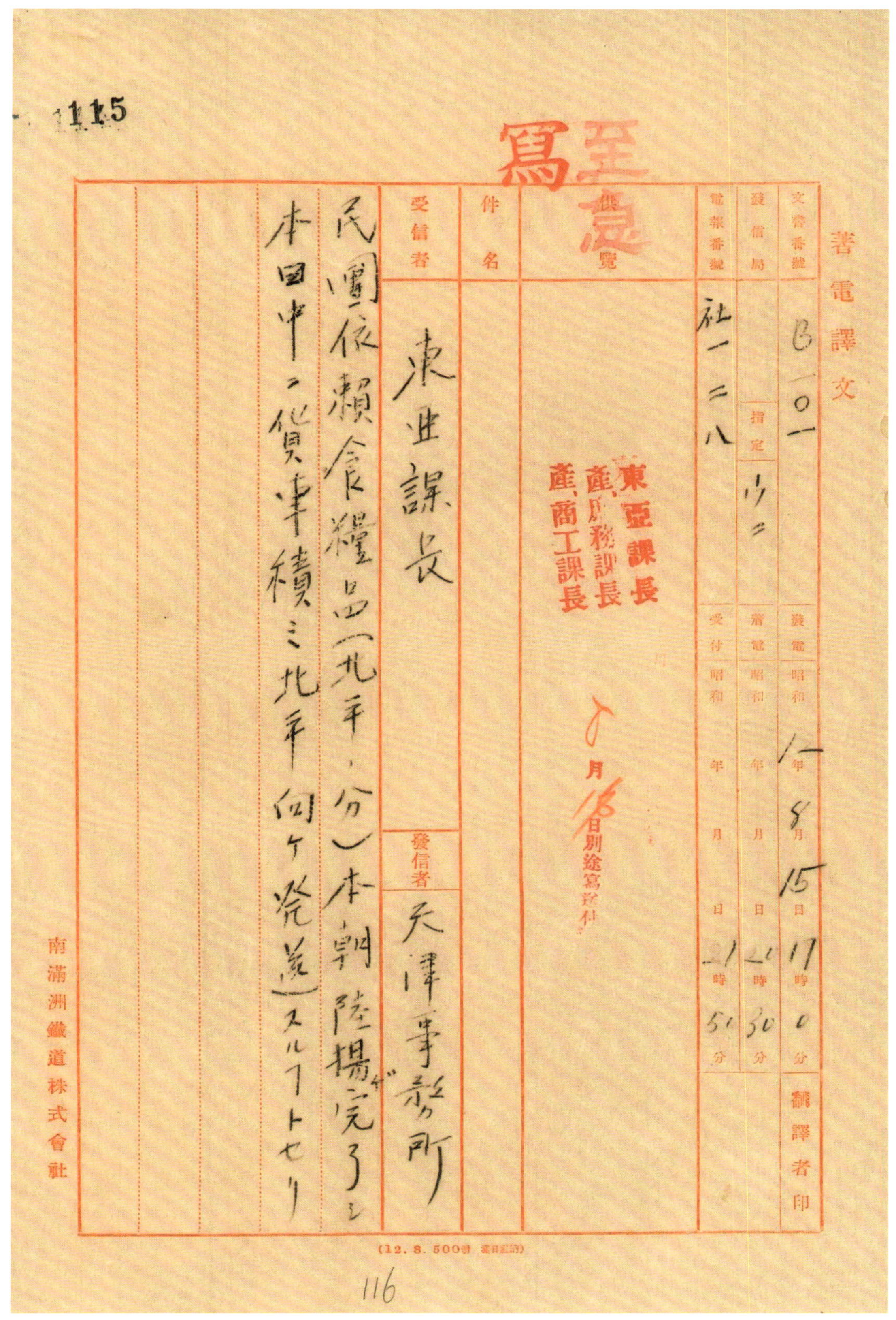

115

至急

寫

著電譯文

文書番號 B一〇一

發信局

電報番號 社一二八

指定 ゛゛

件名

受信者 東亜課長

供覧 東亜課長 産業部長 産業商工課長

發電 昭和12年8月15日17時0分

着電 昭和　年　月　日20時30分

受付 昭和　年　月　日21時51分

飜譯者印

8月15日別途寫送付

發信者 天津事務所

民團依頼食糧品（九車分）本朝陸揚完了シ本日中ニ貨車積ミ北平向ケ発送スルコトトセリ

南滿洲鐵道株式會社

(12. 8. 500冊 …)

116

天津事务所长关于阪谷理事等决定与中国金融机构人员会面事致总裁室东亚课长的电文

（一九三七年八月十五日）

暗號　極秘

東亞課 12.8.16 585

著電譯文

文書番號	發信局	電報番號	供覽	件名	受信者
B一〇四		社一三三	文書課長　東亞課長　產庶務課長		東亜課長

發電 昭和　年　月15日20時45分

着電 昭和12年8月16日0時19分

受付 昭和　年　月　日2時15分

指定

月　日別途寫送付濟

飜譯者印

發信者　天津事務所長

本日阪谷理事、十河興中社長ハ軍司令官、参謀長、大木戸参謀等ト協議ノ結果タイ支那側金融機関ト会見スルコトトナセリ

南滿洲鐵道株式會社

(12. 8. 500册 滿日印刷)

548

天津事务所救护班关于营口医院派遣护士业已到任事致总裁室东亚课长、地方部卫生课长、营口医院长的电文（一九三七年八月十五日）

121

写

着电译文

文书番号	发信局	电报番号
B一〇六		一三六

指定：ヨイ

发电	着电	受付
昭和 年 月15日22时15分	昭和12年8月16日0时24分	昭和 年 月 日2时15分

供览：东亚课长　人事课长

受信者：东亚课长、地、卫生课长　营口医院长

发信者：天津事务所救护班

营口医院ヨリノ派遣看护妇宇田ハ本日无事着、

8月16日别途写送付済

南满洲铁道株式会社

（12.8.500册）

122

天津事务所长关于确认通州殉职社员情况应通知陆军省事致总裁室东亚课长的电文（一九三七年八月十五日）

116

寫

東亜課 12.8.15 受付

著電譯文

文書番號	發信局	電報番號	供覧	件名	受信者
B一〇二		一二九	東亜課長 庶社課長 人事課長 文書課長		東亜課長

發電	着電	受付
昭和　年　月　日 17時　分	昭和12年8月15日20時23分	昭和　年　月　日23時20分

發信者：天津事務所長

8月　日別途寫送付済ミ

通州殉職社員所葬日取リヲ東京支社ヲ通ジ陸軍省及参謀本部ノ所管箇所ニ通知アリ度、（天津軍参謀部ヨリノ傳言（デンゲン、ゲン）（軍ヘハ）副官ニハ通知済ミ）弔電又ハ弔辞ヲ発セラルル筈、尚高橋余慶、岩崎元次、尾山萬代、小川信行、

南滿洲鐵道株式會社

(12.8.500部 …)

117

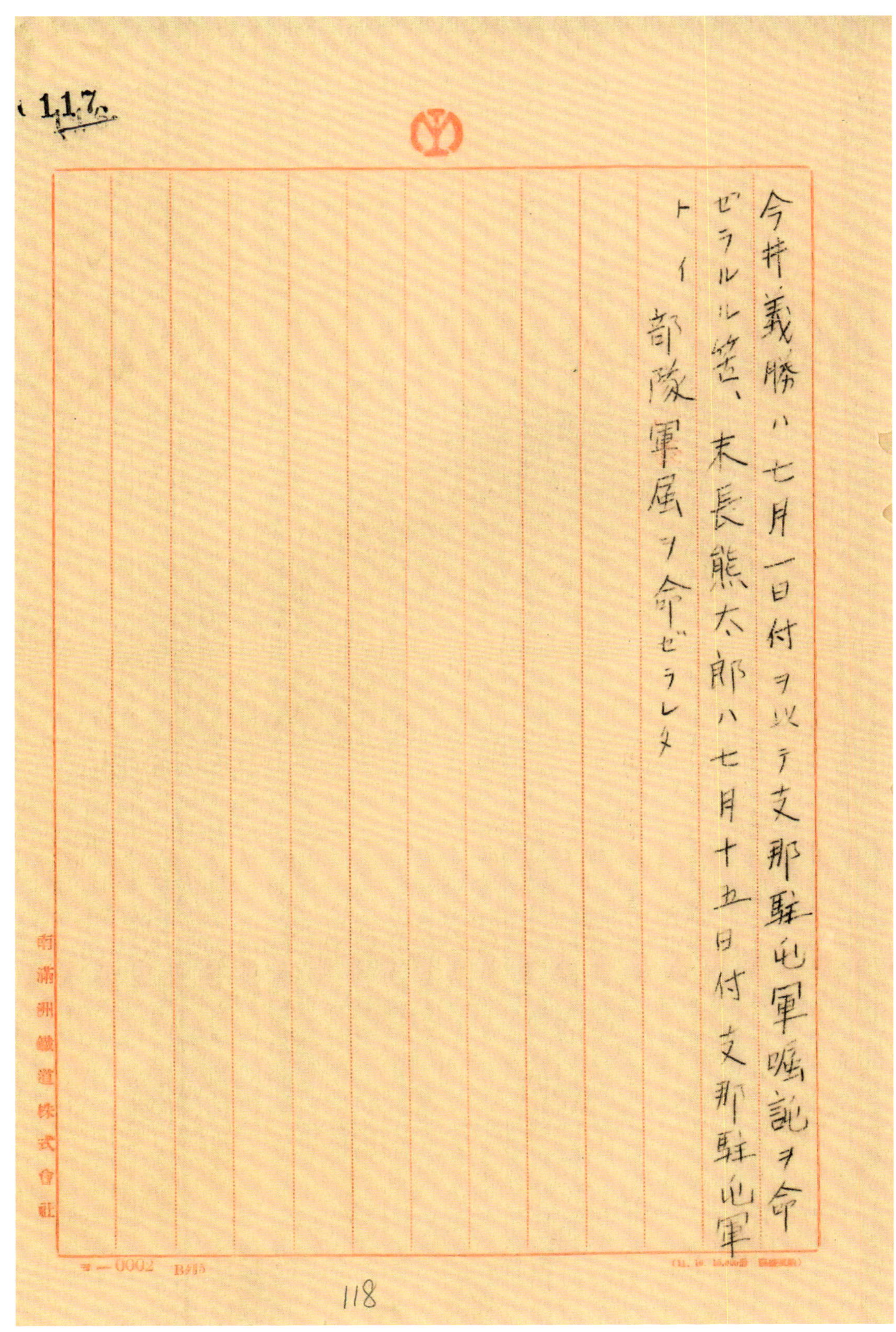

117

今井義勝ハ七月一日付ヲ以テ支那駐屯軍嘱託ヲ命ゼラルル筈、末長熊太郎ハ七月十五日付支那駐屯軍トイ部隊軍属ヲ命ゼラレタ

南滿洲鐵道株式會社

ヲ—0002 B列5

118

天津事务所长关于请转告总裁及产业部次长奥村池田中佐明日乘船去连事致总裁室东亚课长的电文

（一九三七年八月十五日）

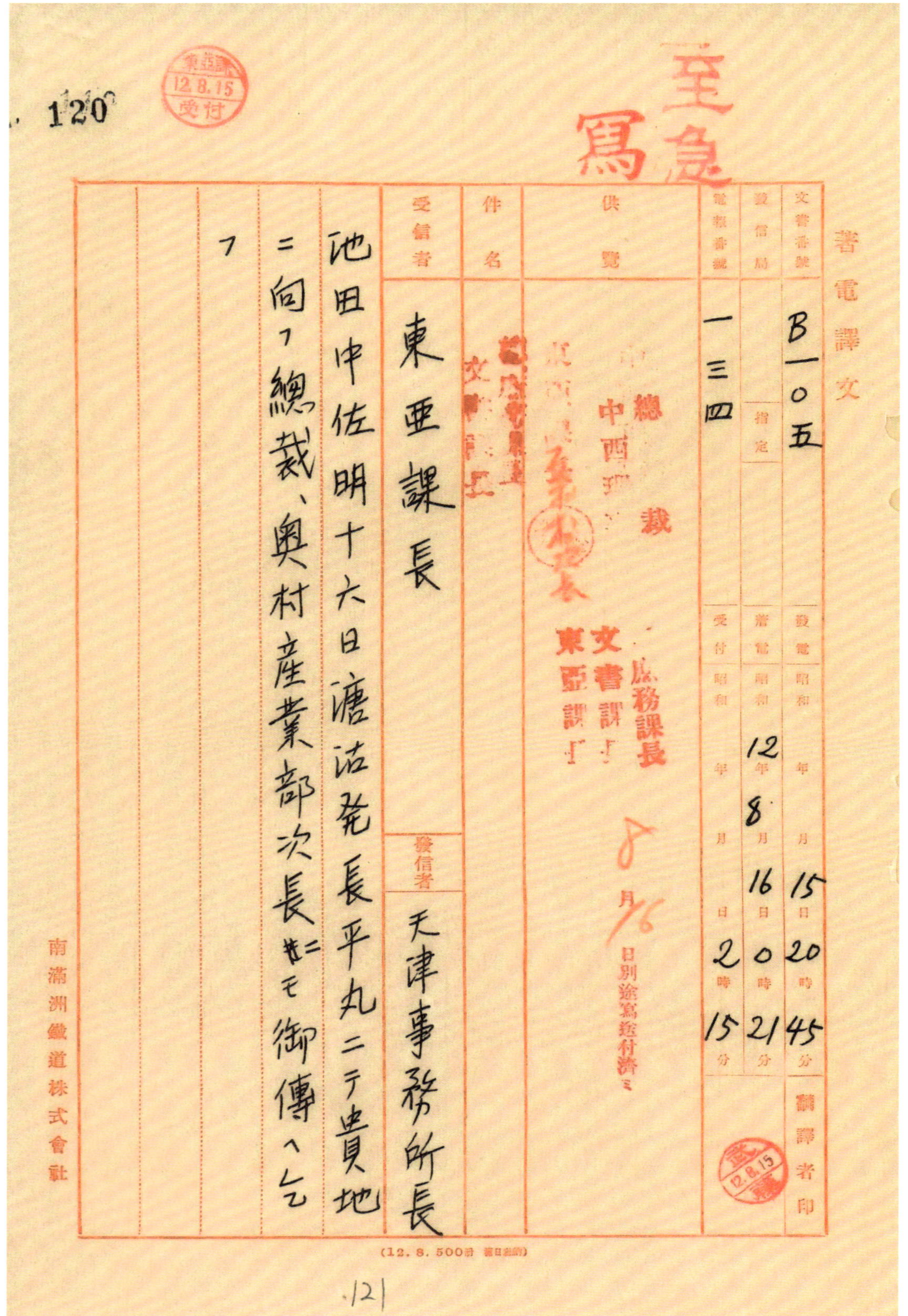
120

至急

寫

著電譯文

文書番號 B一〇五

電報番號 一三四

發電 昭和12年8月15日20時45分

着電 昭和12年8月16日0時21分

受付 昭和年8月16日20時15分

供覽 總裁 中西 庶務課長 文書課 東亜課

受信者 東亜課長

發信者 天津事務所長

池田中佐明十六日塘沽発長平丸ニテ貴地ニ向フ總裁、奥村産業部次長ニモ御傳ヘ乞フ

8月16日別途寫送付濟ミ

南滿洲鐵道株式會社

(12. 8. 500冊)

.121

天津事务所长关于阪谷理事与十河兴中社长一同拜访参谋长就华北金融问题提出对策事致总裁室东亚课长的电文
（一九三七年八月十五日）

110

暗號　極秘　寫

著電譯文

文書番號　B九二
發信局
電報番號　社一一九
指定

受信者　東亜課長
件名
供覽

（本日阪谷理事ハ（十河興中社長ト同道参謀長ヲ訪問　北支金融對策ニ就テ進言スル筈ナリ）

發信者　天津事務所長

文書課長　東亜課長

8月15日別途寫送付濟

發電　昭和12年8月15日12時40分
着電　昭和〃年〃月〃日14時〃分
受付　昭和〃年〃月〃日16時40分

飜譯者印

南滿洲鐵道株式會社

（12.8.500冊　福日印刷）

111

天津事务所长关于向中国驻军派遣社员事致中国驻军司令部参谋长函（一九三七年八月十六日）

384

天事變三七第二九五號
昭和十二年八月十六日
總東庶37第2號ノ206

南滿洲鐵道株式會社
天津事務所長　伊藤武雄

支那駐屯軍司令部
參謀長　橋本　群　閣下

支那駐屯軍ニ社員派遣ノ件

貴軍宣傳班ニ派遣中ノ弊社員南一枝、有馬春子歸連ノ爲左記ノ者ト交代セシメラレ度履歷書相添及御願候
尚併セテ前記兩名ノ解囑手續相煩度

記

宣傳班浄書事務ノ爲派遣（八月十七日）
堤　ハツネ
細川　セツ

ヨ－0101　B列5　南滿洲鐵道株式會社　（10.6.1.000冊 共和調納）

392

天津事务所长关于两名打字员将乘火车归任事致总裁室东亚课长、文书课长的电文（一九三七年八月十六日）

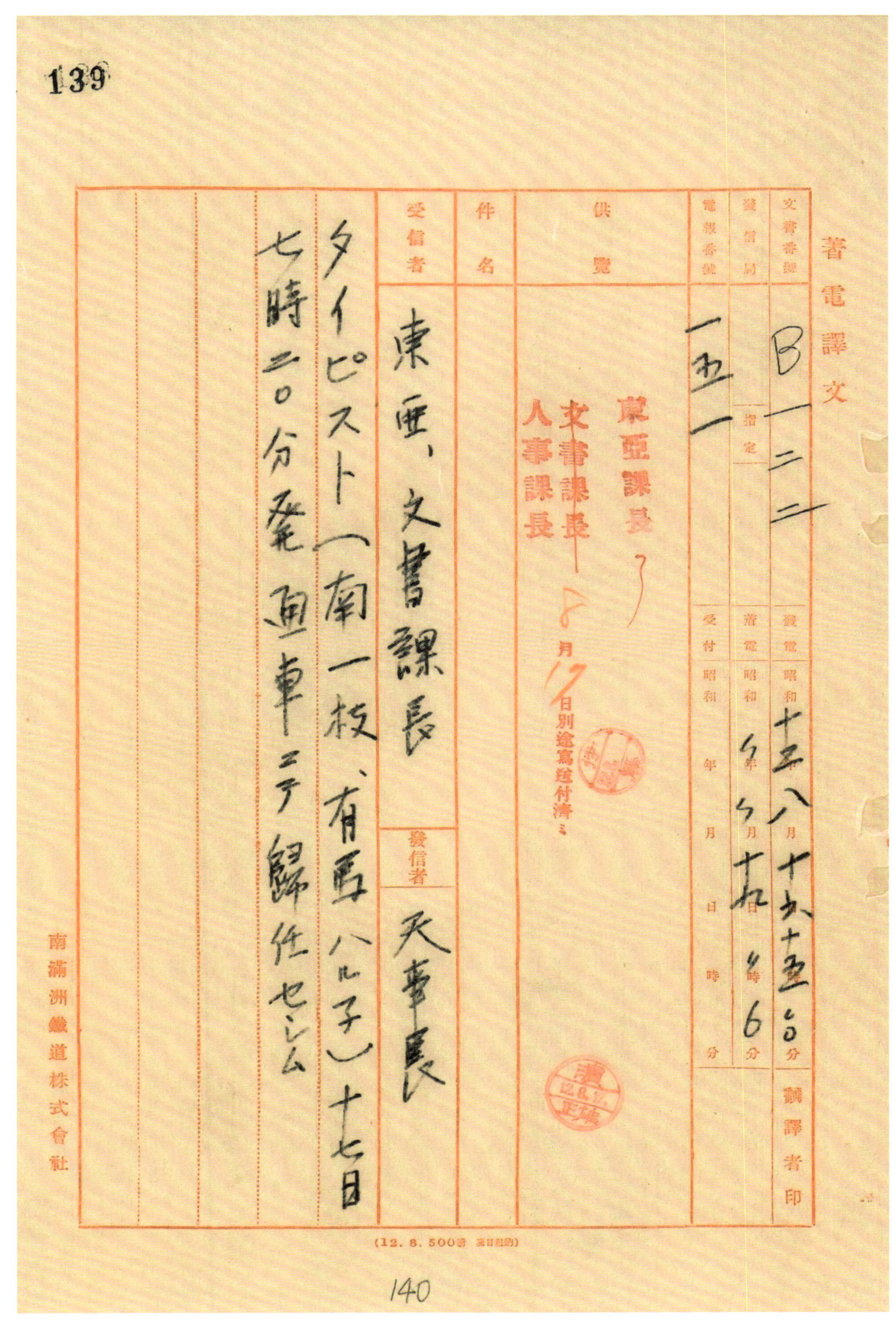
139

著電譯文

文書番號　B一二二
發信局
電報番號　一五一
指定

發電　昭和十二年八月十六日十五時20分
着電　昭和12年8月16日8時6分
受付　昭和　年　月　日　時　分

供覽
東亞課長
文書課長
人事課長

8月17日別途寫送付濟ミ

件名

受信者　東亞、文書課長

發信者　天事長

タイピスト（南一枚、有馬ハル子）十七日七時二〇分発通車ニテ歸任セシム

(12. 8. 500冊)

南滿洲鐵道株式會社

140

天津事务所庶务课长关于请继续派遣打字员事致总裁室东亚课长、文书课长的电文（一九三七年八月十六日）

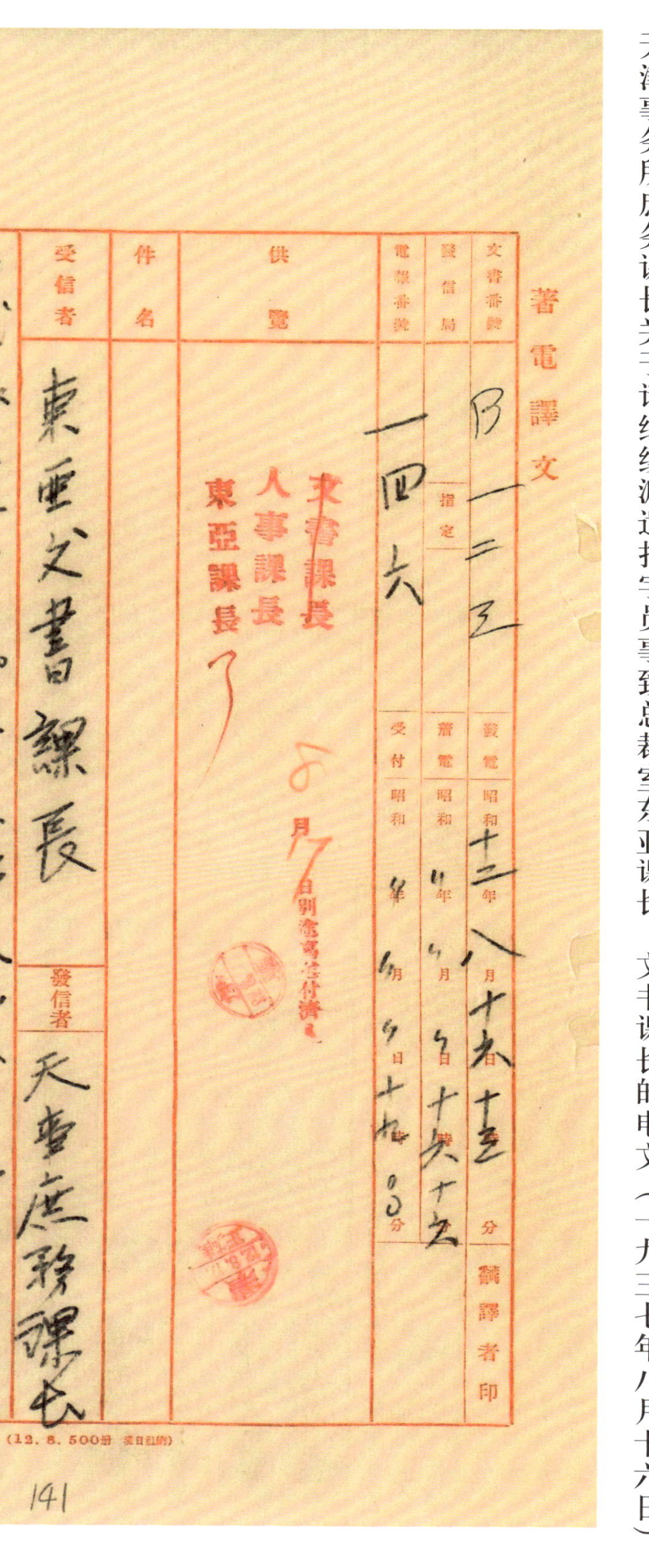
140

著電譯文

文書番號 B一二三
電報番號 一四六

發電 昭和十二年八月十六日十三時 分
着電 昭和〃年〃月〃日十六時十七分
受付 昭和〃年〃月〃日十九時〇分

供覽 文書課長 人事課長 東亞課長 了

8月17日 別途寫送付濟

受信者 東亞文書課長

發信者 天津庶務課長

交代派遣タイピスト（野本）以下五名十五日無事着尚（南、有馬）二名ハ十八日天津発ニテ歸連ス タイピスト養成中ノ由今後モ引續派遣依賴スルニ付キ宜敷

南滿洲鐵道株式會社

(12. 8. 500冊)

141

天津事务所长关于请派遣产业部庶务课雇员紫原コウ事致总裁室东亚课长的电文（一九三七年八月十六日）

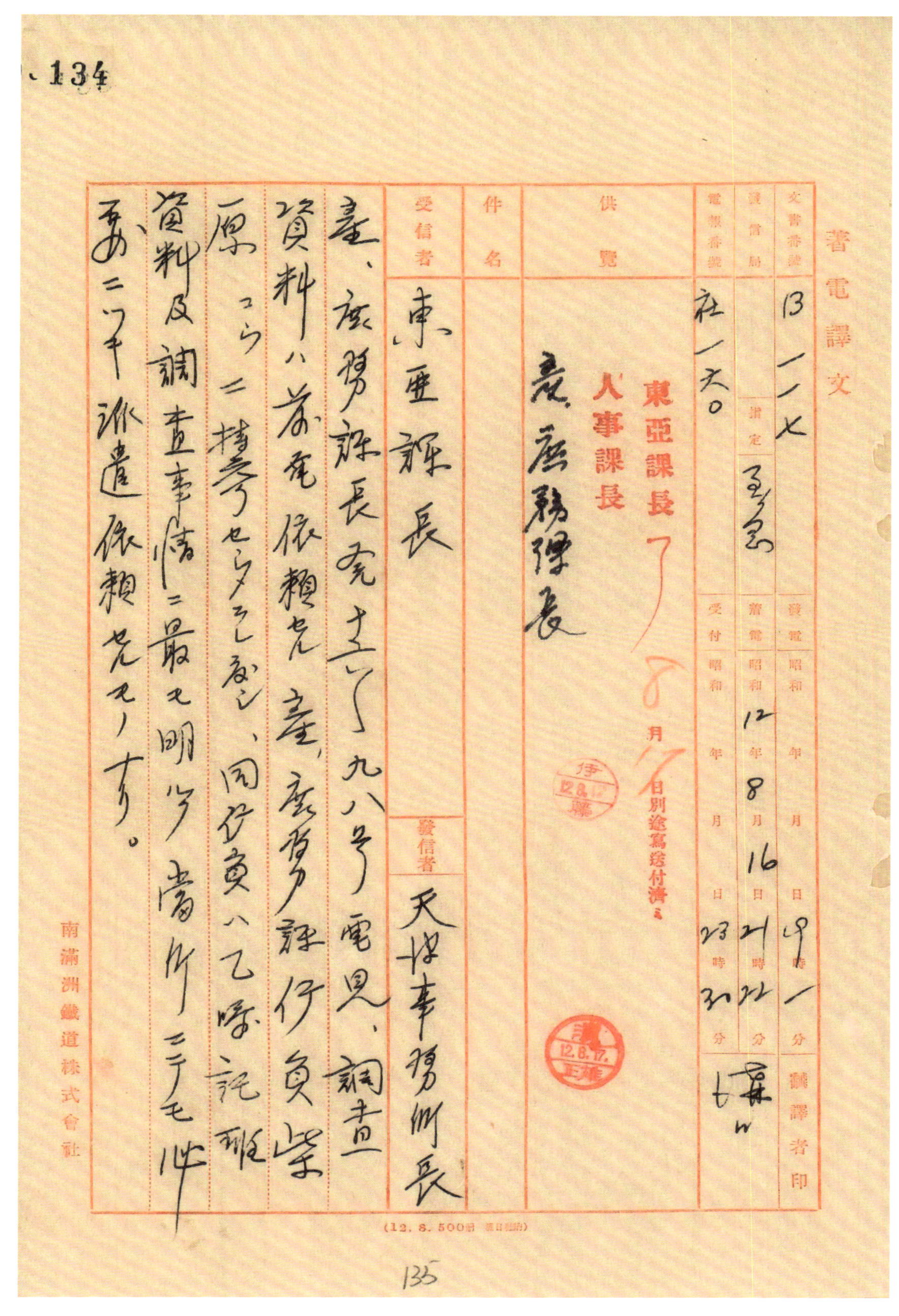
著電譯文

文書番號	13一一七
發信局	
電報番號	社一六〇
指定	至急
發電	昭和　年　月　日　19時　1分
着電	昭和12年8月16日　21時22分
受付	昭和　年　月　日　23時30分
翻譯者印	

供覽：東亞課長　人事課長　庶務課長

8月17日　別途寫送付濟

件名：

受信者：東亞課長

發信者：天津事務所長

產、庶務課長発志了九八号電見、調查資料ハ旣ニ依賴セル產、庶務課僱員紫原コウニ携帯セシメ居ル処、同僱員ハ乙嘱託班資料及調查事情ニ最モ明ルク當所ニテモ此際ニツキ派遣依頼セルモノナリ。

南滿洲鐵道株式會社

(12. 8. 500冊)

134

135

天津事务所长关于请安排职员溪友吉家属住宿事致总裁室东亚课长、福祉课长的电文（一九三七年八月十六日）

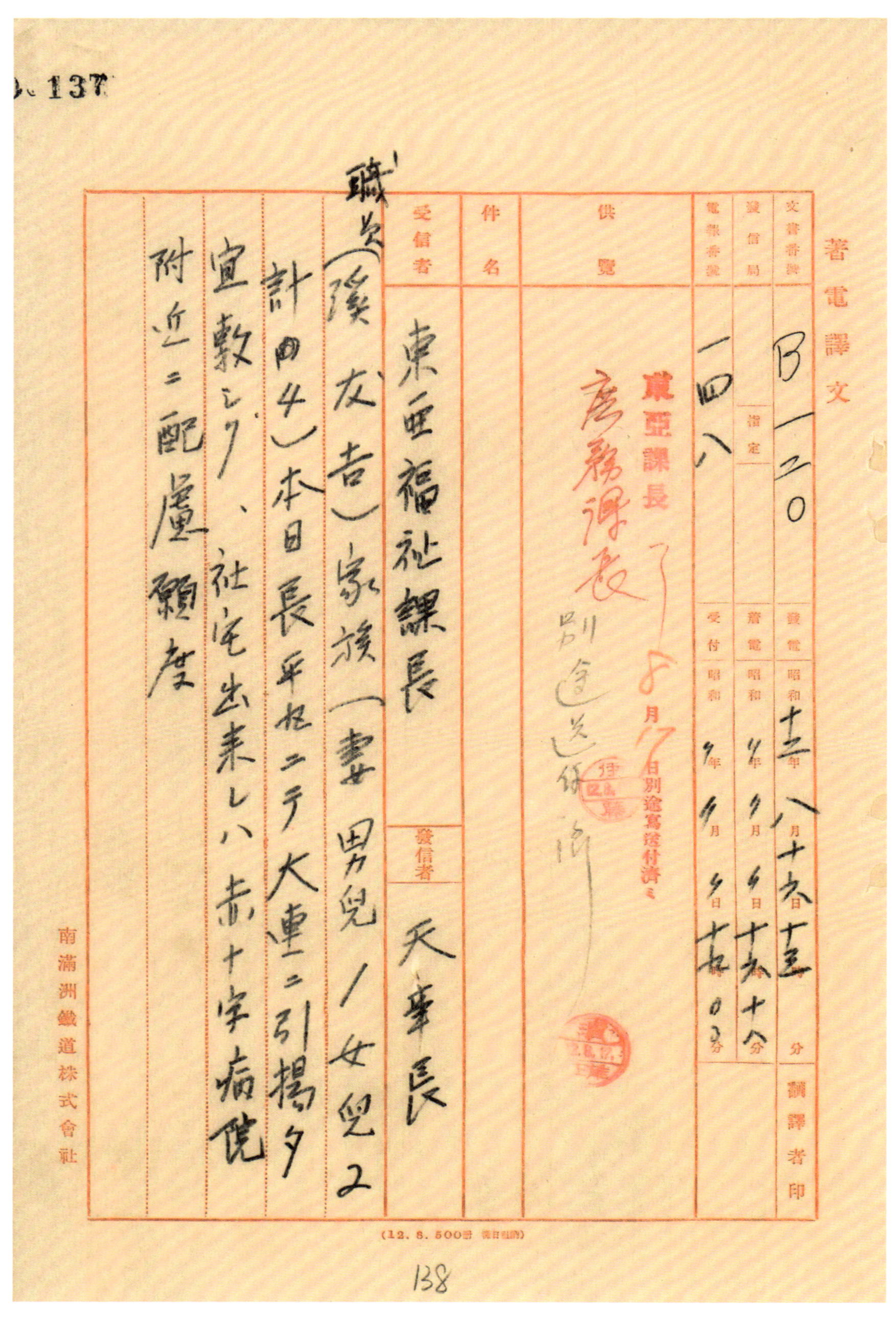

No. 137

著電譯文

文書番號 B一二〇
發信局
電報番號 一四八

發電 昭和十二年八月十六日十三時 分
着電 昭和 年 月 日十六時十八分
受付 昭和 年 月 日十九時〇三分

東亞課長
庶務課長
8月17日別途寫送付濟ミ
別途送付
飜譯者印

受信者 東亞福祉課長

職員溪友吉家族（妻、男兒一、女兒二、計四人）本日長平丸ニテ大連ニ引揚ケ宜敷ミタシ、社宅出来レハ赤十字病院附近ニ配慮願度

發信者 天事長

南滿洲鐵道株式會社

（12. 8. 500冊）

138

天津事务所长关于通州殉职员工葬礼一事请回复谢电事致总裁室东亚课长的电文（一九三七年八月十六日）

No. 132

著電課文

文書番號	發信局	電報番號
13 一一五		社一一五八

發電	着電	受付
昭和　年　月　日17時30分	昭和12年8月16日21時17分	昭和　年　月　日23時30分

供覽：東亞課長　文書課長　庶務課長　總社課長

受信者：東亞課長

發信者：天津事務所長

通州殉職社員葬儀ニ於テ駐屯軍司令官ヨリ花環及供物各一對（價額三十円）ヲ供ヘラレ、當方ニ於テ手配ノ上代金當所宛請求願度シ。尚弔辭モ朗讀セラル、由ニ付葬儀終了ノ上ハ謝禮電配慮乞フ。

南滿洲鐵道株式會社

(12. 8. 500冊)

133

天津庶务课长关于福祉课要求支付通州殉职员工葬礼费用事致总裁室东亚课长、福祉课长、会计课长的电文

（一九三七年八月十六日）

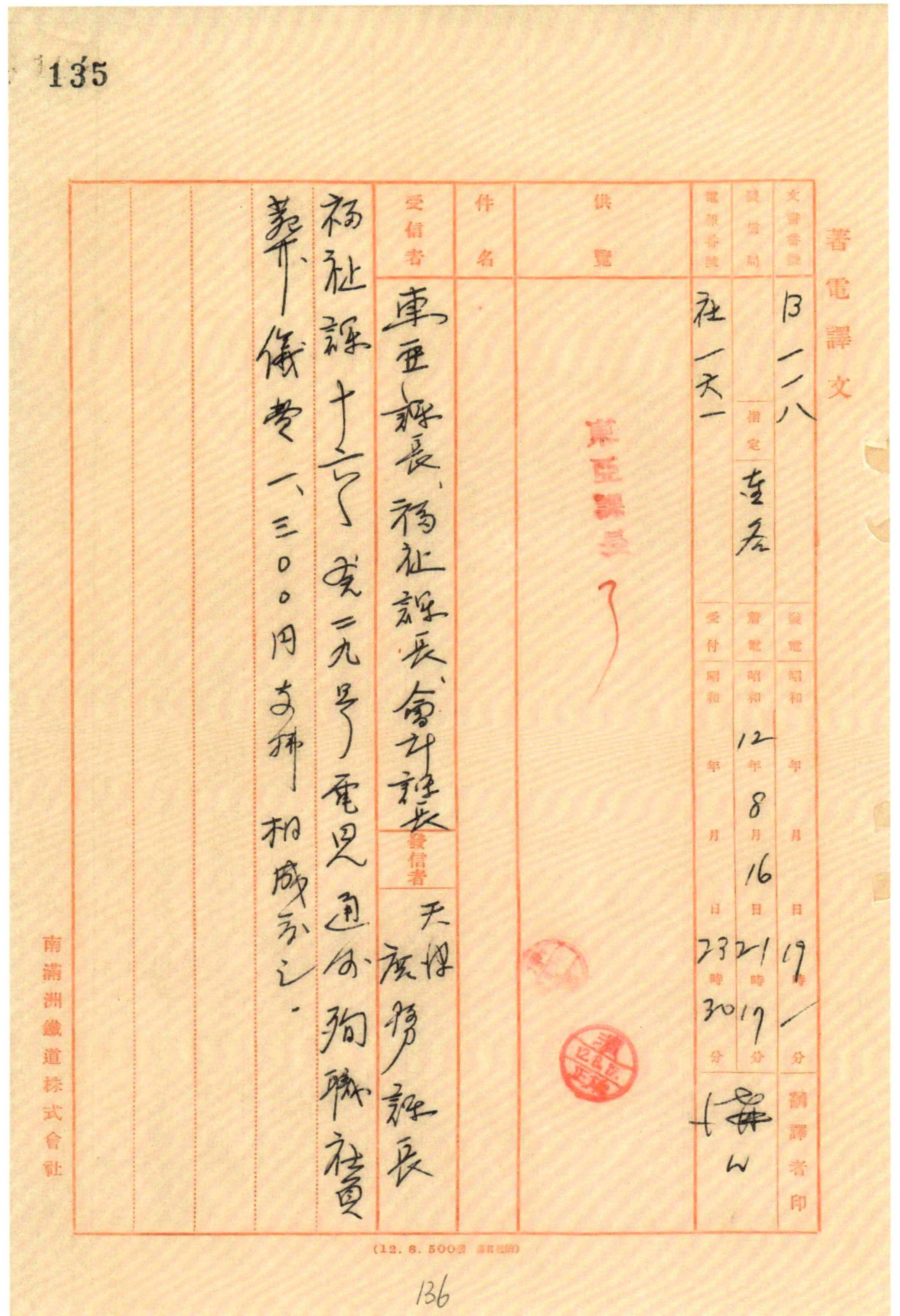

135

著電譯文

文書番號	發信局	電報番號	供覽	件名	受信者
13一一八		在一六一	東亞課長		東亞課長、福祉課長、會計課長

指定：至急

發電：昭和　年　月　日19時　分

著電：昭和12年8月16日21時17分

受付：昭和　年　月　日23時30分

發信者：天津庶務課長

福祉課十二号（？）至二九号電見通州殉職社員葬儀費一、三〇〇円支拂相成度。

南滿洲鐵道株式會社

(12. 8. 500冊 滿日印刷)

136

天津事务所长关于殉职社员遗物运输事宜事致总裁室东亚课长的电文（一九三七年八月十六日）

709

寫

著電譯文

文書番號	發信局	電報番號
13—1—2		社一四九

指定

	發電	着電	受付
昭和 年		12	
月		8	
日		16	
時	13	16	20
分	1	19	1

飜譯者印

供覽：福祉課長　東亞課長

八月十六日別途寫送付濟

件名：

受信者：東亞課長

發信者：天津事務所長

十四日一三四電見、北平ニテ[illegible]サレガ平津間ノ貨物運輸殆ンド杜絶セル折柄、故岩崎職員以下ノ遺務引揚ゲノ途ニ東亞課宛送附スルコトハ到底不可能ト思ハルルモ念ノ為發送可能見込ミ北平ニ問合セ中ニツキ返電有リ次第

南滿洲鐵道株式會社

(12. 8. 500冊 滿日印刷)

725

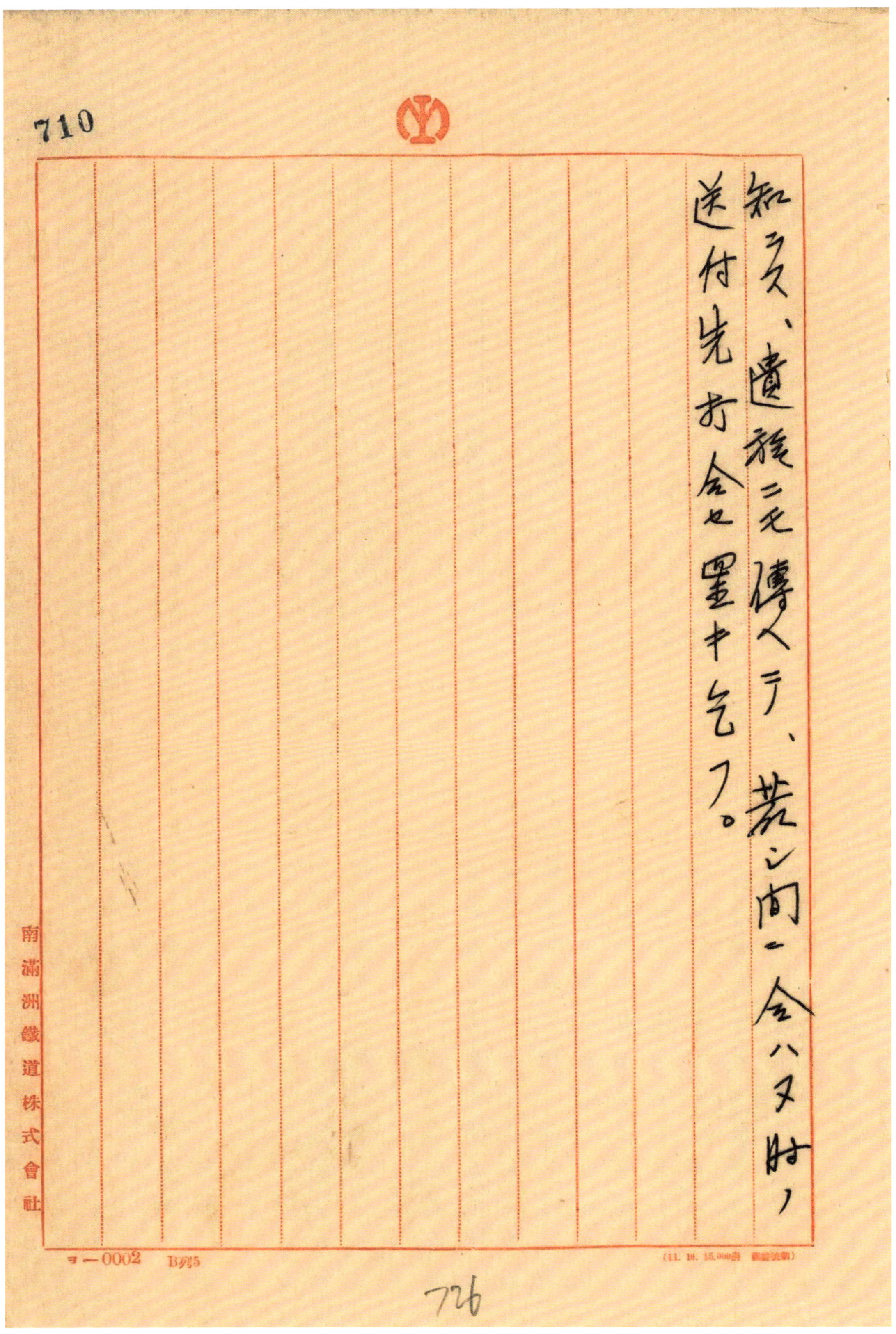

710

知ラス、遺族ニモ傳ヘテ、若シ間ニ合ハヌ時ハ
送付先打合セ置キ乞フ。

南滿洲鐵道株式會社

ヨ—0002 B列5

726

天津事务所长关于弘报课员菅野川崎于十五日返回天津事致总裁室东亚课长的电文（一九三七年八月十六日）

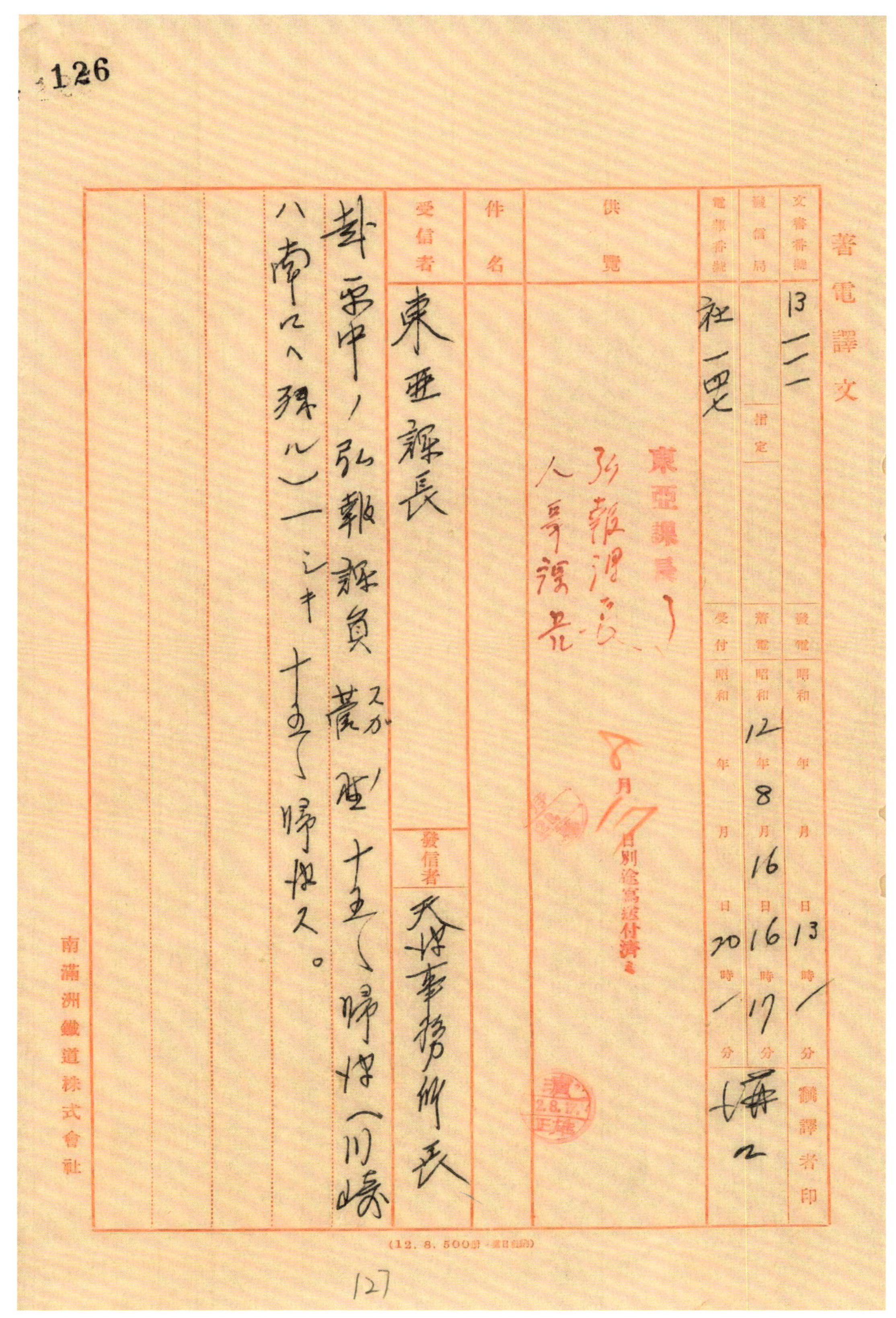
126

着電譯文

文書番號	發信局	電報番號	供覽	件名	受信者
13 一一		社一四七	東亞課長 弘報課長 人事課長		東亜課長

發電 昭和 年 月 13日 1時 分
着電 昭和12年8月16日16時17分
受付 昭和 年 月 日20時1分
飜譯者印 海口

8月17日別途寫送付濟

發信者：天津事務所長

赴平中ノ弘報課員菅野、川崎十五日帰津（川崎ハ南口ヘ残ル）一二十十五了帰投入。

南滿洲鐵道株式會社

(12. 8. 500冊)

127

天津庶务课长关于产业部交通课职员麦俊雄需要延长出差时日事致总裁室东亚课长的电文（一九三七年八月十六日）

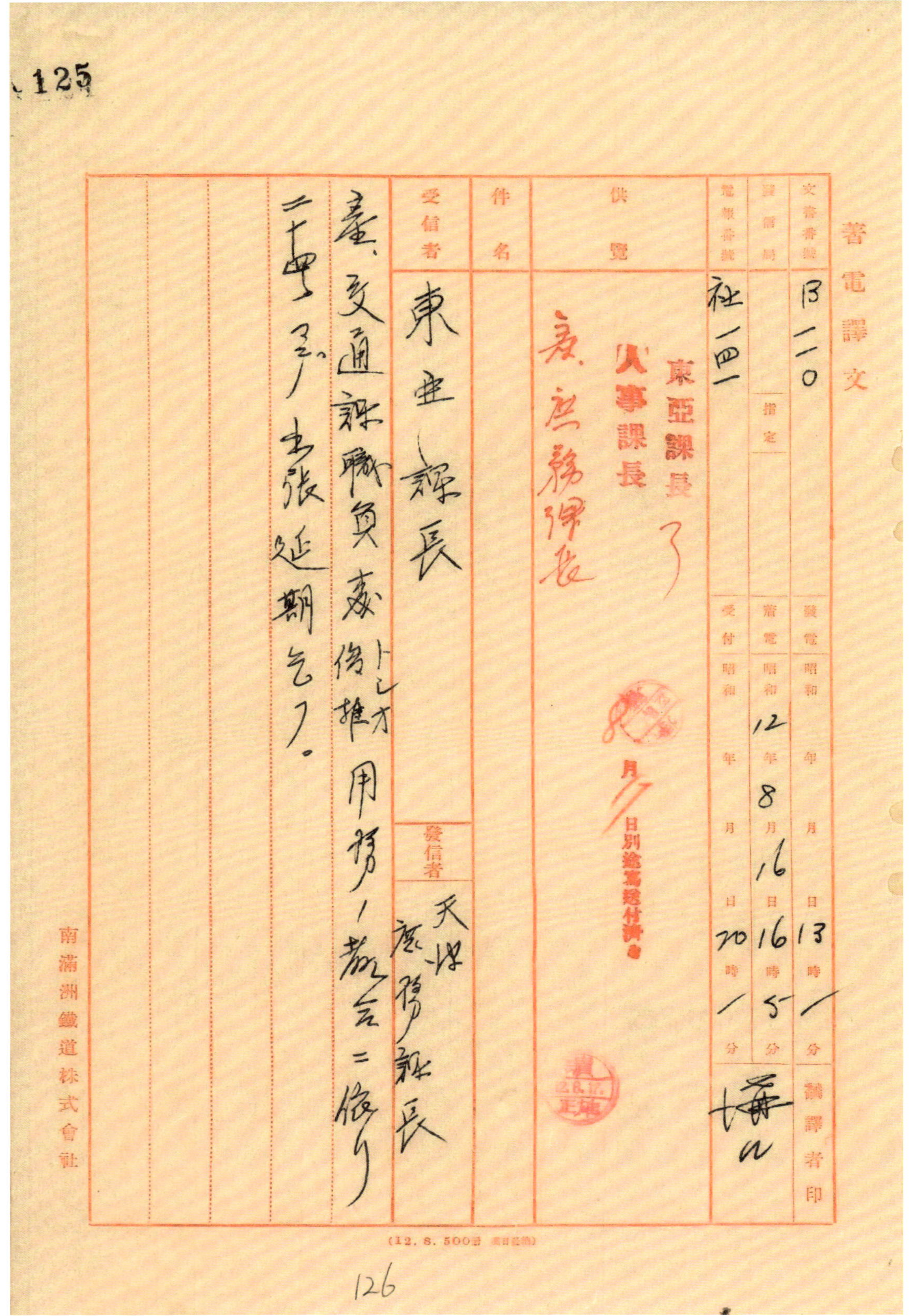
A 125

著電譯文

文書番號	13 一〇
發信局	
電報番號	社一四一
指定	
發電	昭和 年 月 13日 13時 1分
着電	昭和 12年 8月 16日 16時 5分
受付	昭和 年 月 日 20時 1分
飜譯者印	

供覽：東亞課長、人事課長、庶務課長

受信者：東亜課長

發信者：天津庶務課長

產、交通課職員麦俊雄ト云フ方用務ノ都合ニ依リ二十日迄出張延期セシム。

月 日別途寫送付済

南滿洲鐵道株式會社

(12. 8. 500冊)

126

天津事务所长关于外派北平的弘报课员菅野等人已经归任事致总裁室东亚课长的电文（一九三七年八月十六日）

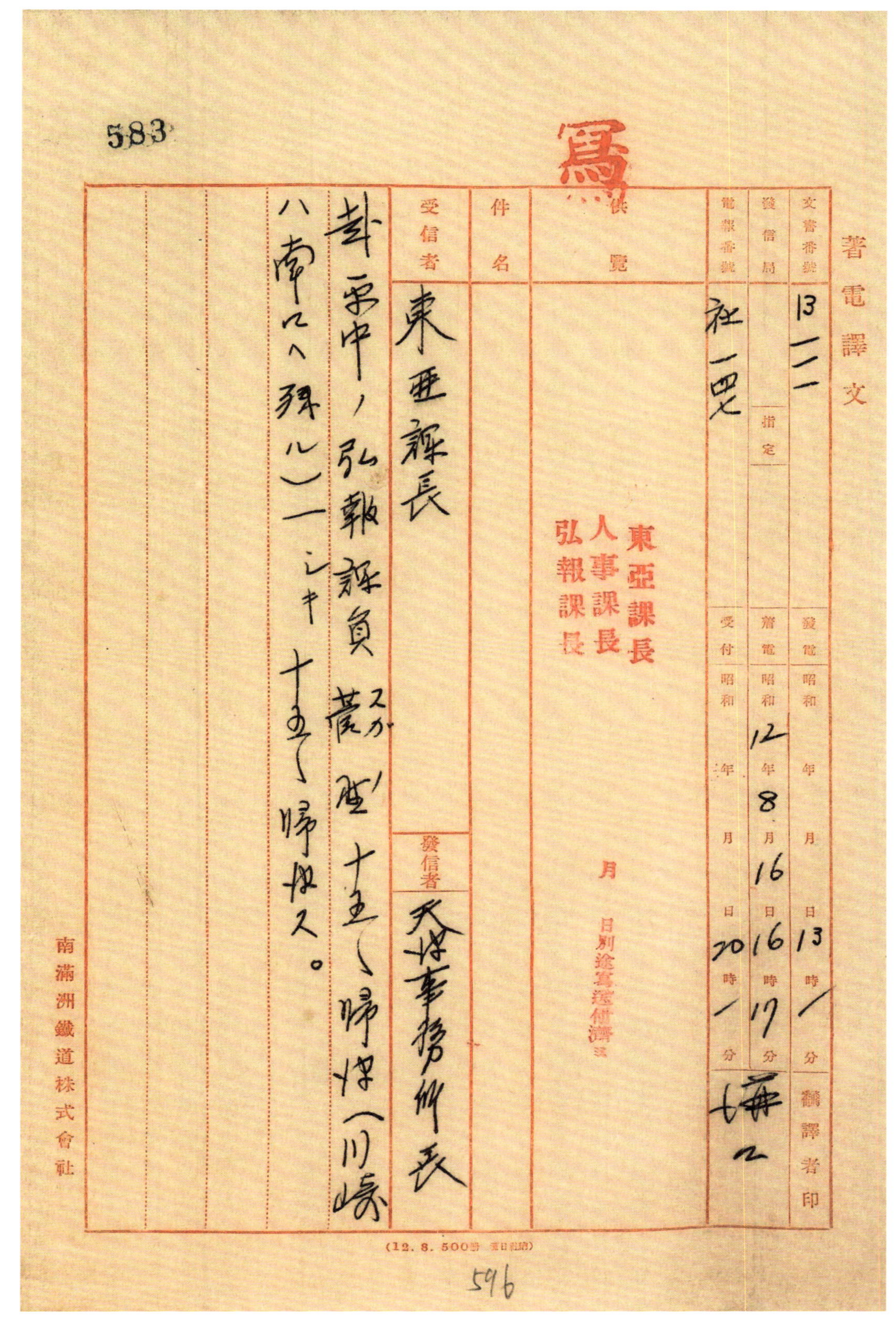
583

寫

著電譯文

文書番號 13 一一

發信局

電報番號 社一四七

指定

發電 昭和 年 月 13日 1時 分

着電 昭和12年8月16日16時17分

受付 昭和 年 月 20日 1時 分

翻譯者印

供覽 東亞課長 人事課長 弘報課長

月 日別途寫送付濟

件名

受信者 東亞課長

發信者 天津事務所長

赴平中ノ弘報課員菅（スガノ）野十五日帰津（川崎八南ハ残ル）一ニキ十五日帰任ス。

南滿洲鐵道株式會社

(12. 8. 500冊 ...)

596

天津庶务课长关于宇佐美理事、杉委员长等乘十六日上午列车返回任职事致总裁室东亚课长的电文（一九三七年八月十六日）

124

寫

著電譯文

文書番號：13 一〇九
發信局：
電報番號：社 一四〇
指定：至急
發電：昭和 年 月 9日 9時 40分
着電：昭和12年8月16日11時11分
受付：昭和 年 月 日13時50分
飜譯者印：[illegible]

受信者：東亞課長
發信者：天津庶務課長
件名：
供覽：東亞課長 文書課長 8月16日 別途寫送付濟ミ

宇佐美理事杉(スギ)委員長一行六名本十六日午前七時四〇分発通車（一四〇二列車）ニテ帰任セラル 念

「連絡発送先」奉天駅長、総務課長、山海関駅長、鉄路総局庶務課長。

南滿洲鐵道株式會社

(12. 8. 500冊 滿日印刷)

125

天津事务所长关于请通知七七事变派遣记者行动相关资料事致社员会干事长的电文（一九三七年八月十六日）

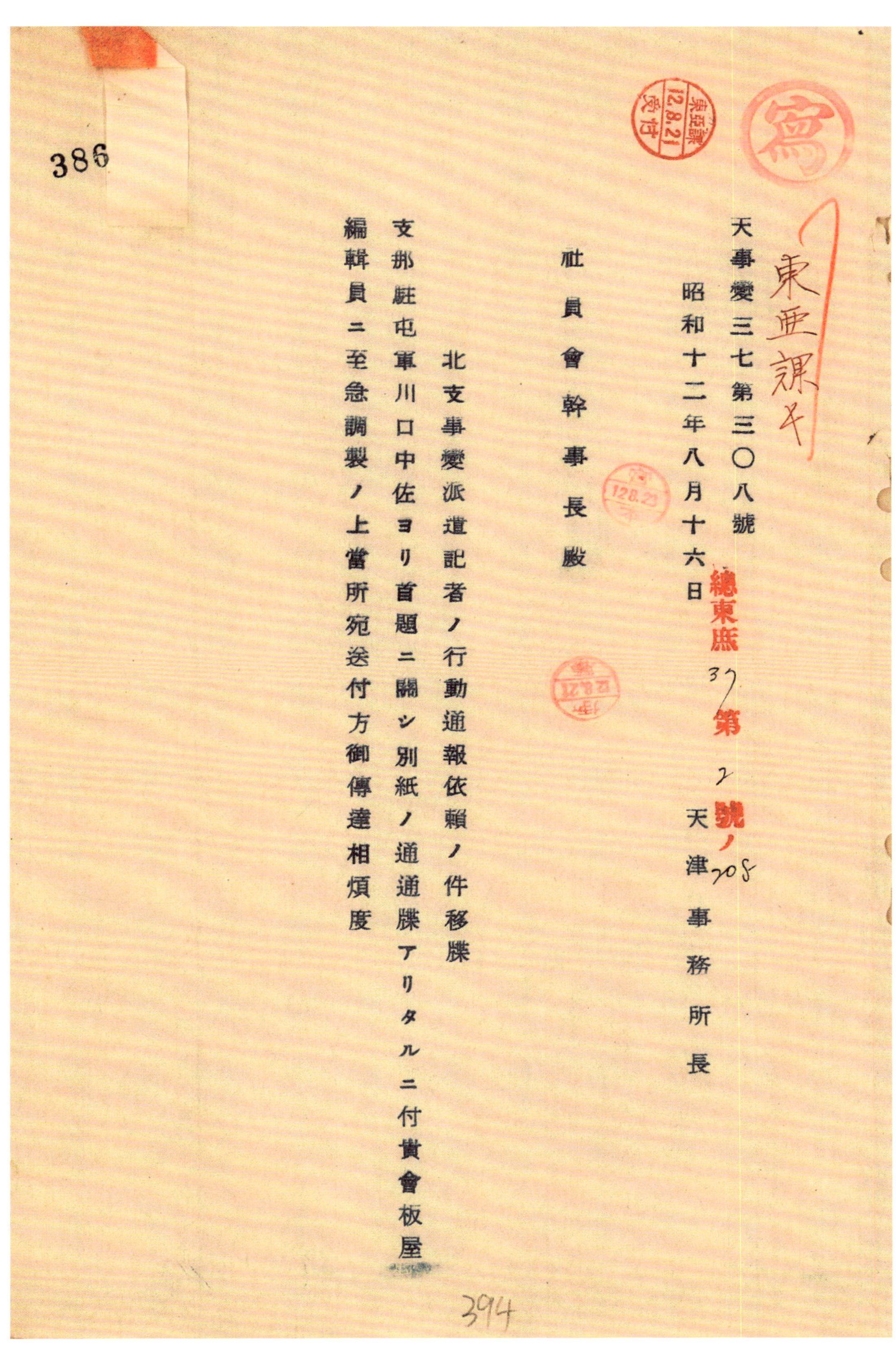

天事變三七第三〇八號

昭和十二年八月十六日

天津事務所長

社員會幹事長殿

北支事變派遣記者ノ行動通報依賴ノ件移牒

支那駐屯軍川口中佐ヨリ首題ニ關シ別紙ノ通通牒アリタルニ付貴會板屋編輯員ニ至急調製ノ上當所宛送付方御傳達相煩度

天津事务所长关于安排国防妇女会申请购买慰问品事致总裁室东亚课长的电文（一九三七年八月十六日）

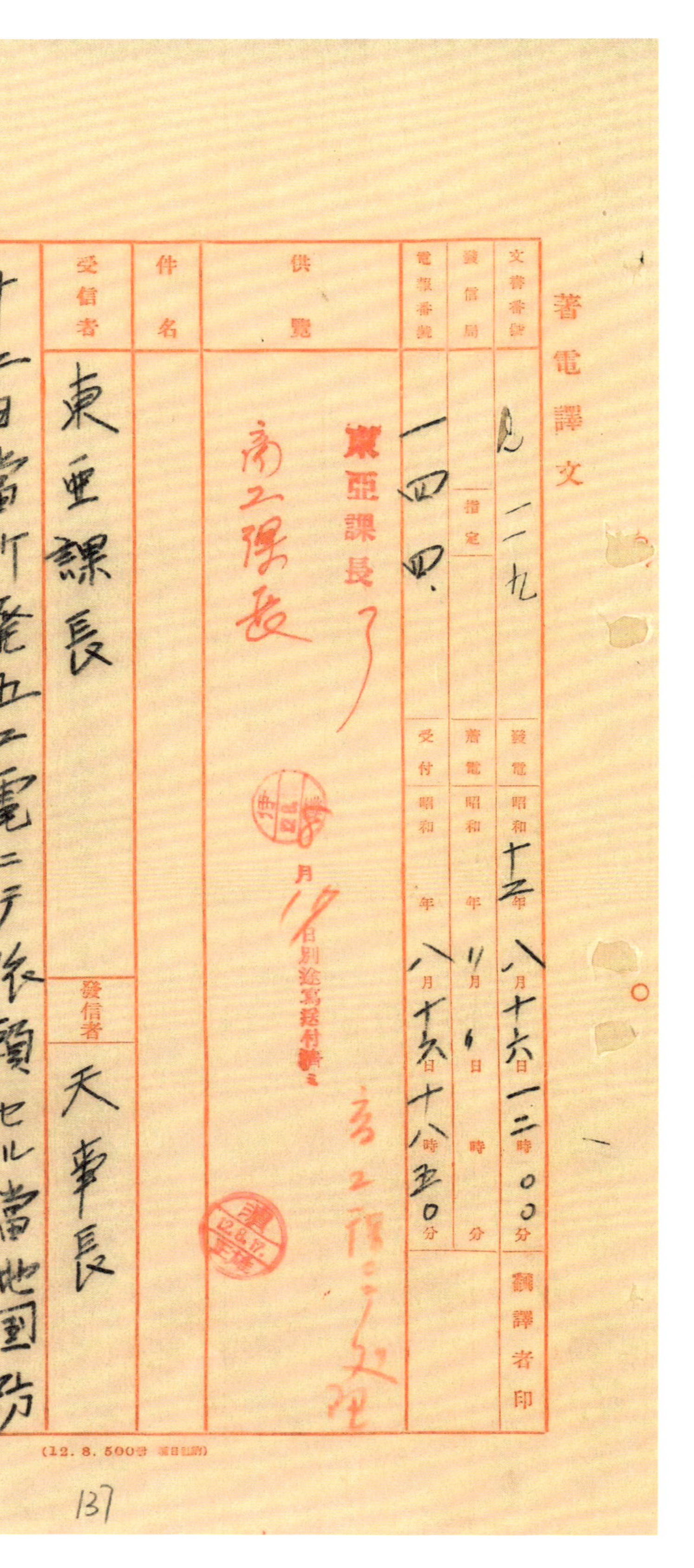

著電譯文

文書番號 乙二一九
電報番號 一四四
發電 昭和十二年八月十六日一二時〇〇分
受付 昭和 年八月十六日十八時五〇分

供覽 東亞課長 商工課長

受信者 東亞課長
發信者 天事長

十二日當所發五二電ニテ依賴セル當地國防婦人會ヨリ皇軍慰問品トシテ購入斡旋方依賴アリタル湿小豆缶詰（小缶）百打（若不足ノ場合ハ現品ナキ場合ハ蜜豆缶詰代用）パイナップル缶詰二百打氷砂糖百貫匁タオル（普通品）ニ就テハ如何手配サレタルヤ至急返待ツ

天津事务所长关于已故职员岩崎家属撤离事致总裁室东亚课长的电文（一九三七年八月十六日）

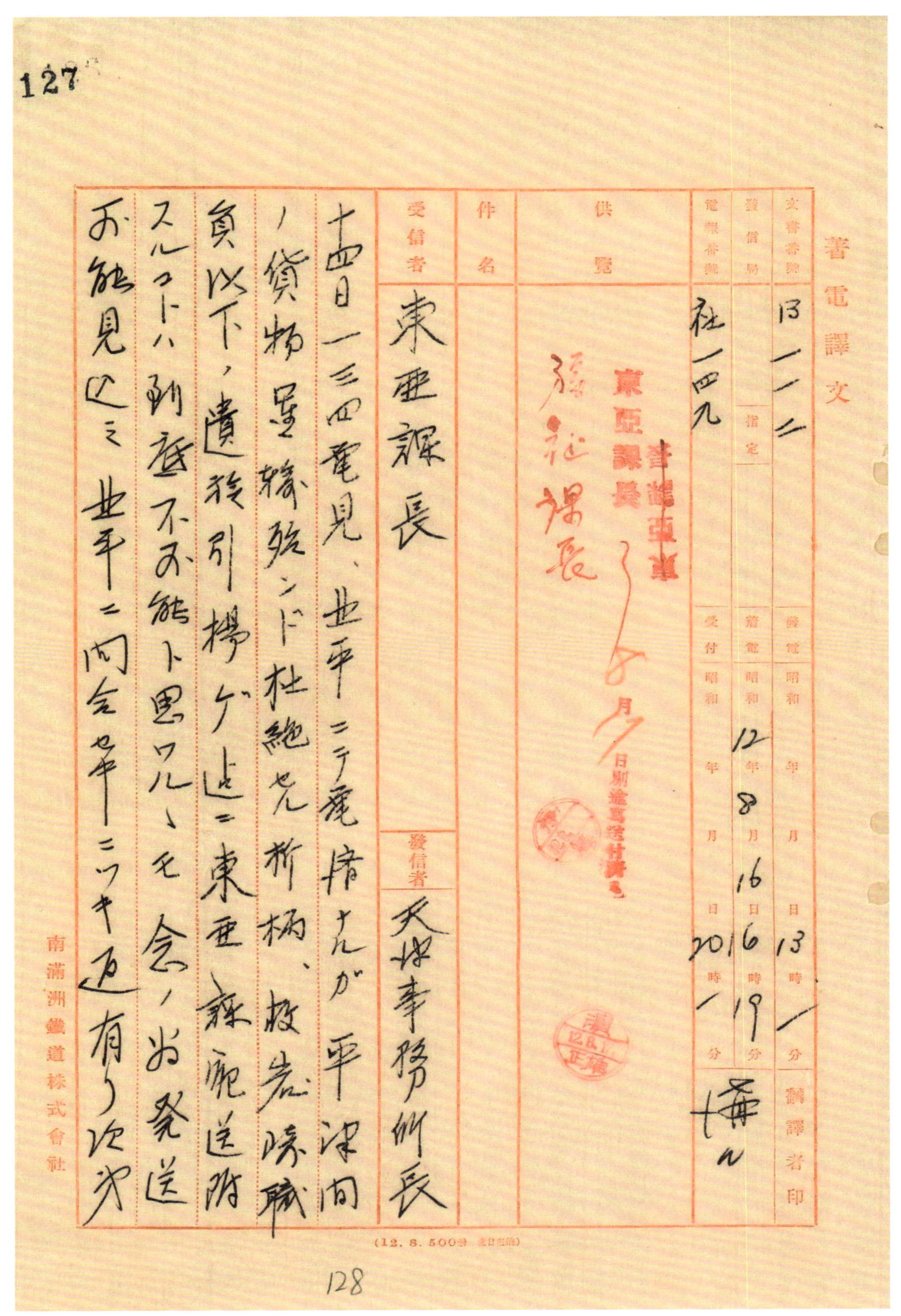
127

電報譯文

文書番號	發信局	電報番號	供覽	件名	受信者
13一一二		社一四九	東亞課長		東亜課長

發電	着電	受付
昭和　年　月13日　時1分	昭和12年8月16日16時19分	昭和　年　月　日20時1分

發信者：天津事務所長

十四日一三四電見、北平ニテ飛脚ナルガ平津間ノ貨物運搬殆ンド杜絶セル折柄、故岩崎職員以下ノ遺族引揚ゲ迄ニ東亜課宛送附スルコトハ到底不可能ト思ワルルモ念ノ為発送不能見込ミ北平ニ問合セ中ニツキ返事有リ次第

南滿洲鐵道株式會社

(12. 8. 500冊)

128

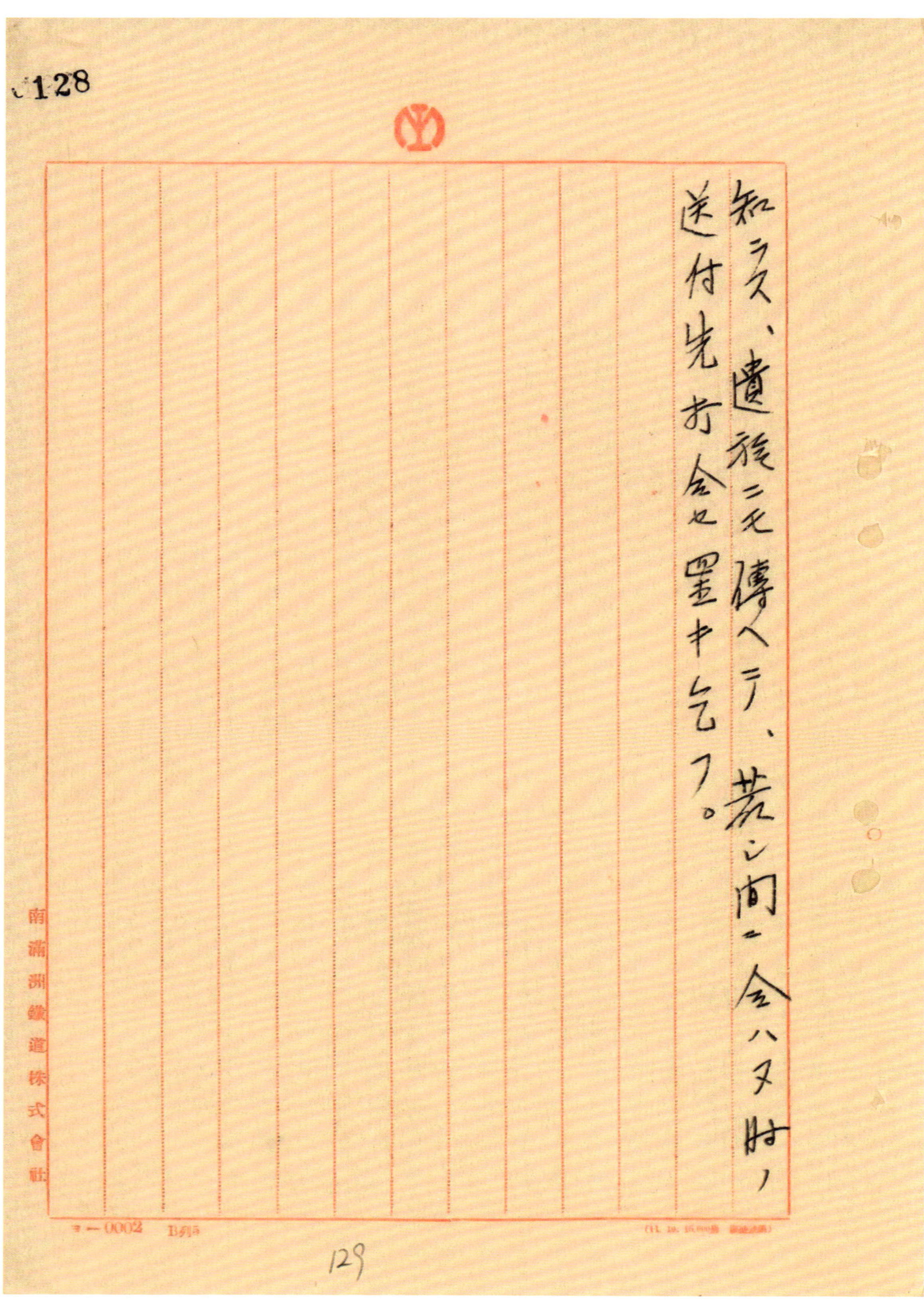
128

知ラス、遺族ニモ傳ヘテ、甚シ間ニ合ハヌ時ノ
送付先等會也置キ乞フ。

南満洲鐵道株式會社

ヨー0002 B列5

129

天津事务所长关于撤回天津在职社员家属事致总裁室东亚课、人事课、福祉课长的函（一九三七年八月十六日）

387

天事變三七第二九四號

昭和十二年八月十六日

天津事務所長

總裁室 東亞課長

〃 人事課長殿

〃 福祉課長

天津在勤社員家族引揚ニ關スル件

首題ノ件ニ關シテハ曩ニ七月十七日附總人給三七第三〇一號ノ指示ニヨリ管内必要箇所ニ就テハ既ニ適宜處置ヲ講シ來リタルカ最近ノ天津ハ次ノ如ク事情逼迫シ鐘紡、正金等ノ大會社ハ既ニ當該社員家族ノ引揚ヲ完了セル實情ナリ

當所ニ於テモ軍民團等ト協議ノ上適當時期ニ小職限ニテ當地在勤社員家族ノ引揚ヲ行フヘク決意セルモ特殊會社ノ特異性ヲ考慮シ目下其ノ時期ニ就キ考究中ナルカ引揚ヲ必要トスル主ナル理由ハ左記ノ如ク相當緊急ヲ要スル實情ナルニ付豫メ御承知置キ相成度

395

388

記

一、治安狀態

社員家族ノ大部分カ居住セル日界、法界、英界ニ於テハ今尚多數ノ便衣隊アルモノノ如ク之等ノ策動ニヨル生命上ノ危險及不安ハ甚大ナルモノアリ特ニ外國租界ニ於テハ夜間ハ勿論晝間ニ於テモ婦女子ノ外出ハ相當困難ナリ

二、通學關係

軍、民團ニ於テ現在軍隊及軍關係者ヲ收容シ居レル諸學校ハ暑中休暇完了後ノ開校迄ニハ開放スル旨言明セルモ時局ノ關係上中等學校ハ尚相當期間開校カ遲延スルニ非スヤト思料セラル、且通學ハ（特ニ外國租界ヨリノ）前項記述ノ如ク治安及通行人檢査或ハ交通機關（電車、バス等）ノ杜絕等ニヨリ至難ト思惟ス

三、物資關係

時局發生以來當地方ノ物價昂騰シ來リタルカ特ニ七月二十九日ノ天津事變以來食料品ノ缺乏其ノ極ニ達シ之カ爲肉、野菜類缺乏シ爲ニ脚氣

396

患者ノ續出ヲ見特ニ兒女ノ榮養ニ多大ノ障害ヲ生シタリ

四、社員ノ活動狀態

事變以來當所事務量ハ激增シ社員ハ每日殘業ヲナシ努力シツツアルカ治安狀態、物資缺乏等ニヨル家庭上ノ不安ハ右社員ニトリ社業ニ專心スル上ニ多大ノ障害ヲ招來ス

五、衛生狀態

避難華人ノ橫溢、酷暑等ニヨリ傳染病ノ流行大ナルモノアルカ醫療機關殆ト軍ニ利用サレ社員家族ニ就テ之カ萬全ヲ期シ難シ

天津事务所长关于派遣天津的大连保安区长尾正因母亲过世委托转发电报事致总裁室东亚课长的电文

（一九三七年八月十六日）

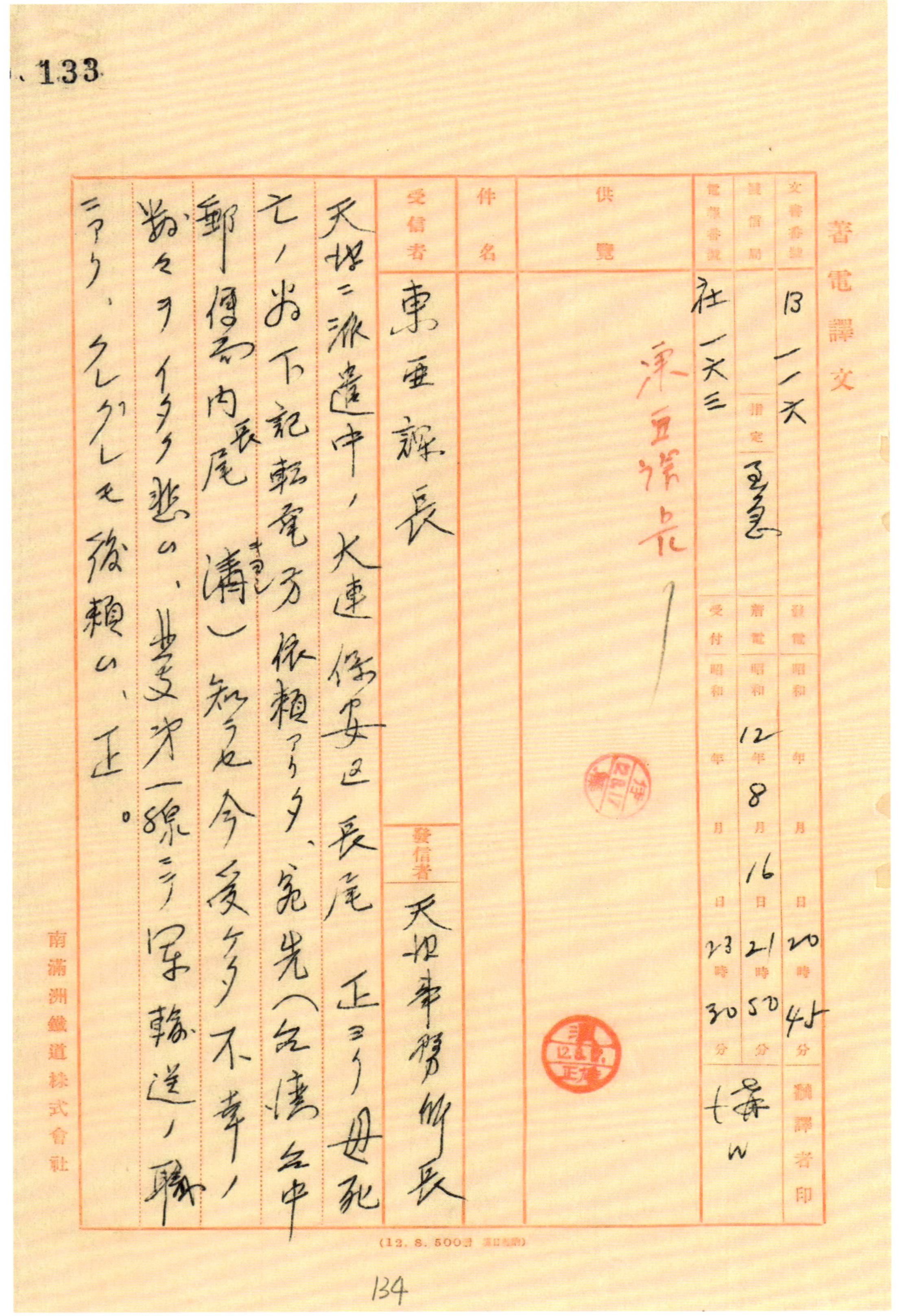

133

着電譯文

文書番號	發信局	電報番號	指定
13 一一六	在一六三		至急

	昭和 年	月	日	時	分
發電				20	45
着電	12	8	16	21	50
受付				23	30

供覽：東亜課長

翻譯者印：七 W

受信者：東亜課長

發信者：天津事務所長

天津ニ派遣中ノ大連保安区長尾正ヨリ母死亡ノ為下記転電方依頼アリタシ、宛先（名濃名中郵便局内長尾清（キヨシ））知ラセ今受ケタ不幸ノ数々ヲイタク悲シム、北支第一線ニテ軍輸送ノ職ニアリ、クレグレモ後頼ム、正。

南滿洲鐵道株式會社

（12. 8. 500冊）

134

天津事务所长关于天津、北平间的无线通信已开通日文电报事致总裁室东亚课长的电文（一九三七年八月十七日）

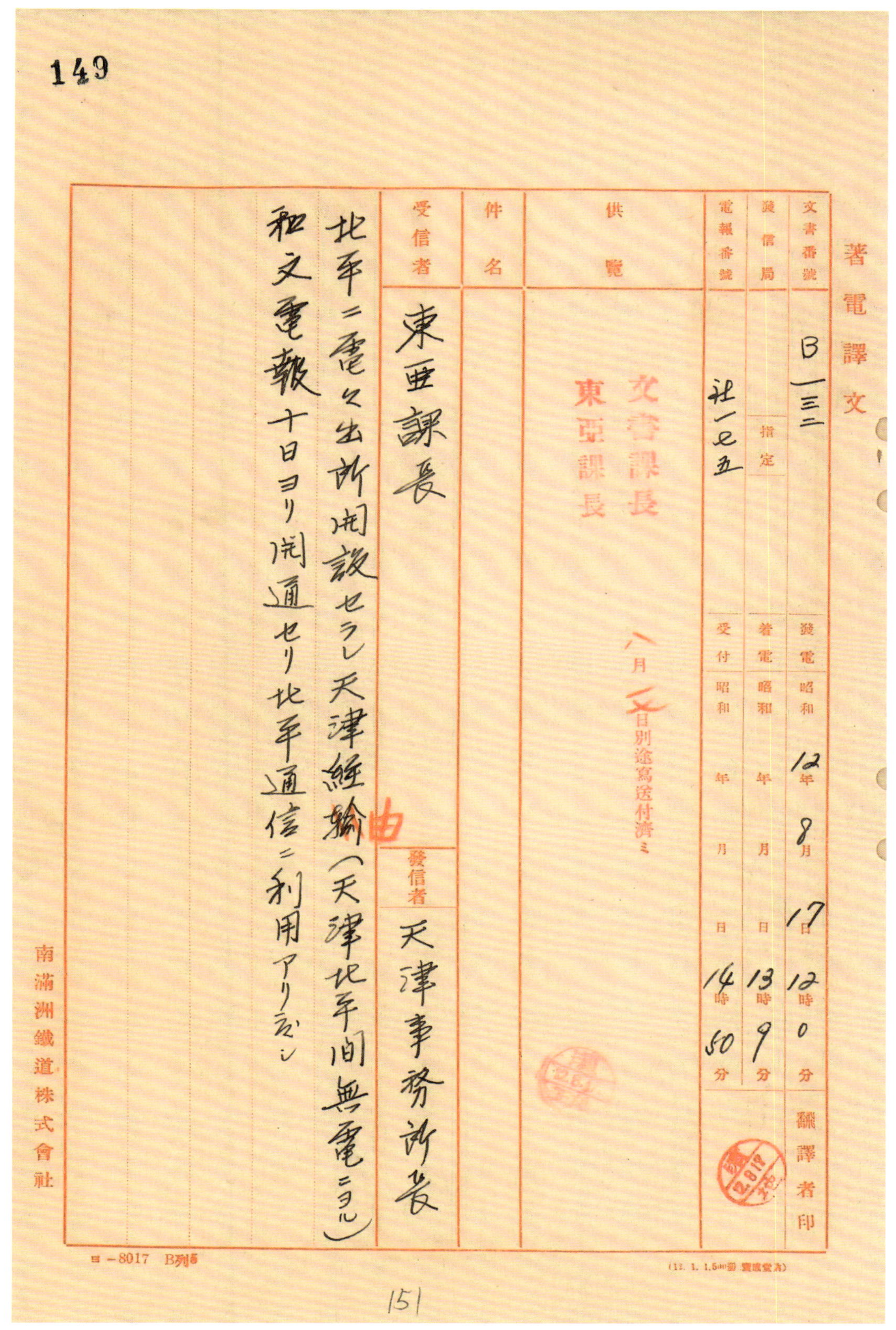
149

著電譯文

文書番號	發信局	電報番號	供覽	件名	受信者
B一三二		社一七五	文書課長　東亞課長		東亞課長

指定

八月一七日別途寫送付濟ミ

北平ニ電々出所開設セラレ天津經由（天津北平間無電ニヨル）和文電報十日ヨリ開通セリ北平通信ニ利用アリタシ

發信者　天津事務所長

	昭和	年	月	日	時	分
發電		12	8	17	12	0
着電					13	9
受付					14	50

飜譯者印

南滿洲鐵道株式會社

ヨ－8017　B列5

（12.1.1,500冊 實成堂納）

151

天津事务所长关于大奉石油及满洲石油本社请求使用社内电报事致总裁室东亚课长的电文（一九三七年八月十七日）

155

著電譯文

文書番號	13 一三六
發信局	
電報番號	社一八四
指定	
發電	昭和　年　月　日 15時 30分
着電	昭和 12年 8月 17日 16時 41分
受付	昭和　年　月　日 19時 45分
飜譯者印	[illegible]
供覽	東亞課長　文書課長　總、庶務課長
受信者	東亞課長
件名	
發信者	天津事務所長

月　日別途寫送付濟ミ

タイカカエラ、大奉石油石井氏来所同社業務上ノ必要アルニ付差支ヘナクバ八月末ヨリ十月中旬迄社内電報利用方考慮願度シトノ申出アリタルガ右ニ関シ満洲石油本社ヨリモ当課ニ対シ懇請スル筈ニ付其際然ルベク配慮願度シ。

南満洲鐵道株式會社

（12. 8. 500冊 愛日印刷）

151

天津事务所所长关于请转告产业部交通课长速送连云港调查报告书事致总裁室东亚课长的电文（一九三七年八月十七日）

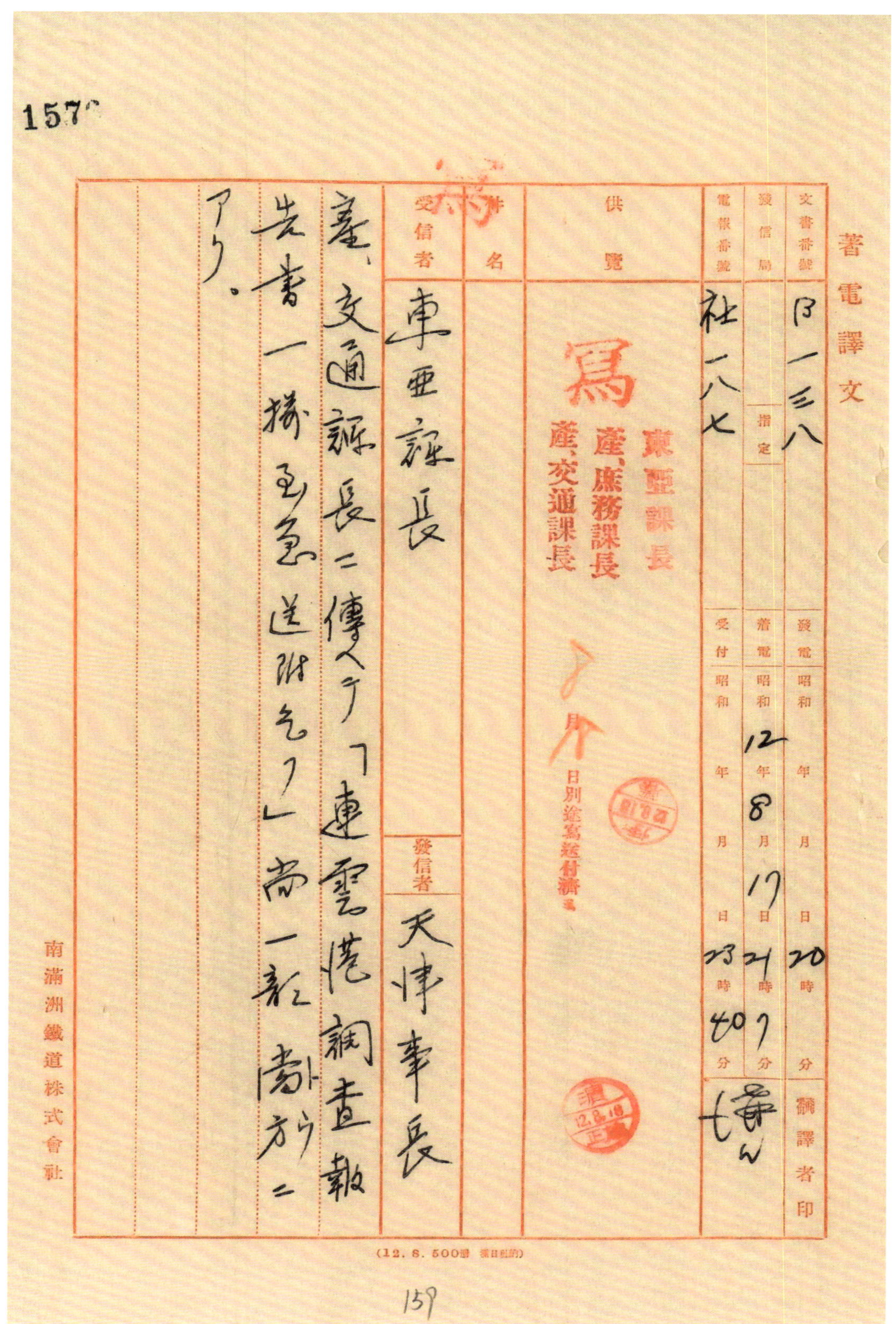

1570

著電譯文

文書番號 13一三八
發信局
電報番號 社一八七
指定

發電 昭和 年 月 日 20時 分
着電 昭和 12年 8月 17日 21時 7分
受付 昭和 年 月 日 23時 40分
飜譯者印

供覽 寫 東亞課長 產、庶務課長 產、交通課長

8月 日別途寫送付濟

件名

受信者 東亞課長

發信者 天津事務長

產、交通課長ニ傳ヘラレ「連雲港調查報告書」一揃至急送附乞フ　尚一部當方ニアリ。

南滿洲鐵道株式會社

（12. 8. 500冊）

159

天津事务所长关于请将民团粮食款项及发货相关事宜转达国际附业课长事致总裁室东亚课长的电文（一九三七年八月十七日）

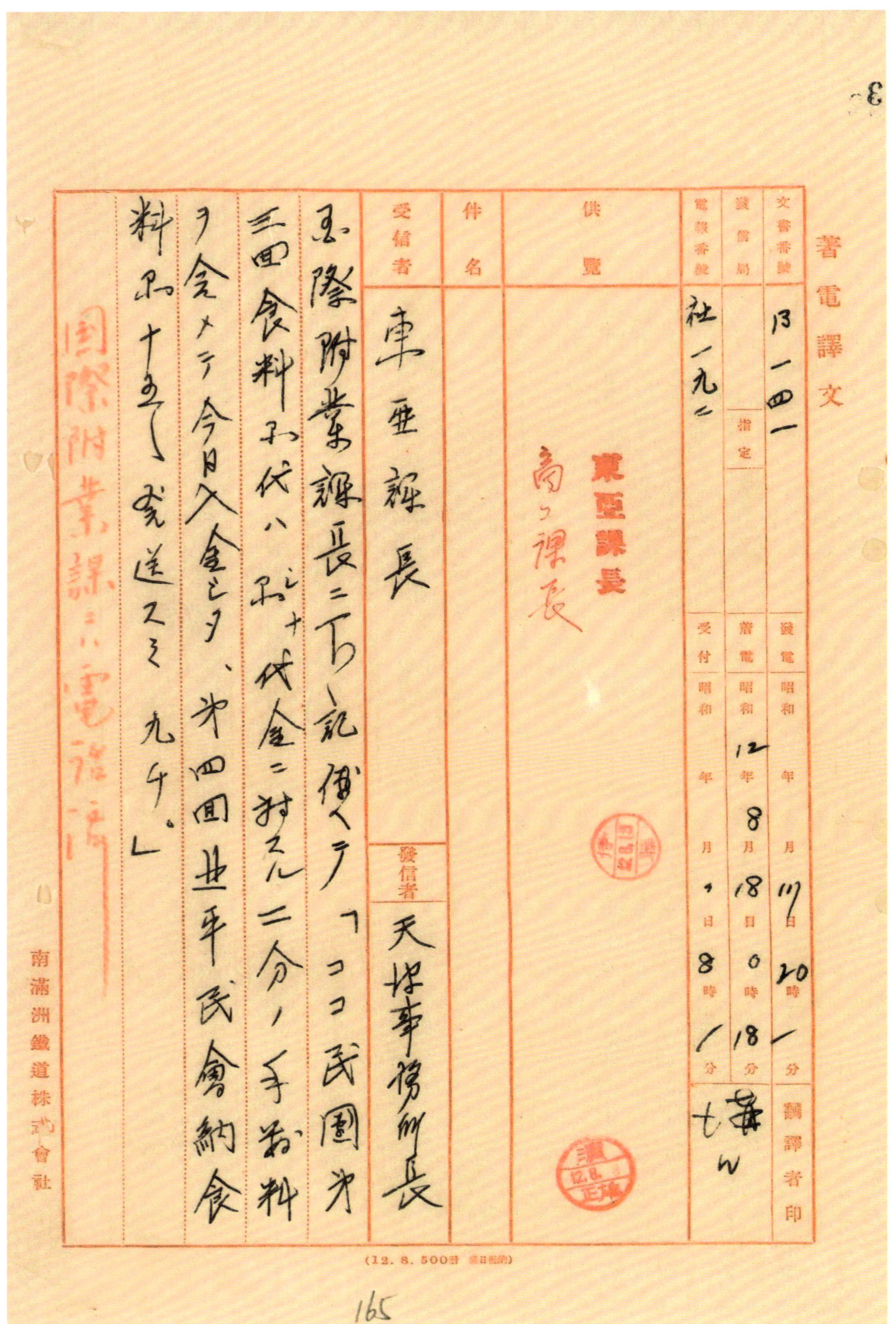

著電譯文

文書番號 13一四一

電報番號 社一九二

發信局

指定

供覧 東亜課長 高ゝ課長

件名

受信者 東亜課長

發信者 天津事務所長

國際附業課長ニ下記傳ヘテ「ココ民團米三回食料ノ代ハ四ド十代金ニ対スル二分ノ手数料ヲ含メテ今日入金ヒタ、米四回出平民會納食料ハ十五了発送スミ 九千。」

國際附業課ニハ電話済

發電 昭和 年 月 17日 20時 一分

着電 昭和12年8月18日0時18分

受付 昭和 年 月 ・日 8時 1分

飜譯者印

南滿洲鐵道株式會社

（12. 8. 500冊）

165

天津庶务课长关于请安排池田男与松冈洋右总裁面谈事致总裁室东亚课长、庶务课长的电文
（一九三七年八月十七日）

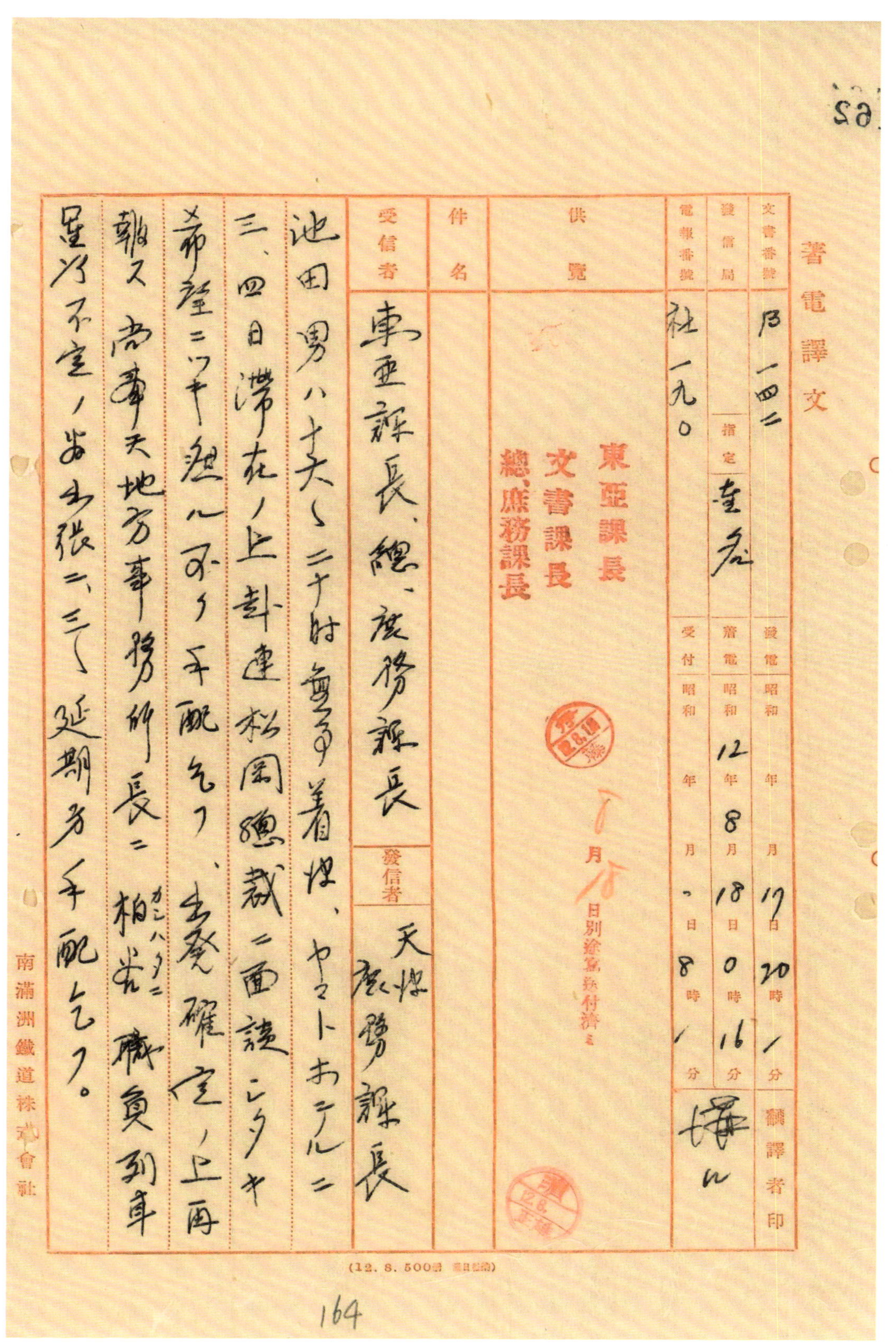

著電譯文

文書番號	13 一四二
發信局	
電報番號	社 一九〇
指定	至急
發電	昭和 年 17月 20時 1分
着電	昭和 12年 8月 18日 0時 16分
受付	昭和 年 月 〃日 8時 1分
飜譯者印	
供覽	東亞課長 文書課長 總、庶務課長
件名	
受信者	東亞課長、總、庶務課長
發信者	天津 庶務課長

池田男八十六、二十日無事着埠、ヤマトホテルニ三、四日滯在ノ上赴連松岡總裁ニ面談ニシタキ希望ニツキ然ルベク手配乞フ、出發確定ノ上再報ス　尚奉天地方事務所長ニ柏尚（カニハタニ）職員到着迄不在ノ為出張二、三日延期方手配乞フ。

南滿洲鐵道株式會社

（12. 8. 500冊）

164

天津事务所长关于职员家属归国事致总裁室东亚课长、福祉课长的电文（一九三七年八月十七日）

148

著電譯文

文書番號	發信局	電報番號
13一三〇		社一八〇

指定

	發電	着電	受付
昭和 年		12	
月		8	
日		17	
時 分	12時	13時26分	14時50分

飜譯者印

供覽：東亜課長、總務[illegible]（庶務）課長、人事課長

八月[illegible]日別途寫送付濟

件名：

受信者：東亜課長、福祉課長

發信者：天津事務所長

當所張世杰張員職員塚田乙二妻敏子（華夫）、張世杰勤員竹員肥後丈義妻静江（新京）、伊集院義妻政江（大連）、多綿在勤員竹員友聖一郎妻（大連）十八日多綿発熱河経由引揚ゲタルニ付宜敷配慮乞フ。

南満洲鐵道株式會社

(12. 8. 500冊 [illegible])

149

天津事务所长关于天津特务机关请求对天津—塘沽、天津—太沽之间公路改建及铺砌项目进行立案事致总裁室东亚课长的电文（一九三七年八月十七日）

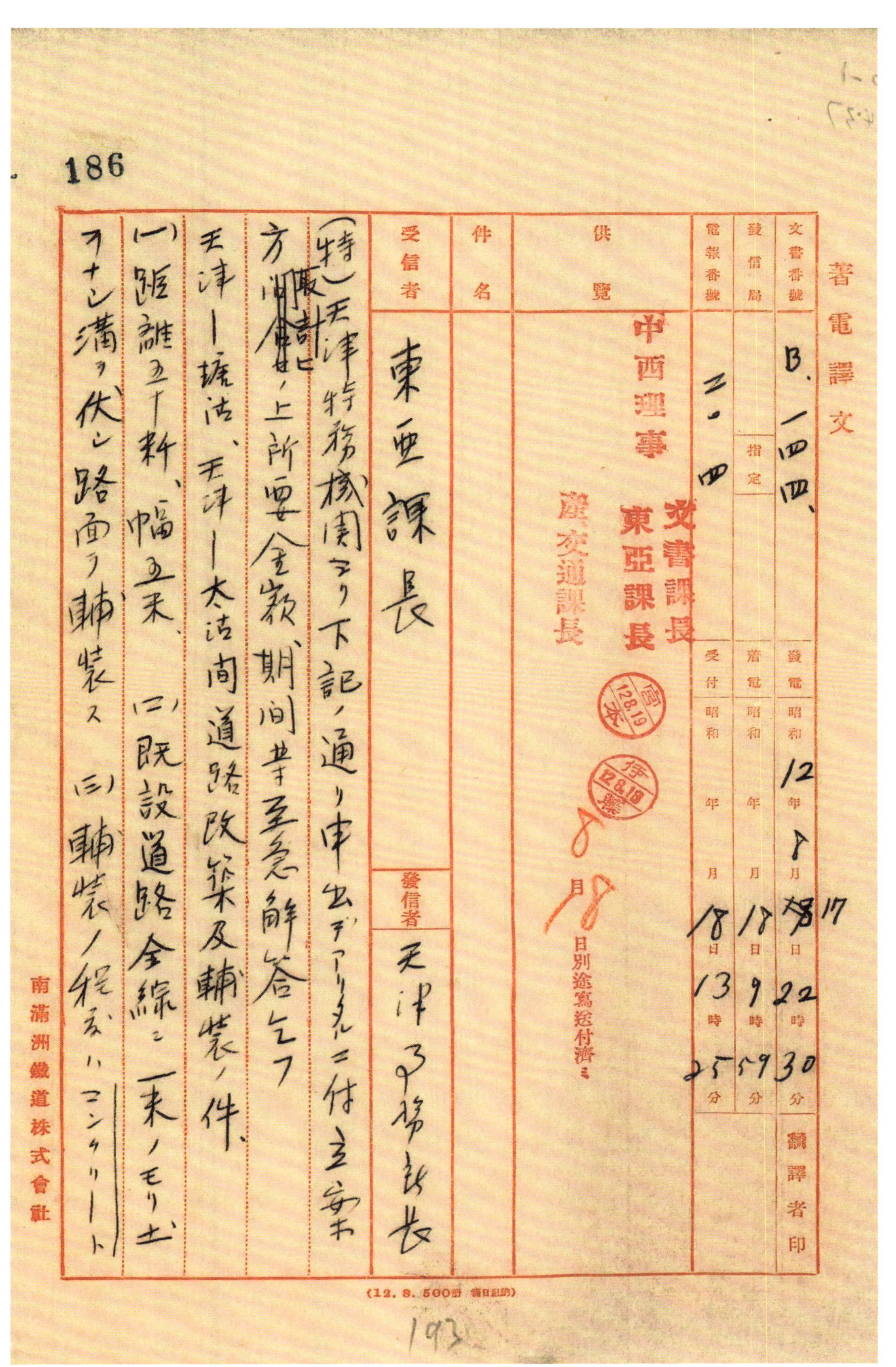

186

著電譯文

文書番號 B.一四四、
發信局
電報番號 二〇四
發電 昭和12年8月17日22時30分
着電 昭和 年 月18日9時59分
受付 昭和 年 月18日13時25分

供覽 中西理事 文書課長 東亞課長 產交通課長

件名

受信者 東亞課長

發信者 天津事務所長

(特)天津特務機関ヨリ下記ノ通リ申出デアリタルニ付立案方取計ヒ上所要金額期間等至急解答乞フ
天津—塘沽、天津—太沽間道路改築及舗装ノ件、
(一)距離五十粁、幅五米、(二)既設道路全線ニ一米ノモリ土ヲナシ溝ヲ伏シ路面ヲ舗装ス (三)舗装ノ程度ハコンクリート

8月18日別途寫送付濟ミ

翻譯者印

南滿洲鐵道株式會社

(12.8.500冊 滿日印刷)

193

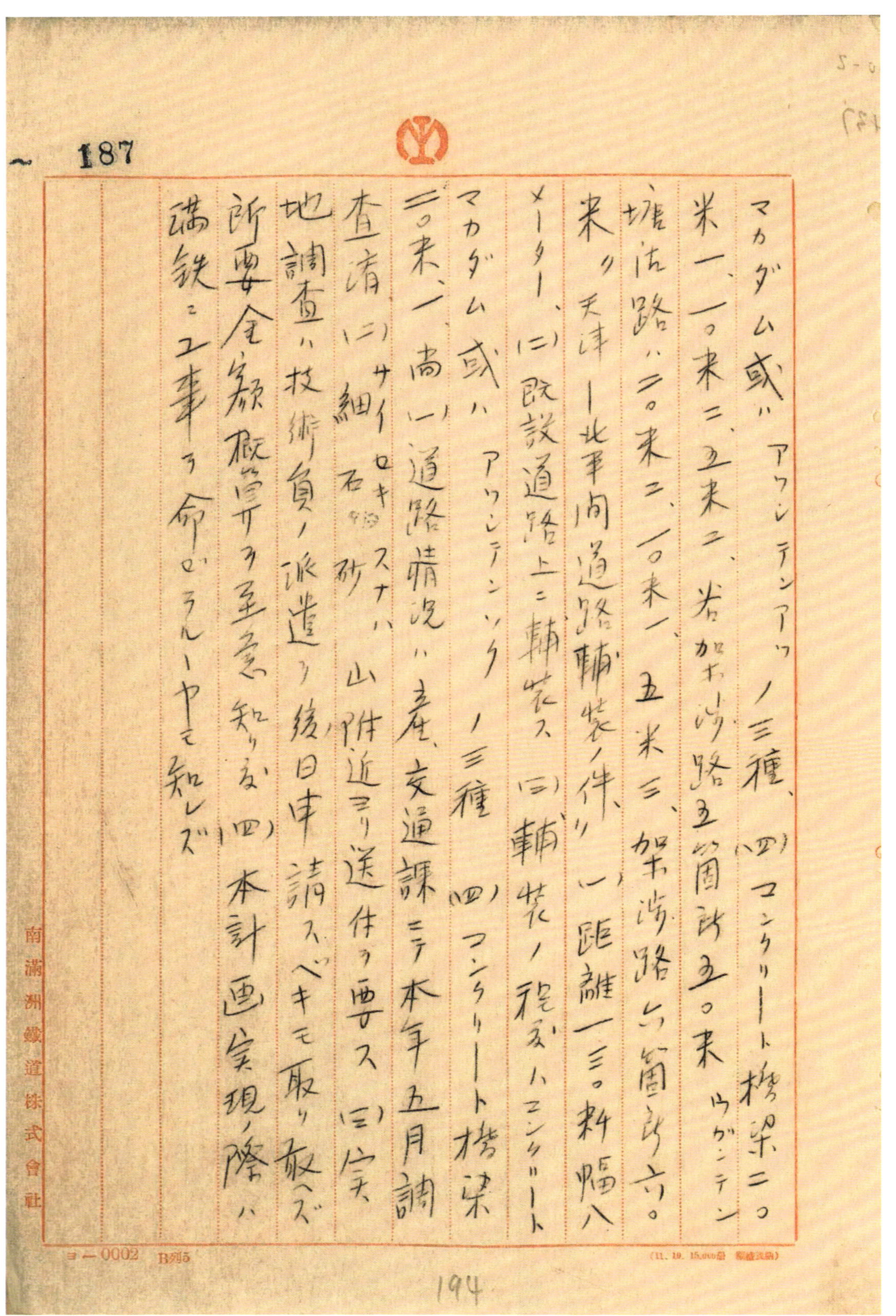

187

マカダム式ハアウレテンアツノ三種、(四)ハコンクリート橋梁二〇
米一、一〇米二、五米二、岩架渉路五箇所五〇米(ウ)ガンテン
堀法路ハ二〇米二、一〇米一、五米三、架渉路六箇所六〇。
米ノ天津—北平間道路舗装ノ件ハ(一)距離一三〇粁幅八
メーター、(二)既設道路上ニ舗装ス(三)舗装ノ種類ハコンクリート
マカダム式ハアウレテンソクノ三種(四)ハコンクリート橋梁
二〇米一、尚一ハ道路情況ハ產、交通課ニテ本年五月調
查済(二)サイロキ細石砂スナハ山附近ヨリ送付ヲ要ス(三)実
地調査ハ技術員ノ派遣ヲ後日申請スベキモ取リ敢ヘズ
所要金額概算ヲ至急知リ度(四)本計画実現ノ際ハ
満鉄ニ工事ヲ命ゼラルルヤモ知レズ

南満洲鐵道株式會社

ヨ—0002 B列5 (11. 10. 15,000冊 納)

194

天津事务所长关于请转告产业部交通课星田主任整理陇海线铁路现状调查事致总裁室东亚课长的电文（一九三七年八月十七日）

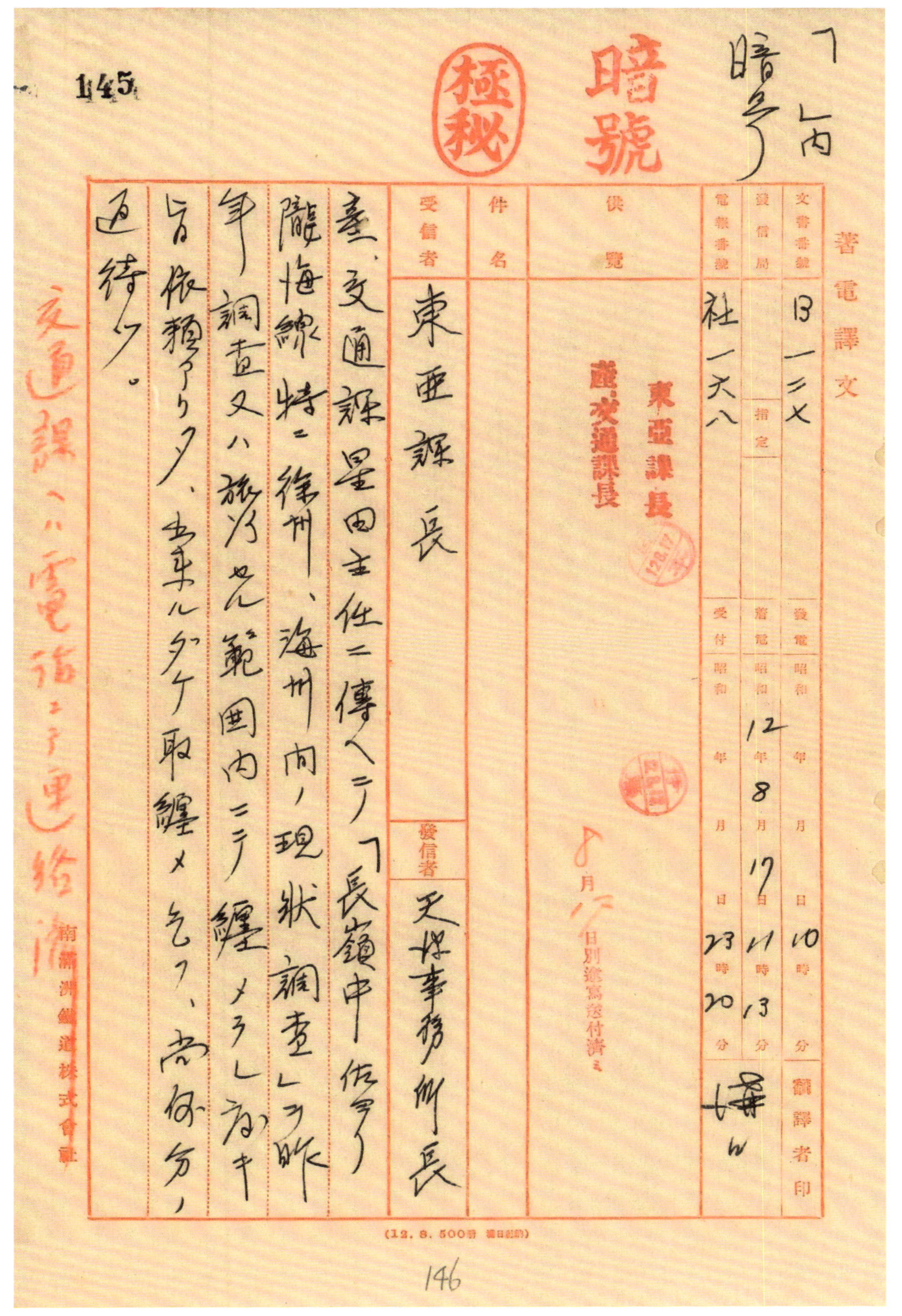

145

極秘

暗號

暗号

著電譯文

文書番號	13一三七
發信局	
電報番號	社一大八
指定	

供覽：東亞課長、産．交通課長

發電	昭和　年　月　日10時　分
著電	昭和12年8月17日11時13分
受付	昭和　年　月　日23時20分

8月17日別途寫送付濟ミ

受信者：東亜課長

發信者：天津事務所長

産、交通課星田主任ニ傳ヘラレ度「長嶺中佐ヨリ隴海線特ニ徐州、海州间ノ現状調査方昨年調查又ハ旅行ノ範囲内ニテ纏メラレ度キ旨依頼アリタ、出来ル丈ケ取纏メ急ギ、當分ノ通待ツ。

交通課ヘハ電話ニテ連絡濟

南滿洲鐵道株式會社

(12. 8. 500冊 織日記錄)

146

天津事务所长关于军需品卸货事致总裁室东亚课长的电文（一九三七年八月十七日）

45

寫　極秘

著電譯文

文書番號	發信局	電報番號	指定
1B 一四六		二〇六	山十ム二

	昭和	年	月	日	時	分
發電	昭和	12	8	17	20	30
着電	昭和	12	8	18	9	26
受付	昭和				13	30

飜譯者印：今野

供覽：埠頭事務所長　文書課長　人事課長
8月19日別途寫送付済

件名：軍需品陸揚ニ関スル件

受信者：東亜課長

發信者：天津事務所長

陸軍運輸部ノ命令ニヨリ十一日大連発三日塘沽到着軍需品陸揚ニ従事中ナリシトコロ帽島丸以下船舶ニ医支京務員日人二、満人一七名ノ代表者大連埠頭船舶助役佐野連絡ノ為本日来所セルカ当所トシテハ北支那駐屯軍ニ通知シ夜ニ付本件ノ経緯適知セシメ今後斯ル場合ニハ当所ニモ連絡ノ上ニテ取扱[illegible]司[illegible]事

南滿洲鐵道株式會社

(12. 8. 500部 [illegible])

47

天津事务所长关于请经由青岛总领事馆向日高参事官转发感谢电事致总裁室东亚课长的电文（一九三七年八月十七日）

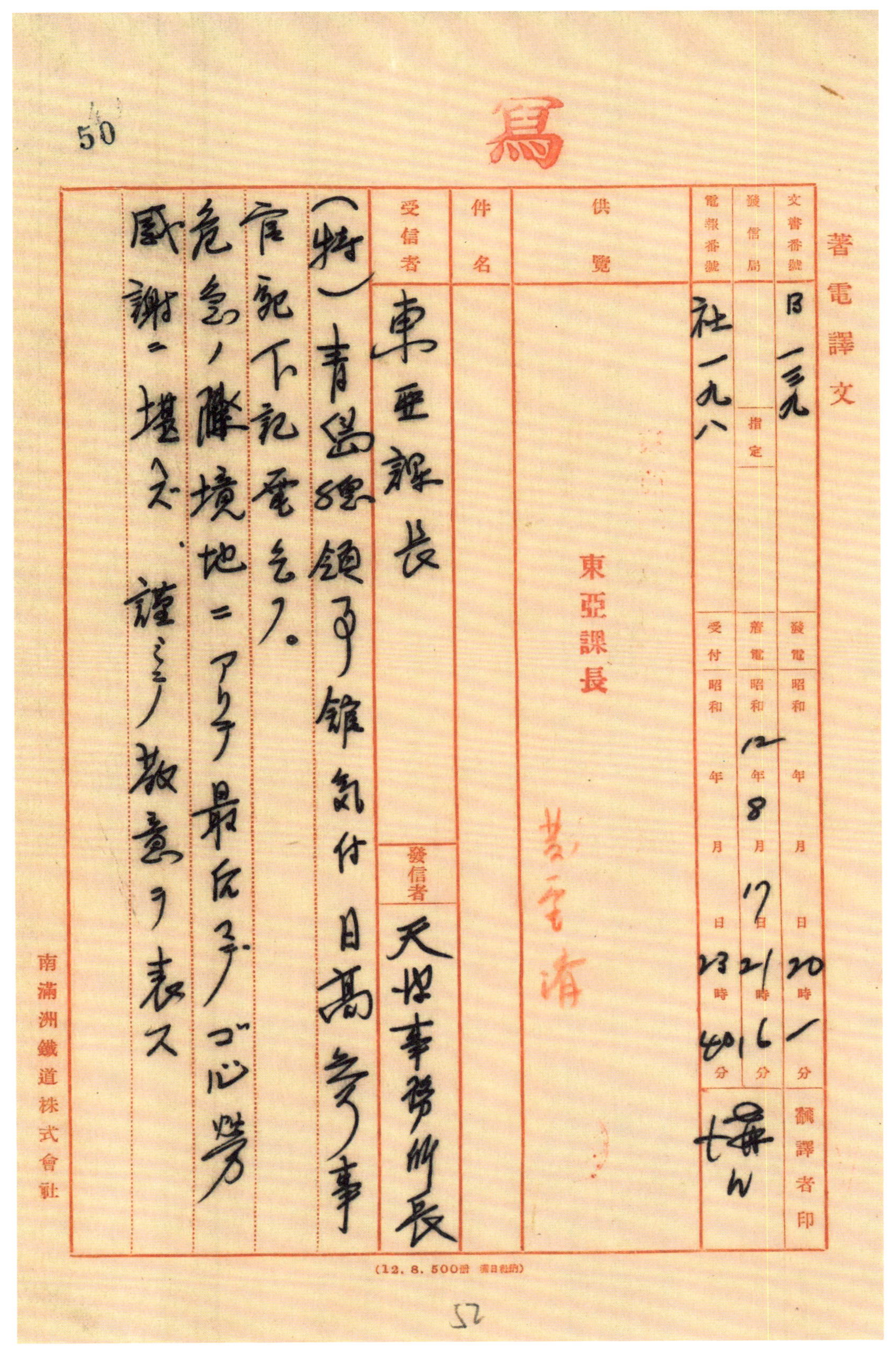
50

寫

著電譯文

文書番號	發信局	電報番號	指定
日一三九		社一九八	

	昭和 年	月	日	時	分
發電				20	1
着電	12	8	17	21	16
受付				23	40

飜譯者印

供覽 東亞課長

件名

受信者 東亞課長

發信者 天津事務所長

（特）青島總領事館氣付日高參事官宛下記電乞フ。

危急ノ際境地ニアリテ最后迄ノゴ心労感謝ニ堪ヘズ謹ミテ敬意ヲ表ス

南滿洲鐵道株式會社

（12. 8. 500冊）

52

天津事务所长关于因医疗机构不足请暂缓派遣带病社员事致总裁室东亚课长转卫生课长的电文（一九三七年八月十七日）

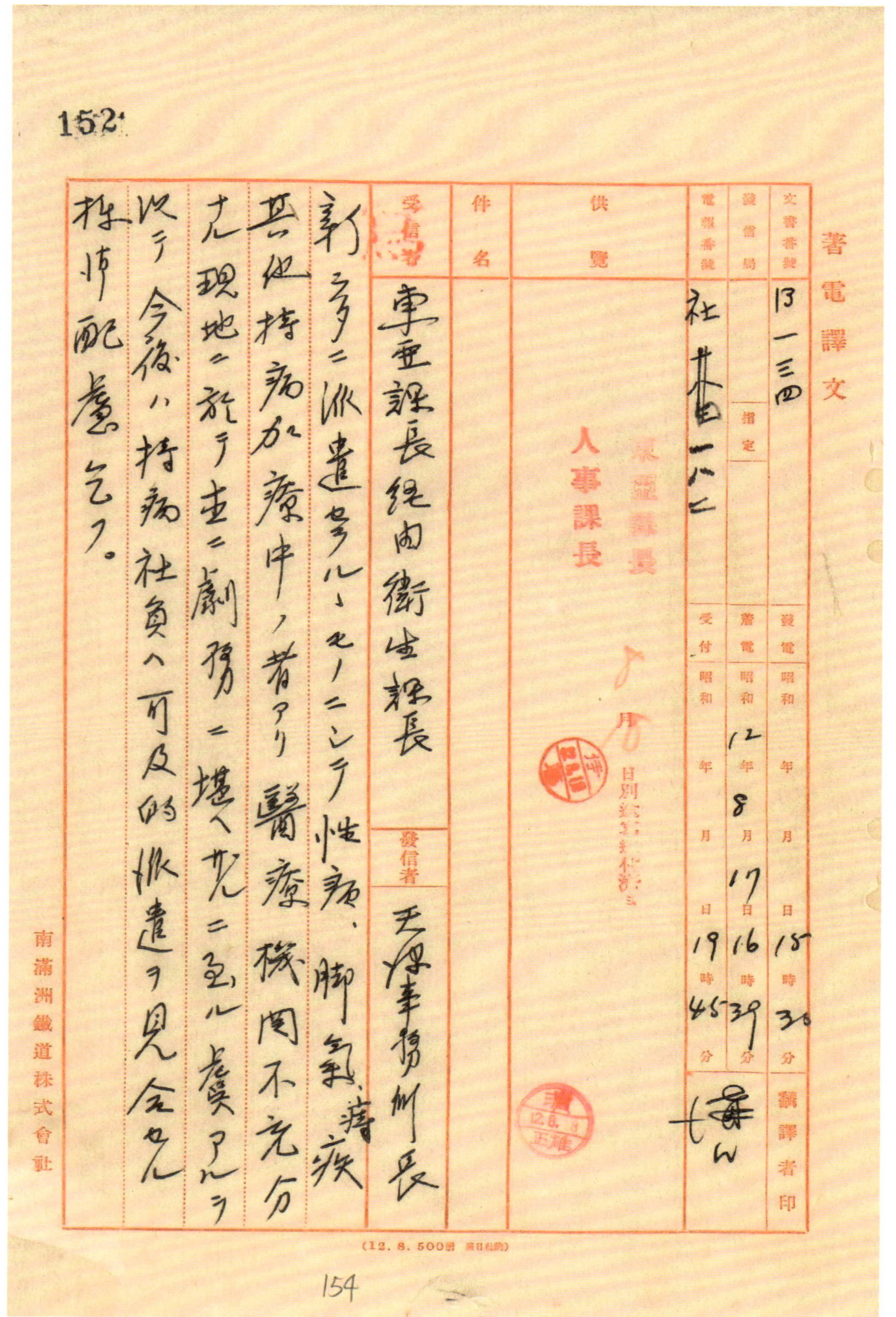

152

著電譯文

文書番號	發信局	電報番號
13一三四	社	一八二

	年	月	日	時	分
發電 昭和				15	30
着電 昭和	12	8	17	16	39
受付 昭和				19	45

供覽：東亞課長　人事課長

受信者：東亞課長經由衛生課長

發信者：天津事務所長

新ニ派遣セルモノニシテ性病、脚氣、痔疾其他持病加療中ノ者アリ醫療機関不充分ナル現地ニ於テ重ニ劇務ニ堪ヘサルニ至ル虞アルヲ以テ今後ハ持病社員ハ可及的派遣ヲ見合セル様特ニ配慮乞フ。

南滿洲鐵道株式會社

(12. 8. 500冊)

154

天津事务所长关于请派遣日本人护士且能兼作翻译及外科助手事致总裁室东亚课长转卫生课长的电文
（一九三七年八月十七日）

153

著電譯文

文書番號 13一三五
發信局 社
電報番號 一八三
指定

供覽 東亞課長 人事課長

8月 日別途寫送付濟ミ

發電 昭和 年 月 日 15時 30分
着電 昭和 12年 8月 17日 16時 39分
受付 昭和 年 月 日 19時 45分

飜譯者印 七海

件名

受信者 東亞課長經由衛生課長

發信者 天津事務長

十六日六一号電見看護手派遣ノ件適訳ヲ兼ネ得ル日本人外科助手ナレハ更ニ可ナリ、救護班長ヨリ発信元電ハ總ヲ回議第ヲ次ニ天津事務所ヲ通過せしものナリ、尚ホ本件衛生課長宛臨時機便ヲモ天津事務課長ノ一覧

（12. 8. 500冊）

135

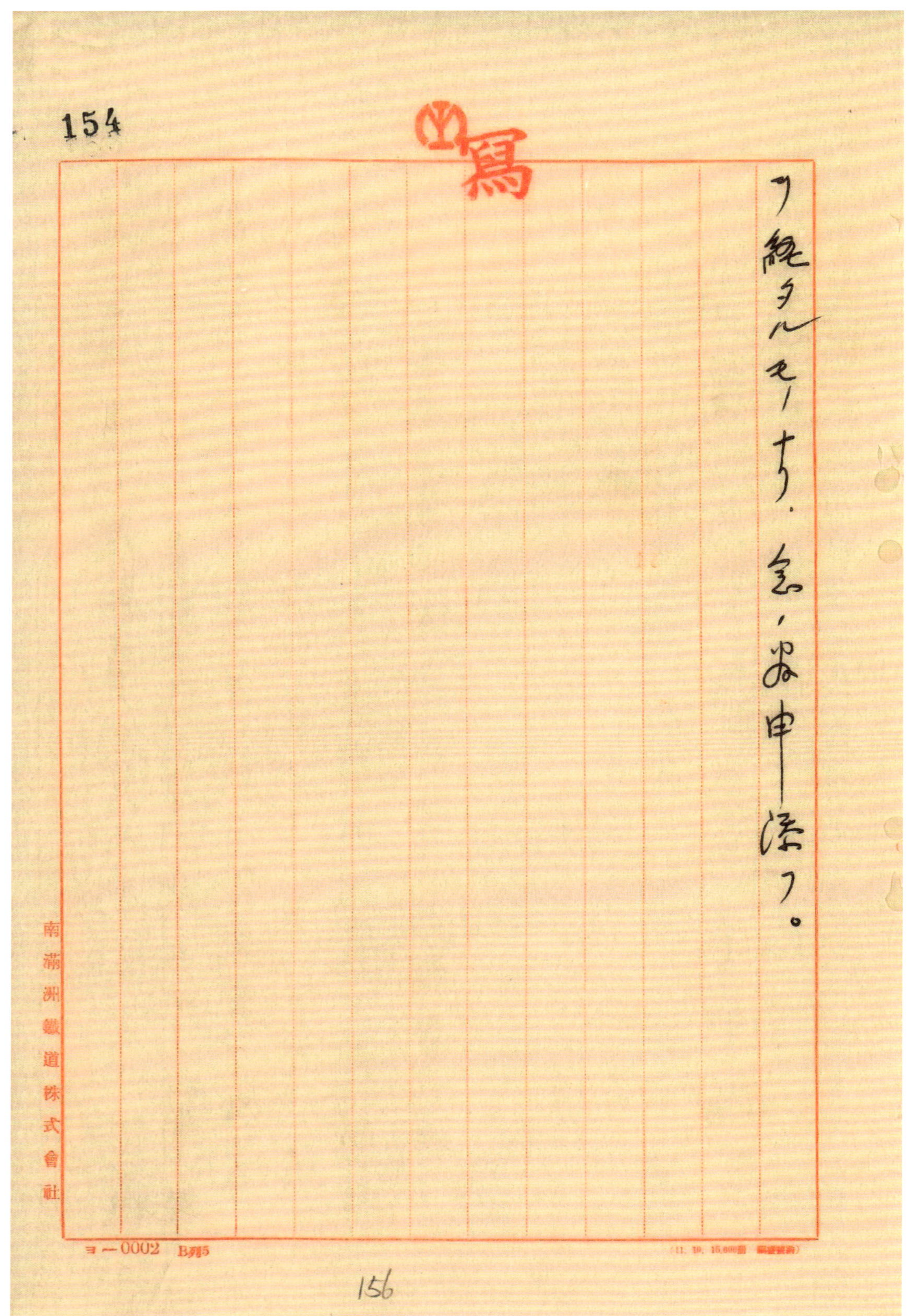

154

寫

ヲ絶タルモノナリ。念ノ為申添フ。

南満洲鐵道株式會社

ヨ－0002 B列5

156

天津事务所长关于通州殉职员工葬礼要准备北宁局长名义花环事致总裁室东亚课长的电文
（一九三七年八月十七日）

151

著電譯文

文書番號 13一三三
發信局
電報番號 社一八五
指定

供覽
東亞課長
總、庶務課長
人事課長
文書課長
總社課長

件名

受信者 東亞課長

發信者 天津事務所長

發電 昭和 年 月 日 15時 30分
着電 昭和12年8月17日16時44分
受付 昭和 年 月 日 19時 45分
飜譯者印

8月 日別途寫送付濟ミ

通州殉職者葬儀ニ際シ北寧局通州縣所主任錦縣螢氏ヲ派遣シ局長ノ弔辭並ニ香奠ヲ携帶ス、局長名ノ花環ノ用意乞フ、錦主任ハ山鎖顧問ノ秘書ナルニ付念ノ為附添ノハズニ付念

南滿洲鐵道株式會社

（12. 8. 500冊）

153

天津事务所长关于送交通州殉职员工记录事致总裁室弘报课长、东亚课长的电文（一九三七年八月十七日）

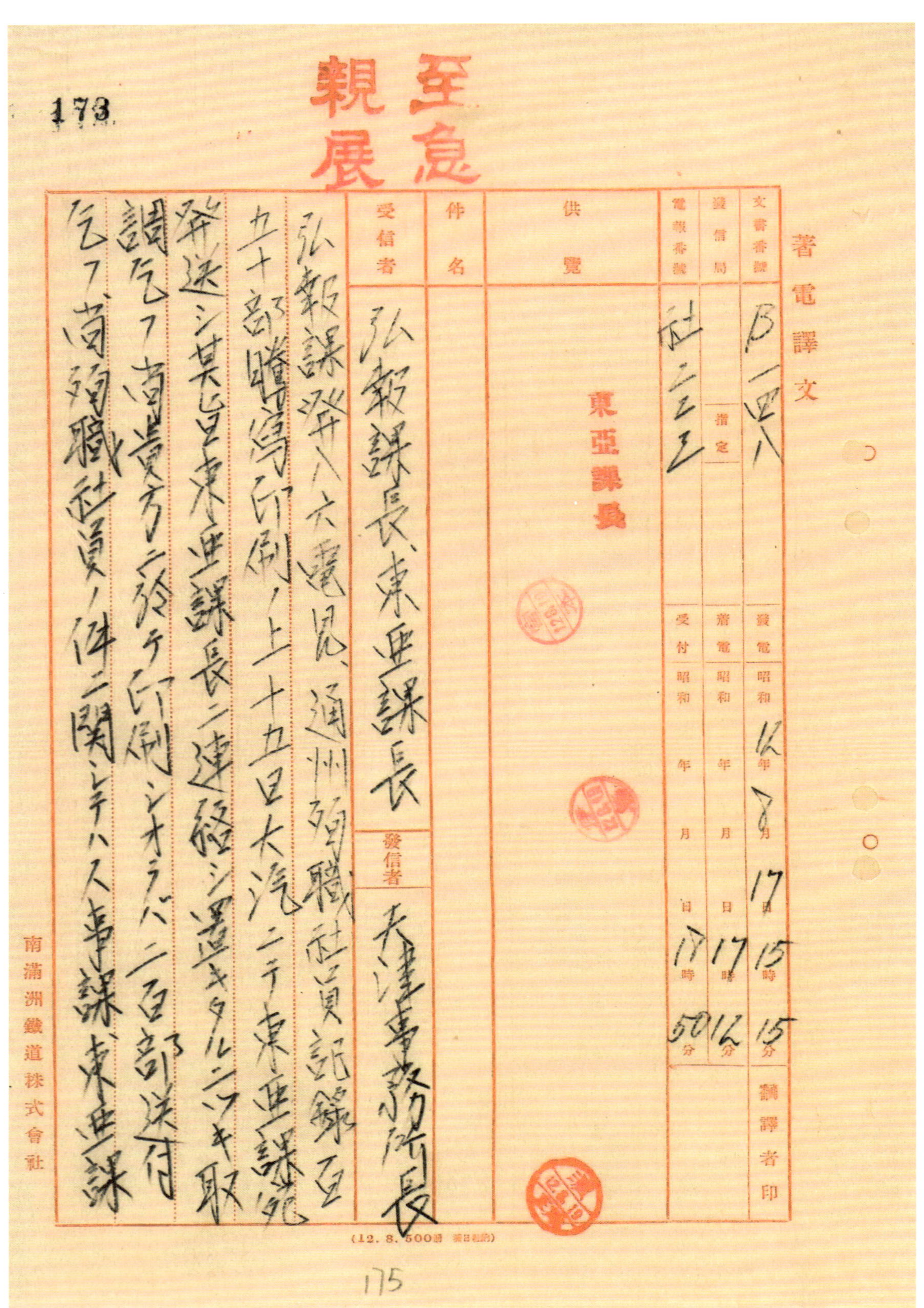
173

至急
親展

著電譯文

文書番號	發信局	電報番號
B一四八		社三三

指定

發電 昭和12年8月17日15時15分
着電 昭和　年　月17日17時12分
受付 昭和　年　月17日18時50分

飜譯者印

供覧：東亜課長

受信者：弘報課長、東亜課長

件名：

發信者：天津事務所長

弘報課発八六電見、通州殉職社員記録五十部謄写印刷ノ上十五日大汽ニテ東亜課宛発送シ其旨東亜課長ニ連絡シ置キタルニツキ取調ヘ乞フ、貴方ニ於テ印刷シオラバ二百部送付乞フ、尚殉職社員ノ件ニ関シテハ人事課、東亜課

南満洲鐵道株式會社

（12. 8. 500冊）

175

1174
極祕課ニ連絡シ居ルニ付可然連絡アレ。
南滿洲鐵道株式會社
ヨ—0002 B列5
176

天津事务所长关于通知坂谷理事无法参加董事会事致总裁室东亚课长的电文（一九三七年八月十七日）

578

著電譯文

文書番號	B.一四三
發信局	
指定	
電報番號	二〇八
發電	昭和12年8月17日9時30分
着電	昭和年月日9時38分
受付	昭和年月日13時20分
翻譯者印	（印）12.8.17 正雄

供覽：東亞課長、總、庶務課長、文書課長

8月18日 別途寫送付濟

件名：

受信者：東亞課長

發信者：天津事務所長

（往）十七日文書課長発一〇一電ニ依ル二〇日開催予定ノ重役會議ニハ（坂谷）理事都合ニ依リ出席不能ニ付然ルベク取計ヒ乞フ

南滿洲鐵道株式會社

（12.8.500冊 福日印刷）

591

天津事务所长关于池田永康男等职员业已抵津事致总裁室东亚课长的电文（一九三七年八月十七日）

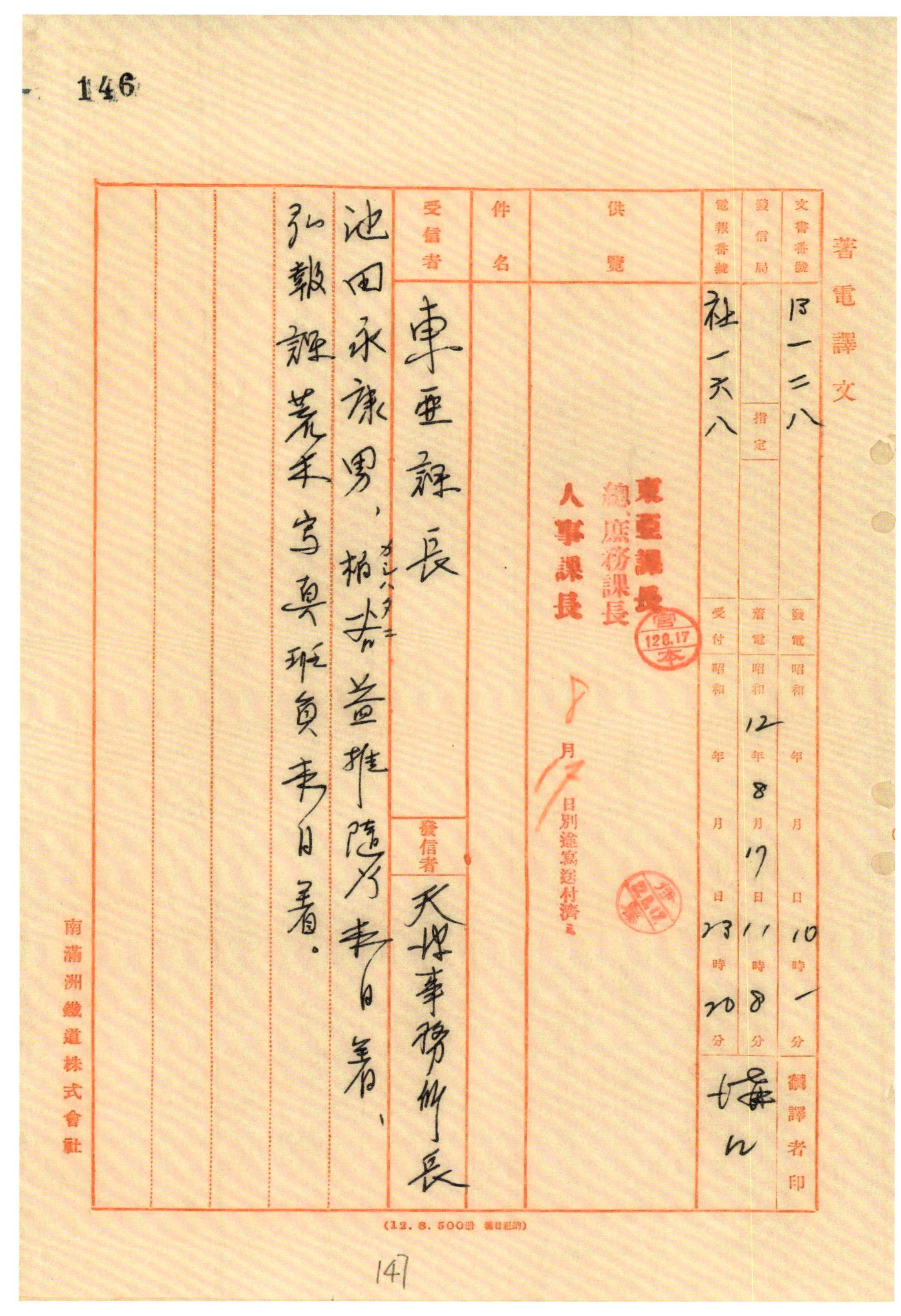

146

著電譯文

文書番號 13一二八

電報番號 社一六八

發信局

指定

發電 昭和 年 月 10日 1時 分

着電 昭和 12年 8月 17日 11時 8分

受付 昭和 年 月 23日 時 20分

供覽 東亞課長 總、庶務課長 人事課長

8月 日別途寫送付濟

件名

受信者 東亞課長

池田永康男、柏若益推隆乃本日着、弘報課荒木写真班員本日着。

發信者 天津事務所長

飜譯者印

南滿洲鐵道株式會社

（12.8.500冊 滿日印刷）

147

天津事务所长关于拟定派遣人员住宿状况列表事致总裁室东亚课长函（一九三七年八月十八日）

427

天事變三七第三四四號
昭和十二年八月十八日

天津事務所長

總東庶37第2號ノ234

總裁室 東亞課長殿

人事課長
別紙奉送ス

東亞課 12.8.25 受付

時局派遣社員宿舎狀況報告ノ件

時局ノ為當地ヘ派遣セラレ居ル社員宿舎狀況八月七日ヨリ十一日迄ノ分左記ノ通報告ス

記

	第一宿舎			第二宿舎			第三宿舎			計		
	收容定員	現在員數	收容餘力	收容定員	現在員數	收容餘力	收容定員	現在員數	收容餘力	收容定員	現在員數	收容餘力
八月七日	二二〇	一六六	五四	一七六	一一一	六五	一〇八	一〇六	二	五〇四	三八三	一二一
八日	二二〇	一八四	三六	一七六	一一二	六四	一〇八	一〇六	二	五〇四	四〇三	一〇二
九日	二二〇	一七四	四六	一七六	一一一	六五	一〇八	五四	五四	五〇四	三三九	一六五

436

4287

八月一〇日	二〇六	一六八	三八	一七六	一一一	六五	一〇八	六三	四五	四九〇	三四二	一四八
一一日	二〇六	一八九	一七	一七六	一一八	五八	一〇八	一〇八	ナシ	四九〇	四一五	七五

右三箇所ノ宿舎ハ當所ニ於テ指定セルモノノミニシテ派遣員中業務ノ關係上列車内ニ宿泊スル者又ハ臨時ニ家屋ヲ借入レ使用中ノ者ハ含マス

右ノ外第四宿舎（約三〇名收容可能、現在收容人員ナシ）

第五宿舎（約三〇名收容可能、現在收容人員二〇名）第六宿舎（保線區員約一〇〇名收容）アリ

437

天津事务所长关于将赴连参加所员殉职葬礼事致总裁室东亚课长的电文（一九三七年八月十八日）

177

書電譯文

文書番號	B一五一
發信局	
電報番號	社二二五
指定	ウナ
發電	昭和12年8月18日18時0分
着電	昭和 年 月 日21時10分
受付	昭和 年 月 日13時13分

供覽：中西社（?）、金子（?）、稲垣課長（?）

受信者：東亜課長

件名：

發信者：天津事務所長

小職殉職所員葬儀参列ノ為十九日七時二〇分発列車ニテ赴連ス到着時刻ハ北寧線列車運行未定ノタメ未定、

日別途寫送付濟ミ

南滿洲鐵道株式會社

(12. 8. 500冊)

179

天津事务所长关于中村幸次因病被天津事务所收容，预计十天后归任事致总裁室东亚课长、人事课长的电文（一九三七年八月十八日）

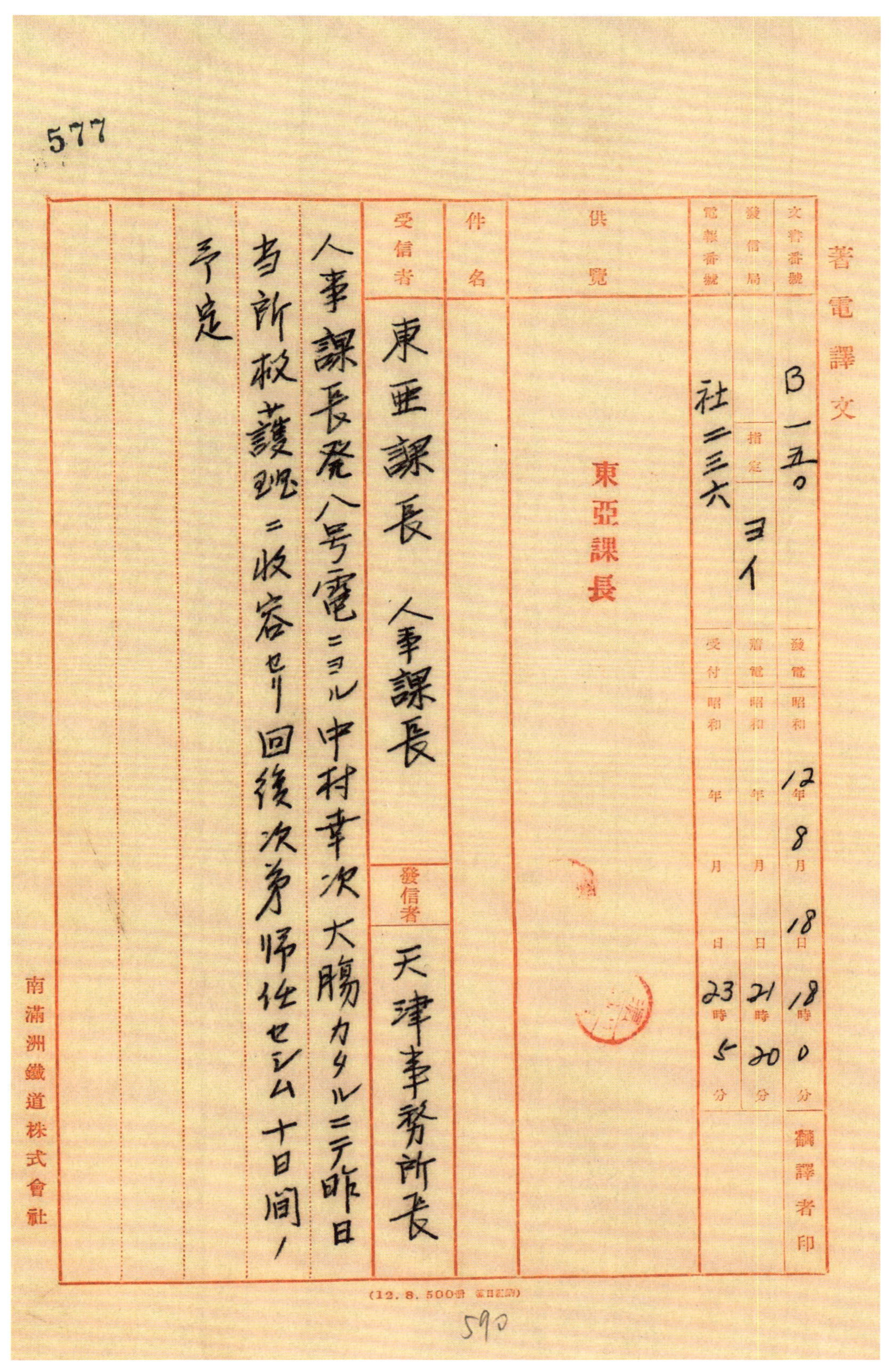

577

著電譯文

文書番號	發信局	電報番號
B一五〇		社二三六

指定：ヨイ

發電：昭和12年8月18日18時0分
着電：昭和　年　月　日21時20分
受付：昭和　年　月　日23時5分

飜譯者印

供覽：東亞課長

件名：

受信者：東亞課長　人事課長

發信者：天津事務所長

人事課長発八号電ニヨル中村幸次大腸カタルニテ昨日当所救護班ニ收容セリ回復次第帰任セシム十日間ノ予定

南滿洲鐵道株式會社

（12. 8. 500冊 [illegible]）

590

天津事务所长关于阪谷、十河与银行公会代表、天津三家银行负责人开会研究天津金融界的稳定问题事致总裁室东亚课长的电文（一九三七年八月十八日）

573

著電譯文

文書番號	電報番號	發信局	指定	發電	着電	受付
13一五二	社二三九			昭和12年8月18日19時30分	昭和 年 月 日21時36分	23時50分

供覽

件名

受信者 東亜課長

發信者 天津事務所長

昨夜阪谷、十河、両氏ハ当地銀行公會代表、中国交通、金城三行支配人ト會談（カイダン）天津金融界ノ安定ニ関スル主義上ノ協調了解ニ達シ毎週水、土、ノ午餐ヲ共ニシツツ談合スルコト「随時必要ノ日ハ何日ニテモ」ヲ決定セリ　其ノ一回ヲ本日開會　当方阪谷、十河、毛利、本職　先方ハ金融

南滿洲鐵道株式會社

（12. 8. 500冊）

586

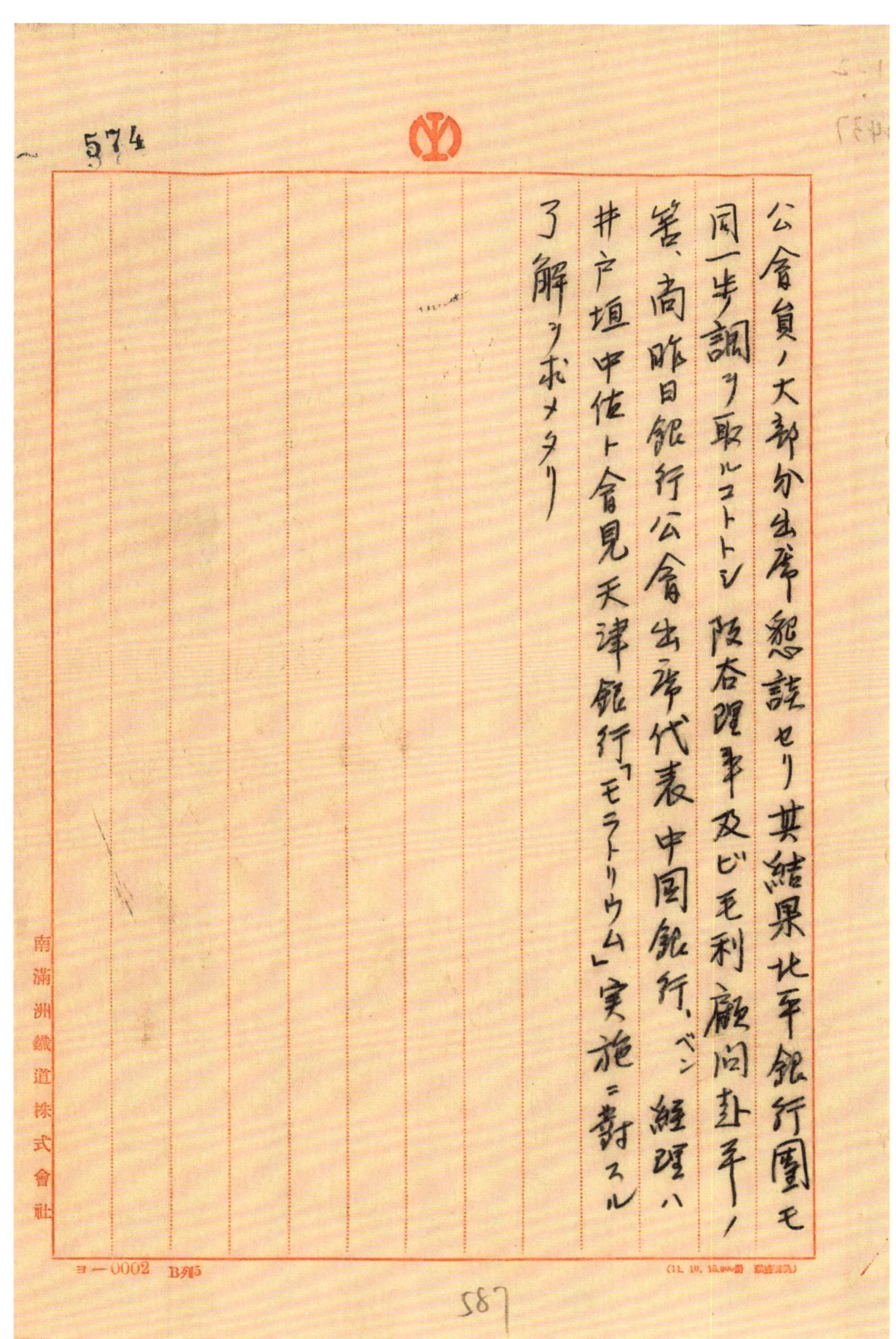

574

公會員ノ大部分出席懇談セリ其結果北平銀行團モ同一歩調ヲ取ルコトトシ阪谷理事及ビ毛利顧問赴平ノ筈、尚昨日銀行公會出席代表中国銀行、ベン經理ハ井戸垣中佐ト會見天津銀行「モラトリウム」実施ニ對スル了解ヲ求メタリ

南滿洲鐵道株式會社

ヨー0002　B列5

587

天津事务所长关于通知中村幸次病情状况事致总裁室弘报课长、人事课长的电文（一九三七年八月十八日）

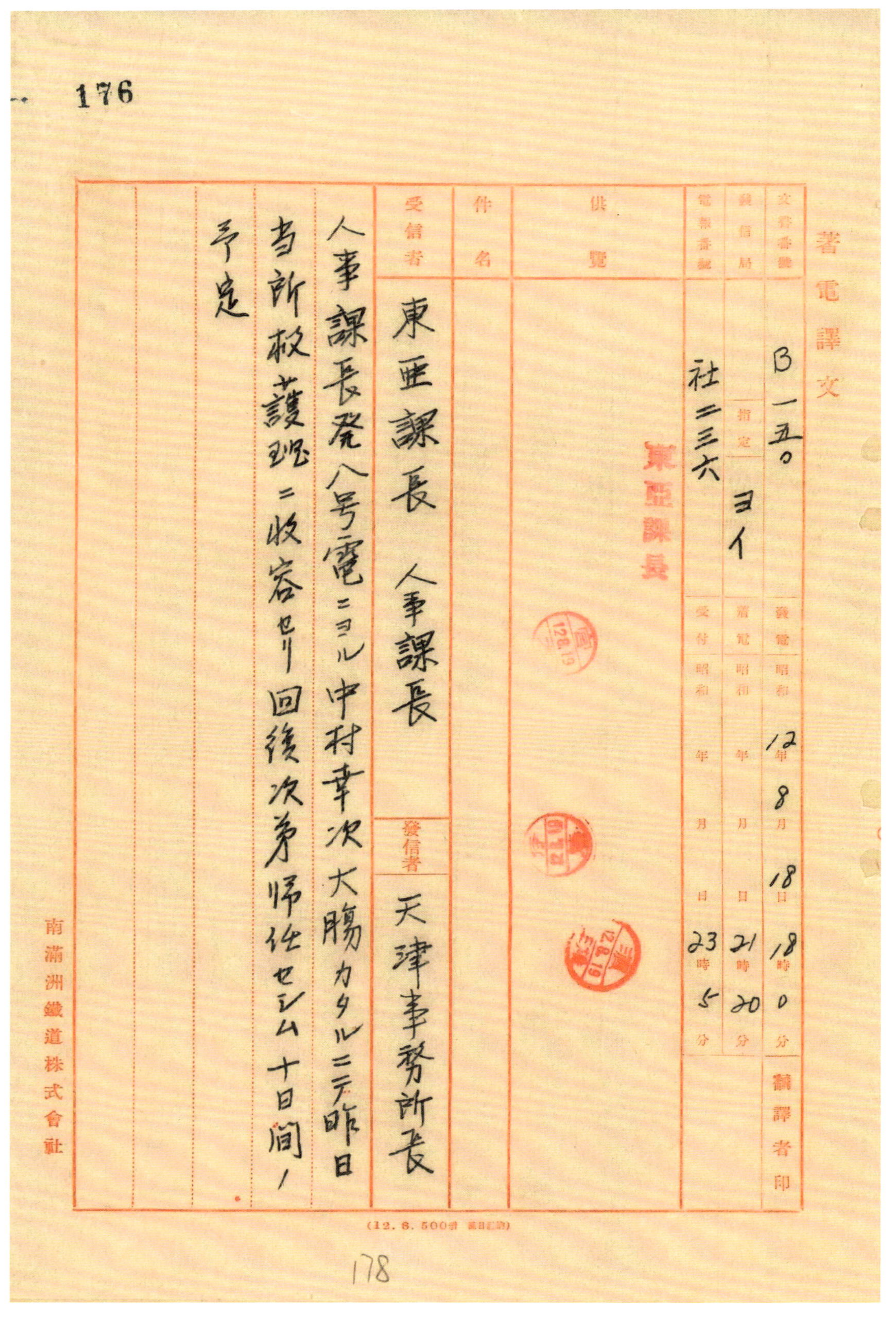
176

著電譯文

文書番號 B一五〇
發信局 ヨイ
電報番號 社二三六
指定

發電 昭和12年8月18日18時0分
着電 昭和 年 月 日21時20分
受付 昭和 年 月 日23時5分

飜譯者印

供覽 東亞課長

件名

受信者 東亞課長 人事課長

發信者 天津事務所長

人事課長発八号電ニヨル中村幸次大腸カタルニテ昨日当所救護班ニ収容セリ回復次第帰任セシム十日間ノ予定

南滿洲鐵道株式會社

(12. 8. 500冊)

178

天津事务所庶务课长关于询问天津东机局营房延长线工程费结算负责部门等问题事致总裁室东亚课长、铁道总局长的电文（一九三七年八月十八日）

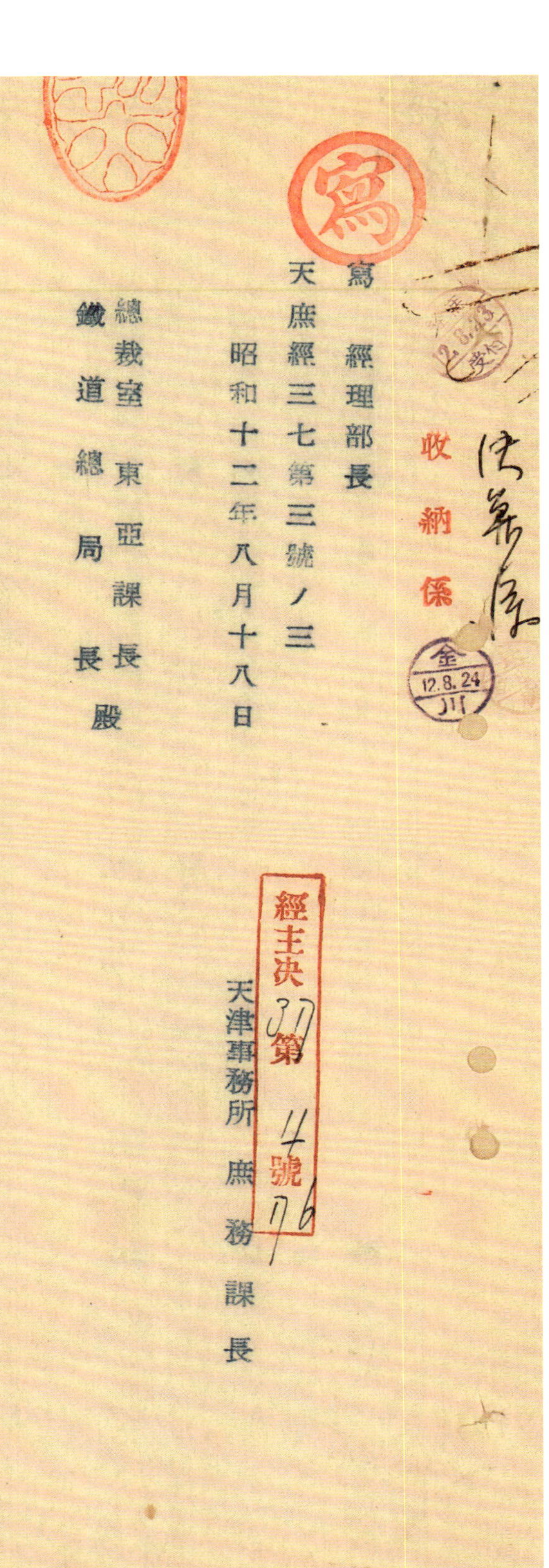
175

寫

寫 經理部長

天庶經三七第三號ノ三

昭和十二年八月十八日

總裁室 東亞課長

鐵道總局 長 殿

天津事務所 庶務課長

收納係

經主決37第4號76

天津東機局兵舍ニ至ル引込線工事費整理ニ關シ勘定管掌箇所其ノ他照會ノ件

本件關係指令文書ノ主ナルモノ次ノ如シ

一、滿鐵總東三七第一號一一（昭和十二年七月二十四日附）

七月二十三日附電見機器局兵營ニ至ル引込線工事ヲ滿鐵請負トシ之カ所要資金金六萬圓立替拂差支ナシ

右命ニ依ル

二、鐵道總局長ヨリ天津事務所長宛電報（七月二十四日附）

天津東站ヨリ分岐ノ軍專用線路八粁分材料發送手配スミ、本專用線敷

198

176

設工事ハ總局修理班ニ於テ之ヲ爲スモ之カ敷設ニ關スル契約書ハ山領顧問トモ相談ノ上天津事務所長ニ於カレテ天津軍トノ間ニ締結相成度

尚其ノ寫一部當方ニ送付相成度

三、鐵道總局長ヨリ天津輸送班長宛電報（八月三日附）

天津東站東機局兵營間軍事專用線新設工事至急施行スヘシ

イ、施行理由

天津軍ヨリノ委託ニ因ル

ロ、施行大要

天津事務所竝天津軍司令部ト打合セノ上左記ニ依リ施行ノコト

軌條竝附屬品（分岐ヲ含ム）　天津事務所支給

枕　木　〃

土工約三萬七千立方米

軌道新設（分岐二組共）　約八千米

通信電線路新設　約七千米

其ノ他附帶工事一式

199

177

尚本線路用地ハ天津軍務所ニテ手配ノ管

ハ、施行概算　假拂金　鐵道　雜口（北支）　六萬圓

路線材料費ハ除外

ニ、期限

可及的速ニ施行ノコト

註　概算金不足ノ場合ハ速ニ通知スルコト

四、鐵道總局長ヨリ天津輸送班長宛電報（八月七日附）

三日當發第一八二、一八三、一八四號電報ニ依ル天津東站軍專用線新

設工事ノ中施行理由ヲ左記ノ通訂正ス

（理由　關東軍ヨリノ委託ニ因ル）

右文書ニ關シ左記事項ニ付詮議ノ上何分ノ御指示相成度

一、本件請負工事契約ノ成立經過及前記第一項、第二項、第三項ロ號等ノ

文書ヨリ觀ルトキハ立替金ノ勘定ハ當所ニ於テ管掌サルヘキモノトモ

思料セラルルカ第三項ハ號ニ於テ鐵道假拂金整理トアリ右ハ本件關係

費ノ全部ヲ鐵道總局ニ於テ總括決算スルノ意ナリヤ

200

178

二、前記第二項文書ニ於テ天津事務所長ハ天津軍ト契約締結サレタシトアルモ第四項文書ニ依レハ工事施行理由トシテ關東軍ノ委託ニ因ルトアリ從而又工事請負契約ノ締結モ鐵道總局又ハ其ノ他適當箇所ニ於テ關東軍ト行フコトニ變更サレタルモノナリヤ

以上

201

天津事务所长关于阪谷、十河同天津银行代表团会谈事致总裁室东亚课长的函（一九三七年八月十九日）

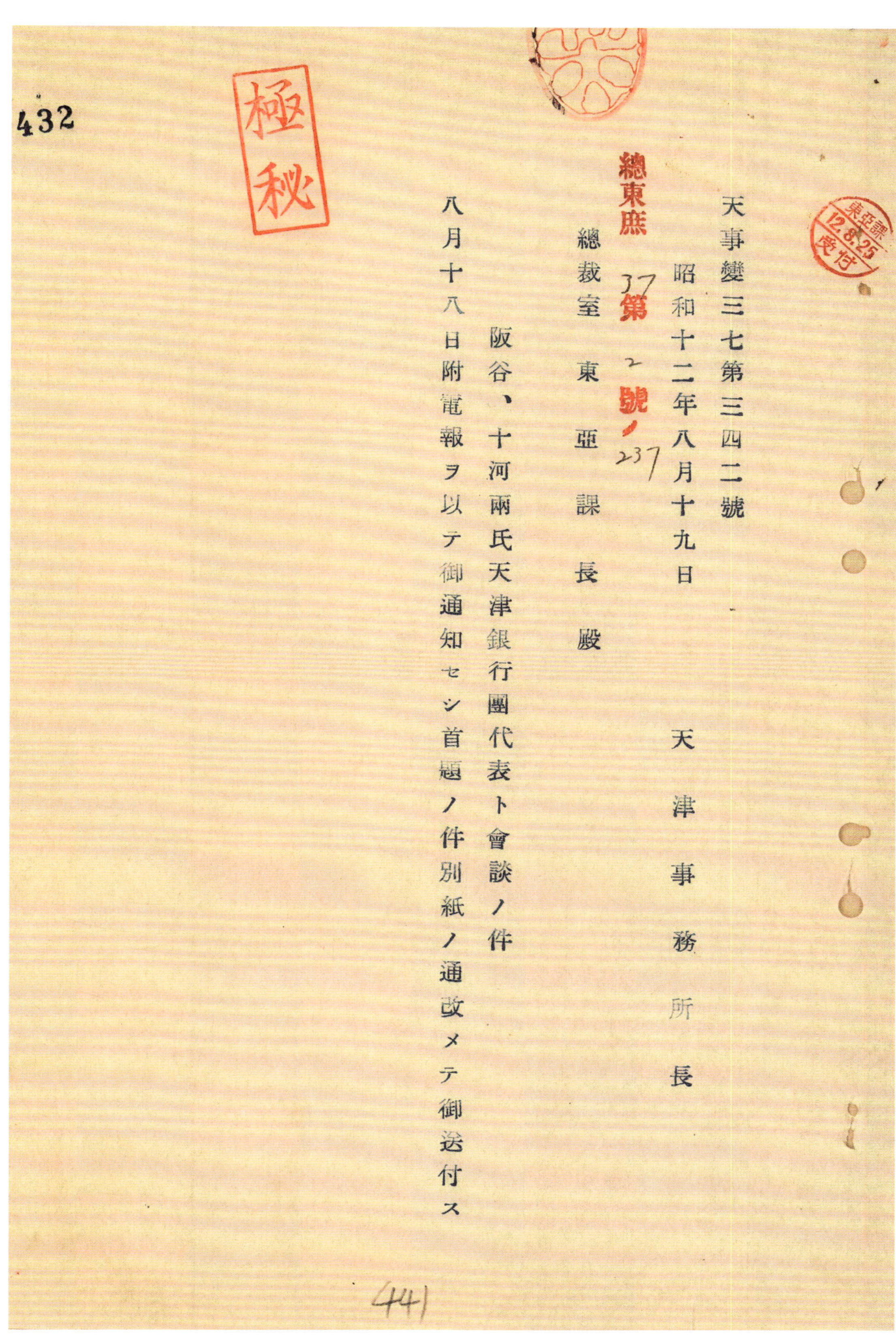
432

極秘

天事變三七第三四二號

昭和十二年八月十九日

天津事務所長

總東庶第37號ノ2 237

總裁室東亞課長殿

阪谷、十河兩氏天津銀行團代表ト會談ノ件

八月十八日附電報ヲ以テ御通知セシ首題ノ件別紙ノ通改メテ御送付ス

(441)

附：阪谷、十河两家同天津银行代表团会谈情况

433

昭和十二年八月十八日

天津事務所長

總裁室東亞課長 殿

阪谷、十河兩氏天津銀行團代表ト會談ノ件

昨日阪谷、十河兩氏ハ當地銀行公會代表、中國交通、金城三行支配人ト會談天津金融界ノ安定ニ關スル主義上ノ協調ノ了解ニ達シ毎週水、土ノ午餐ヲ共ニシツツ談合スルコト（隨時必要ノ際ハ休時ニテモ）ヲ決定セリ

其ノ第一回ヲ本日開會當方阪谷、十河、毛里、本職先方ハ銀行公會員ノ大部分出席懇談セリ其ノ結果北平銀行團モ同一歩調ヲトルコトトシ阪谷理事及毛里顧問赴平ノ筈、尚昨日銀行公會主席代表中國銀行卞經理ハ井土垣少佐ト會見天津銀行モラトリウム實施ニ對スル了解ヲ求メタリ

442

天津事务所长关于请派遣十名庶务课职员事致总裁室东亚课长的电文（一九三七年八月十九日）

187

著電譯文

文書番號	發信局	電報番號
日、一五九		二五二

發電	着電	受付
昭和12年8月19日14時0分	昭和年8月19日16時13分	昭和年8月19日19時47分

供覧：人事課長　東亜課長

受信者：東亜課長

發信者：天、事、長

庶務方面ニ明八日事務手十名至急詮議ノ上派遣乞フ

8月20日別途寫送付濟

南滿洲鐵道株式會社

(12. 8. 500冊)

189

天津事务所长关于说明殉职社员功绩事致总裁室东亚课长的电文（一九三七年八月十九日）

698

著電譯文

文書番號	發信局	電報番號	指定	受信者	件名	供覧	發信者
13.一五七		二五三	ウニ	東亜課長		東亜課長 文書課長 人事、總、庶務課長	天事長

	昭和	年	月	日	時	分
發電	昭和	12	8	19	14	0
着電	昭和			5	16	41
受付	昭和				20	5

飜譯者印：田中

8月20日別途寫送付濟ミ

人事課長十八日三六号電返 殉職社員ノ功績トシテ（水野）職員ノ執筆セル平津原稿[illegible]遭難情況並ニ（華北汽車公司）原稿通州兵變ノ状況報告等一五日東亜課宛送付シ置ケルニ付右御参照相成リ度 尚故（高橋）副参事ハ通州在郷軍人分會長防備團長等ニ就任

南滿洲鐵道株式會社

ヨ－8017 B列5

（12. 1. 1.500冊 營城發印）

714

通州在留民ノ保護（ホエイ）の、ニ当リタルコト（岩崎）三名ハ北寧棉花試作所ニ在リテ北支棉花開発ノ先導タリシコト（末永）ハ軍輜重隊ニ従軍後方連絡ニ完全ナラシメタルコト等其主ナル功績ナリ セ サ 前記各資料参照ノコト

南滿洲鐵道株式會社

天津事务所长关于通知坂谷理事本日前往北平事致总裁室东亚课长的电文（一九三七年八月十九日）

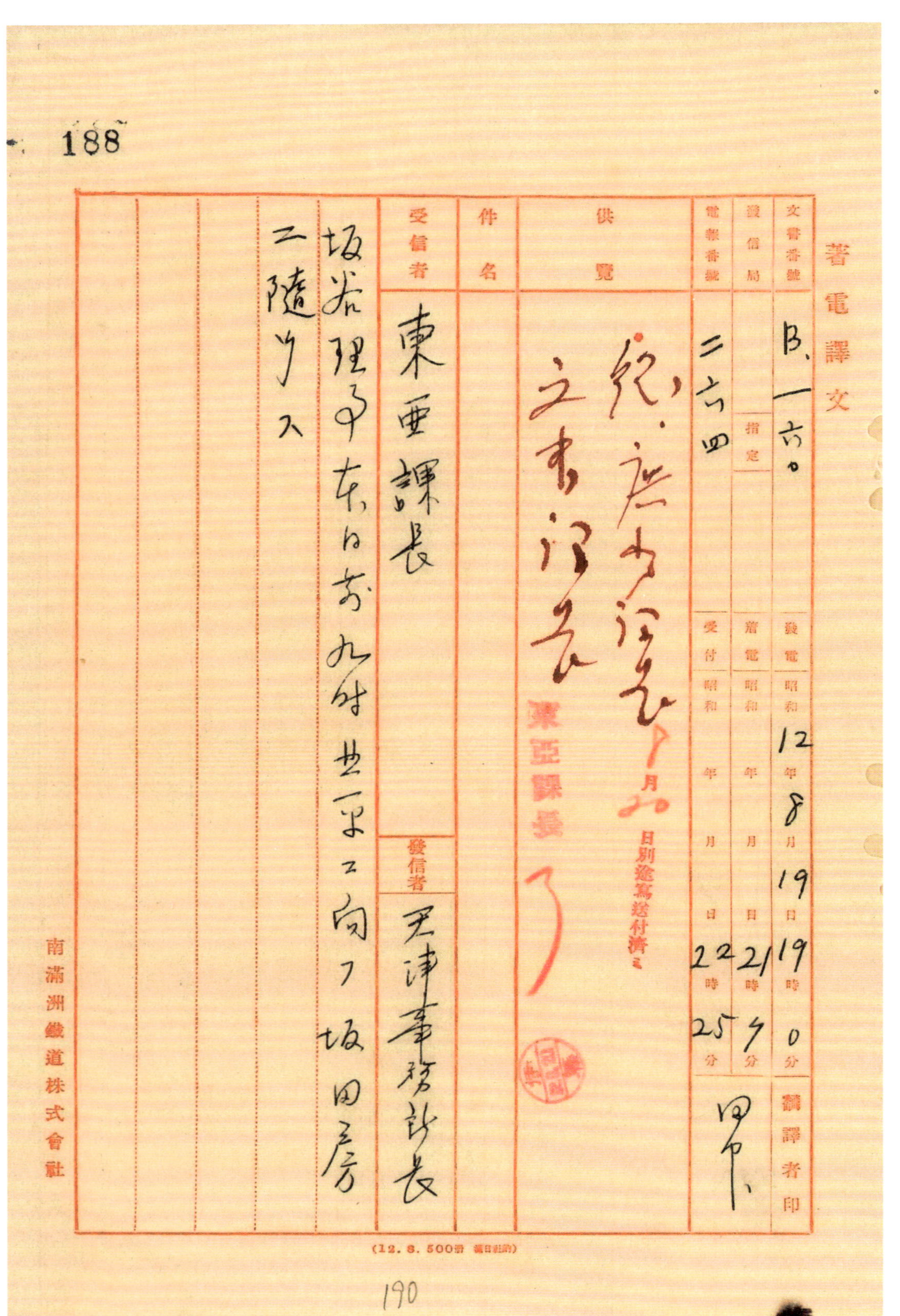

188

著電譯文

文書番號	發信局	電報番號
B.一六〇		二六四

	發電	着電	受付
昭和	12年8月19日19時0分	21時9分	22時25分

指定

供覧：總裁室長 文書課長

東亞課長 了

8月20日別途寫送付濟

飜譯者印：田中

件名：

受信者：東亜課長

發信者：天津事務所長

坂谷理事本日前九時北平ニ向フ坂田房ニ随ツ入

南滿洲鐵道株式會社

（12.8.500冊 滿日印刷）

190

天津事务所长关于电影班山口、芦泽等人从北平返回天津事致总裁室东亚课长的电文（一九三七年八月十九日）

八186

著電譯文

文書番號 B、一五八
發信局
電報番號 二五〇
指定

供覽 總、庶務課長 人事課長 東亞課長

發電 昭和12年8月19日14時0分
着電 昭和 年 月 日 時 分
受付 昭和 年 8月19日19時35分

翻譯者印 田中

8月20日 別途寫送付濟ミ

受信者 東亞課長

發信者 天、事、長

産、交通課伴孫職員、総裁室映画班ノ芦沢、山口、星野要山、四郎負、協和加藤編輯員一八日北平ヨリ帰津、映画フイルム二包二十一日船又ハ飛機ニテ送ル

南滿洲鐵道株式會社

（12. 8. 500冊）

188

天津事务所长关于报告雇员川崎和荒木行程事致总裁室东亚课长的电文（一九三七年八月十九日）

575

著電譯文

文書番號 B、一五六
電報番號 二四七
發電 昭和12年8月19日12時0分
受付 昭和 年 月 9 日 13 時 17 分

受信者 東亞課長
發信者 天、事、長

東亞課長
人事課長
弘報課

8月19日 別途寫送付濟

雇員川崎ハ南口ヨリ歸津ス、一色ハ北平ヨリ長辛店ヘ荒木八郎ハ坊ヘ本日ソレゾレ出發

入

南滿洲鐵道株式會社

(12. 8. 500部 福日印刷)

588

天津事务所庶务课长关于伊藤所长十九日乘车赴连请派车迎接事致总裁室东亚课长的电文（一九三七年八月十九日）

182

著電譯文

文書番號	發信局	電報番號
B、一五五		二四六

指定

供覽：庶務課長

東亞課長

8月19日別途寫送付濟ミ

	發電	着電	受付
昭和	12年8月19日12時0分	年月日時分	年月13日13時16分

翻譯者印

受信者：東亞課長

件名：

發信者：天津、庶務課長

伊藤所長本十九日通車ニテ（前七時五十分）赴連ス迎ヘ車手配乞フ

南滿洲鐵道株式會社

（12.8.500冊 滿日印刷）

184

天津事务秘长关于报告雇员川崎等人行程事致总裁室东亚课长的电文（一九三七年八月十九日）

183

著電譯文

文書番號	發信局	電報番號
B、一五六		二四七

發電	着電	受付
昭和12年8月19日12時0分	昭和 年 月 日 時 分	昭和 年 8月5日13時17分

供覧：東亞課長　人事課長　弘報課長

8月9日別途寫送付済

受信者：東亞課長

發信者：天、事、長

雇員川崎川口南口ヨリ帰津ス、一色ハ北平ヨリ長辛店ヘ、荒木ハ郎坊ヘ本日ソレゾレ出発

（12.8.500冊）

南滿洲鐵道株式會社

185

天津事务所庶务课长关于悼词业已发送如未收到请联系所长事致总裁室东亚课长的电文（一九三七年八月二十日）

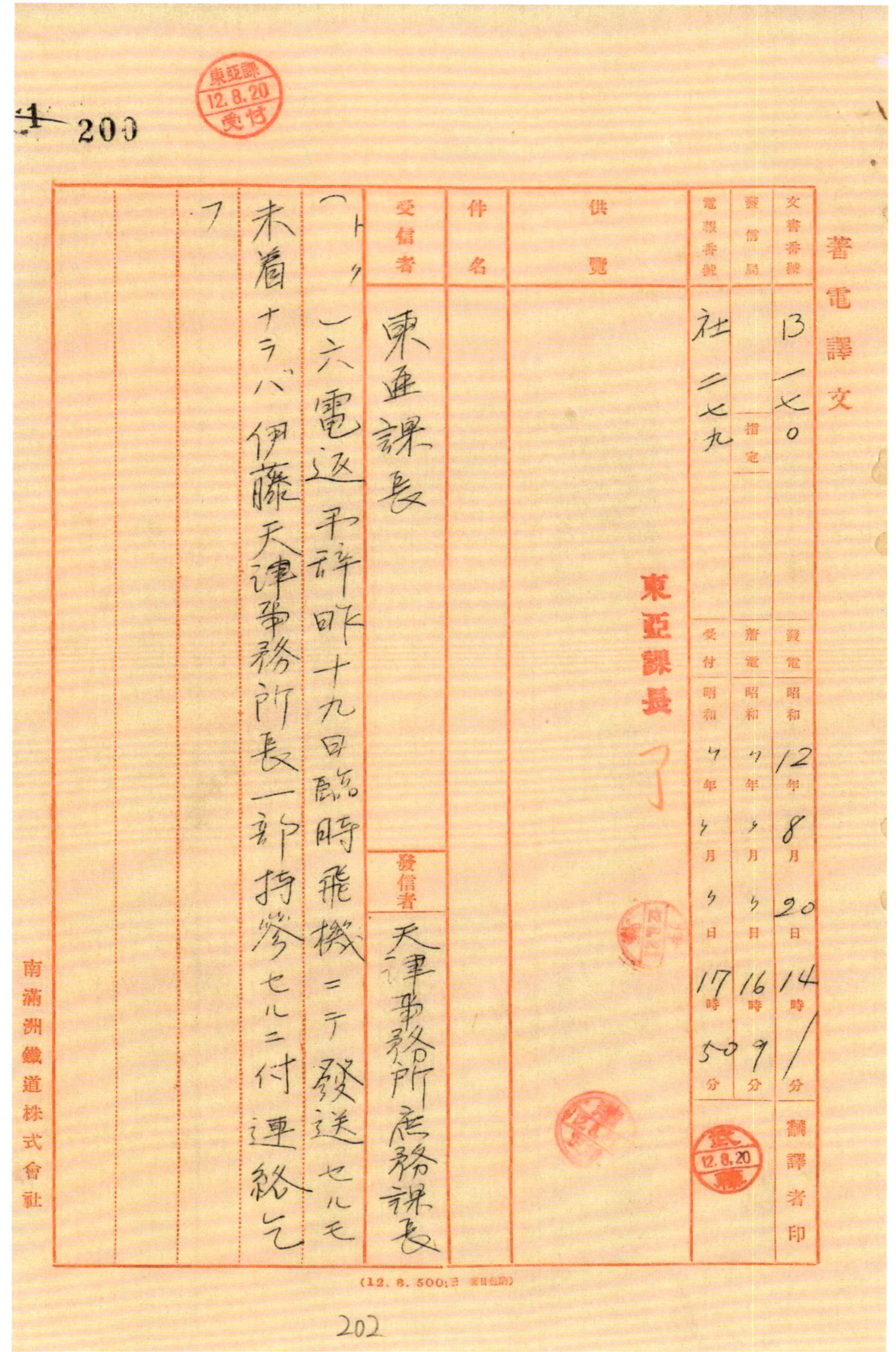

東亞課 12.8.20 受付

1 200

著電譯文

文書番號	發信局	電報番號
13 一七〇		社 二七九

	發電	着電	受付
昭和	12年8月20日14時1分	年月日16時9分	年月日17時50分

受信者：東亞課長

發信者：天津事務所庶務課長

（トク）一六電返　弔辞昨十九日臨時飛機ニテ發送セルモ未着ナラバ伊藤天津事務所長一部持参セルニ付連絡乞

7

東亞課長 了

飜譯者印 武藤 12.8.20

南滿洲鐵道株式會社

(12. 8. 500:冊)

202

天津事务所长关于通知坂谷理事返回大连时间变更事致总裁室东亚课长的电文（一九三七年八月二十日）

563

12.8.20 受付

著電譯文

文書番號 B一六四
發信局
電報番號 社二八一
指定

發電 昭和12年8月20日14時0分
着電 昭和12年8月20日16時27分
受付 昭和12年8月20日17時50分

供覽 東亞課長 總、庶務課長 文書課長 天平長

月21日 日別途寫送付濟ミ

件名

受信者 東亞課長

發信者 天津事務所長

坂谷理事昨日赴平廿一日午前九時半歸津サル、文書課長十九日五三号電ニテ連絡セルモ天候不良飛機不確実ナルヲ以テ廿二日中ニ歸連ハ困難カト思ハル念ノ為、尚北平ヨリ何分ノ電スル筈 天津事長ヘ?ニモ傳ヘテ

翻譯者印

南滿洲鐵道株式會社

(12.8.500冊)

576

天津事务所长关于通知坂谷理事返回大连时间确定后再行联络事致总裁室东亚课长的电文
（一九三七年八月二十日）

205

著電譯文

文書番號 B一七五
發信局
電報番號 社二八六
指定

供覽

東亞課長
總、庶務課長
文書課長

發電 昭和12年8月20日17時1分
着電 昭和 年 月21日0時53分
受付 昭和 年 月 日2時15分

飜譯者印

件名

受信者 東亞課長

發信者 天津事務所長

坂谷理事本日十五時半北平發ニ改メラレ度シ、支障ナキ限リ廿一日塘沽發長平丸ニテ歸連サルヽ予定 確定ノ上再電ス

天事長

南滿洲鐵道株式會社

(12. 8. 500冊 [illegible])

207

天津事务所长关于通知弘报课员菅野等人行程事致总裁室东亚课长的电文（一九三七年八月二十日）

202

著電譯文

文書番號 B一七二
發信局
電報番號 社二八三
指定

發電 昭和12年8月20日17時1分
着電 昭和 年 月21日0時45分
受付 昭和 年 月 日2時13分

供覽 東亞課長 總、庶務課長 弘報課長 人事課長
8月21日 別途寫送付濟ミ

受信者 東亞課長
發信者 天津事務所長

一、弘報課員菅野（スガノ）八廿日發二、三日予定ニテ塘沽ヘ、川崎（カハサキ）八廿一日發予定四日ニテ楊村ヘ向フ、二、総、庶、映画製作所員、星野（ホシノ）、栗山（クリヤマ）モ廿一日発楊村ヘ向フ予定四日

南滿洲鐵道株式會社

（12.8.500冊 ……）

204

天津事务所长关于产业部前田マサノリ申请延长出差时间事致总裁室东亚课长的电文（一九三七年八月二十日）

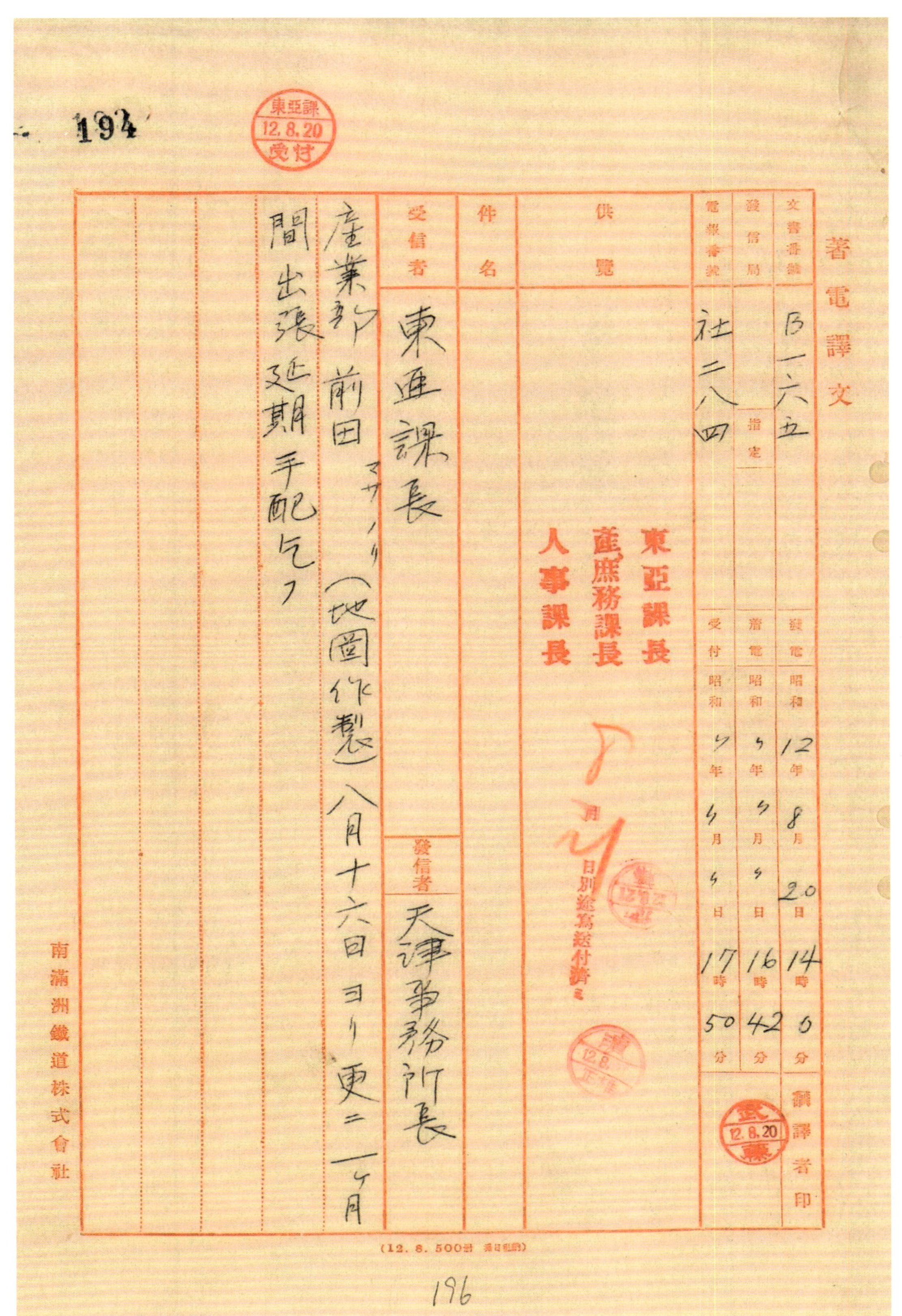

194

東亞課 12.8.20 受付

着電譯文

文書番號	發信局	電報番號
B一六五		社二八四

發電	着電	受付
昭和12年8月20日14時0分	昭和〃年〃月〃日16時42分	昭和〃年〃月〃日17時50分

供覽：東亞課長　產業部庶務課長　人事課長

受信者：東亞課長

發信者：天津事務所長

產業部前田マサノリ（地圖作製）八月十六日ヨリ更ニ一ヶ月間出張延期手配セヨ

南滿洲鐵道株式會社

196

天津事务所长关于北平事务所长等就任北平地方维持会顾问事致总裁室东亚课长的电文（一九三七年八月二十日）

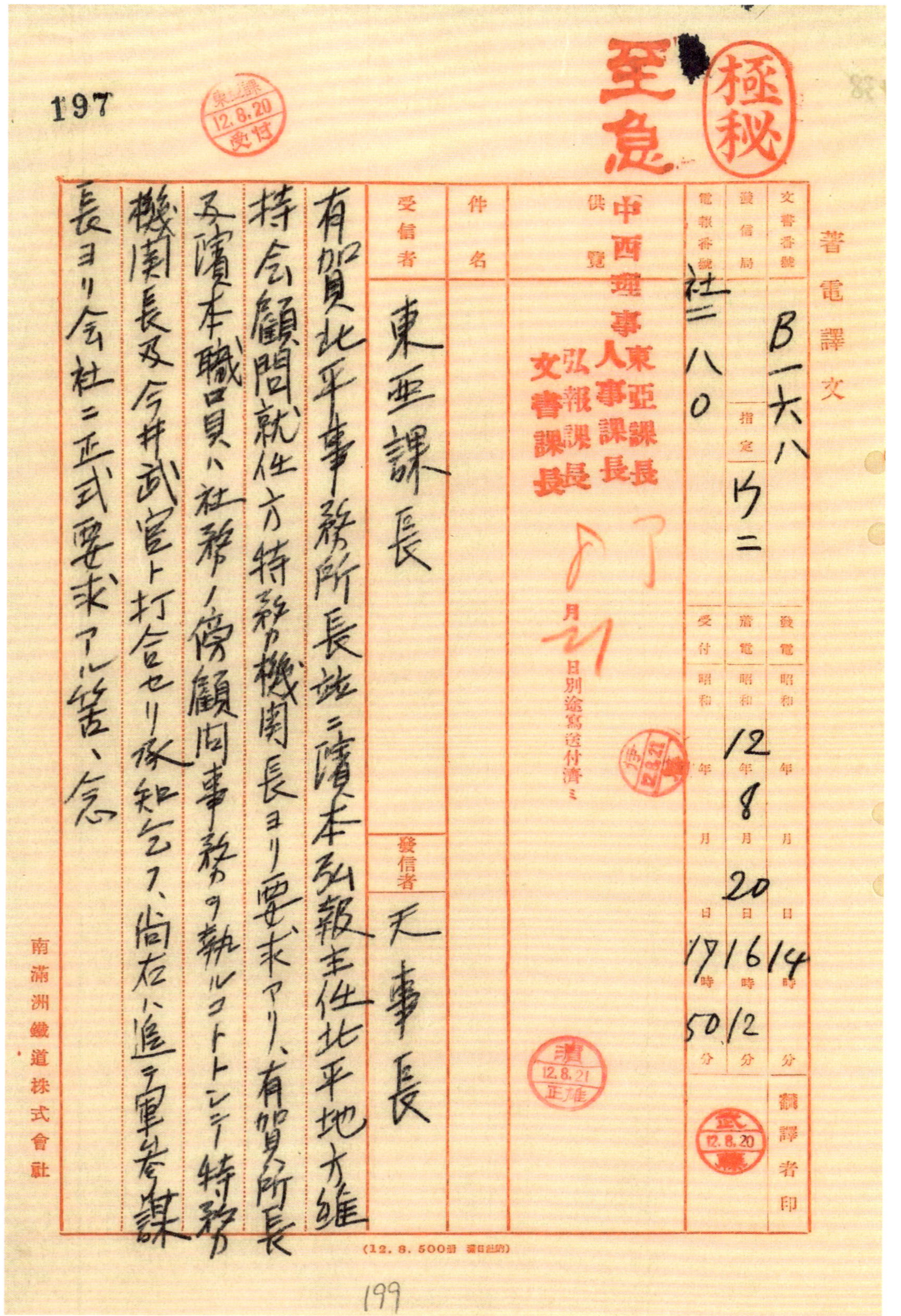
197

極秘

至急

著電譯文

文書番號 B一六八

發信局

電報番號 社二八〇

指定 15二

供覽 中西 理事 東亜課長 人事課長 弘報課長 文書課長

受信者 東亜課長

發信者 天事長

發電 昭和 年 月 日 14時 分

着電 昭和 12年 8月 20日 16時 12分

受付 昭和 年 月 日 17時 50分

有賀北平事務所長並ニ讀本弘報主任北平地方維持会顧問就任方特務機関長ヨリ要求アリ、有賀所長及讀本職員ハ社務ノ傍顧問事務ヲ執ルコトトシテ特務機関長及今井武官ト打合セリ承知乞フ、尚右ハ追テ軍参謀長ヨリ会社ニ正式要求アル筈、念

南満洲鐵道株式會社

（12．8．500冊）

199

天津事务所长关于请将拍摄地点改为八达岭事宜转告总裁室庶务课及电影制作所芥川事致总裁室东亚课长的电文（一九三七年八月二十日）

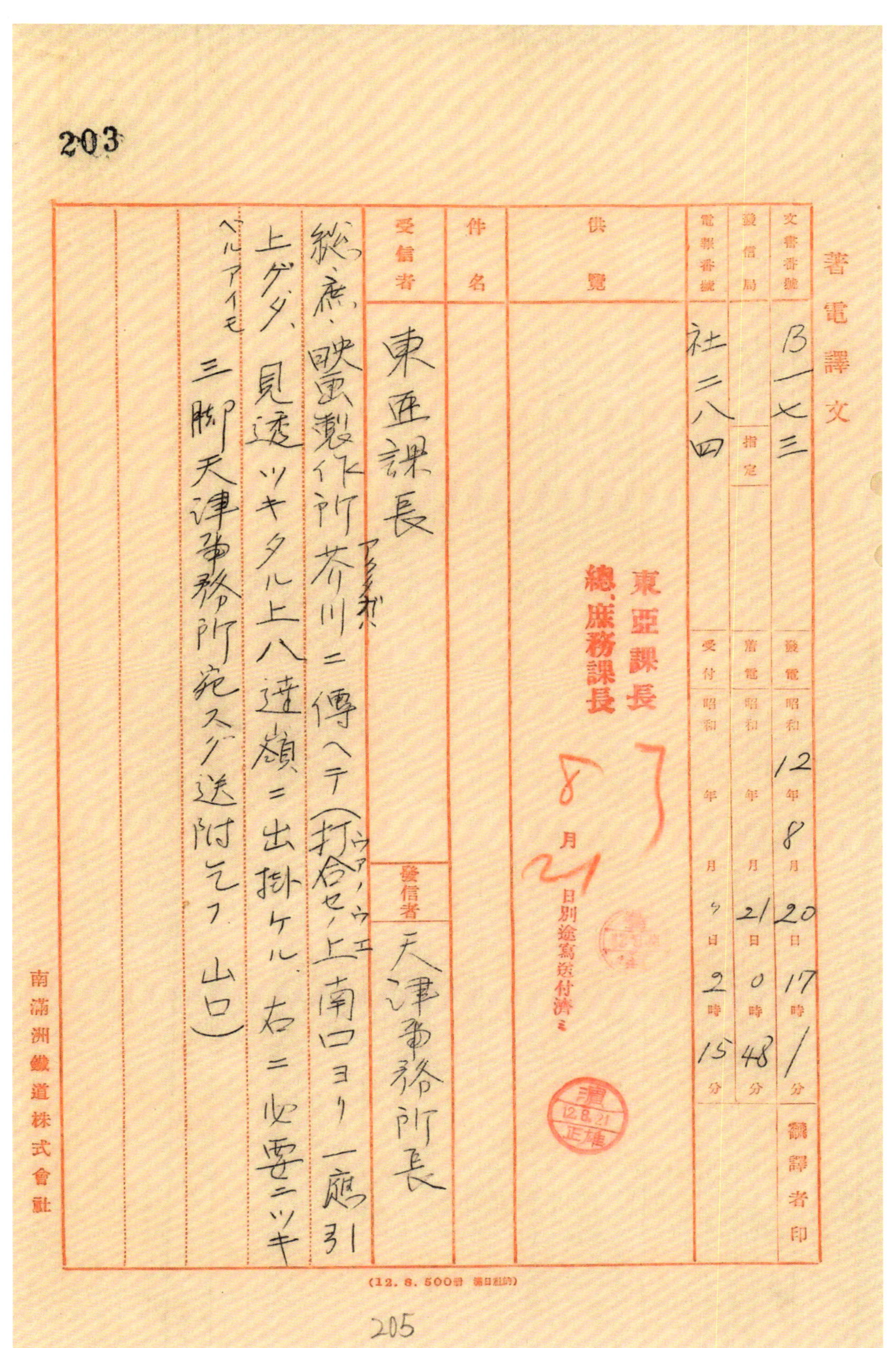

203

著電譯文

文書番號	發信局	電報番號
13一七三		社二八四

指定

	年	月	日	時	分
發電 昭和	12	8	20	17	1
着電 昭和			21	0	48
受付 昭和			9	2	15

飜譯者印

供覧：東亞課長　總、庶務課長

8月21日 別途寫送付濟

件名

受信者：東亜課長

發信者：天津事務所長

總、庶、映畫製作所芥川ニ傳ヘテ（打合セノ上南口ヨリ一應引上ゲタ、見透ツキタル上八達嶺ニ出掛ケル、右ニ必要ニツキベルアイモ三脚天津事務所宛スグ送附乞フ　山口）

南滿洲鐵道株式會社

(12.8.500冊)

205

天津事务所庶务课长关于请安排池田男与总裁面谈事致总裁室东亚课长、藤井秘书、产业部庶务课长的电文（一九三七年八月二十日）

192

著電譯文

文書番號 13一六三
發信局
電報番號 社二八三
指定

發電 昭和12年8月20日14時1分
着電 昭和 年 月 日16時40分
受付 昭和 年 月 日17時50分

飜譯者印

供覽
東亞課長
文書課長
總、庶務課長

受信者 東亞課長 藤井秘書 産庶務課長
發信者 天事庶務課長

池田男（随員糟谷奉天地方事務所員、木村）八廿一日塘沽発長平丸ニテ赴連サルヽニ付総裁トノ面談其他手配乞フ。尚奉天ニモ所用アリ往復ノ予定、追テ池田男ハ八月廿四日大連、京城間飛機一席予約申込乞フ。

南滿洲鐵道株式會社

（12.5.500冊）

194

天津事务所长关于庶务课雇员及其家属撤回日本国内事致总裁室东亚课长、福祉课长的电文（一九三七年八月二十日）

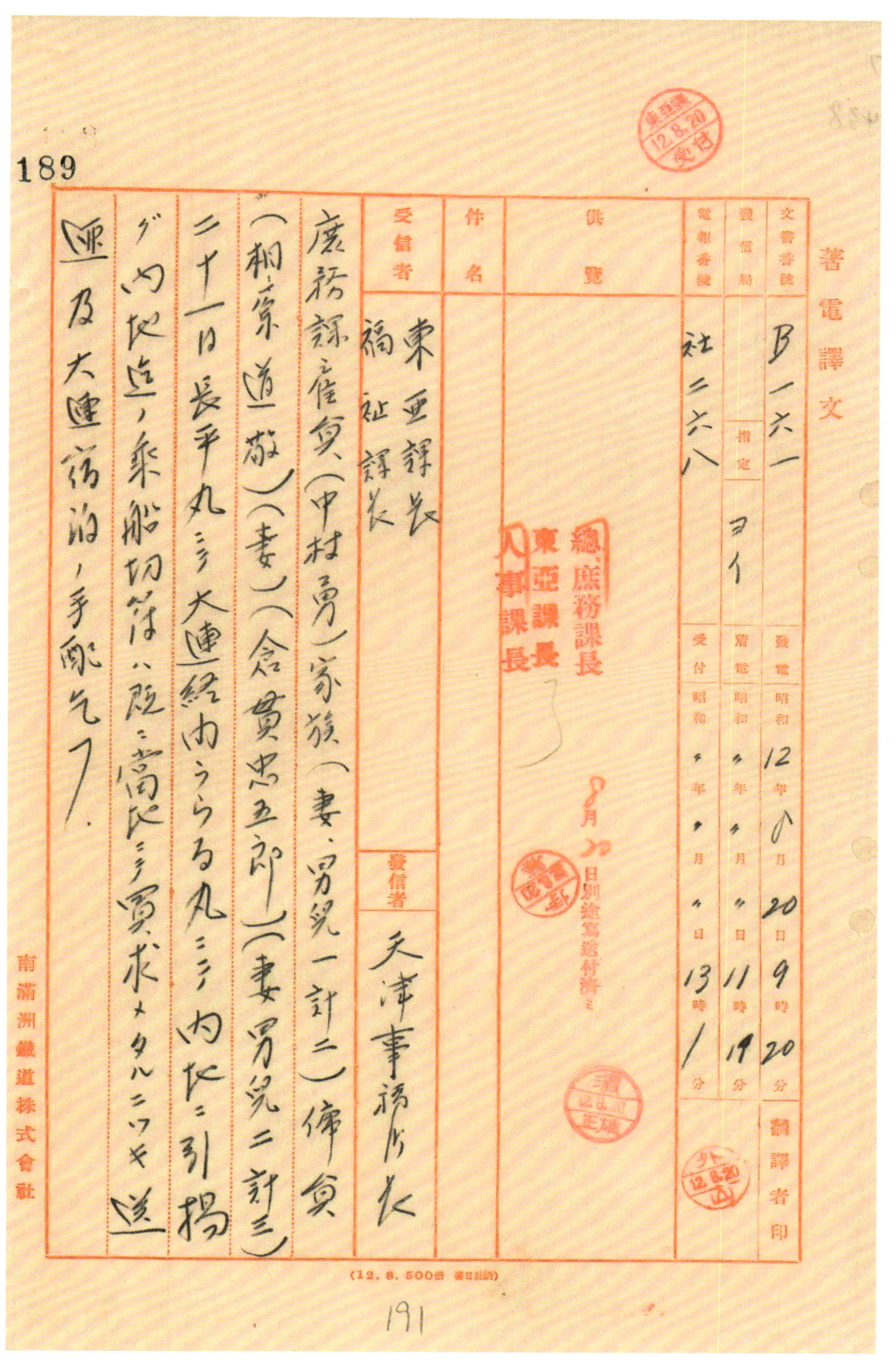
189

著電譯文

文書番號	發信局	電報番號
B一六一		社二六八

指定：ヨイ

發電：昭和12年8月20日9時20分
着電：昭和〃年〃月〃日11時19分
受付：昭和〃年〃月〃日13時1分

供覽：總、庶務課長　東亞課長　人事課長

8月20日別途寫送付濟ミ

受信者：東亞課長　福祉課長

件名：

發信者：天津事務所長

庶務課雇員（中村勇）家族（妻、男兒一計二）傭員（相原道敬）（妻）（倉貫忠五郎）（妻男兒二計三）二十一日長平丸ニテ大連經由うらる丸ニテ内地ニ引揚グ　内地迄ノ乘船切符ハ既ニ當地ニテ買求メタルニツキ送還及大連宿泊ノ手配乞フ。

南滿洲鐵道株式會社

（12. 8. 500冊）

191

天津事务所长关于天津陆军机关请求对天津附近公路改建情况进行调查事致总裁室东亚课长的电文（一九三七年八月二十日）

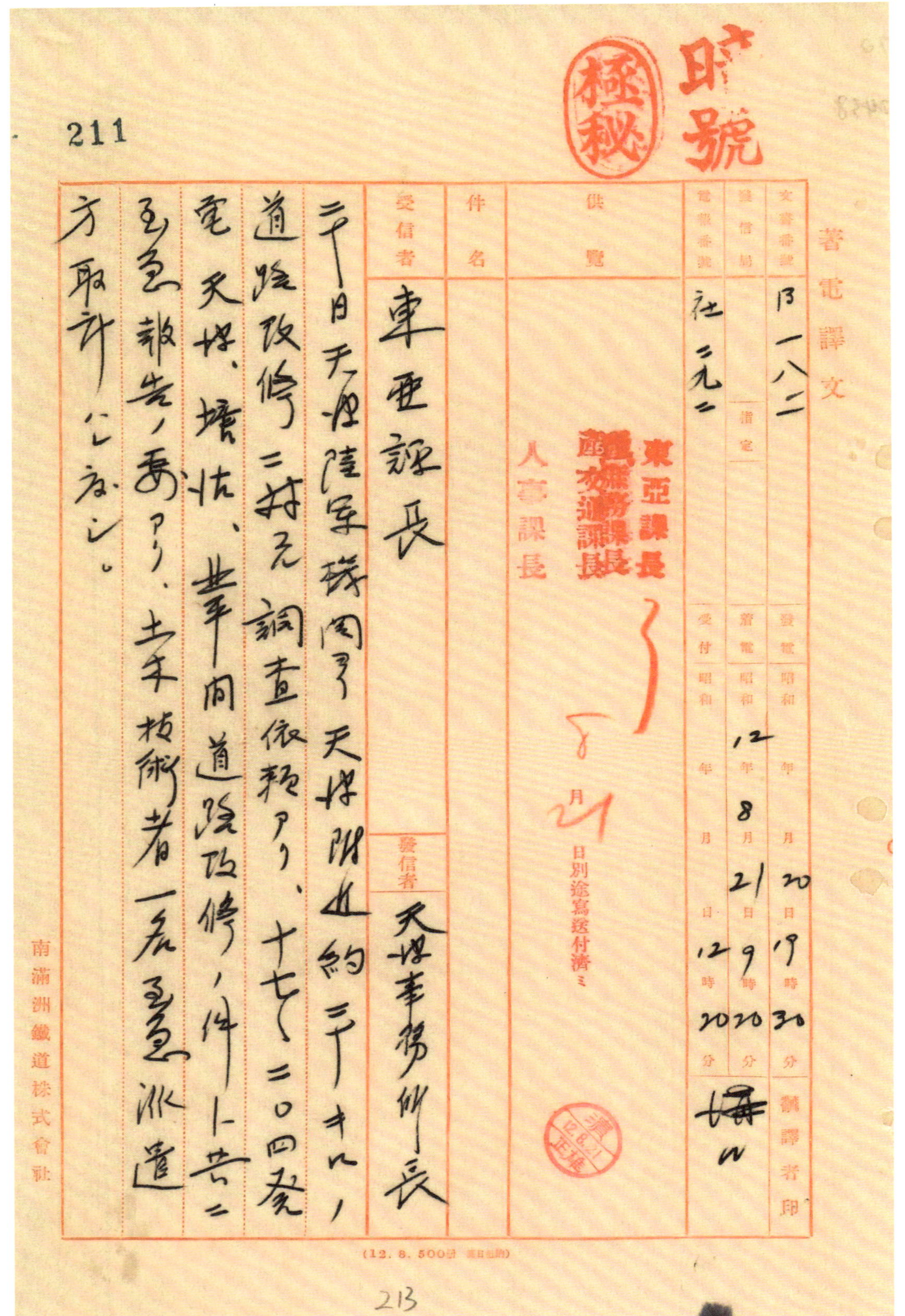

211

極秘

六時 號

著電譯文

文書番號 13 一八二

發信局

電報番號 社 二九二

供覽 東亞課長 東亞課長 總務課長 人事課長

發信 昭和 年 月 20日 19時 30分

著電 昭和 12年 8月 21日 9時 20分

受付 昭和 年 月 21日 12時 20分

日別途寫送付済ミ

飜譯者印

件名

受信者 東亜課長

發信者 天津事務所長

二十日天津陸軍機関ヨリ天津附近約三千キロノ道路改修ニ対スル調査依頼アリ、十七日ニ〇四発電天津、塘沽、北平間道路改修ノ件ト共ニ至急報告ノ要アリ、土木技術者一名至急派遣方取計ハレ度シ。

南滿洲鐵道株式會社

(12. 8. 500冊)

213

天津事务所长关于北宁铁路局员八月份薪资贷款事致总裁室东亚课长、财务部长、铁道总局长的电文（一九三七年八月二十日）

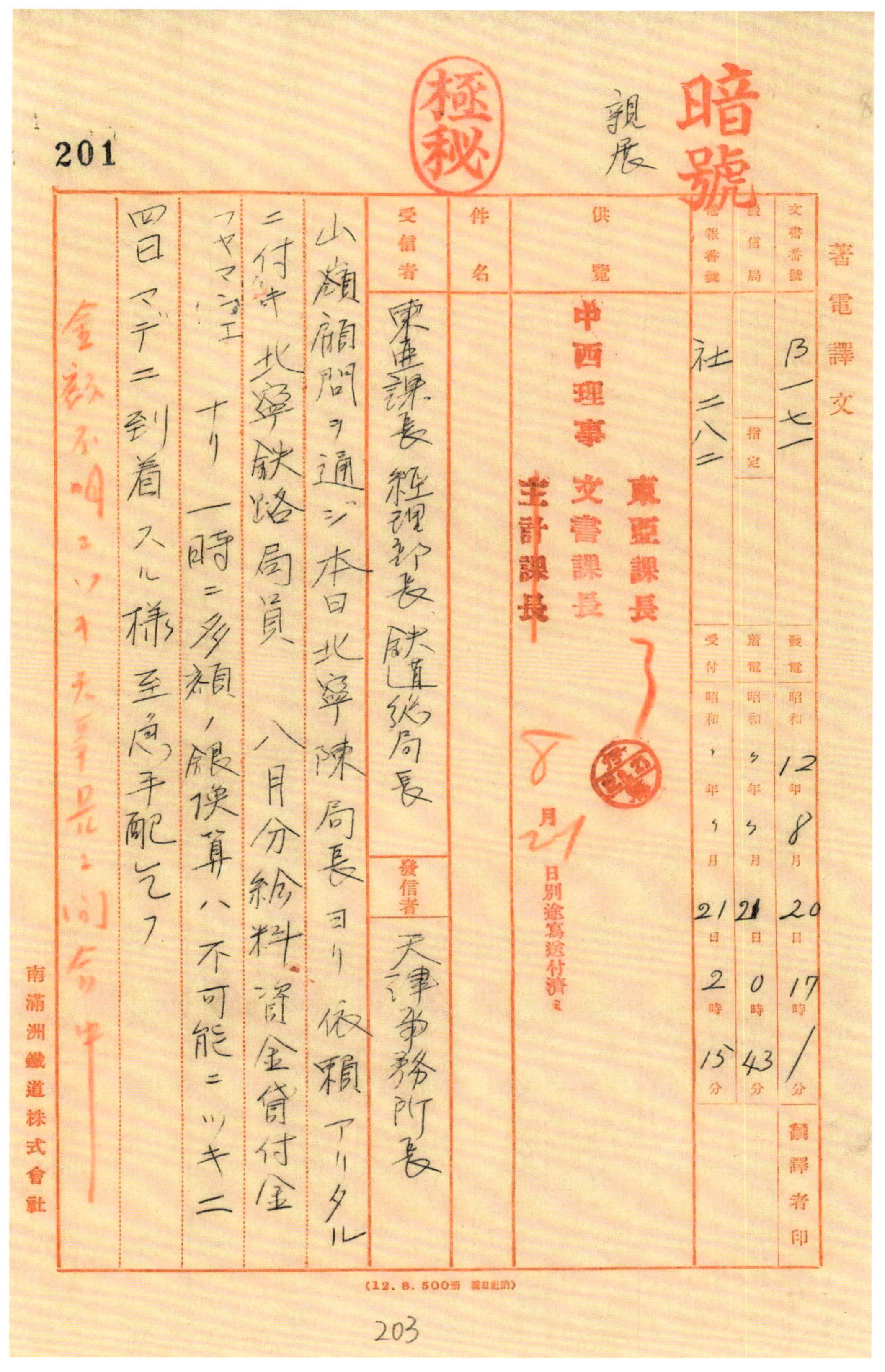
暗號 極秘 親展

201

著電譯文

文書番號	B一七一
發信局	
電報番號	社二八二
指定	
發電	昭和12年8月20日17時1分
着電	昭和12年8月21日0時43分
受付	昭和12年8月21日2時15分
飜譯者印	

供覧：中西理事　東亞課長　文書課長　主計課長

8月21日別途寫送付濟

受信者：東亞課長　經理部長　鉄道総局長

件名：

發信者：天津事務所長

山顧顧問ヲ通ジ本日北寧陳局長ヨリ依頼アリタル
二付（件）北寧鉄路局員八月分給料資金貸付金
フヤマシエナリ一時ニ多額ノ銀換算ハ不可能ニツキ二
四日マデニ到着スル様至急手配乞フ

金額不明ニツキ天津局ニ問合中

南滿洲鐵道株式會社

（12.8.500冊）

203

天津事务所长关于公开上映华北时局方面电影须经军方审查事致总裁室东亚课长的电文（一九三七年八月二十一日）

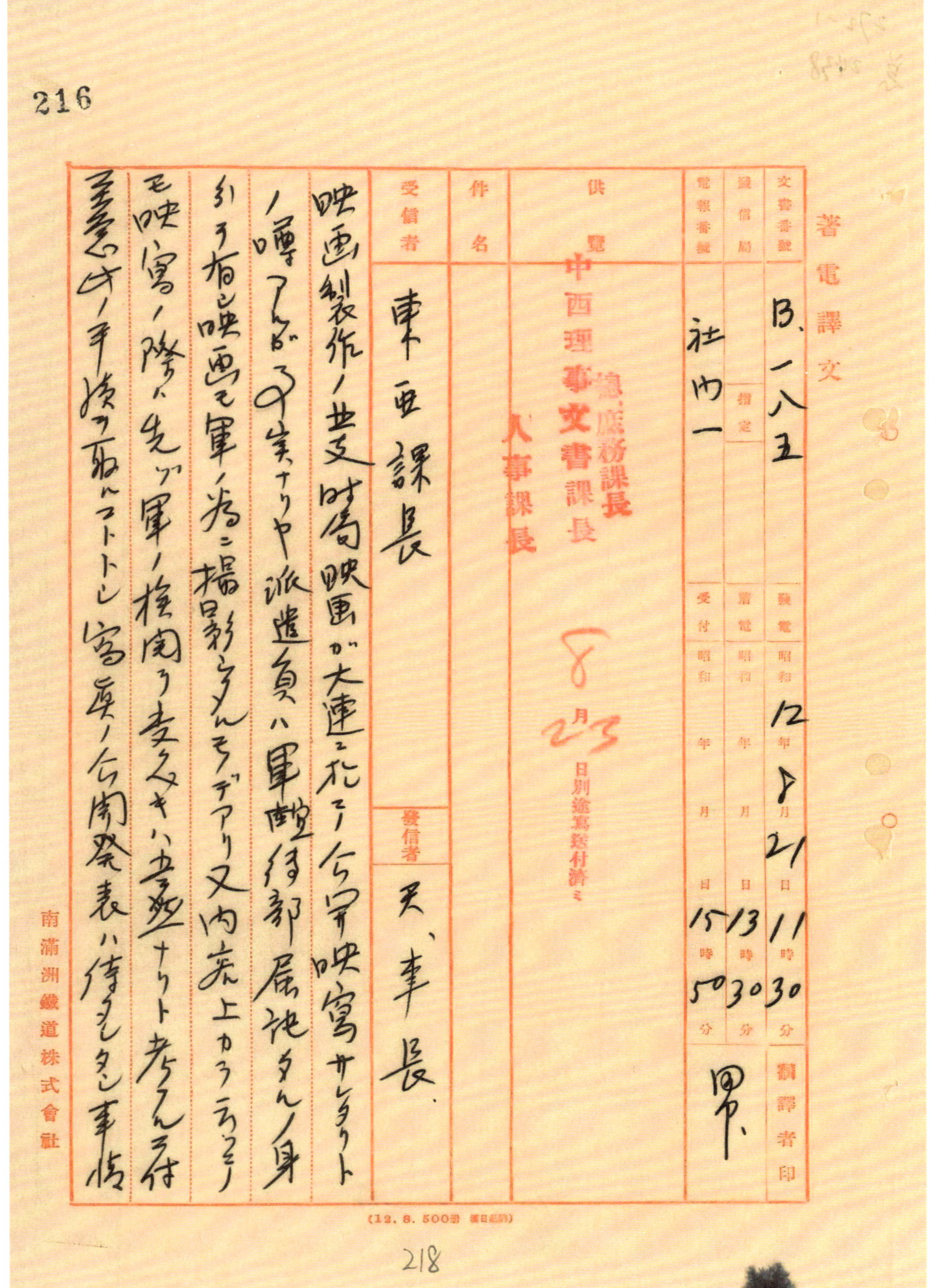
216

著電譯文

文書番號 B、一八五
發信局
電報番號 社内一
指定
發電 昭和12年8月21日11時30分
着電 昭和　年　月　日13時30分
受付 昭和　年　月　日15時50分
飜譯者印 罘、

供覧 中西理事 總務課長 文書課長 人事課長
8月23日 別途寫送付済ミ

受信者 東亜課長
件名
發信者 天、事長

映画製作ノ件 支那時局映画ガ大連ニ於テ公開映写サルヽトノ噂アルガ事実ナリヤ派遣員ハ軍特務部ニ居住シタル身ニテ有之映画モ軍ノ為ニ撮影シタルモノデアリ又内容上カラ云フモ映写ノ際ハ先ヅ軍ノ検閲ヲ受クベキハ当然ナリト考ヘラルヽ付差当リ其ノ手続ヲ取ルコトトシ写真ノ公開発表ハ保留シ置カレ度シ事情

南滿洲鐵道株式會社
(12. 8. 500冊)
218

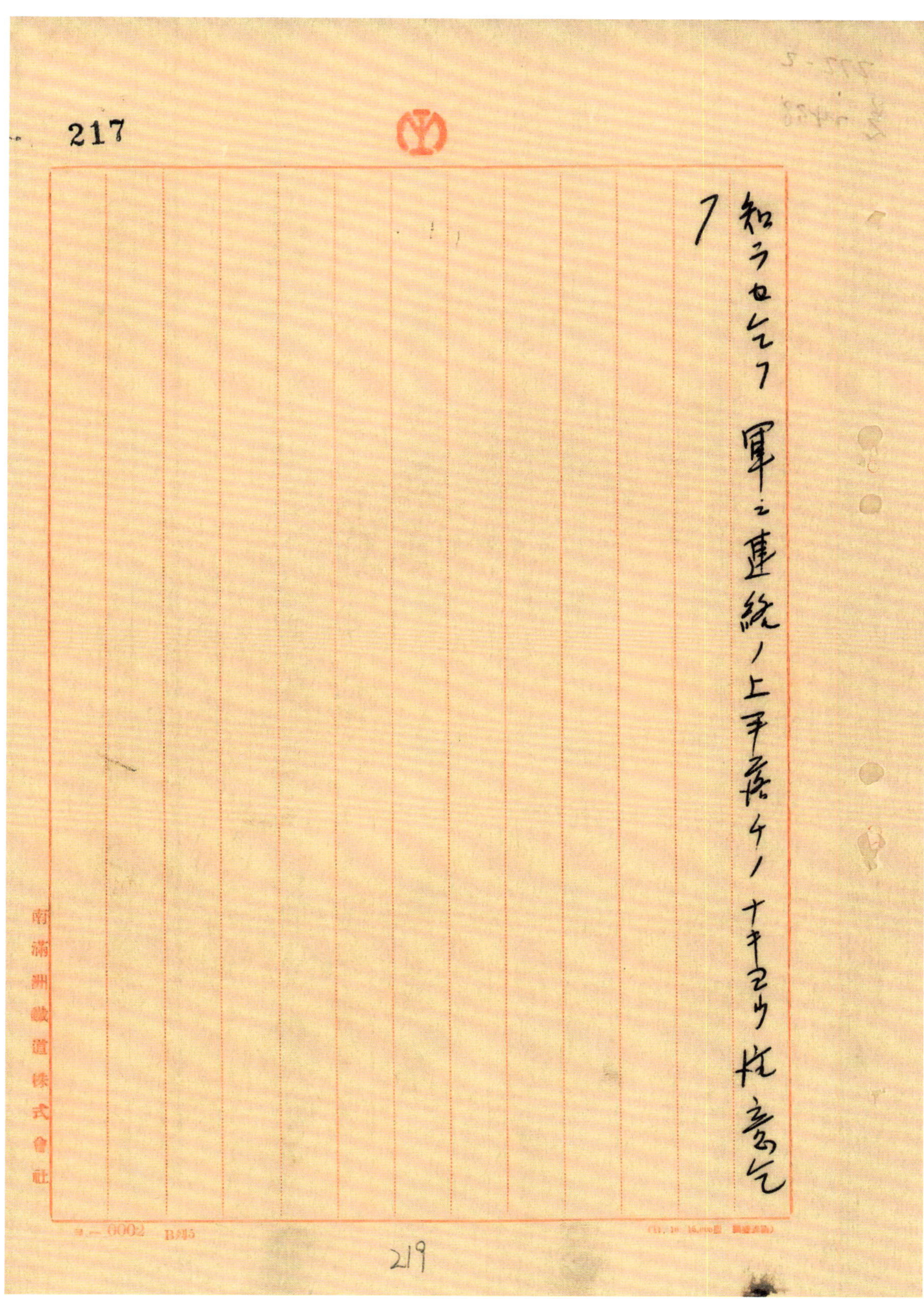

知ラセ合ヒヲ　軍ニ連絡ノ上手落チノナキヨウ注意乞

ヲ

南滿洲鐵道株式會社

中国驻军参谋长关于北古口至通州铁路建设工程招募壮丁事致冀东防共自治政府代理长官的电文（一九三七年八月二十一日）

522

特務機關經由

支參三密第三七號

總東庶 37下 2號ノ ~~2154~~ 272

東亞課 12.8.31 受付

古北口ー通州鐵道建設工事人夫徵傭ニ關スル件

昭和十二年八月二十一日

支那駐屯軍參謀長　橋本群

冀東防共自治政府
長官代理　池宗墨殿

今般軍ニ於テ滿鐵ニ命シ至急古北口ー通州鐵道ヲ建設セシムヘキニ付該沿線住民ヲシテ該鐵道建設工事人夫トシテ徵傭方便宜取計ハレ度通牒ス

追而人夫ハ二八、〇〇〇人ヲ要スル見込ニテ其ノ細部ハ直接滿鐵責任者ヲ出頭連絡セシムヘク又古北口ー承德間ハ同時ニ建設スル筈ニ付申添フ

531

天津事务所长关于军方要求向北平特务机关及天津治安维持会派遣三名社员事致总裁室东亚课长的电文（一九三七年八月二十一日）

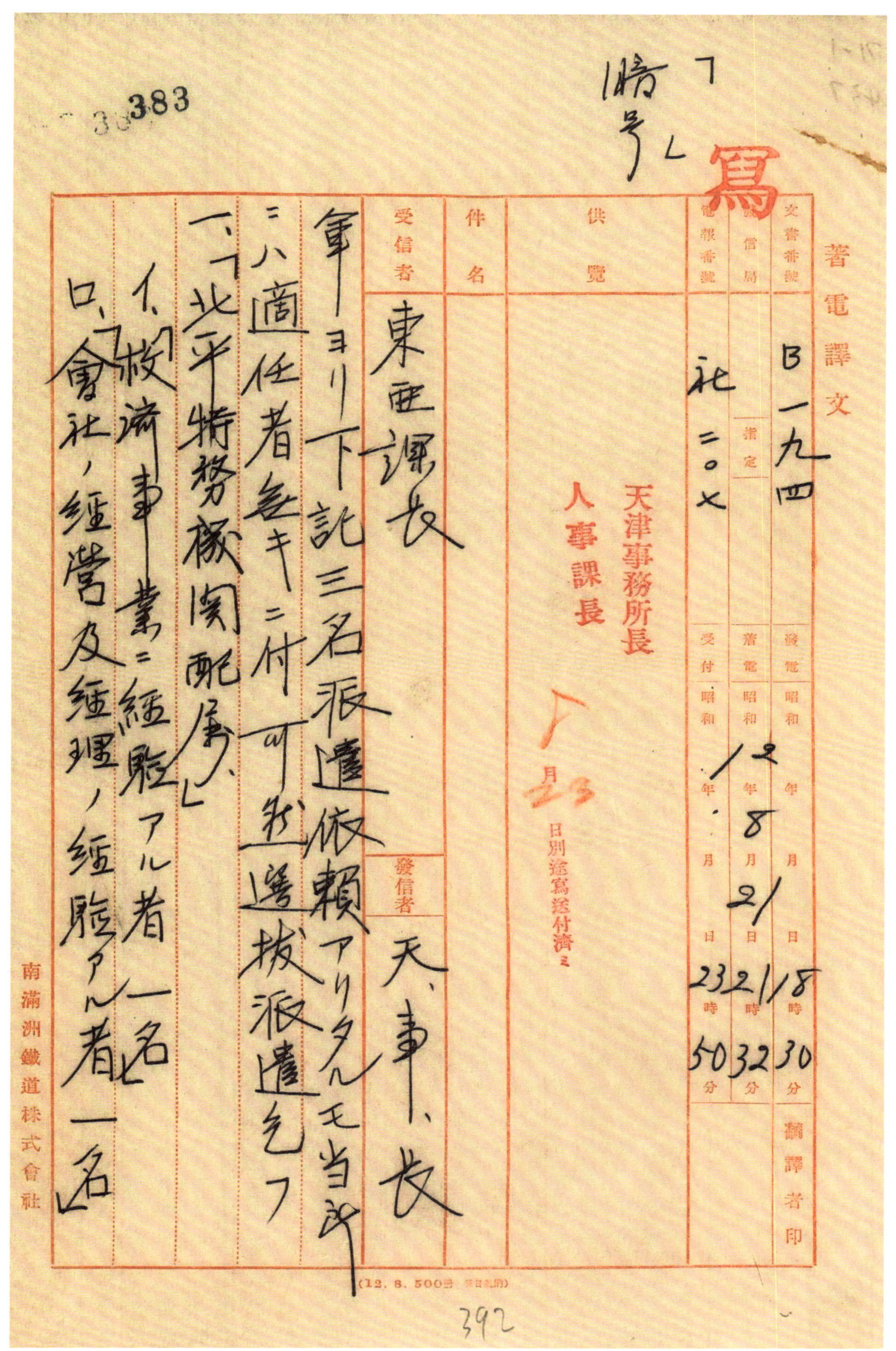

383

著電譯文

寫

文書番號 B一九四

電報番號 社二〇七

受信者 東亜課長

發信者 天、事、長

天津事務所長

人事課長

發電 昭和12年8月21日18時30分

着電 昭和12年8月21日21時32分

受付 昭和12年8月21日23時50分

日別途寫送付濟ミ

軍ヨリ下記三名派遣依頼アリタルモ当所ニハ適任者無キニ付可然選抜派遣乞フ

一、「北平特務機関配属」

イ、「校滿事業ニ經驗アル者 一名」

ロ、「會社ノ經營及經理ノ經驗アル者 一名」

南滿洲鐵道株式會社

392

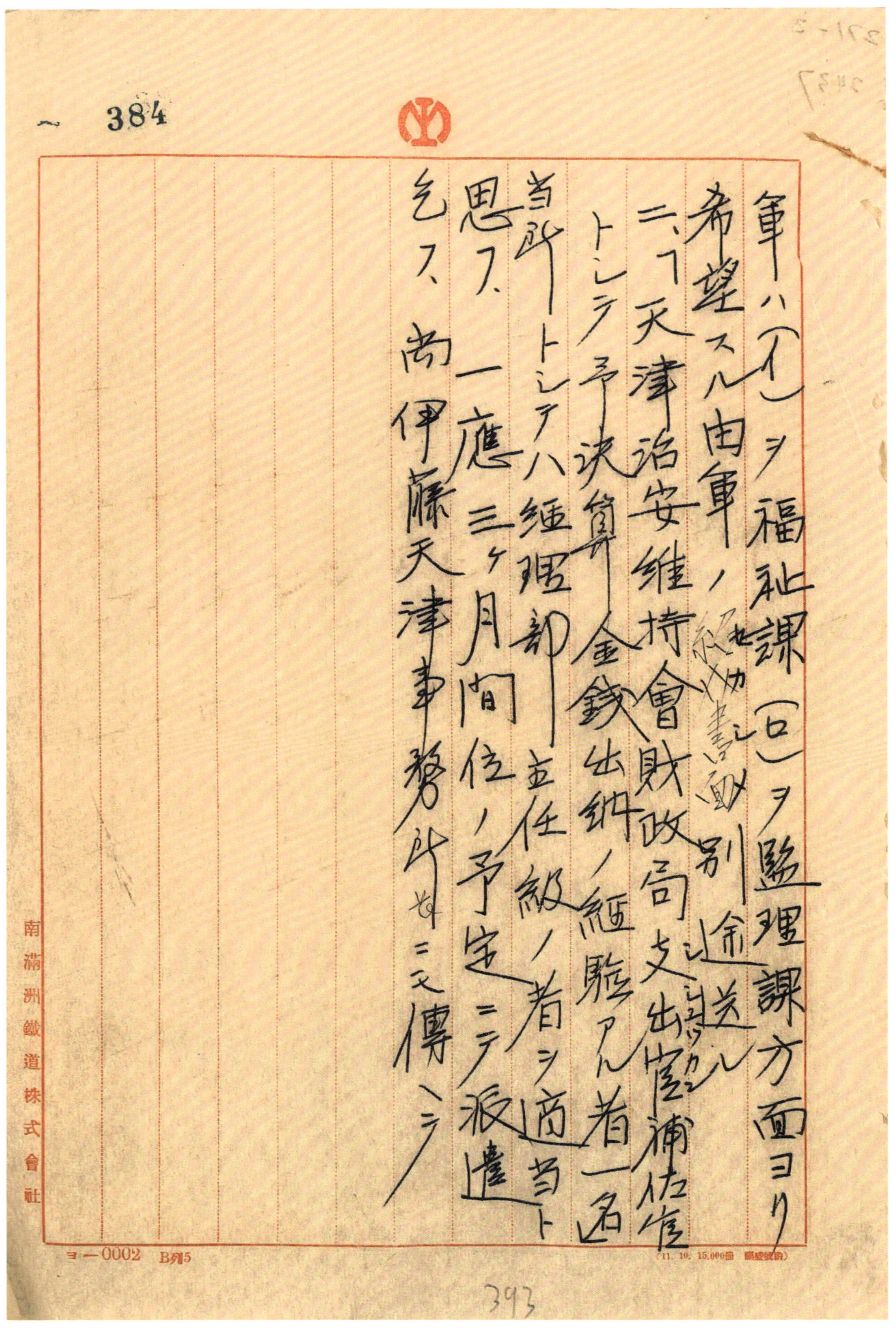

384

軍ハ(イ)ヲ福祉課(ロ)ヲ監理課方面ヨリ希望スル由軍ノ紀以書面別途送ル

ニ、丁天津治安維持會財政局支出監督補佐官トシテ予決算金錢出納ノ經驗アル者一名適

当所トシテハ經理部主任級ノ者ヲ適当ト思フ、一應三ヶ月間位ノ予定ニテ派遣乞フ、尚伊藤天津事務所長ニモ傳ヘシ

南滿洲鐵道株式會社

ヨ－0002 B列5

393

天津事务所长关于转发关东军司令官及冀东政府长官所发唁电事致总裁室东亚课长的电文
（一九三七年八月二十一日）

227

着電譯文

文書番號 13一九三

電報番號 北二〇六

供覽 總社課長 東亞課長 下 月23日別途寫送付済ミ

受信者 東亜課長

發信者 天、事、長

發電 昭和 年 月 日 時 分

着電 昭和 12年 8月 21日 21時 21分

受付 昭和 年 月 日 23時 50分

二〇日八五号電見

（一）軍司令官ヨリノ弔電ノ件ハ八月一〇日願軍ヨリ直接貴方宛弔辞送付済ニ付取調乞フ

（二）冀東政府長官ヨリ八本日貴職宛弔電打電セシニ付念ノ為尚右天津事務所長ニテ傳ヘオキ乞フ

南滿洲鐵道株式會社

（12. 8. 500冊）

229

天津事务所长关于通知阪谷理事返回大连时间事致总裁室东亚课长的电文（一九三七年八月二十一日）

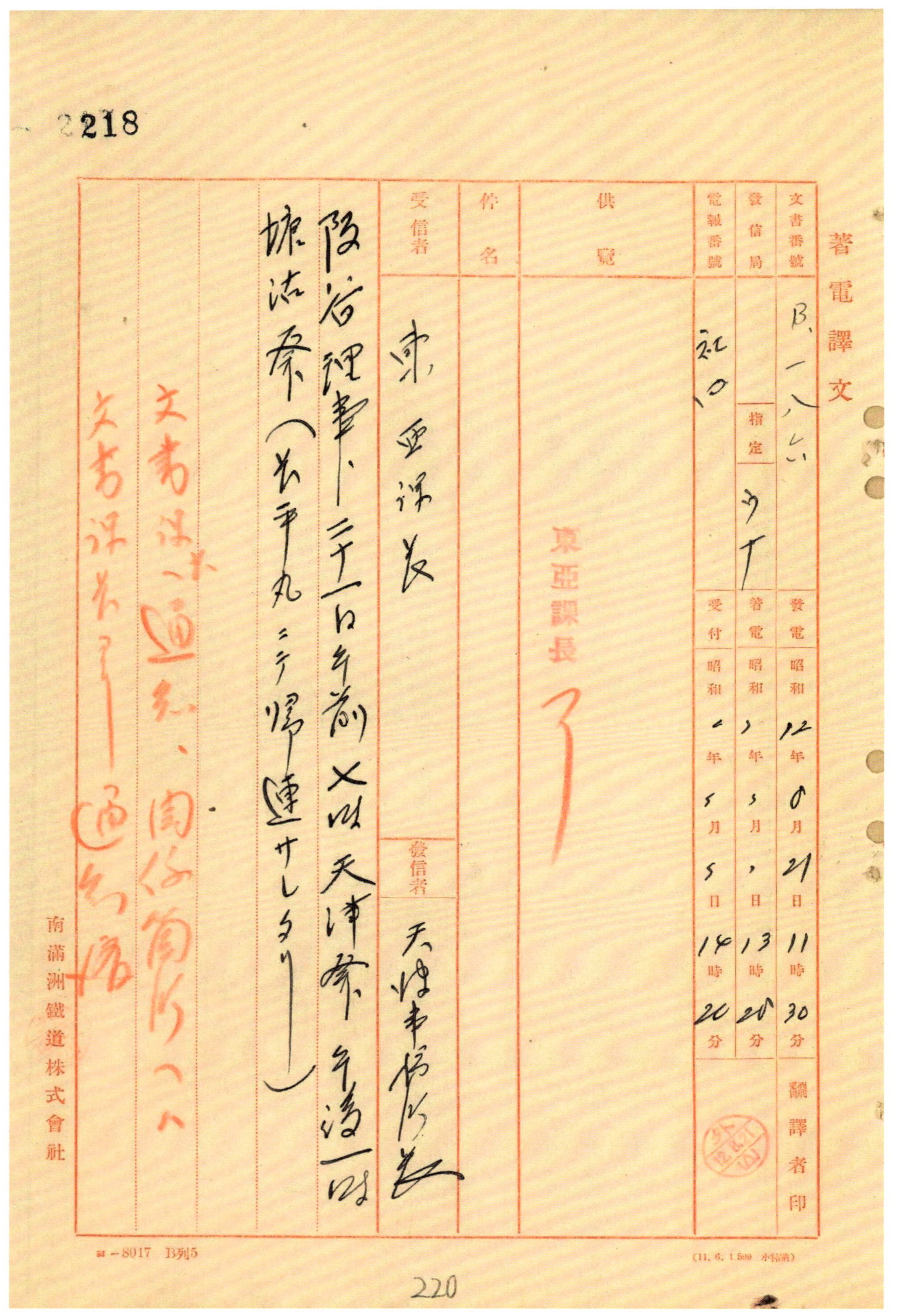

2218

着電譯文

文書番號	發信局	電報番號
B,一八六六		社10

指定 ナナ

	年	月	日	時	分
發電 昭和	12	8	21	11	30
着電 昭和	12	8	21	13	20
受付 昭和	12	8	21	14	20

供覽 東亜課長 了

受信者 東亜課長

發信者 天津事務所長

阪谷理事ハ二十一日午前八時天津發午後一時塘沽發（長平丸ニテ）帰連サレタリ

文書課ヘ通知、関係箇所ヘ

文書課長ヘ通知済

南滿洲鐵道株式會社

ヨ－8017 B列5

（11.6.1,500 小塚納）

220

天津事务所长关于告知薪金贷款额明细事致财务部长的电文（一九三七年八月二十二日）

237

著電譯文

文書番號	發信局	電報番號	供覽	件名	受信者
B、二〇二			東亞課長		經理部長

發信者：天事長

發電	着電	受付
昭和　年　月　日　時　分	昭和12年8月22日　時　分	昭和　年　月　日6時30分

飜譯者印

二一日貴發四六号電返

給料貸金

貸付金七〇〇、〇〇〇（七〇万円）委細報ス

南滿洲鐵道株式會社

ヨ-8017 B列5

239

天津事务所长关于派驻青岛人员请求配枪及安排司机事致总裁室东亚课长的电文（一九三七年八月二十二日）

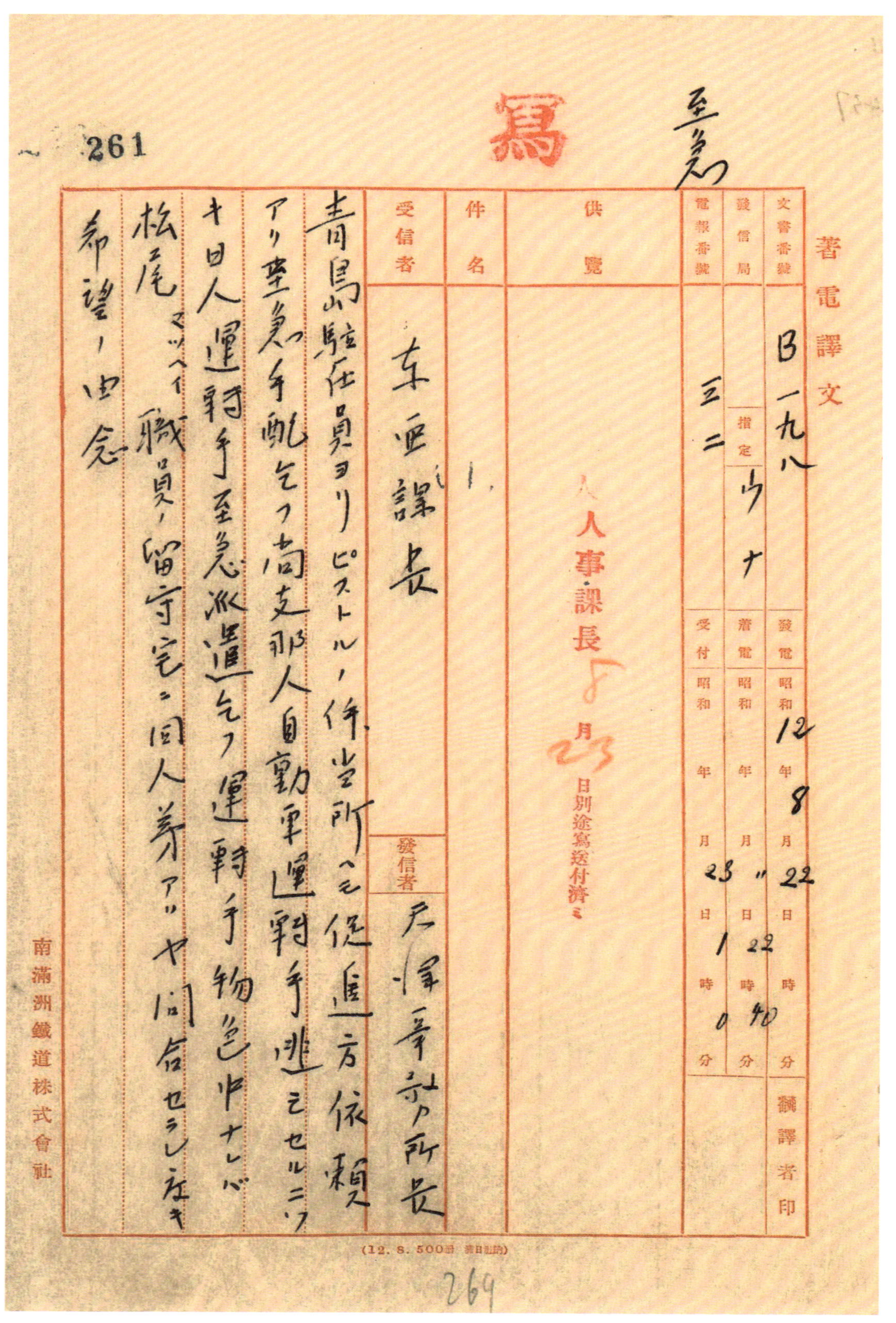
261

寫

至急

著電譯文

文書番號	發信局	電報番號
B一九八		三二

指定 ウナ

	發電	着電	受付
昭和	12年	年	年
月	8月	月	月
日	22日	〃日	23日
時	時	22時	1時
分	分	40分	0分

飜譯者印

受信者：东亜課長

件名：

供覽：人事課長 8月23日 別途寫送付濟ミ

發信者：天津事務所長

青島駐在員ヨリピストルノ件当所ヘモ促進方依頼アリ至急ノ手配乞フ尚支那人自動車運轉手逃走セルニツキ日人運轉手至急派遣乞フ運轉手物色中ナレバ松尾（マツヘイ）職員ノ留守宅ニ同人希望アリヤ問合セラレ度キ希望ノ由念

南滿洲鐵道株式會社

（12. 8. 500部）

264

天津事务所长关于转述青岛驻在员有关请求发送手枪之电报事致总裁室东亚课长的电文
（一九三七年八月二十二日）

232

著電譯文

文書番號	B一九七
發信局	
電報番號	二六
指定	
發電	昭和12年8月22日 時 分
着電	昭和 年 月 日20時40分
受付	昭和 年 月 日24時 分
翻譯者印	

供覽：東亞課長

受信者：東亞課長

件名：

發信者：天津事務所長

青島駐在員ヨリ下記電アリ

轉電ス十六日

文ニテ依賴セルピストルハ何時送ルヤ至急返

南滿洲鐵道株式會社

（12.8.500冊）

234

天津事务所长关于转述青岛驻在员有关重要电文无回复之电报事致总裁室东亚课长的电文（一九三七年八月二十二日）

234

至急

著電譯文

文書番號	發信局	電報番號
B一九九		二九

指定 ムナ

發電 昭和 年 月 日 時 分
着電 昭和12年8月22日21時20分
受付 昭和 年 月23日1時0分

供覧 東亞課長

件名

受信者 東亞課長

發信者 天津事務所長

下記青島駐在員ヨリ電アリ轉電ス「二三日来貴所アテ重要ナル電ヲ発信シ居ルモ何等返事ナキガ支那側電報局ガ果シテ送信シ居ルヤ疑ハルルニ付委細取調ベノ上至急天津無電経由知ラセ乞フ

飜譯者印

南滿洲鐵道株式會社

(12. 8. 500冊)

236

天津事务所庶务课长关于职员配属状况事致总裁室东亚课长、天津事务所长的电文（一九三七年八月二十三日）

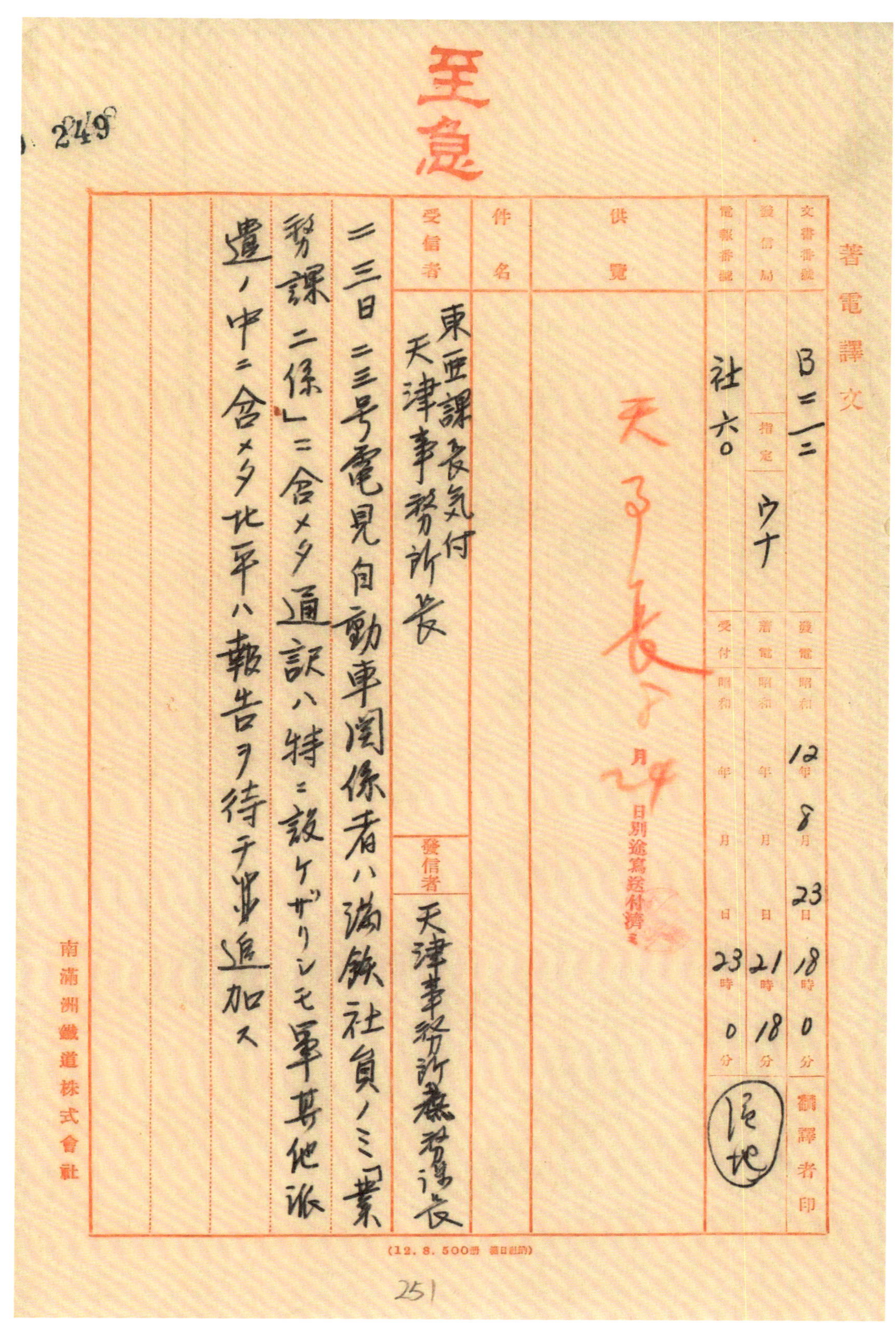

至急

249

著電譯文

文書番號 B二/二
發信局 社六〇
指定 ウナ
發電 昭和12年8月23日18時0分
着電 昭和 年 月 日21時18分
受付 昭和 年 月 日23時0分
飜譯者印

受信者 東亞課長氣付 天津事務所長
發信者 天津事務所庶務課長

二三日二三号電見自動車関係者ハ滿鉄社員ノミ「業務課ニ係ル」ニ含メタ通訳ハ特ニ設ケザリシモ軍其他派遣ノ中ニ含メタ北平ハ報告ヲ待チテ追加ス

天事長
月24日
別途寫送付濟

南滿洲鐵道株式會社

(12. 8. 500冊 著日社訂)

251

天津事务所长关于寄送七七事变相关满铁社员配置表事致总裁室人事课长、东亚课长的函（一九三七年八月二十三日）

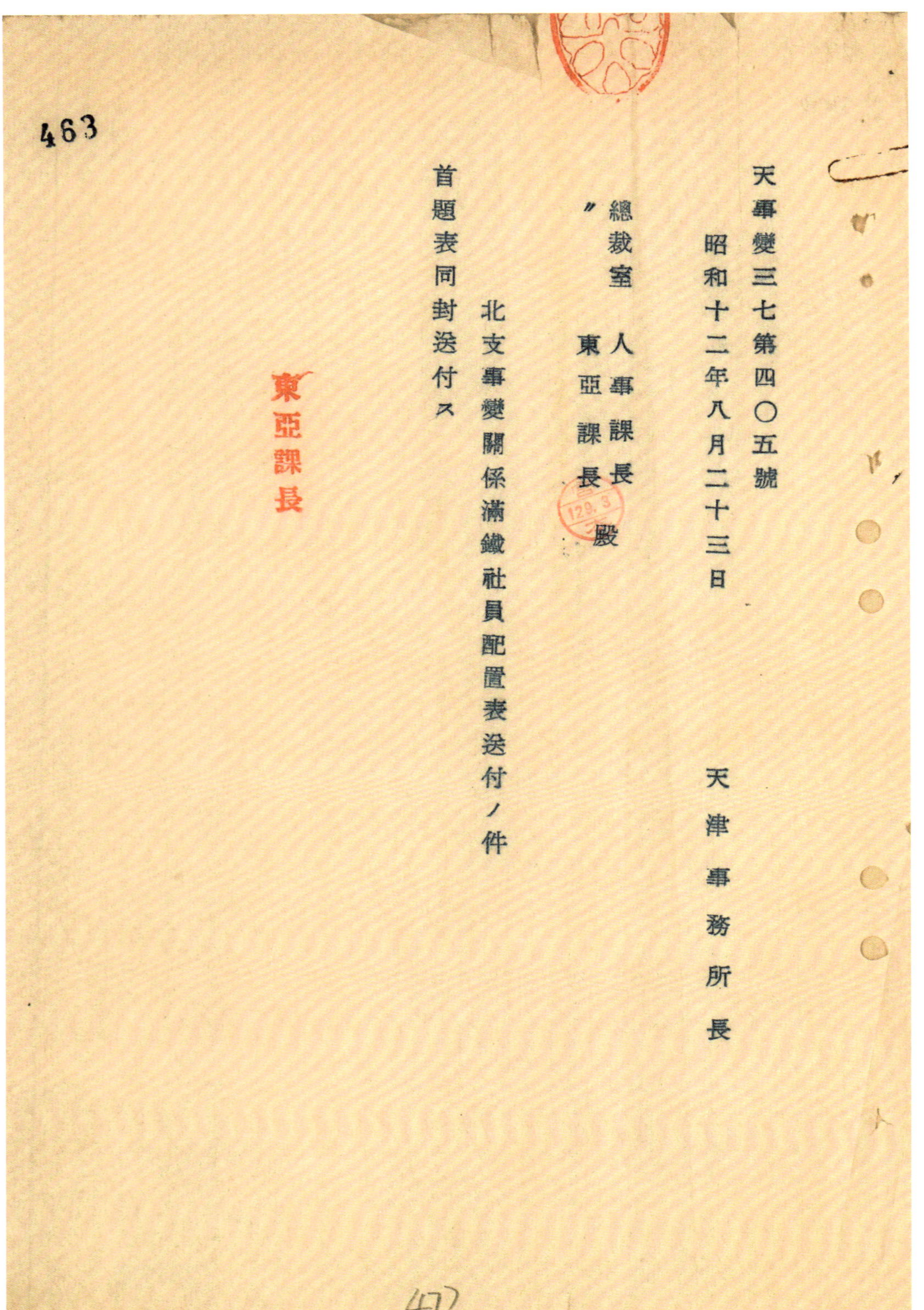

463

天事變三七第四〇五號
昭和十二年八月二十三日
天津事務所長
總裁室 人事課長
〃 東亞課長 殿
北支事變關係滿鐵社員配置表送付ノ件
首題表同封送付ス

東亞課長

472

附：七七事变相关满铁社员配置表

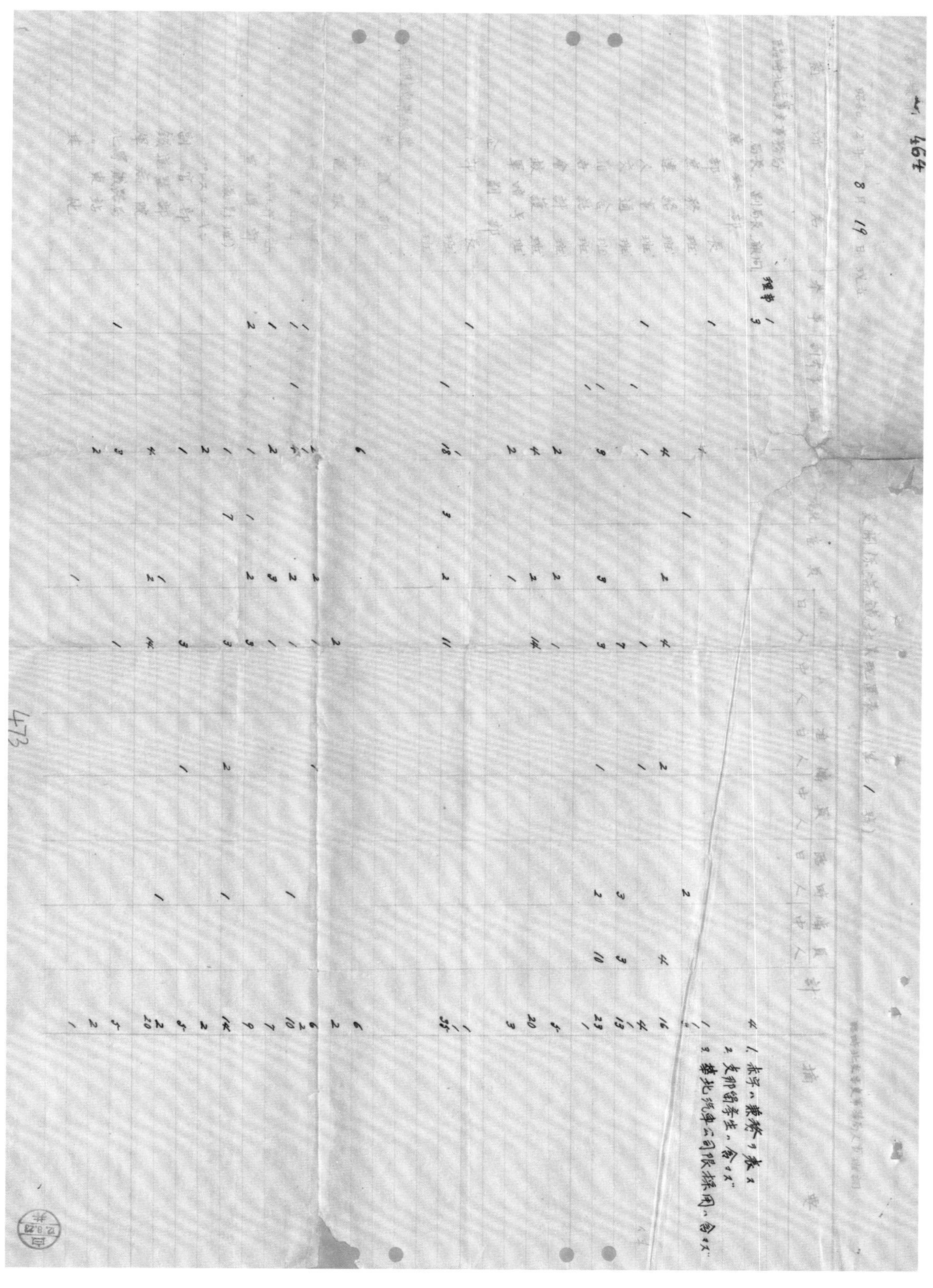

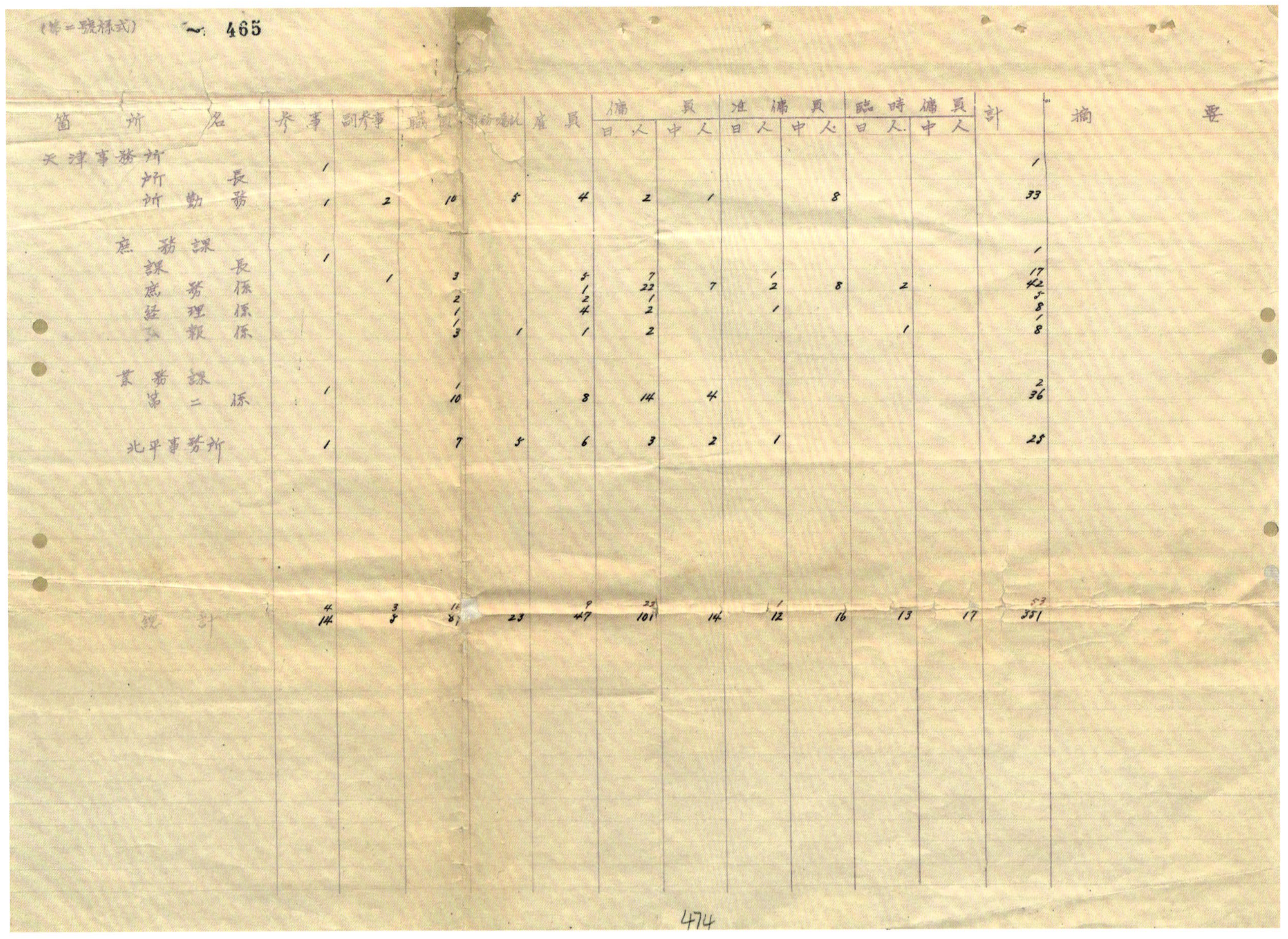

（第二號樣式）　465

箇所名	参事	副参事	職員	事務嘱託	雇員	傭員 日人	傭員 中人	准傭員 日人	准傭員 中人	臨時傭員 日人	臨時傭員 中人	計	摘要
天津事務所													
所長	1											1	
所勤務	1	2	10	5	4	2	1		8			33	
庶務課													
課長	1											1	
		1	3		5	7		1				17	
庶務係					1	22	7	2	8	2		42	
			2		2	1						5	
経理係			1		4	2		1				8	
			1									1	
弘報係			3	1	1	2				1		8	
業務課	1		1									2	
第二係			10		8	14	4					36	
北平事務所	1		7	5	6	3	2	1				25	
総計	4 14	3 8	16 81	23	9 47	23 101	14	1 12	16	13	17	53 351	

474

天津事务所长关于军方指定北平特务机关配属人员事致总裁室东亚课长的电文（一九三七年八月二十三日）

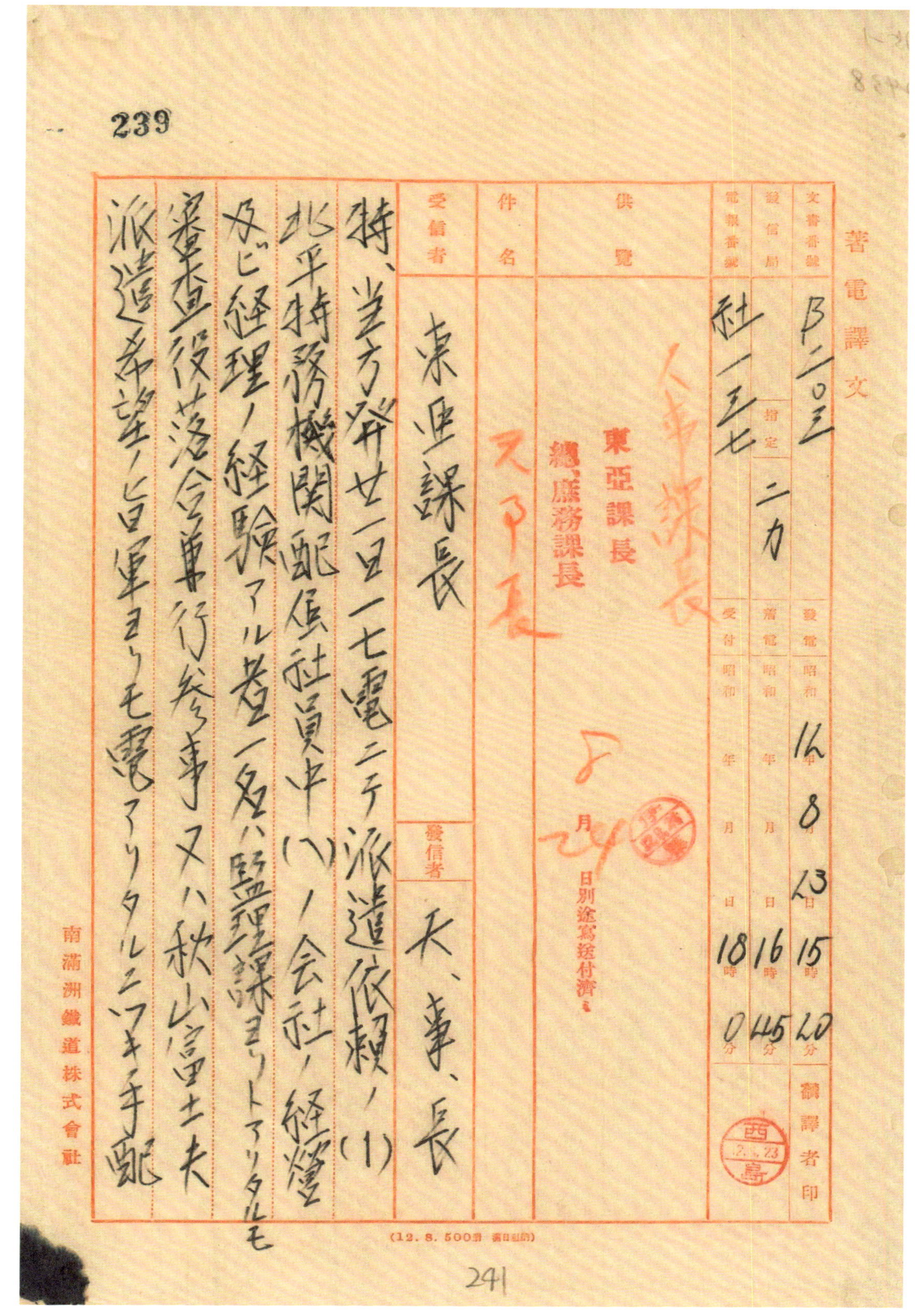

239

著電譯文

文書番號 B二〇三
發信局
電報番號 社一三七
指定 二カ

發電 昭和12年8月23日15時20分
着電 昭和 年 月 日16時45分
受付 昭和 年 月 日18時0分

供覧
東亞課長
總、庶務課長
人事課長

日別途寫送付濟

件名

受信者 東亞課長

發信者 天、事、長

特、當方発廿一日一七電ニテ派遣依頼ノ(1)北平特務機関配属社員中(ハ)ノ会社ノ経営及ビ経理ノ経験アル者一名ハ監理課ヨリトアリタルモ審査役落合兼行参事又ハ秋山富士夫派遣希望ノ旨軍ヨリモ電アリタルニツキ手配

飜譯者印

南滿洲鐵道株式會社

（12. 8. 500冊）

241

240

写ノ

伊藤天津事務所長ニモ傳ヘテ

南滿洲鐵道株式會社

242

天津事务所长关于报告与青岛驻在员间无线电通讯联络已完备事致总裁室东亚课长的电文
（一九三七年八月二十三日）

172

著電譯文

文書番號	發信局	電報番號
B二〇五		社五一

指定 ウ二

發電	着電	受付
昭和12年8月23日15時20分	昭和　年　月　日16時50分	昭和　年　月　日19時15分

飜譯者印

供覽 中西理事 總、庶務課長 弘報課長 文書課長 人事課長

8月24日別途寫送付濟ミ

件名

受信者 東亜課長

發信者 天津事務所長

本日ヨリ青島駐在員当所間無電交信完全ニ出来ル事トナリタルニ付キ報告ス。今後然ルベク利用セラレ度シ。

記

電アリタルニ付承知セリ。

青島駐在員ヨリ下

青島ハ魯大公司無電機使用。

一、今後大連各所トノ電報ハ総テ天津事務所経由ニヨリ

南満洲鐵道株式會社

（12.8.500冊 獲日創刊）

179

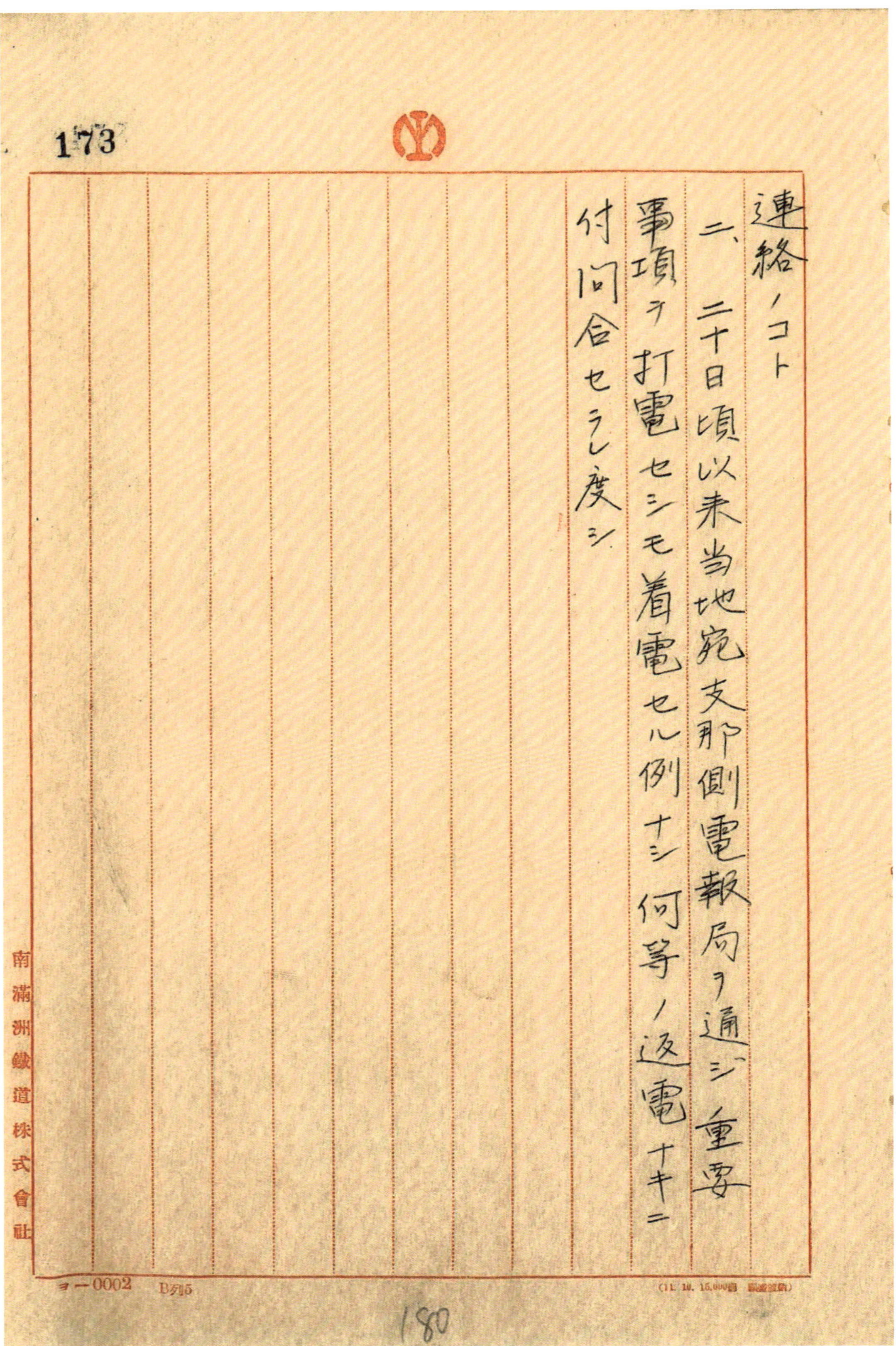

173

連絡ノコト

二、二十日頃以来当地宛支那側電報局ヲ通シ重要事項ヲ打電セシモ着電セル例ナシ何等ノ返電ナキニ付問合セラレ度シ

南滿洲鐵道株式會社

ヨー0002 B列5

180

天津事务所长关于支付北平民会所需粮食费用、交付国防妇人会及天津民团所需粮食物资等事致总裁室东亚课长的电文（一九三七年八月二十三日）

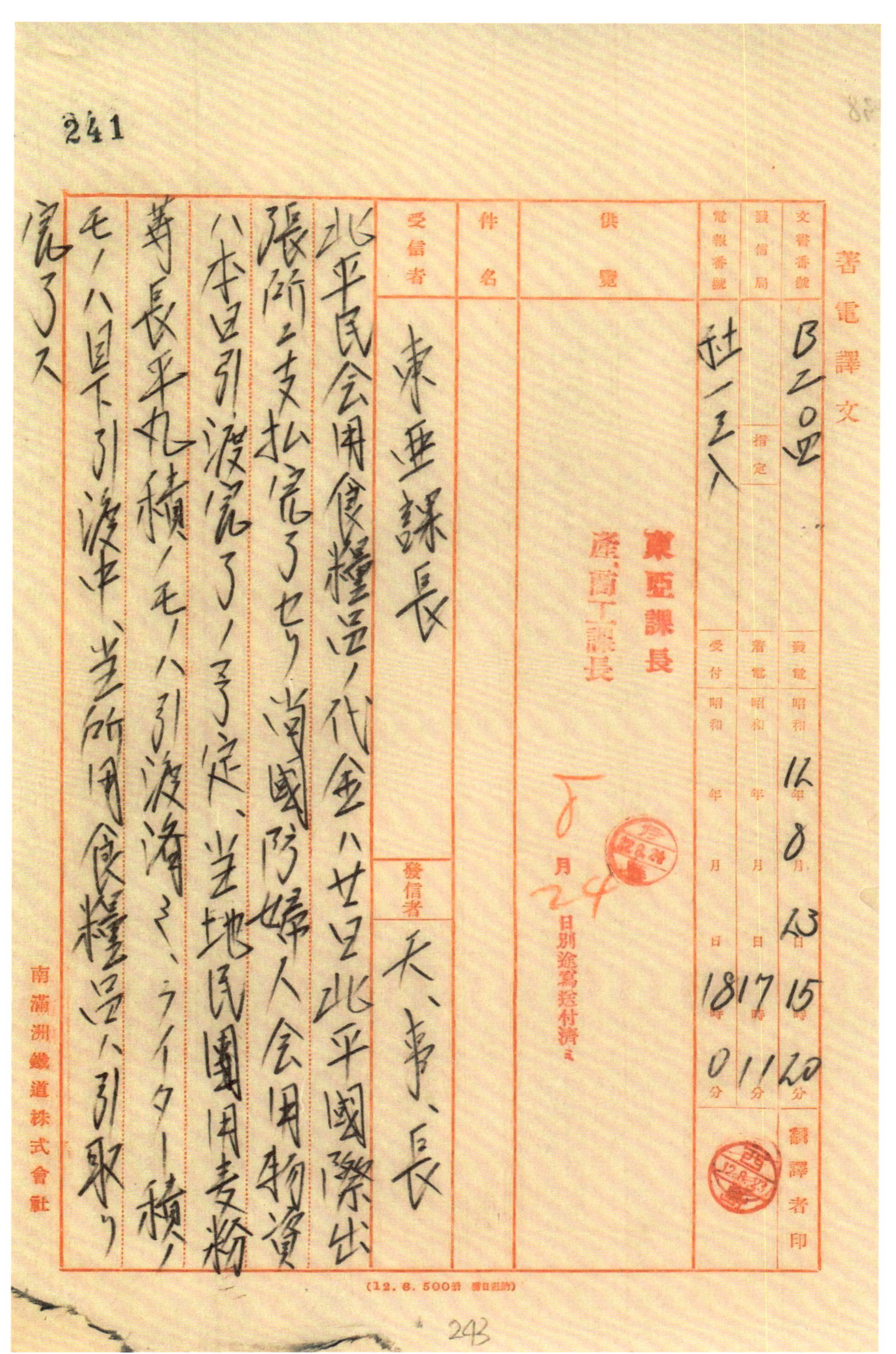

241

著電譯文

文書番號	發信局	電報番號	指定
B二〇四		社一三八	

	昭和	年	月	日	時	分
發電	12		8	23	15	20
着電					17	11
受付					18	01

飜譯者印

供覽：東亞課長　產、商工課長

8月24日別途寫送付濟ミ

件名：

受信者：東亜課長

發信者：天、事、長

北平民会用食糧品ノ代金ハ廿日北平國際出張所ニ支払完了セリ当國防婦人会用物資ハ本日引渡完了ノ予定、当地民團用麦粉等長平丸積ノモノハ引渡済ミ、ライター積ノモノハ目下引渡中、当所用食糧品ハ引取リ完了ス

南滿洲鐵道株式會社

（12.6.500冊）

243

天津事务所长关于请求将租借货车集中至青岛事致总裁室东亚课的电文（一九三七年八月二十三日）

248

著電譯文

文書番號	發信局	電報番號
B二一一		社六一

指定

	發電	着電	受付
昭和	12年8月23日18時0分	21時19分	23時5分

飜譯者印 （印）

供覽：東亞課長

件名：

受信者：東亞課長

發信者：天津事務所長

本日「カツコウケイ」葛光庭ヨリ私邸ニ訪問貸付中ノ貨車ガ事局カラ軍用其他ニ覆セラレザルヨウ速カニ青島ニ集結方重ネテ申込レオキタリ念「青島駐在員ヨリノ電以上轉電ス

南滿洲鐵道株式會社

（12.8.500冊 ……）

250

天津事务所长关于拟设丰台救护班请派内科医生两名、助手十二名、护士若干名事致总裁室东亚课长的电文
（一九三七年八月二十三日）

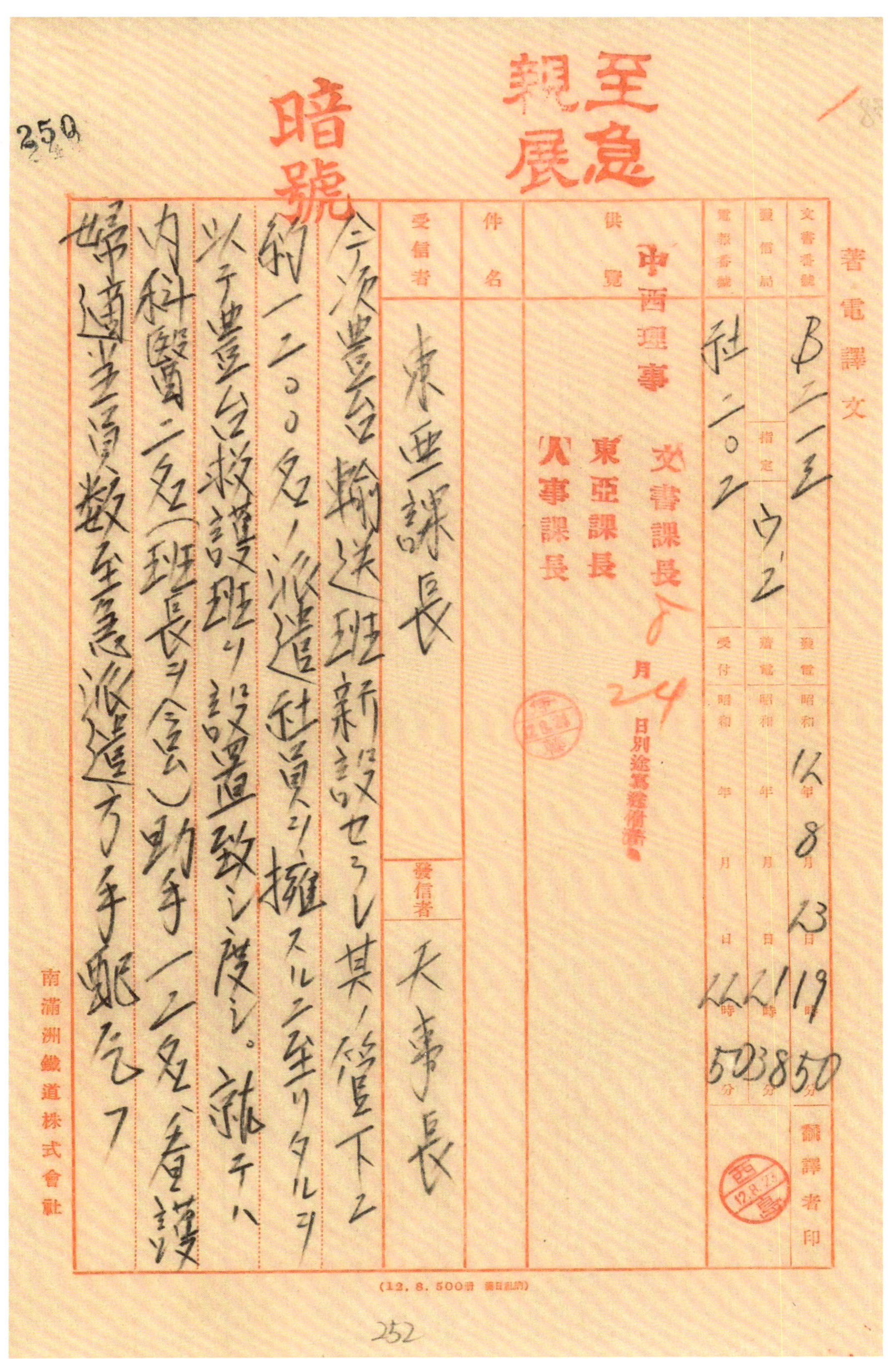

至急
親展
暗號

著・電譯文

文書番號　B二一三
發信局
電報番號　社二〇二
指定　ロ、ニ
發信　昭和12年8月23日19時50分
着電　昭和　年　月　日　時38分
受付　昭和　年　月　日　時50分
飜譯者印

供覽　中西理事　文書課長　東亞課長　人事課長

件名

受信者　東亞課長

發信者　天事長

今次豐台輸送班新設セラレ其ノ管下ニ約一二〇〇名ノ派遣社員ヲ擁スルニ至リタルヲ以テ豐台救護班ヲ設置致シ度シ。就テハ内科醫二名（班長ヲ含ム）助手一二名、看護婦適当員數至急派遣方手配乞フ

南滿洲鐵道株式會社

（12．8．500冊　滿日印刷）

252

天津事务所长关于请向天津派遣精通教育行政的人员事致总裁室东亚课长的电文（一九三七年八月二十三日）

3375

親展　寫

著電譯文

文書番號	發信局	電報番號
13二一四		社二〇一

指定：ウ二

	發電	着電	受付
昭和 年	12		
月	8		
日	23		
時	19	21	22
分	50	35	50

供覽：天津事務所長　人事課長

月24日別途寫送付濟ミ

受信者：東亜課長

件名：

發信者：天事長

天津市及ビ縣教育事項管理ノ爲メ教育行政ニ明ルキ人物ヲ滿鐵ヨリ派遣アリタシ、軍ノ希望ナルガ會社ニ派遣シ得ル該当者アリヤ、ナシトスレバ謝絶ス、尚ホ当所トシテハ支那側ノ担当者トノ釣合上派遣スルトセバ相当ノ人物ヲ派遣スルヲ可ト信ズ。

伊藤所長ニ傳ヘテ

飜譯者印

南滿洲鐵道株式會社

ヨ－8017　B列5　（12.1. 1500冊）

384

天津事务所长关于军方请派遣精通公司经营及财务管理人员前往北平特务机关事致总裁室东亚课长的电文（一九三七年八月二十三日）

381

著電譯文

文書番號 乃二〇三
發信局
電報番號 社一三七
指定 二九

供覽
總、庶務課長
人事課長
天津事務所長

發電 昭和12年8月23日15時20分
着電 昭和 年 月 5日16時45分
受付 昭和 年 月 5日18時0分

月29日別途寫送付濟ミ

受信者 東亞課長
件名
發信者 天、事、長

特、當方發廿一日一七電ニテ派遣依賴ノ(1)北平特務機關配屬社員中(ハ)ノ會社ノ經營及ビ經理ノ經驗アル者一名ハ監理課ヨリトアリタルモ審查役發令兼行參事又ハ秋山富士夫派遣希望ノ旨軍ヨリモ電アリタルニツキ手配乞フ.

伊藤天津事務所長ニモ傳ヘテ.

飜譯者印

南滿洲鐵道株式會社

(12. 8. 500冊 滿日社印)

390

天津事务所长关于请派员协助天津事务所业务事致总裁室东亚课长的电文（一九三七年八月二十四日）

3873

寫

著電譯文

文書番號 B二二五

電報番號 九四

發電 昭和12年8月24日18時10分

着電 21時11分

受付 22時55分

受信者 東亞課長

發信者 天津所長

供覽 人事課長 庶務課長 甲庶務課長 8月25日 日別途寫送付濟

當所物品並ニ庶務補助ノ爲下記ノ者派遣方至急取計ヒ乞フ 庶務總理係係員（工トウ太郎） 用度部購買係係員 田口忠一 用度部倉庫課係員 石川豐之助 計三名

南滿洲鐵道株式會社

（12.8.500冊）

382

天津事务所长关于通州殉职社员遗产将送还家属事致总裁室东亚课长、福祉课长的电文
（一九三七年八月二十四日）

255

著電譯文

文書番號　B二一七
發信局
指定　31
電報番號　社一
供覽　總、東亞課
發電　昭和12年8月24日12時20分
着電　昭和　年　月　日13時50分
受付　昭和　年　月　日14時50分
飜譯者印

受信者　東亞課長　福祉課長
件名
發信者　天、事長

通州殉職社員家財二十七日後國際救長山丸ニテ貴課宛発送ス着ノ上ハソレゾレ遺族ニ引渡手配ヲ乞フ

南滿洲鐵道株式會社

（12.8.500冊 滿日社印）

257

天津事务所长关于通知总裁室电影制作所职员山口、芦泽等人行程事致总裁室东亚课长的电文（一九三七年八月二十四日）

560

著電譯文

文書番號	B、二一八
發信局	
指定	
電報番號	永八三
發電	昭和12年8月24日12時20分
着電	昭和年8月24日13時50分
受付	昭和年月日14時50分
飜譯者印	田部
供覽	人事課長　8月24日別途寫送付濟ミ
件名	
受信者	東亜課長
發信者	天、事長

塘沽ニ向ヘル雇員菅野ハ二十三日朝帰津ス

總裁室映画製作所員、山口、芦沢本日塘沽ニ向

7

南滿洲鐵道株式會社

（12. 8. 500冊 報日印刷）

573

天津事务所长关于弘报课员及产业部庶务课员申请延长出差时间并请暂付旅费事致总裁室东亚课长的电文
（一九三七年八月二十四日）

5556

著電譯文

文書番號 13二二二
發信局
電報番號 九一
指定

發電 昭和12年8月24日16時20分
着電 昭和 年 月 日17時43分
受付 昭和 年 月 日19時55分

受信者 東亞課長
件名
供覽 東亞課長 弘報課長 產庶務課長 人事課長
8月25日別途寫送付濟ミ

發信者 天津庶務課長

弘報課員佐々木、産庶務課傭員平岡益一ノ両名九月二十五日マデ出張延期セシメタシ方手配セラレ度尚佐々職員ニハ九月分旅費假拂ヲ手配セラレ度

譯者印

南滿洲鐵道株式會社

日-8017 B列5

569

天津事务所长关于通知雇员菅野赴南口时间事致总裁室东亚课长的电文（一九三七年八月二十四日）

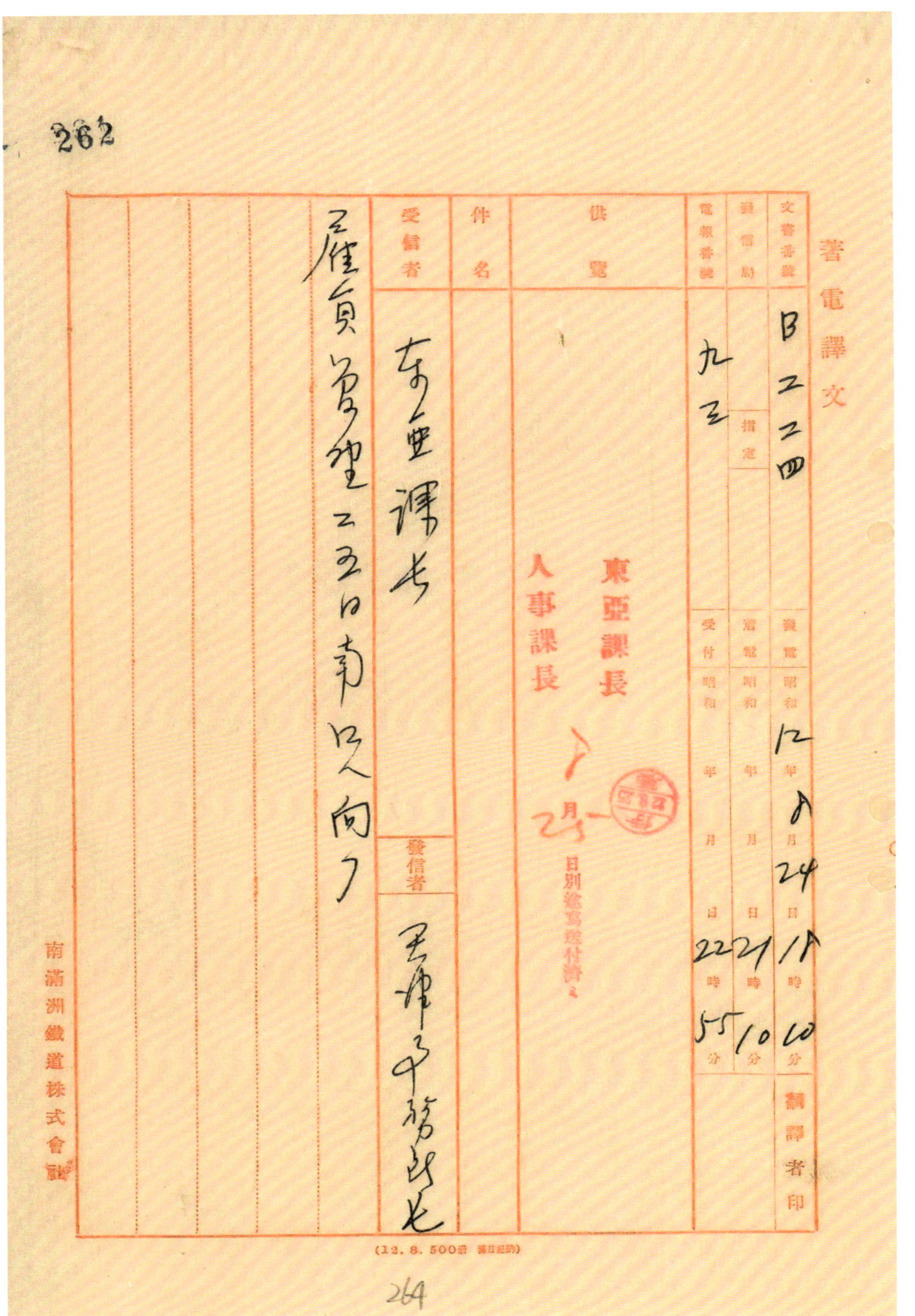

262

著電譯文

文書番號：日二二四
發信局：
電報番號：九三
指定：
發電：昭和12年8月24日18時10分
着電：昭和　年　月　日21時10分
受付：昭和　年　月　日22時55分
翻譯者印

供覽：東亞課長　人事課長

日別途寫送付濟

受信者：東亞課長

件名：

發信者：天津事務所長

雇員菅野二五日南口ヘ向フ

南滿洲鐵道株式會社

（12. 8. 500冊 滿日記納）

264

天津事务所长关于任命工藤武男为北平事务所长事致总裁室东亚课长的电文（一九三七年八月二十四日）

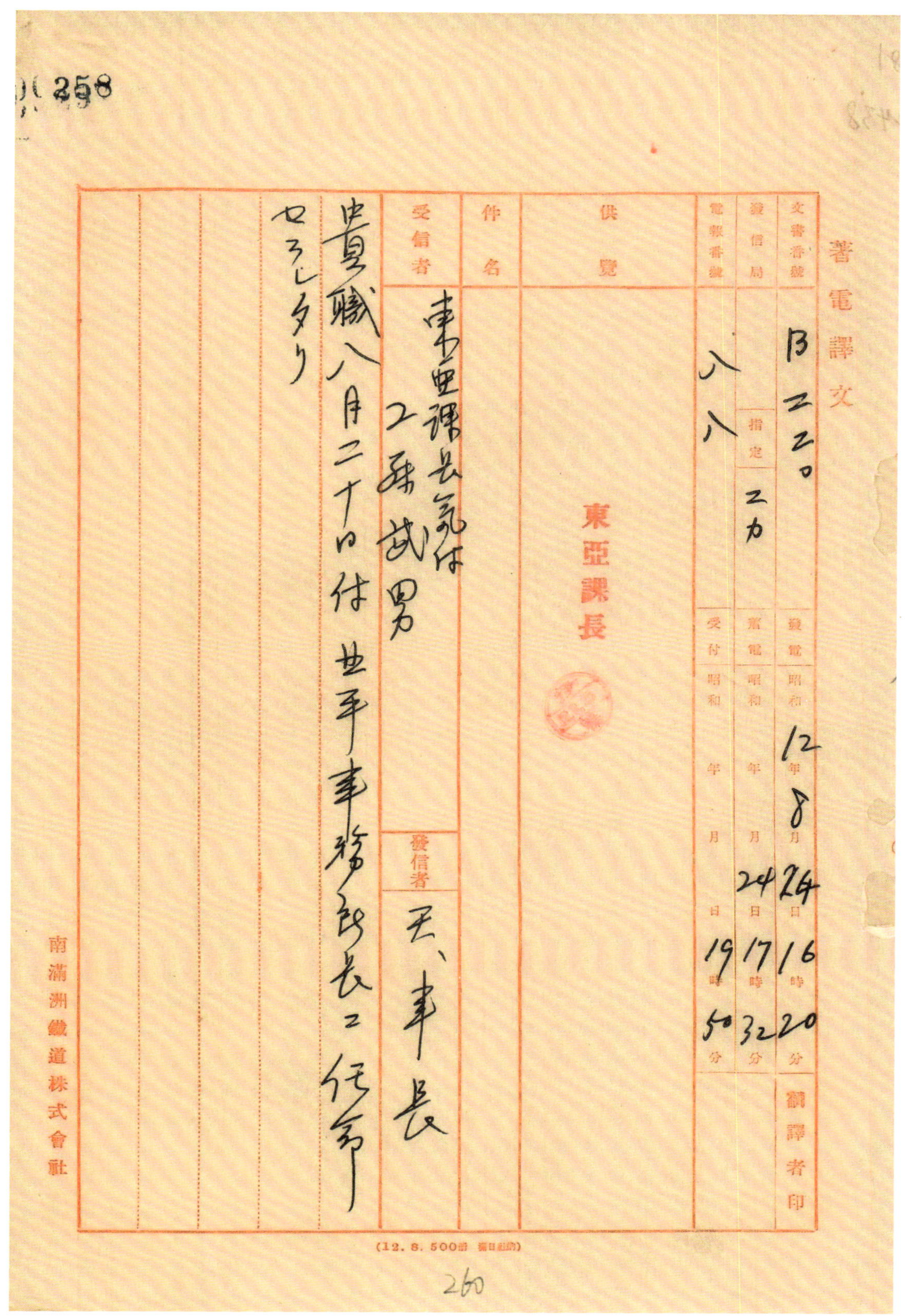

著電譯文

文書番號 13 二二〇
發信局
電報番號 八八
指定 ニカ
發信 昭和12年8月24日16時20分
着電 昭和 年 月24日17時32分
受付 昭和 年 月 日19時50分
飜譯者印

供覽 東亞課長

件名

受信者 東亞課長宛

發信者 天、事長

工藤武男
貴職八月二十日付北平事務所長ニ任命セラレタリ

南滿洲鐵道株式會社

（12. 8. 500冊 滿日印刷）

天津事务所长关于人员功绩事致总裁室人事课长的函（一九三七年八月二十四日）

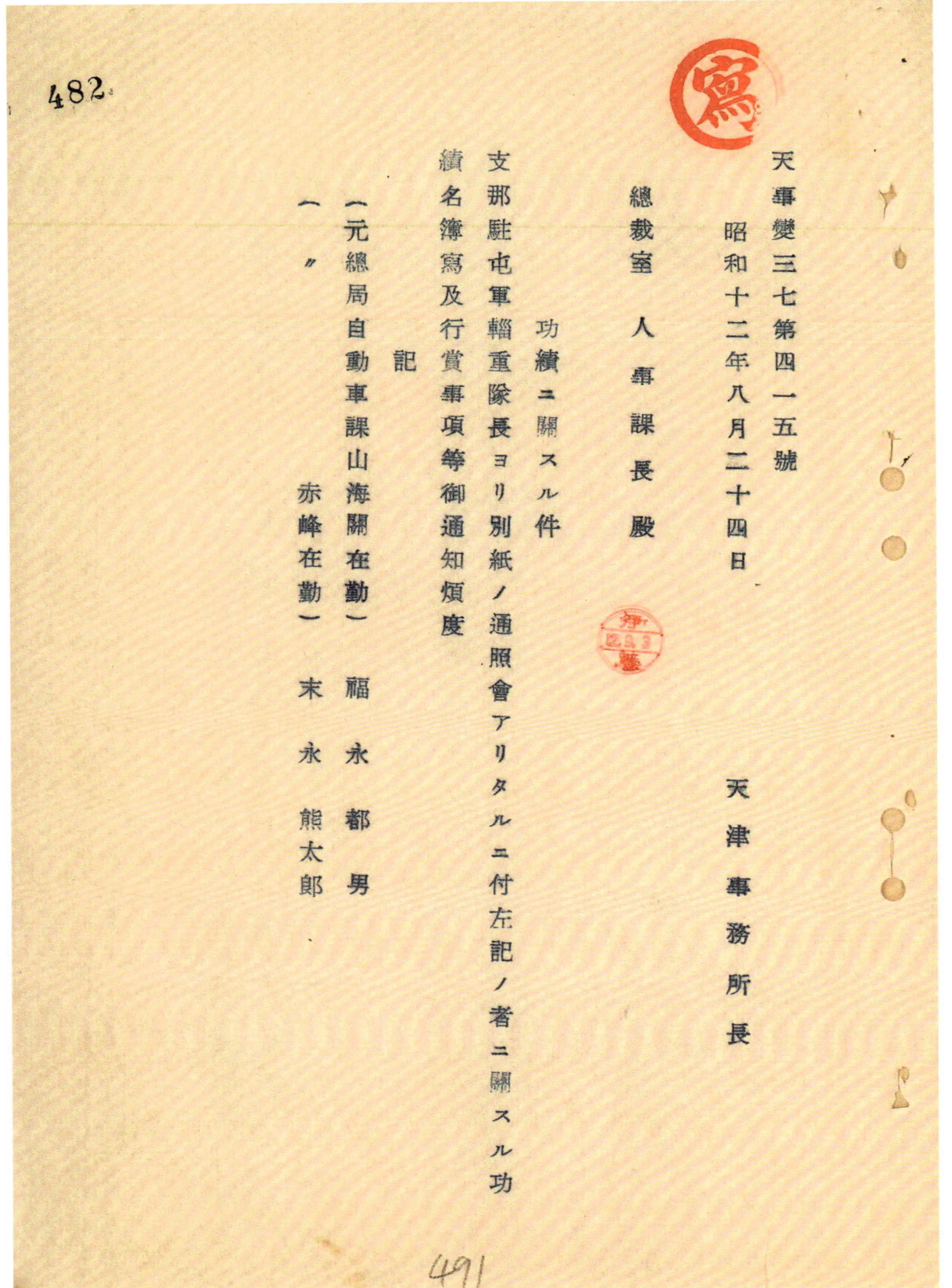

天事變三七第四一五號

昭和十二年八月二十四日

天津事務所長

總裁室 人事課長殿

功績ニ關スル件

支那駐屯軍輜重隊長ヨリ別紙ノ通照會アリタルニ付左記ノ者ニ關スル功績名簿寫及行賞事項等御通知煩度

記

（元總局自動車課山海關在勤） 福永都男

（〃 赤峰在勤） 末永熊太郎

483

軍輜功第一三號

功績ニ關スル件照會

昭和十二年八月二十一日

支那駐屯軍輜重隊長　外井武夫

滿鐵　天津事務所長殿

當隊功績上申上必要ニ付左記ノ者ニ對スル功績名簿寫及行賞事項等總テ功績ニ關スル件全部回答相成度及照會候也

追テ不明ノ點ハ本名前勤務場所ニ照會相成度申添候

左記

後備電工兵上等兵（自運）福永都男

八月七日戰傷死　豫備輜重兵上等兵（同右）末永熊太郎

同右　（同右）日向正邦

492

天津事务所长关于转达派驻青岛人员请求提供关于山东交通、港湾等产业开发相关草拟文件事致总裁室东亚课长的电文（一九三七年八月二十四日）

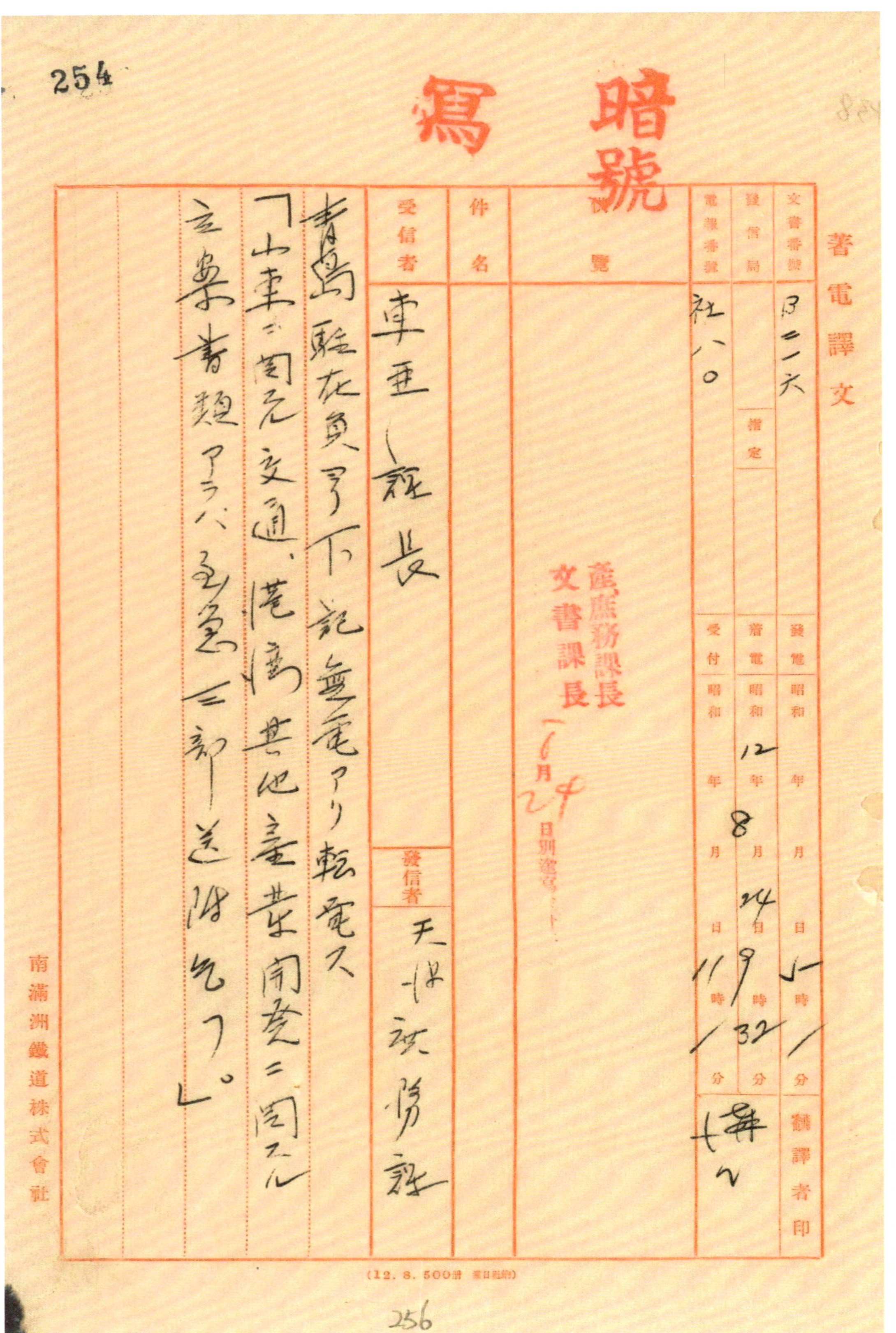

254

暗號

寫

著電譯文

文書番號：日二一六

電報番號：社八〇

受信者：東亜課長

發信者：天津事務所

青島駐在員ヨリ下記無電アリ転電ス

「山東ニ関スル交通、港湾其他産業開発ニ関スル立案書類アラハ至急ニ部送附乞フ」

著電：昭和12年8月24日11時32分

文書課長

南滿洲鐵道株式會社

（12. 8. 500冊）

256

天津事务所长关于青岛驻在员申请资金对象变更事致总裁室东亚课长、青岛驻在员的电文

（一九三七年八月二十四日）

264

著電譯文

文書番號	B二二六
發信局	
電報番號	一〇二
指定	3イ
發電	昭和12年8月24日18時10分
着電	昭和　年　月　日21時35分
受付	昭和　年　月　日23時0分
供覽	東亞課長（印）
件名	
受信者	青島駐在員 東亞課長
發信者	天、庶務課長

天津—青島間無電交信開始セラレタルニ付東亞課ヘ資金ノ要求ハ爾今手許宛トセラレ度シ

南滿洲鐵道株式會社

（12．8．500冊 滿日納）

266

天津事务所长关于通知电影制作所四名职员出差情况事致总裁室东亚课长的电文（一九三七年八月二十五日）

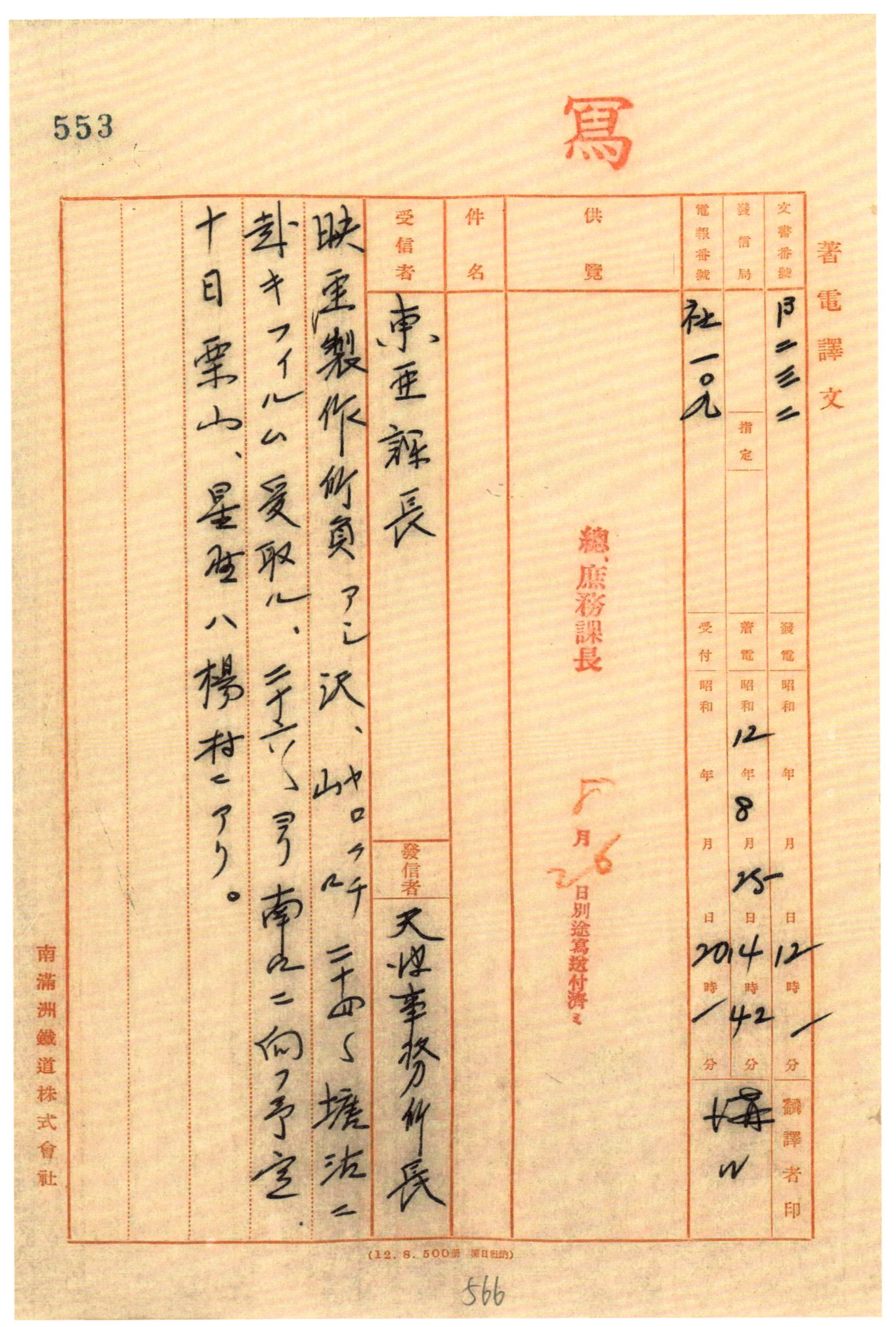
553

寫

着電譯文

文書番號	發信局	電報番號
13232		社一〇九

	發電	着電	受付
昭和	年 月 日 12時 分	12年 8月 25日 20時 42分	年 月 日 時 分

供覽：總、庶務課長

8月26日別途寫送付濟

受信者：東亞課長

發信者：天津事務所長

映画製作所員アジ沢、山中ロケチ二十四日塘沽ニ赴キフイルム受取ル、二十六日南口ニ向フ予定。十日栗山、星野ハ楊村ニアリ。

南滿洲鐵道株式會社

(12. 8. 500冊)

566

天津事务所长关于板垣部队队长向该所职员发放感谢状事致总裁室人事课长的函（一九三七年八月二十五日）

.508

寫　產業部交通課長、總裁室東亞課長

天事變三七第四五一號

昭和十二年八月二十五日

天津事務所長

總裁室人事課長殿

總東庶

37第2號/313

板垣部隊長ヨリ社員ニ對スル感謝狀ノ件

義ニ產業部交通課伊藤清司職員ノ派遣ヲ希望シタルトコロ時宜ニ適セル派遣ヲ得直ニ板垣部隊長ニ連絡（戰地ニ於テ）所要ノ報告ヲ提供シ皇軍作戰ニ益スル處アリタリトテ同部隊長ヨリ小職ニ宛テタル禮狀アリタリ念

記

特ニ早速伊藤清司君御派遣被下御配慮ヲ以テ多大ノ利益ヲ得申候深ク御禮申上候

517

天津事务所长关于转述青岛驻在员有关日本既定方针不变之电报事致总裁室东亚课长、弘报课长的电文（一九三七年八月二十五日）

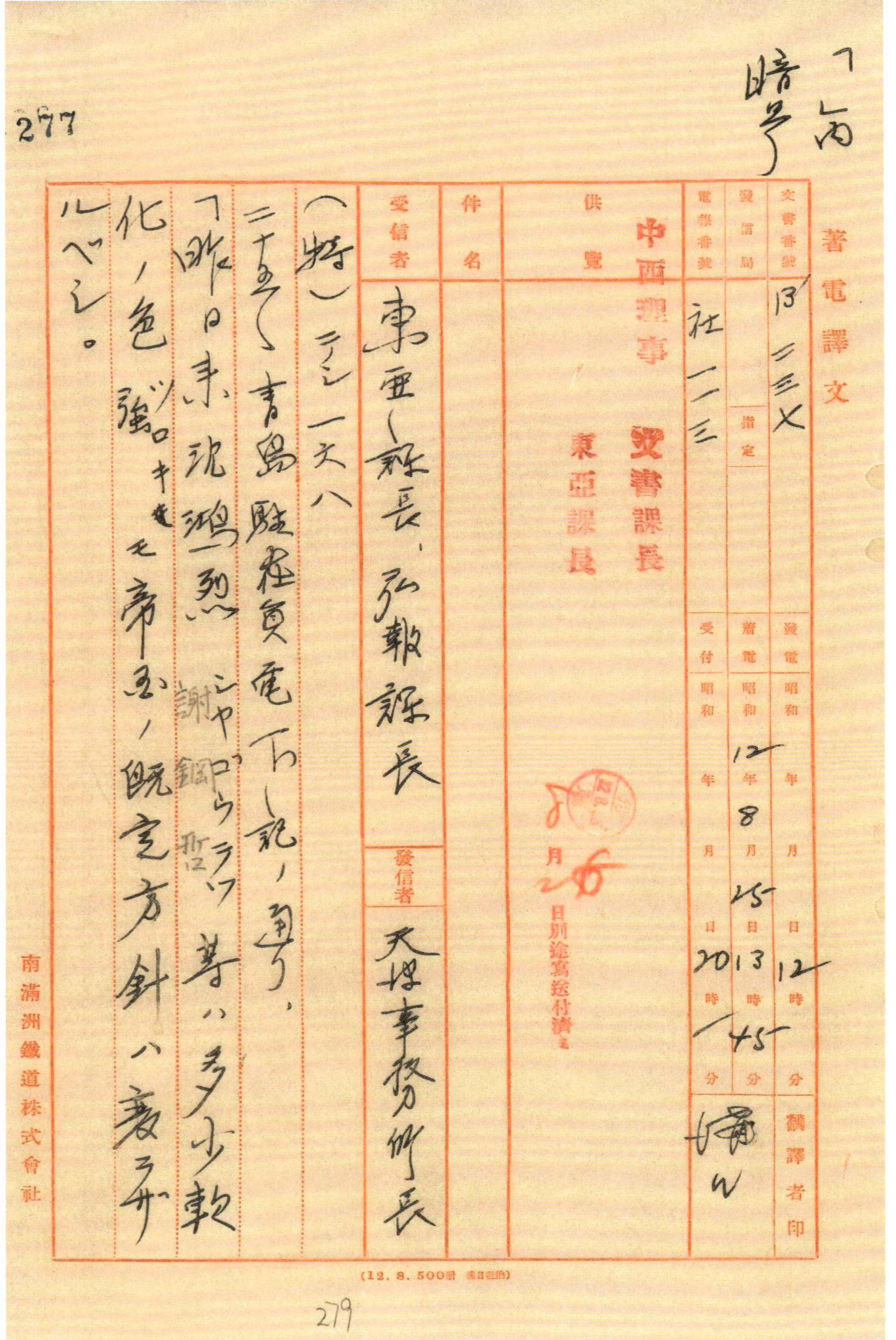

著電譯文

文書番號	13/三/X
發信局	社
電報番號	一一三
指定	
供覧	中西理事　文書課長　東亞課長
發電	昭和　年　月　日12時　分
着電	昭和12年8月25日13時45分
受付	昭和　年　月　日20時　分
飜譯者印	
件名	
受信者	東亞課長、弘報課長
發信者	天津事務所長

月日別途寫送付濟

（特）二三一六八

二十五日青島駐在員電下記ノ通リ、

「昨日來訪ノ謝鋼哲ニヤロウラ等ハ多少軟化ノ色アリ、強硬ナル中央モ帝國ノ既定方針ハ變ラザルベシ。」

南滿洲鐵道株式會社

（12. 8. 500冊）

天津事务所庶务课长关于北宁铁路薪金及面粉、高粱货款事致总裁室东亚课长、财务部长、铁路总局长的电文（一九三七年八月二十五日）

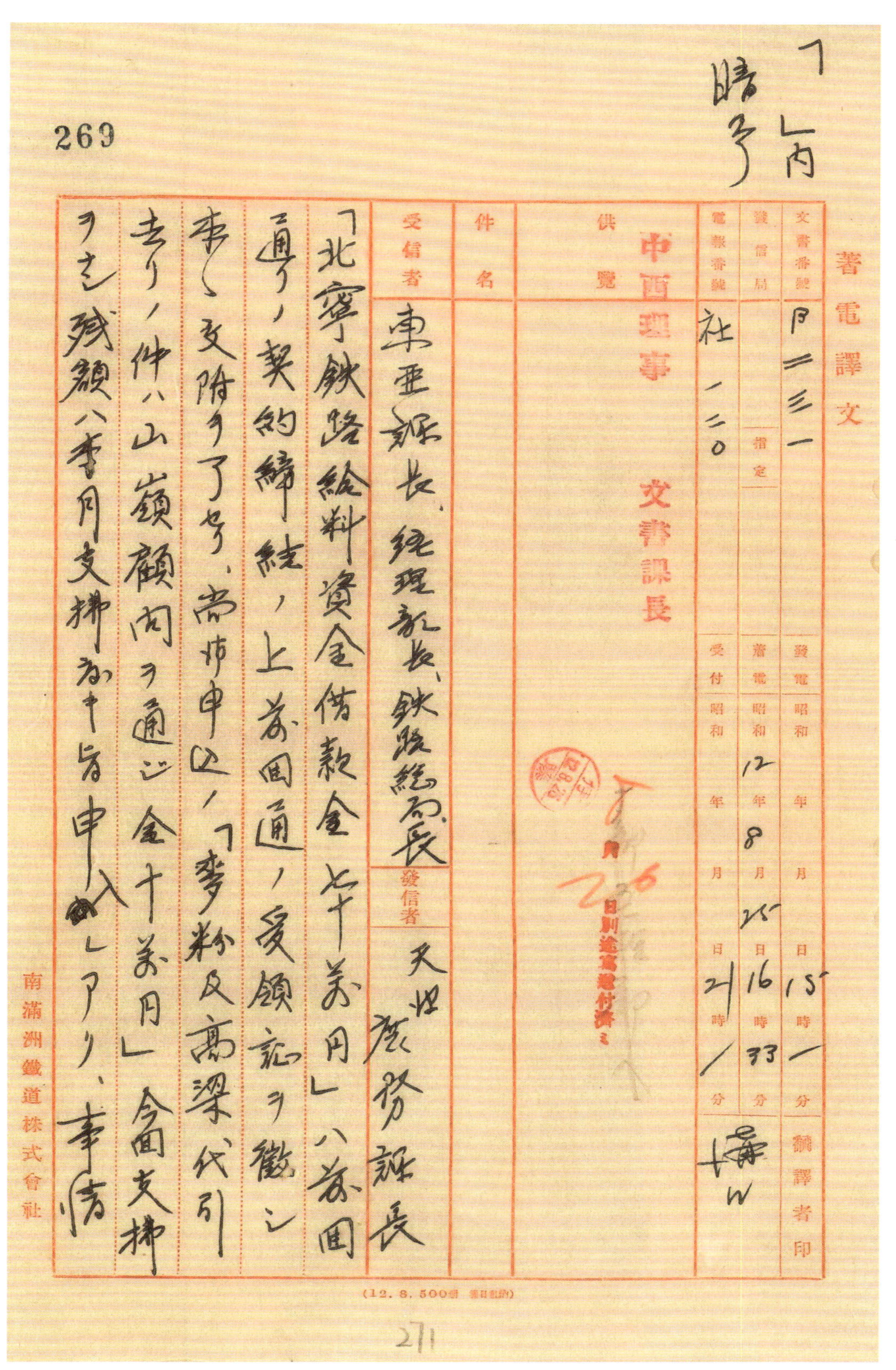

了
暗号
内

269

著電譯文

文書番號	月二三一
發信局	社
電報番號	一二〇
指定	
發電	昭和　年　月15日1時1分
着電	昭和12年8月25日16時33分
受付	昭和　年　月21日1時　分
飜譯者印	

供覽　中西理事　文書課長

件名

受信者　東亜課長、経理部長、鉄路総局長

發信者　天津庶務課長

「北寧鉄路給料資金借款金七十万円」ハ万国通リノ契約締結ノ上万国通ノ受領証ヲ徴シ支払ヲ了セリ、尚昨申込ノ「麦粉及高粱代引当リノ件ハ山嶺顧問ヲ通シ金十万円」今回支払ヲ了シ残額ハ本月支払方ヲ申入レアリ、事情

日別途寫送付済

南滿洲鐵道株式會社

(12. 8. 500冊)

271

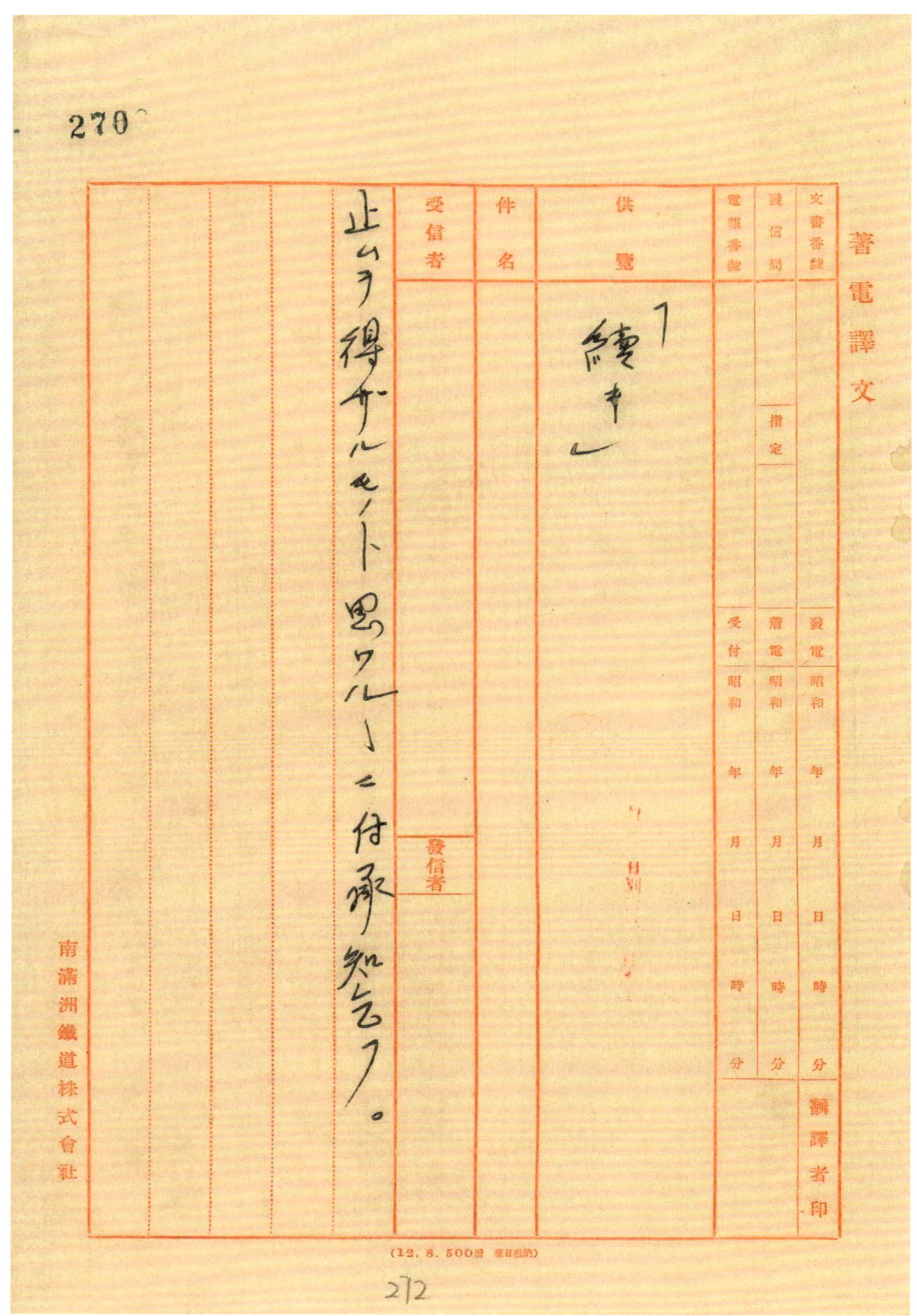
2700

著電譯文

文書番號	發信局	電報番號	供覽	件名	受信者
	指定		續キ		

發電 昭和 年 月 日 時 分
著電 昭和 年 月 日 時 分
受付 昭和 年 月 日 時 分

飜譯者印

發信者

止ムヲ得ザルモノト思ハルルニ付承知セラレ度シ。

南滿洲鐵道株式會社

(12. 8. 500冊 滿日印刷)

272

天津事务所长关于请派员协助编写七七事变满铁功绩调查书事致总裁室东亚课长的电文（一九三七年八月二十五日）

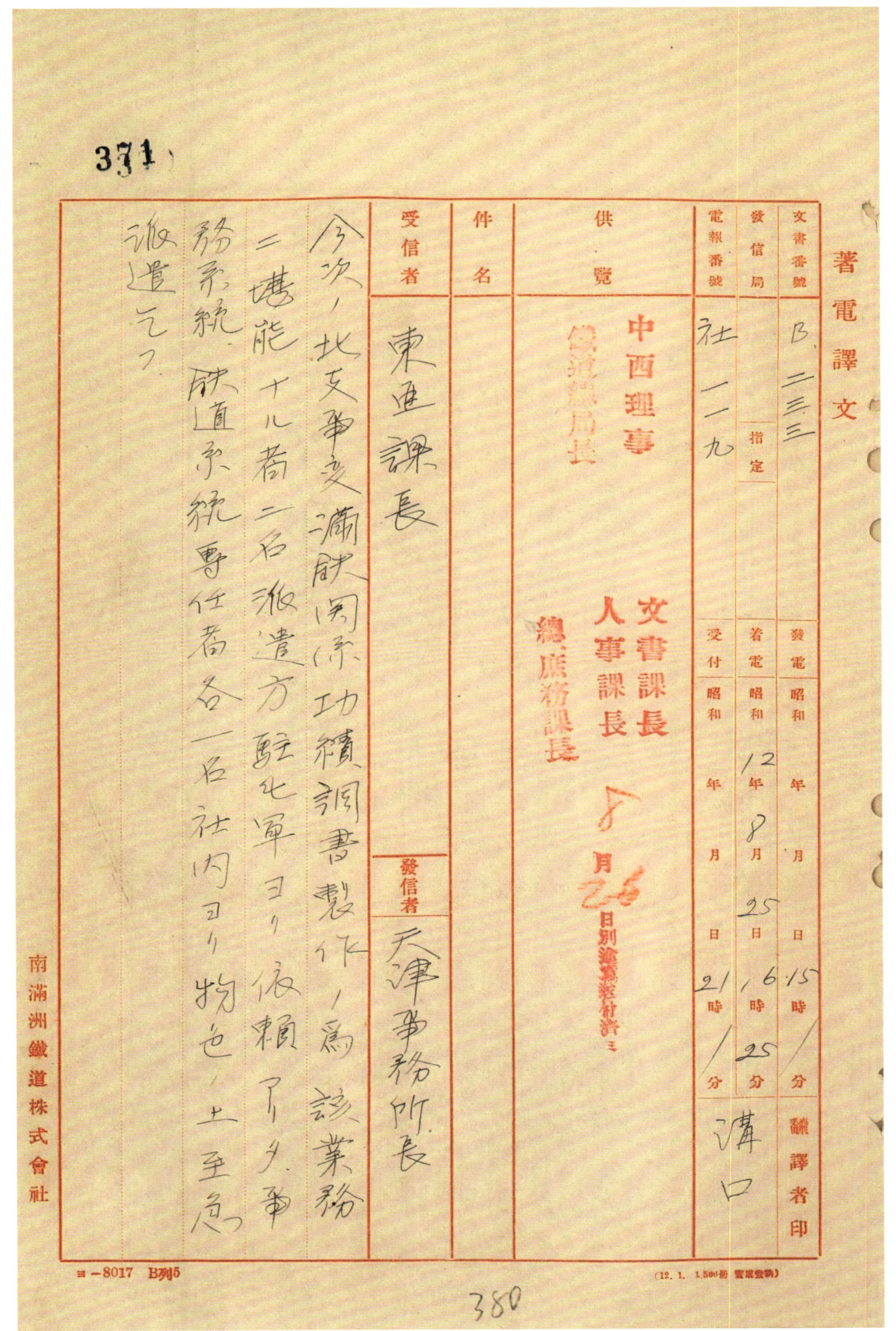

371

著電譯文

文書番號 B.二三三
發信局 社
電報番號 一一九
指定

供覧 中西理事 鐵道總局長 文書課長 人事課長 總務課長

件名

受信者 東亜課長

發信者 天津事務所長

發電 昭和 年 月 日 15時 分
着電 昭和12年8月25日 16時25分
受付 昭和 年 月 日 21時 分

飜譯者印 溝口

今次ノ北支事変満鉄関係功績調書製作ノ為該業務ニ堪能ナル者二名派遣方駐屯軍ヨリ依頼アリタ事務系統、鉄道系統専任者各一名社内ヨリ物色ノ上至急派遣乞フ

南滿洲鐵道株式會社

380

天津事务所长关于请派事务及铁路系统专员各一名协助编写七七事变满铁功绩调查书事致总裁室东亚课长的电文

（一九三七年八月二十五日）

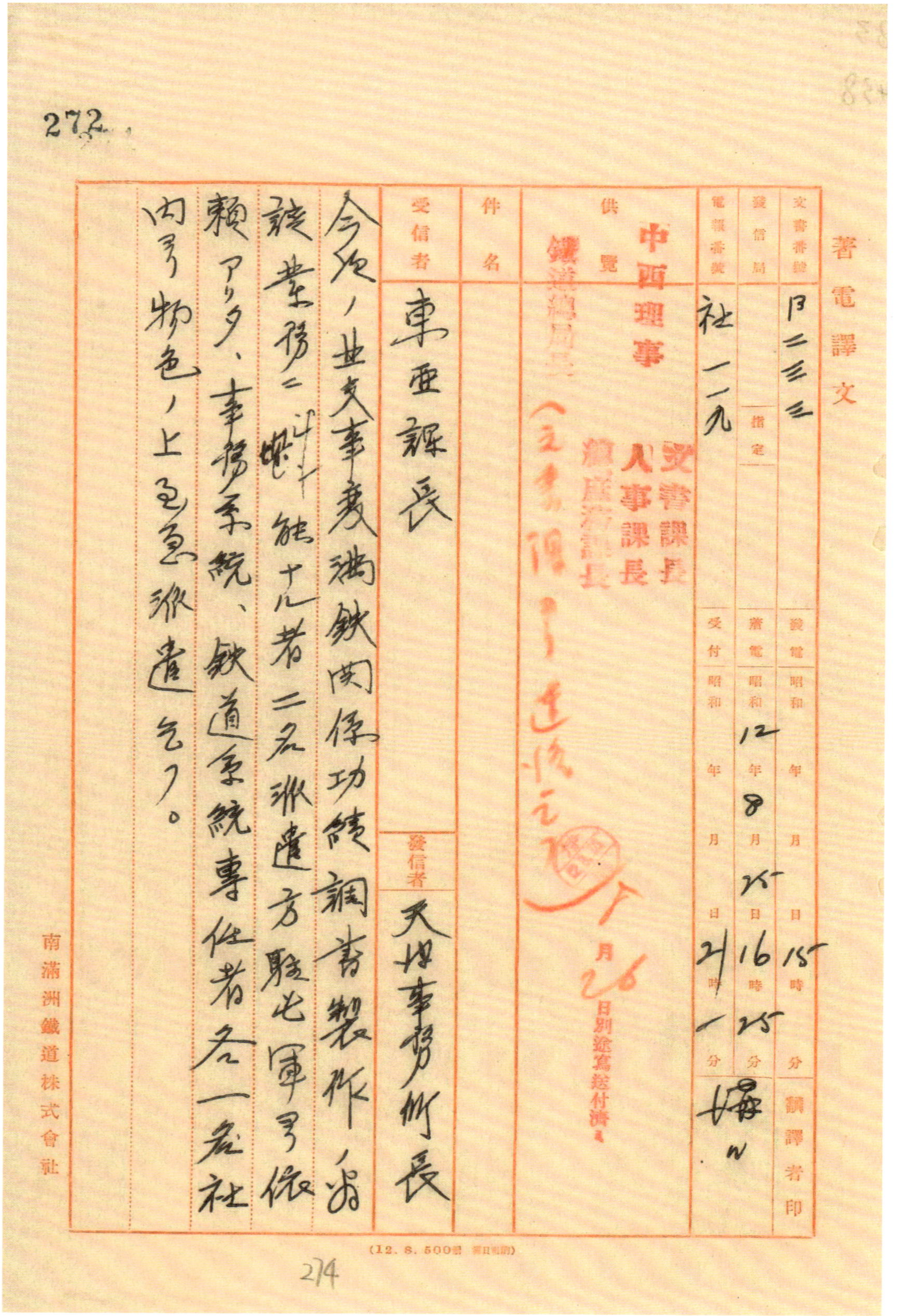

272

著電譯文

文書番號 13二三三
電報番號 社一一九
發信 昭和 年 月 日 15時 分
着電 昭和12年8月25日16時25分
受付 日21時1分
翻譯者印

供覧：中西理事　文書課長　人事課長　鐵道總局長　總務部課長

8月26日別途寫送付濟

受信者：東亞課長

件名：

發信者：天津事務所長

今次ノ北支事変満鉄関係功績調書製作ノ為諸業務ニ堪能ナル者二名派遣方駐屯軍ヨリ依頼アリタ、事務系統、鉄道系統専任者各一名社内ヨリ物色ノ上至急派遣乞フ。

南滿洲鐵道株式會社

（12、8、500冊）

274

天津事务所长关于弘报课职员秋山ヨウソウ申请延长出差时间并请暂付旅费事致总裁室东亚课长的电文（一九三七年八月二十五日）

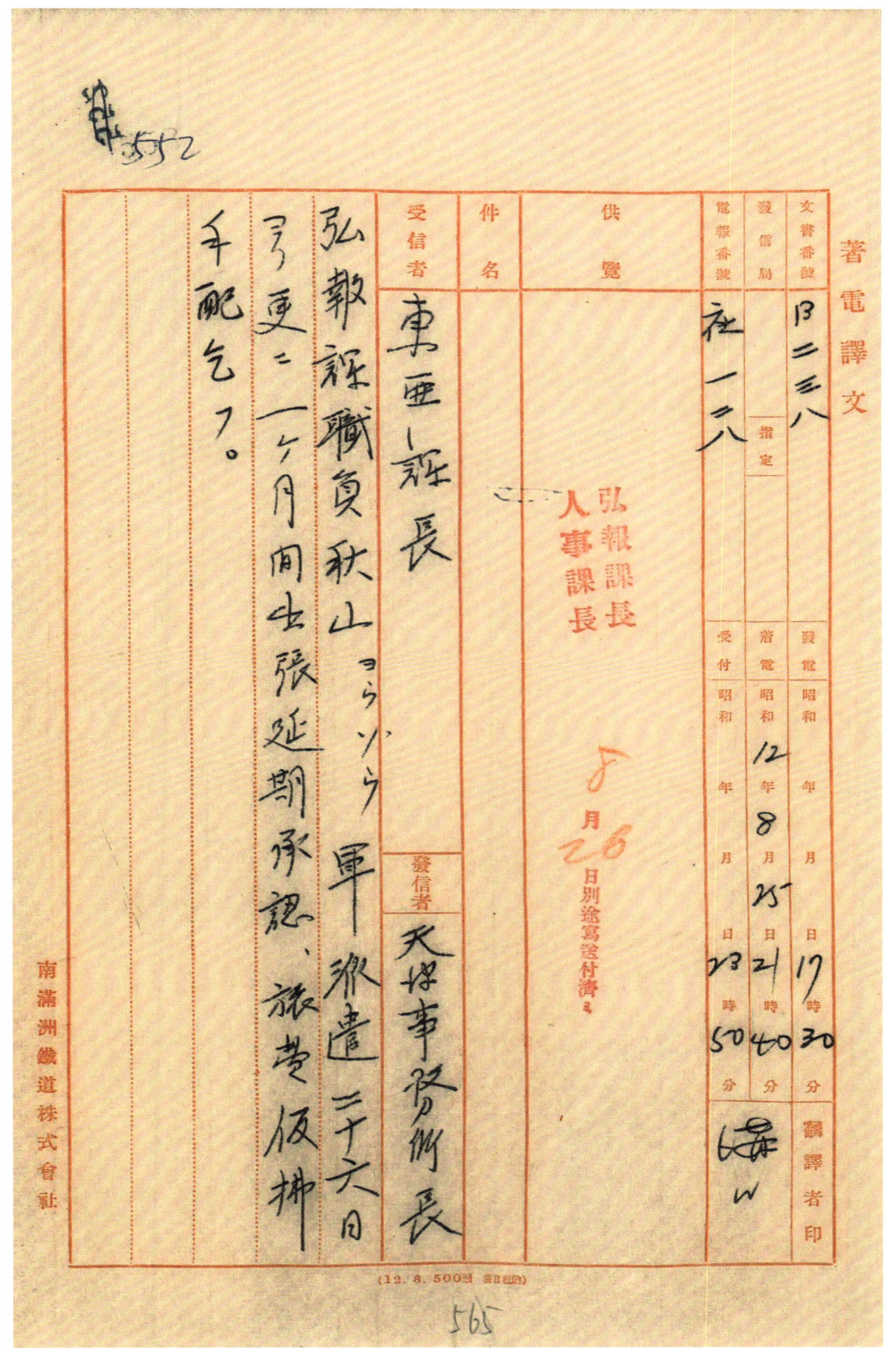
著電譯文

文書番號 13二三八
發信局
電報番號 在一一二八
指定

供覽 弘報課長 人事課長

8月26日別途寫送付濟ミ

發電 昭和 年 月 17日 30時 分
着電 昭和12年8月25日 21時 40分
受付 昭和 年 月 23日 50時 分
翻譯者印

受信者 東亞課長
件名
發信者 天津事務所長

弘報課職員秋山ヨウソウ軍派遣二十六日ヨリ更ニ一ヶ月間出張延期承認、旅費仮拂手配乞フ。

南滿洲鐵道株式會社

(12. 8. 500冊)

565

天津事务所长、总裁室东亚课长请转告坂谷理事速来天津事致总裁室东亚课长的电文（一九三七年八月二十六日）

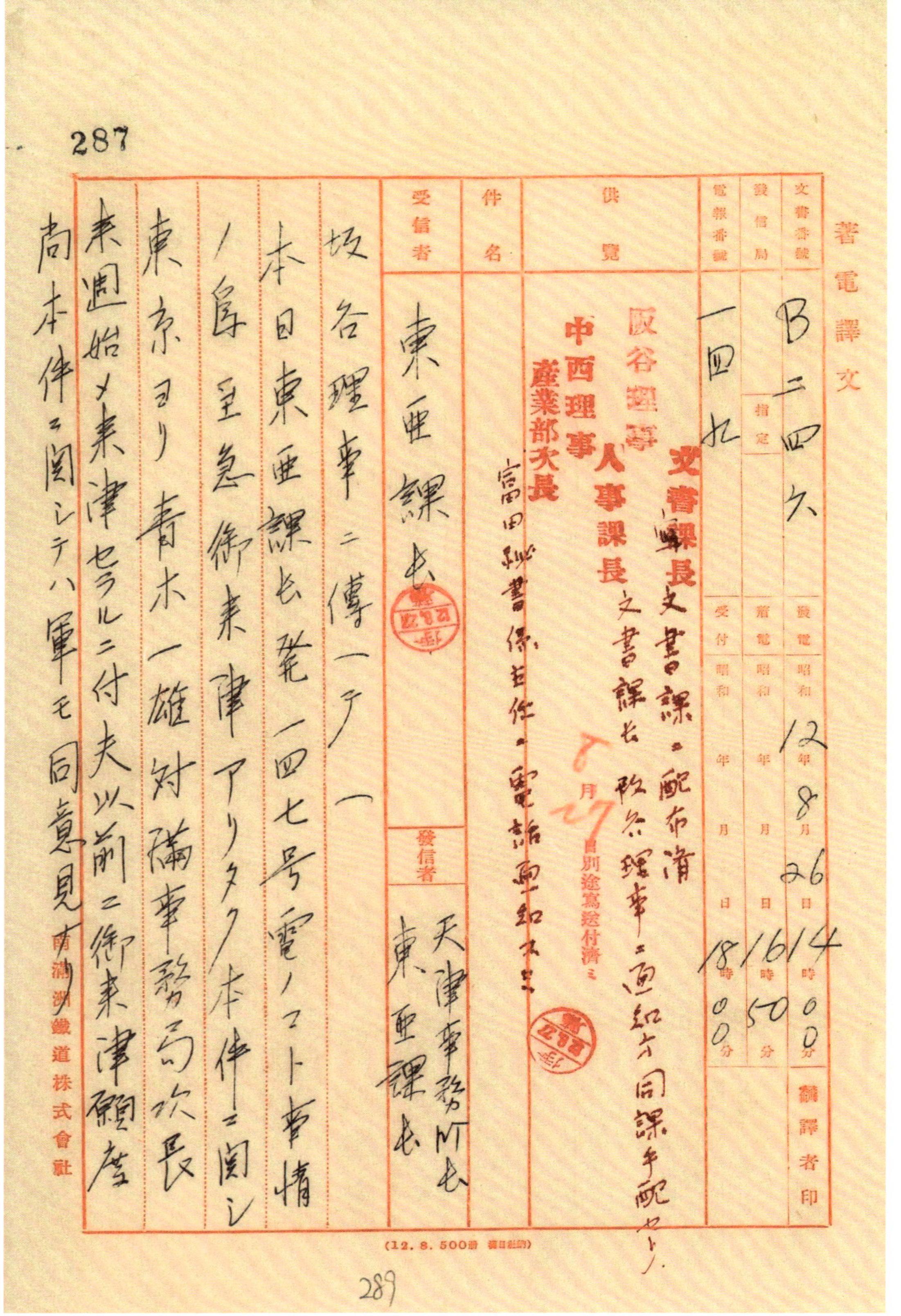
287

着電譯文

文書番號	B二四久
發信局	
電報番號	一四九
指定	
發電	昭和12年8月26日14時00分
着電	昭和12年8月26日16時50分
受付	昭和　年　月　日18時00分
翻譯者印	

供覧：文書課長　人事課長　阪谷理事　中西理事　産業部次長

文書課ニ配布済
文書課長
阪谷理事ニ通知方同課ニ手配セシ
富田秘書係主任ニ電話ニテ通知ス
8月27日別途寫送付済ミ

件名：

受信者：東亜課長

發信者：天津事務所長　東亜課長

坂谷理事ニ傳ヘラレ度シ

本日東亜課長発一四七号電ノコト事情ノ為至急御来津アリタク本件ニ関シ東京ヨリ青木一雄対満事務局次長来週始メ来津セラルルニ付夫以前ニ御来津願度

尚本件ニ関シテハ軍モ同意見ナリ

南満洲鐵道株式會社

(12.8.500冊)

289

天津事务所长关于总裁室庶务课员星野、栗山申请延长出差时间并请暂付旅费事致总裁室东亚课长的电文

（一九三七年八月二十六日）

291

著電譯文

文書番號	發信局	電報番號
B、二五一		一九八

發電	着電	受付
昭和12年8月26日18時30分	昭和年月日21時49分	昭和年月27日5時0分

供覽：人事課長　總、庶務課長　弘報課長

受信者：東亞課长

發信者：天津事務所长

總庶務課星野栗山二十七日發獨流鎮ニ向フ兩人ニ一日ヨリ一月間出張延期承認旅費假拂手配セヨ弘報課员川崎同行ス

8月27日別途寫送付済ミ

譯者印：

天津事务所长关于汇报同所所员平安抵津事致总裁室东亚课长的电文（一九三七年八月二十六日）

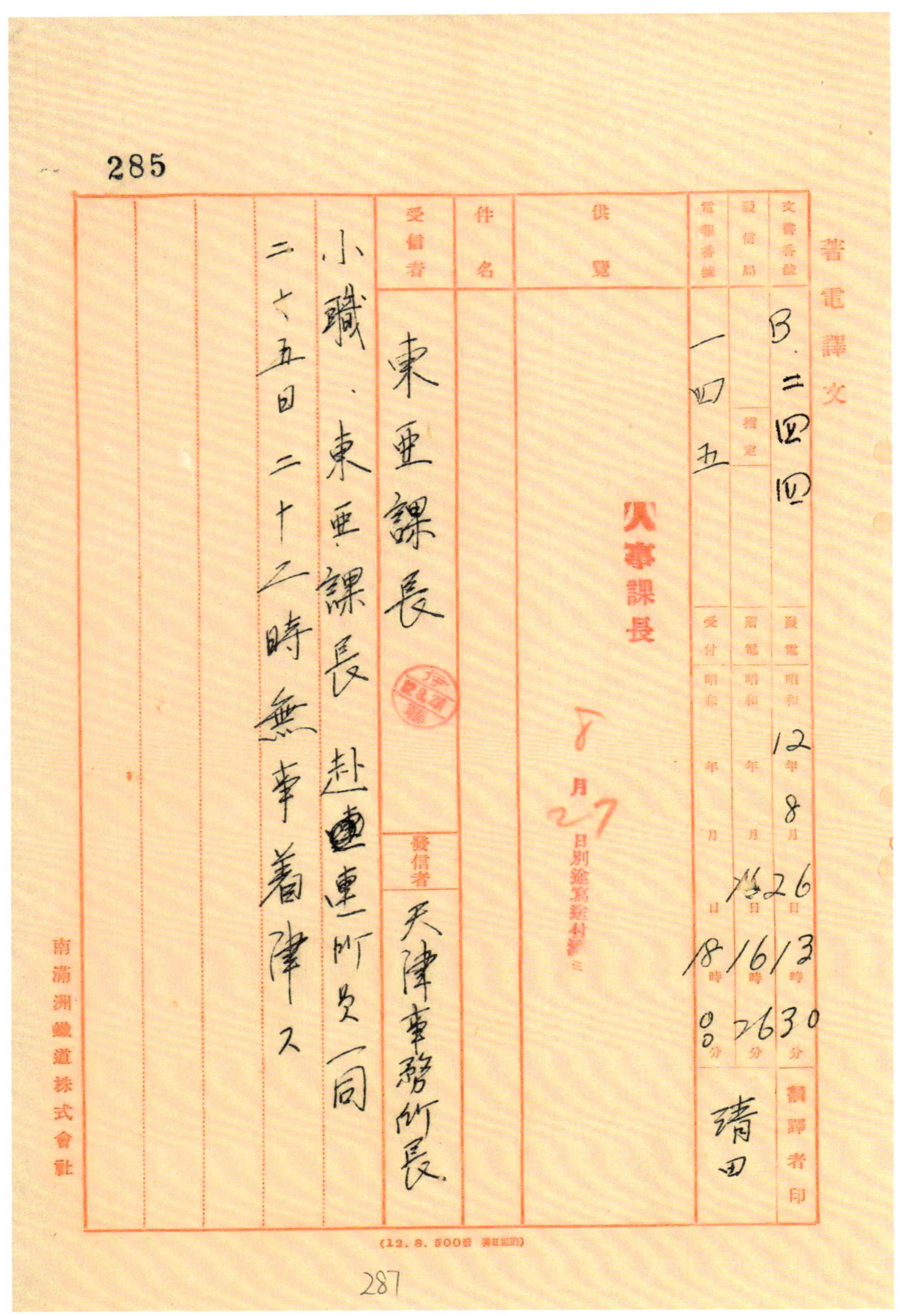
285

著電譯文

文書番號 B.二四四
電報番號 一四五
發電 昭和12年8月26日13時30分
着電 昭和 年 月26日16時26分
受付 昭和 年 月 日18時0分
飜譯者印 靖田

受信者 東亜課長
發信者 天津事務所長

人事課長
8月27日 別途寫送付濟

小職・東亜課長赴連所員一同
二十五日二十二時無事着津ス

南滿洲鐵道株式會社

(12. 8. 500冊)

287

天津事务所长关于向总裁室电影制作所运送胶片事致总裁室东亚课长的电文（一九三七年八月二十六日）

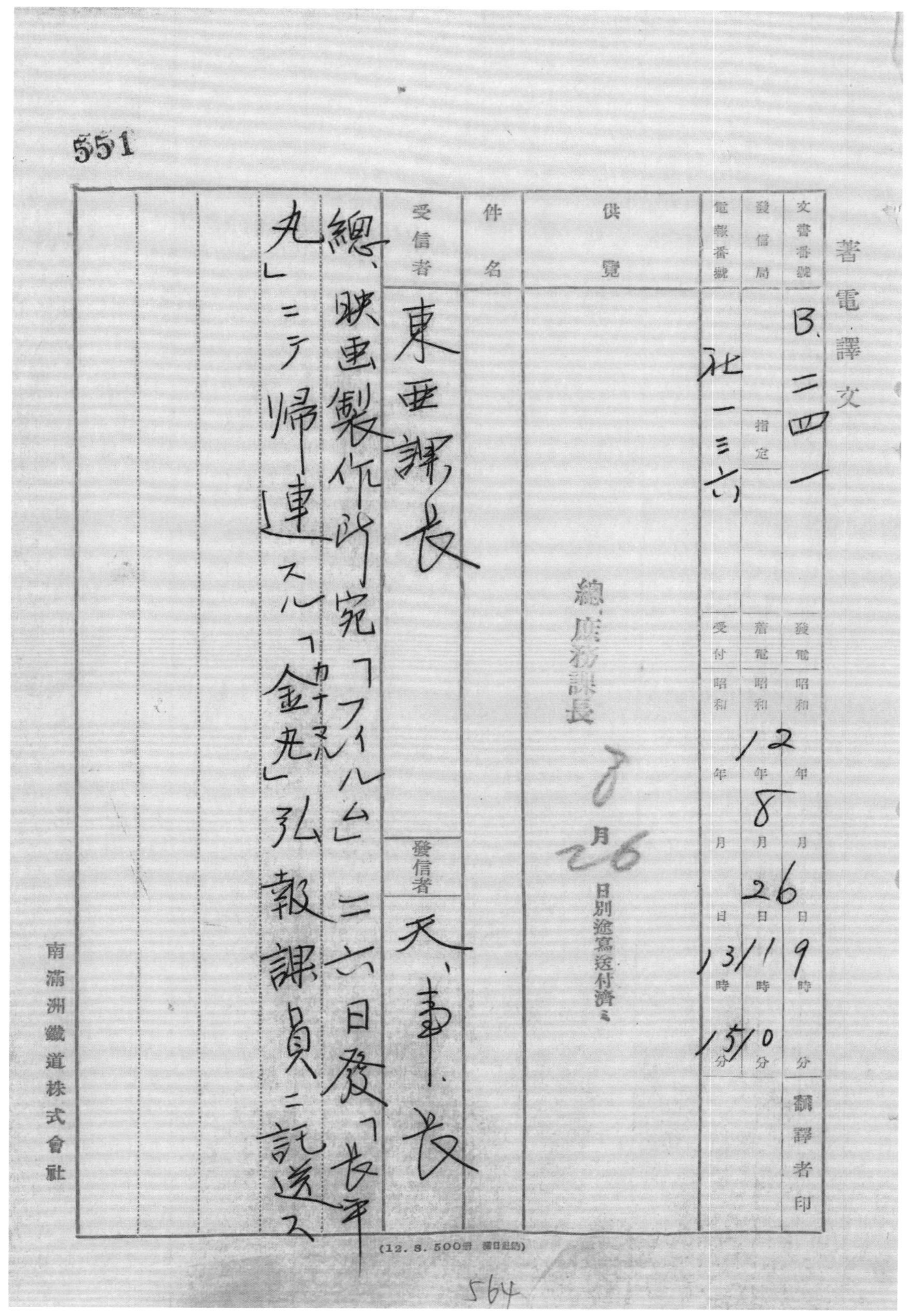
551

著電譯文

文書番號	B.二四一
發信局	
電報番號	北一三六
指定	
發電	昭和　年　月　日　9時　分
着電	昭和12年8月26日11時10分
受付	昭和　年　月　日　13時15分
翻譯者印	

供覽　總、庶務課長　8月26日　別途寫送付濟ミ

件名

受信者　東亞課長

發信者　天、事、長

總、映畫製作所宛「フイルム」二六日發「長平丸」ニテ帰連スル「金丸」弘報課員ニ託送ス

南滿洲鐵道株式會社

(12. 8. 500冊)

564

天津事务所长关于报告寄往总裁室电影制作所之胶片抵达大连事致总裁室东亚课长的电文（一九三七年八月二十六日）

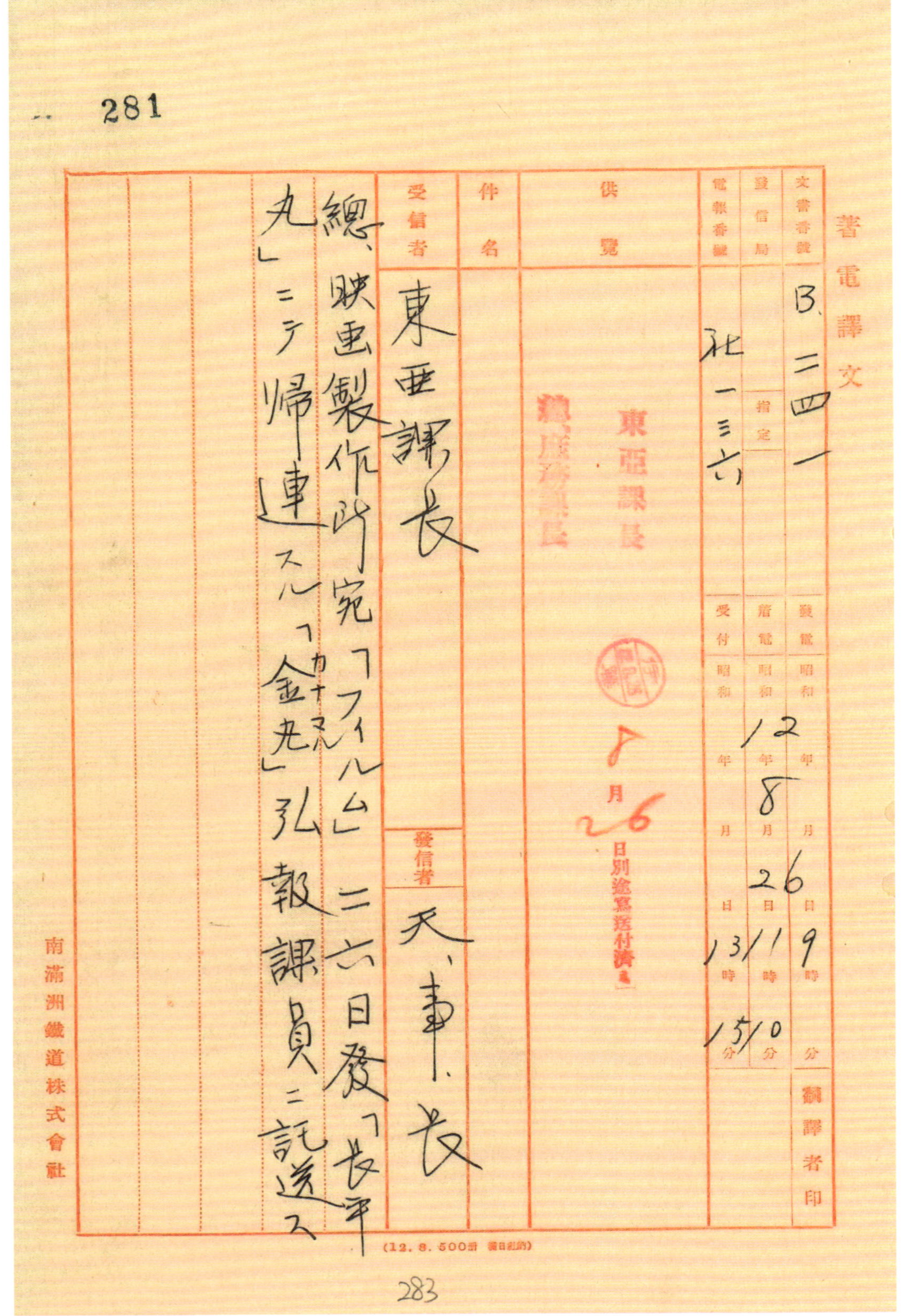
281

著電譯文

文書番號 13、二四一
電報番號 北一三六
供覽 東亞課長 總務部長
受付 8月26日 別途寫送付濟
發信 昭和12年8月26日9時
着電 昭和12年8月26日11時10分
受付 13時15分

受信者 東亞課長
發信者 天、事、長

總、映画製作所宛「フィルム」二六日發「長平丸」ニテ帰連スル「カナマル」「金丸」弘報課員ニ託送ス

南滿洲鐵道株式會社

(12. 8. 500冊)

283

天津事务所长关于在大连举行通州殉职人员葬礼承蒙费心事致总裁室东亚课长、人事课长、福祉课长的感谢电（一九三七年八月二十六日）

286

著電譯文

文書番號	發信局	電報番號	供覽	件名	受信者
B245		一四三	東亞課長		東亜課长 人事課长 福祉課长

發電	着電	受付
昭和12年8月26日13時30分	昭和　年　月　日16時25分	昭和　年　月　日18時20分

飜譯者印：�P田

發信者：天津事務所長

貴地ニ於テ挙行セラレタル當所通州殉職者社員葬儀ニ際シテハ多大ノ御盡力ニ依リ盛大ニ完了シ感謝ニ堪ヘズ御礼申上ク

南滿洲鐵道株式會社

(12. 8. 500冊 ……)

288

天津事务所长关于日本银行申请与中华民国的银行融资事致总裁室东亚课长的电文（一九三七年八月二十六日）

～ 227

極秘

著電譯文

文書番號：13 二四七
發信局：
電報番號：147 148
指定：四十二
供覧：中西理事 阪谷理事 産業部次長 人事課長 文書課長
發電：昭和12年8月26日14時1分
着電：昭和12年8月26日16時40分
受付：昭和　年　月　日　時　分
8月27日別途寫送付濟
件名：
受信者：東亞課長
發信者：天津事務所長
飜譯者印

十河社長再ビ発熱 金融会出頭不可能 日本側銀行銀資金枯渇中華民国側銀行ニ融通方希望、傾向二十四日来動キツヽアルモ卞銀行公会々長病気ト称シテ（或ハ事実ヤモ知レズ）出頭セズ困リ居ル現状ナリ

王金城銀行経理ハ賛成ナリ

右事情速ニ阪谷理事ニ傳ヘラレ度（一七）

南滿洲鐵道株式會社

ヨ－8017 B列5　　(12. 1. 1.500冊 賢威堂納)

29

天津事务所长关于建设事务所转移至北平事致铁道总局长、总裁室东亚课长的电文（一九三七年八月二十六日）

9

著電譯文

文書番號	發信局	電報番號	供覧	件名	受信者
B二五四		一五三	中西理事		鉄道總局長 東亜課長

指定

人事課長
文書課長
總、庶務課長

8月27日別途寫送付濟

發電 昭和12年8月26日15時40分
着電 昭和 年 月 日21時27分
受付 昭和 年 月27日6時1分

飜譯者印

發信者 天津事務所長

二四日六三、六四電見ノ北平ニ移設スヘキ建設事務所ハ取敢ヘス曹汝霖宅（十二二）、戲園？及附属建物ノ一部ヲ充当シ五六〇名ヲ收容スルコトトシ、殘部ハ当分輸送及運務班ヲ天津ニ置ク様考慮セラレ、尚北平ニ全部總括シテ事務室ヲ設置スルコトハ、事務室及運務等ノ

南滿洲鐵道株式會社

ヨ-8017 B列5

(12. 1. 150冊 ……)

11

10

関係上其后ノコトト願度

南滿洲鐵道株式會社

ヨ-0003 B列5

(12. 3. 15,000册 滿日社納)

天津事务所长关于请求筹备野战建筑用草席事致总裁室东亚课长的电文（一九三七年八月二十六日）

253

極秘
暗號

著電譯文

文書番號	B22八
發信局	
電報番號	一八七
指定	ウナム二
發電	昭和12年8月21時1分
着電	昭和年8月26日22時50分
受付	昭和年1月27日[illegible]時50分

供覽：東亞課長　產、商工課長　用、總、庶務課長

件名：野戰建築用アンペラ手配依頼ノ件

受信者：東亞課長

發信者：天津事務所長

野戰建築部隊長小林大佐依リ建築用アンペラ出來得ル丈多ク蒐集ノ上塘沽小林部隊支部宛大至急送付方申出アリタレバ可然アツセンヲ請フ
尚代金ハ右引渡ト同時ニ支拂フトノ事

南滿洲鐵道株式會社

ヨ－8017　B列5

12.1.1.500冊

261

北平出差报告书（一九三七年八月二十六日）

昭和十二年八月二十六日

5?

北平出張報告書

大越救護班長

537

天津豐臺間各驛衞生狀態ハ飲料水給食ノ狀況依然タルモノアルモ治安ノ恢復ニ從ヒ生野菜、果實等ヲ自給シ得ルニ至リ脚氣其ノ他榮養不足ニヨル障害ハ稍減シタルカ如キモ連日ノ激務ト惡天候ハ依然胃腸病患者ノ數ヲ減セサル狀態ニアリ、各驛ニ胃腸藥、ビタミンB劑、下熱劑、クレオソート丸及外科的應急手當ノ材料ヲ納メタル救急箱ノ設備ヲ緊急ト認ム守備兵及北寧鐵路從事員ニ於テモ全ク同樣ノ環境ニアルヲ以テ右救急箱ハ此等ノ利用ヲモ兼ネタルモノタルヲ要ス

將來北平附近ニ增派セラルルコトアルヘキ滿鐵社員ノ衞生救護機關設置ニ就キ北平事務所横尾庶務主任ト協議ヲ遂ケ更ニ軍ニ於テ北平衞生機關ノ調査ニ任シアル梶本軍醫少佐ニ面會萬事協議ヲ遂ケリ、北平ニ於テモ天津ニ於ケルカ如ク日本人經營ノ病院タル同仁會病院ヲ始メ完備セシ新式大病院ハ殆ト全ク軍ニ於テ使用スル豫定ナリ、尚滿鐵トシテ將來平漢平綏西線ヲ舊從事員ト共同運用スル場合ヲ考ヘ尚現在共同動作ヲ採リツツアル北寧側衞生機關トノ連絡ヲモ考慮シ北寧鐵路前門醫院、平漢鐵路北平醫院及平綏鐵路醫院ヲ視察シタリ

529

538

530

北寧鐵路前門醫院ハ前門外ニアリ、位置ハ餘リ良好ナラス院長ハ愛知醫(大專?)出身者ニテ略各科ノ設備アリ病床約二五內外(但シ未設備ノ室アリ)材料設備等ハ相當不完全ナルヲ免レス

平漢鐵路北平醫院ハ東城ニアリ、位置トシテハ稍好適ナリ以前ハ相當ナル醫院ナリシ由ナルモ現今ハ全ク小規模ノモノノ如ク醫院二名ニテ外來四、五〇、入院患者一〇名位ヲ取扱ヒ居リ、手術室ノ如キ三年來使用セシコトナシトノ事ナリ若干改造スルトキハ病床二四、五位ノ病院トナルヲ得ルモノノ如キモ外科其ノ他ノ設備ハ相當新シク整備スルヲ要ス

平綏鐵路醫院ハ西直門外車站側ニアリ現在從事員盡ク逃亡シ若干奪掠ヲ受ケタル儘守衞モナキ狀態ニアリ、病床約二四、五設備ハ不完全ナルモ各科ヲ備ヘタルモノノ如シ

其ノ他梶本少佐ノ注意ニヨリ北平警察病院ヲ視察セリ、之ハ西城ニアリ警備上稍不安ノ處アルモ病院トシテハ最近ニ設備セラレタルモノニシテレントゲンノ設備ヲモ備ヘ病床ハベツト完備セサルモ約二〇以上ヲ入ル

539

ルニ足ル現在閉鎖ノ狀態ニアリ

以上四病院ハ總テ支那民屋ヲ改造セルモノニシテ眞ノ病院トシテ建築セラレタルモノニ非サルヲ以テ遺憾ノ點多キモ尙普通住宅ヲ急ニ設備シテ患者收容ノ場所トナスナラハ數等優レリト認メラル

尙豐臺ニ於ケル衞生設備ニ就キテハ豐臺ニハ現今患者ヲ收容診療シ得ル餘裕全クナシ北寧鐵路診療所ヲ利用スルモ醫員ノミハ宿泊スルニ耐フルモ看護婦ヲ宿泊セシメ得ル事ハ不可能ナリ寧ロ北平ニ本據ヲ置キ毎日出張診療ニ從事スルヲ可トス

尙唐山及豐臺ニ於テハ派遣社員多數ニアルヲ以テ當分ノ間一週約一四ノ出張診療ヲ行ヒ往復ニ中間各驛ノ診療ヲ行フ計畫ナリ現今ノ交通狀態ニ於テハ本班ヨリ出張診療ヲ行フニハ此ノ程度ヲ最大トナス狀況ニアリ

540

天津事务所长关于已结算当地国防妇女会慰问品费用事致总裁室东亚课长的电文（一九三七年八月二十七日）

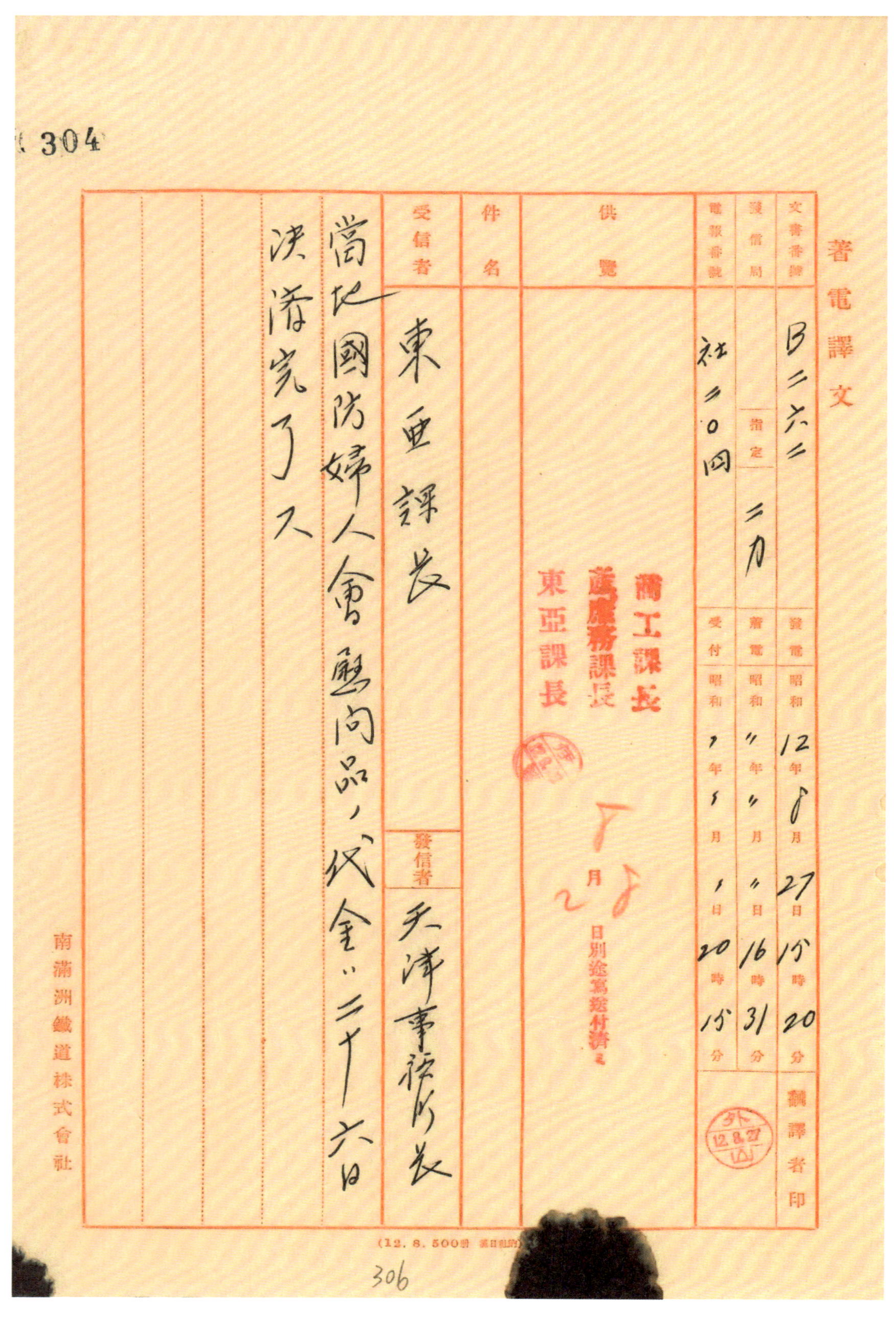
304

著電譯文

文書番號	發信局	電報番號	指定
B二六二		社二〇四	二九

發電	着電	受付
昭和12年8月27日15時20分	昭和〃年〃月〃日16時31分	昭和〃年〃月〃日20時15分

飜譯者印

供覽：滿工課長　總務課長　東亞課長

8月28日別途寫送付済ミ

件名：

受信者：東亜課長

發信者：天津事務所長

當地國防婦人會慰問品ノ代金ハ二十六日決濟完了ス

南滿洲鐵道株式會社

(12. 8. 500冊)

306

天津事务所长关于处理撤离山东日侨所需租借货车问题事致总裁室东亚课长的电文（一九三七年八月二十七日）

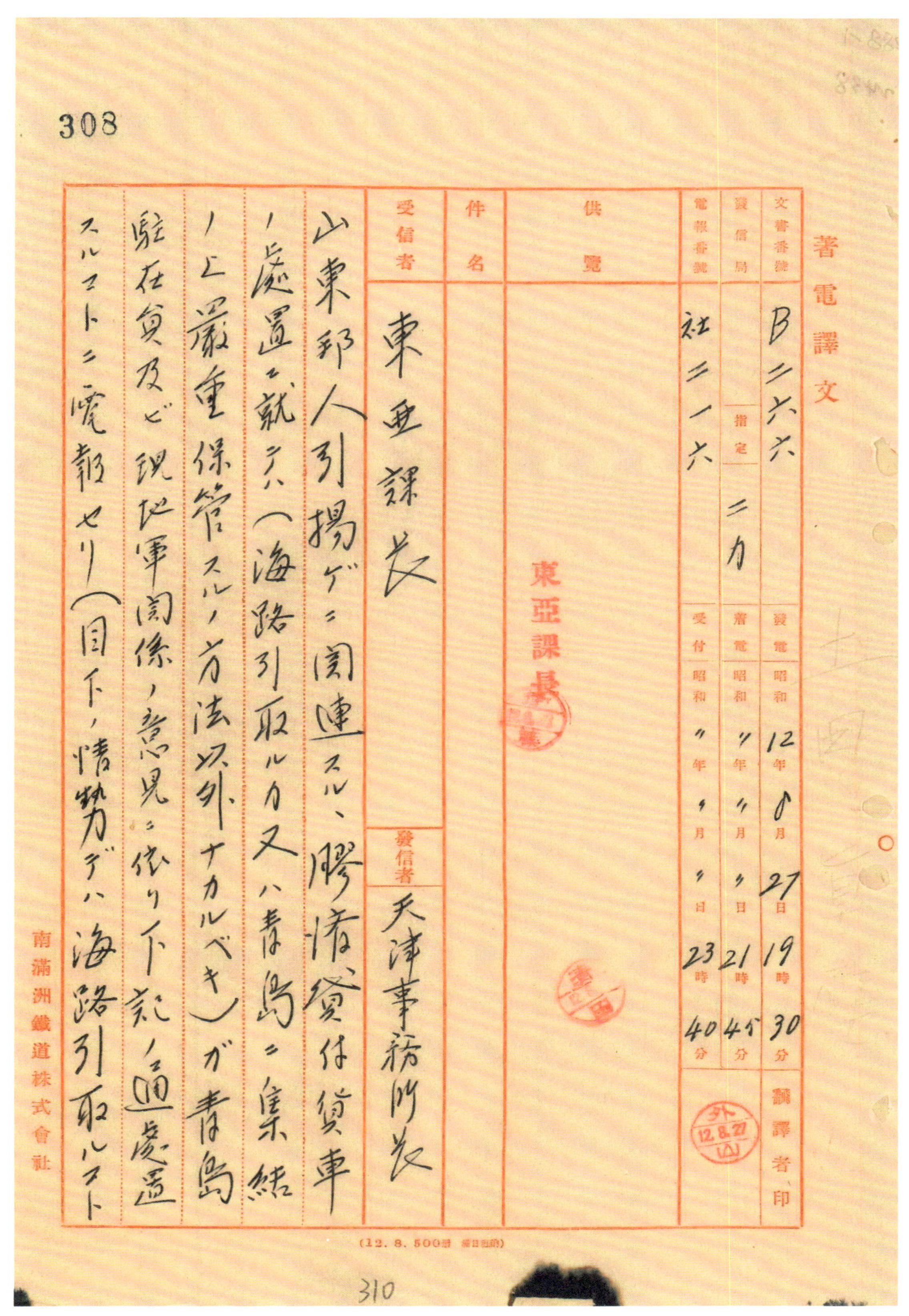

308

著電譯文

文書番號	B二六六
發信局	
指定	二カ
電報番號	社二一六
發電	昭和12年8月27日19時30分
着電	昭和〃年〃月〃日21時45分
受付	昭和〃年〃月〃日23時40分
飜譯者印	
供覽	東亞課長
件名	
受信者	東亜課長
發信者	天津事務所長

山東邦人引揚ゲニ関連スル、膠濟、貸付貨車ノ處置ニ就テハ（海路引取ルカ又ハ青島ニ集結ノ上嚴重保管スルノ方法以外ナカルベキ）ガ青島駐在員及ビ現地軍関係ノ意見ニ依リ下記ノ通處置スルコトニ電報セリ（目下ノ情勢デハ海路引取ルコト

南滿洲鐵道株式會社

（12. 8. 500冊）

310

309

ハ到底不可能ニツキ青島ニ集結ノ上膠濟鐵路ニ
嚴重委託スルコト）右承知乞フ、

南滿洲鐵道株式會社

ヨ—0002 B列5

311

天津事务所长关于鲁大公司高专务火车坠亡事致总裁室东亚课长的电文（一九三七年八月二十七日）

29

著電譯文

文書番號	發信局	電報番號
B二五七		
	指定 シナ	

發電	着電	受付
昭和12年8月27日0時5分	昭和〃年〃月〃日9時12分	昭和〃年〃月〃日10時25分

翻譯者印

供覽：東亞課長

件名：

受信者：東亞課長

發信者：天津事務所長

青島駐在員ヨリ下記ノ電アリタルニ付御傳ヘ乞

魯大高專務本日午前五時張店驛ニテ汽車ヨリ墜落逝去セリ魯大ニテハ目下善後處置考究中

南滿洲鐵道株式會社

(12. 8. 500冊 滿日印刷)

31

天津事务所长关于内蒙张太汽车公司职员柴田滨次郎战死事致总裁室东亚课长、人事课长的电文（一九三七年八月二十七日）

296

著電譯文

文書番號 B二五五、
發信局
電報番號 一八九
指定 ヨイ

總裁
供覽 中西理事
文書課長
東亞課長
總、庶務課長

發電 昭和12年8月27日1時5分
着電 昭和 年 月 日9時10分
受付 昭和 年 月 日10時20分
飜譯者印

受信者 東亞課長 人事課長
件名
發信者 天津事務所長

(特)内蒙(張太汽車公司)ハ兼ネテ軍行動ニ協力シ全車ヲ軍用トシテ輸送シアリシガ二五日一八時(万全)附近ノ戰闘ニ於テ指揮生柴田濱次郎公司員ハ腹部貫通銃創ヲ受ケ即死セリ尚他ニ一名重傷者アル模様ナルモ目下判明セズ

南滿洲鐵道株式會社

(12. 8. 500冊)

298

天津事务所长关于胶济铁路租借货车处理事致总裁室东亚课长的电文（一九三七年八月二十七日）

16
168

寫

著電譯文

文書番號	發信局	電報番號	供覽	件名	受信者
B二六六		社二一六	東亞課長		東亜課長

指定：二カ

發電 昭和12年8月27日19時30分

着電 昭和〃年〃月〃日21時45分

受付 昭和〃年〃月〃日23時40分

飜譯者印

發信者：天津事務所長

山東邦人引揚ゲニ關連スル、膠濟、貸付貨車ノ處置ニ就テハ（海路引取ルカ又ハ青島ニ集結ノ上嚴重保管スルノ方法以外ナカルベキ）ガ青島駐在員及ビ現地軍關係ノ意見ニ依リ下記ノ通處置スルコトニ電報セリ（目下ノ情勢デハ海路引取ルノ外

南滿洲鐵道株式會社

(12. 8. 500冊 滿日印刷)

175

169

ハ到底不可能ニツキ青島ニ集結ノ上膠濟鐵路ニ
嚴重委託スルコト)右承知アレ。

南滿洲鐵道株式會社

ヨ―0002 B列5

176

天津事务所长关于日满商事转达军用煤炭相关意见事致总裁室东亚课长的电文（一九三七年八月二十七日）

306

著電譯文

文書番號	發信局	電報番號
B二七四		北二〇〇

指定　ウナ

	昭和	年	月	日	時	分
發電					15	20
着電	12		8	27	16	55
受付					20	15

飜譯者印

供覽：文書課長　庶務課長　東亞課長

8月28日別途寫送付濟ミ

受信者：東亜課長

發信者：天津事務所長

新京日満商事石炭課長ヨリ左記伺ヘリ（二十五日文及ビ二十四日電報ニ依レバ）軍用炭ノ件急ゲ撫順塊炭一万屯新丘塊一万屯至急発送ヲ乞フ尚撫順粉炭ハ大連「ワチ」ハ大連「ニチ」塘沽天津渡シ新丘炭ハ「ワチ」胡盧島「ワチ」塘沽天津渡シ及ビ天津車站渡シ車乗渡シ併セテノ運賃知ラセ乞フ返電ハ満鉄北支電報利用ノコト）右念為日満商事ヨリ依頼

南滿洲鐵道株式會社

ヨ－8017　B列5

308

天津事务所长关于军用炭购买价格事致总裁室东亚课长的电文（一九三七年八月二十七日）

2251

著電譯文

文書番號	發信局	電報番號	指定
B二六四		社二〇×	シナ

發電	昭和12年8月27日15時20分	
着電	昭和〃年〃月〃日16時5分	
受付	昭和〃年〃月〃日20時15分	

飜譯者印：外 12.8.27

供覽：用度部長　文書課長　東亞課長　日満商中ノ

写一部ヲ当地日満商事ヘ送付 新京ヘハ別電ヲ依頼セリ

8月28日 日別途寫送付濟ミ

受信者：東亞課長

件名：

發信者：天津事務所長

新京日満商事石炭課長ニ左記傳ヘラレ度シ（二十二日文及ビ二十四日電報ニテ依頼セシ軍用炭ノ件急グ、撫順塊類一万屯新丘塊一万屯是非荷繰リツケラレ度、尚撫順炭ハ大連「フチレハ」大連「ゴチ」塘沽、天津價ニ、新丘炭ハ「フチレチ」胡蘆島「ゴチ」塘沽、天津價ニ

(12. 8. 500冊 滿日印刷)

南滿洲鐵道株式會社

259

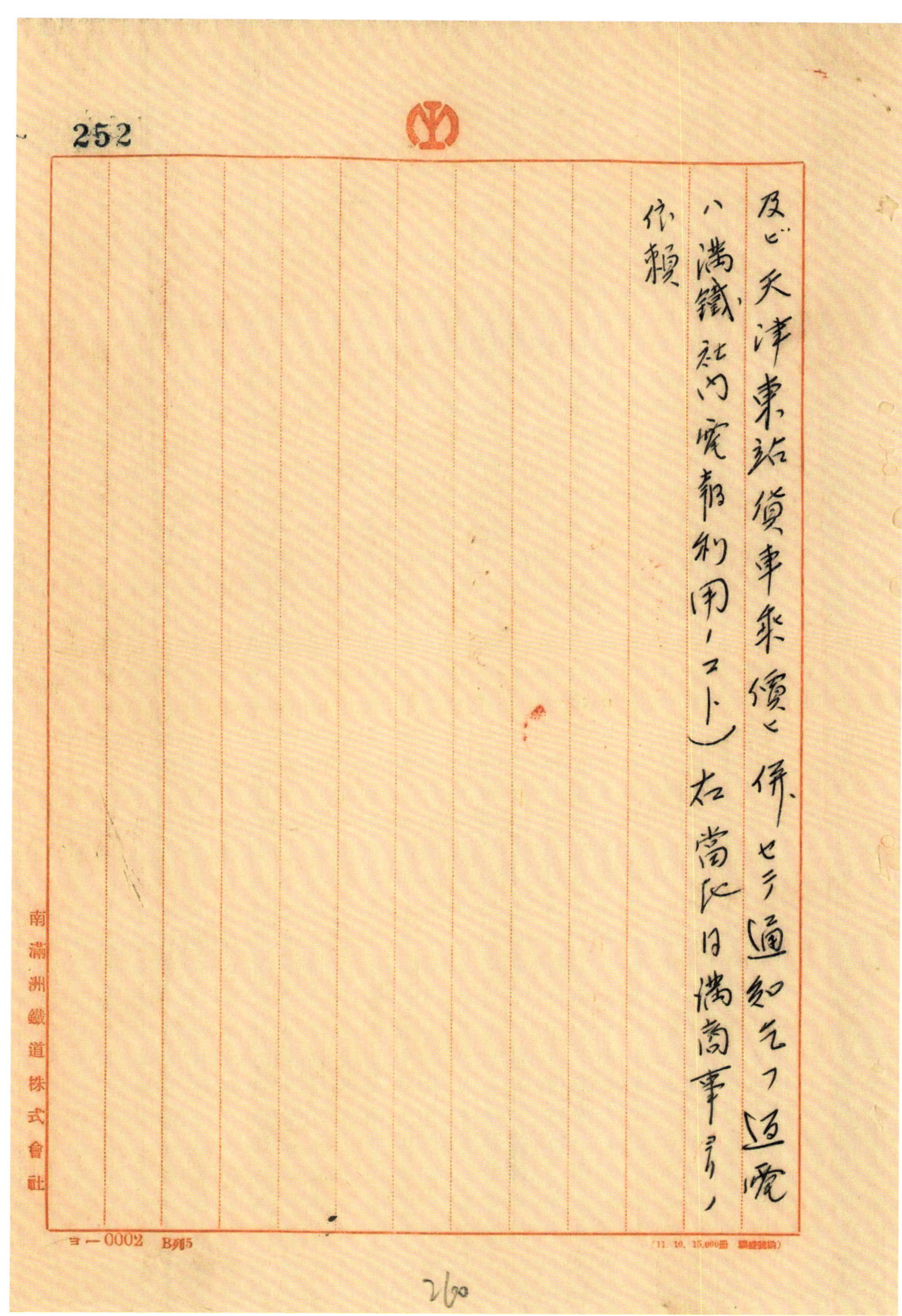

252

及ビ天津東站貨車乗價ニ係ハセラ通知方ヲ返電ハ満鐵社内電報利用ノコト）右當地日満商事ヨリノ依頼

南滿洲鐵道株式會社

ヨ－0002　B列5

（11. 10. 15,000冊）

260

天津事务所长关于订正柴田滨次郎战死时间事致总裁室东亚课长、人事课长的电文（一九三七年八月二十七日）

548

寫

著電譯文

文書番號	發信局	電報番號
乃二六三		社二〇三

指定：ㇱ二

發電	着電	受付
昭和12年8月27日15時20分	昭和〃年〃月〃日16時56分	昭和〃年〃月〃日20時15分

飜譯者印

供覽：總裁室 東亞課長 人事課長

8月28日別途寫送付濟ミ

受信者：東亞課長 總、人事課長

件名：

發信者：天津事務所長

二十六日當発電（柴田濱次郎）戰死時刻十八時トセルハ十四時十五分ノ誤リニ付訂正乞フ、場所ハ平綏線孔家莊（孔子ノ孔家、別莊ノ莊）驛附近二十六日張北ニテ火葬ニ附シ遺骨ハ取リ敢ヘズ軍ニ於テ安置スルコトヽナレリ、

南滿洲鐵道株式會社

（12. 8. 500冊 ）

561

天津事务所长关于向阵亡者柴田滨次郎家属发送唁电事致总裁室东亚课长的电文（一九三七年八月二十七日）

545

著電譯文

文書番號	發信局	電報番號
B二五六		一九三

	發電	着電	受付
昭和	12年8月27日1時30分	年月日9時15分	年月日10時25分

供覽：東亞課長

件名：

受信者：東亞課長

發信者：天、事長

（特）下記愛知縣愛知郡八夕山村大字本地三三

柴田兼三郎氏ニ至急電アリタシ「御子息浜次郎」殿

ハ張家口汽車公司ノ業務中今次事變ニ軍屬トシテ

出動八月二十五日一八時万全附近ノセン關ニテ腹部

貫通銃創ヲ受ケ名譽ノ戰死ヲ遂ゲラル哀悼ニ

南滿洲鐵道株式會社

（12.8.500冊）

558

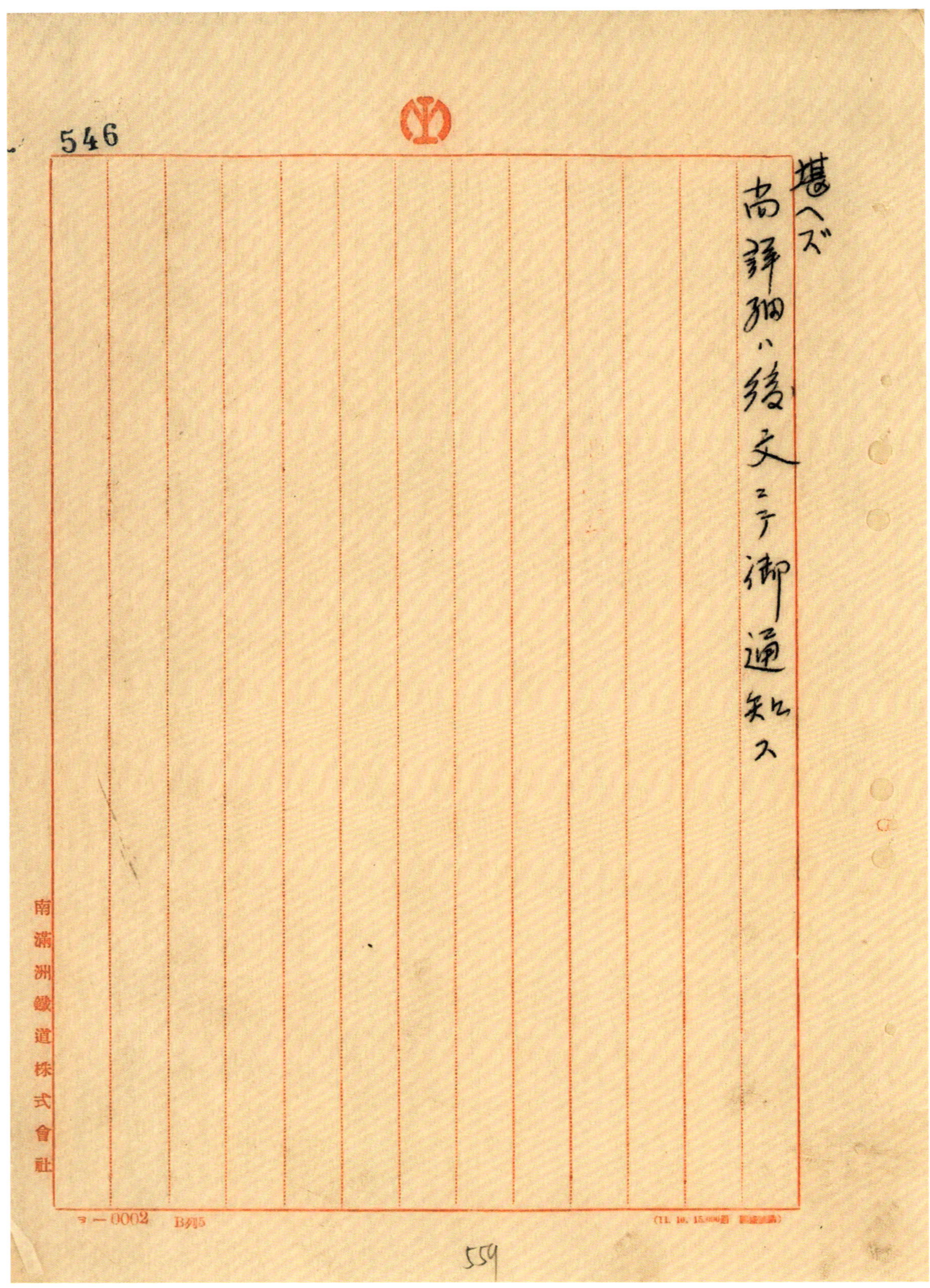

546

堪ヘズ
尚詳細ハ後文ニテ御通知ス

南満洲鐵道株式會社

タ－0002 B列5

559

天津事务所长关于总领事向青岛侨民发出撤回之命令事致总裁室东亚课长的电文（一九三七年八月二十八日）

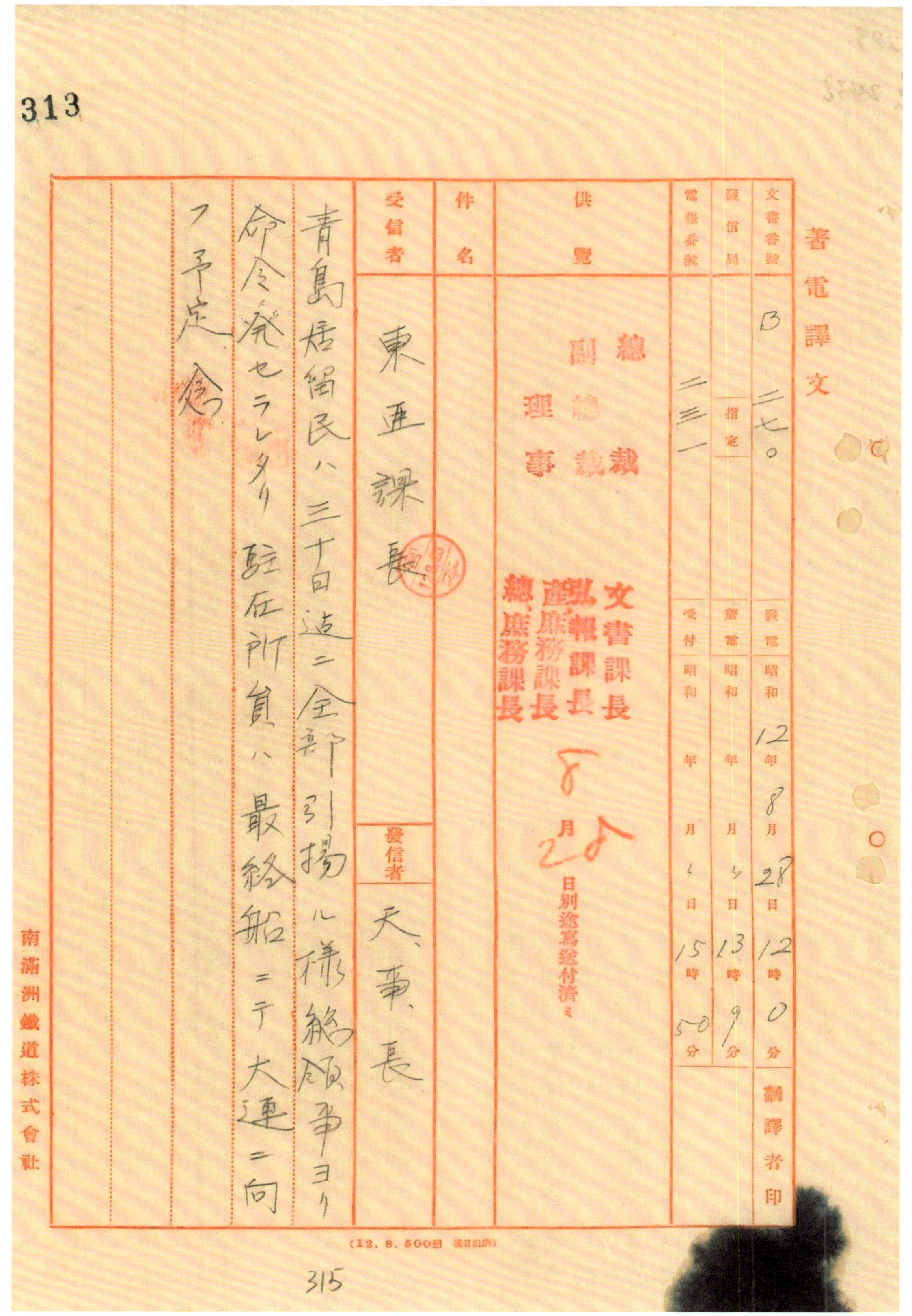
313

著電譯文

文書番號	B二七〇
發信局	
電報番號	二三一
指定	
發電	昭和12年8月28日12時0分
着電	昭和 年8月 日13時9分
受付	昭和 年 月 日15時50分
飜譯者印	

供覽：總裁　副總裁　理事　文書課長　弘報課長　產業課長　總、庶務課長

8月28日 別途寫送付濟ミ

件名：

受信者：東亞課長

發信者：天津事務長

青島居留民ハ三十日迄ニ全部引揚ル様総領事ヨリ命令発セラレタリ駐在所員ハ最終船ニテ大連ニ向フ予定

南滿洲鐵道株式會社

(12. 8. 500冊)

315

天津事务所长关于六名派遣雇员业已到任事致总裁室东亚课长的电文（一九三七年八月二十九日）

307

著電譯文

文書番號 B.二六五
電報番號 社二一七
發電 昭和12年8月29日19時30分
着電 昭和　年　月11日21時46分
受付 昭和　年　月　日23時40分

人事課長
東亞課長

受信者 东亜課長
發信者 天津事務所長

廿四日人事課長発九五一電ニヨル派遣員総裁室傭員（西野久左エ門、ヨコンズトミヲ）産業部傭員（ガモハラハツジ、柴原コウ）用度部傭員（田中吉太ヨシタロ）、鉄道部、武田万次郎）本日到着セリ

南滿洲鐵道株式會社

（12. 8. 500冊）

309

天津事务所长关于通知弘报课摄影班一色达夫行程事致总裁室东亚课长、弘报课长的电文
（一九三七年八月二十九日）

.23

著電譯文

文書番號	發信局	電報番號	供覽	件名	受信者
13二七九		社二五三	東亞課長		東亞課長、弘報課長

指定：連着

發電 昭和 年 月 日 18時 10分

着電 昭和 12年 8月 29日 21時 18分

受付 昭和 年 月 日 22時 50分

飜譯者印

發信者：天津事務所

弘報課寫真班一色達夫二十九日長辛店ヨリ歸津一日天津丸ニテ歸連ノ豫定。

南滿洲鐵道株式會社

（12. 8. 500冊）

325

天津事务所小川关于通州事务所租借冀东政府大楼事致总裁室东亚课长的电文（一九三七年八月三十日）

暗號

8

著電譯文

文書番號	發信局	電報番號	供覧	件名	受信者
		社二五四	東亞課長		東亞課長經由 總局建設局長

發電	着電	受付
昭和 年 月 日 10時20分	昭和12年8月30日13時20分	昭和 年 月 日 14時20分

發信者：天津事務所ニテ 小川

若力募集ハ困難セシトモ間ニ合フ筈。通州事務所ハ大体モト冀東政府建物ヲ借受ケル様諒解ツキタレバ梅津参事一行到着次第現地ニテ交涉ノ豫定」

當地一昨日ヨリ晴天トナル。

八月三十日十四時三十分転電ス。

南滿洲鐵道株式會社

〓－8017 B列5

（12. 1. 1,500冊 寶成發印）

10

八、关东军

关东军铁道线区司令官关于七七事变爆发准备派遣工作人员及分配器材事致满铁总裁的函（一九三七年七月九日）

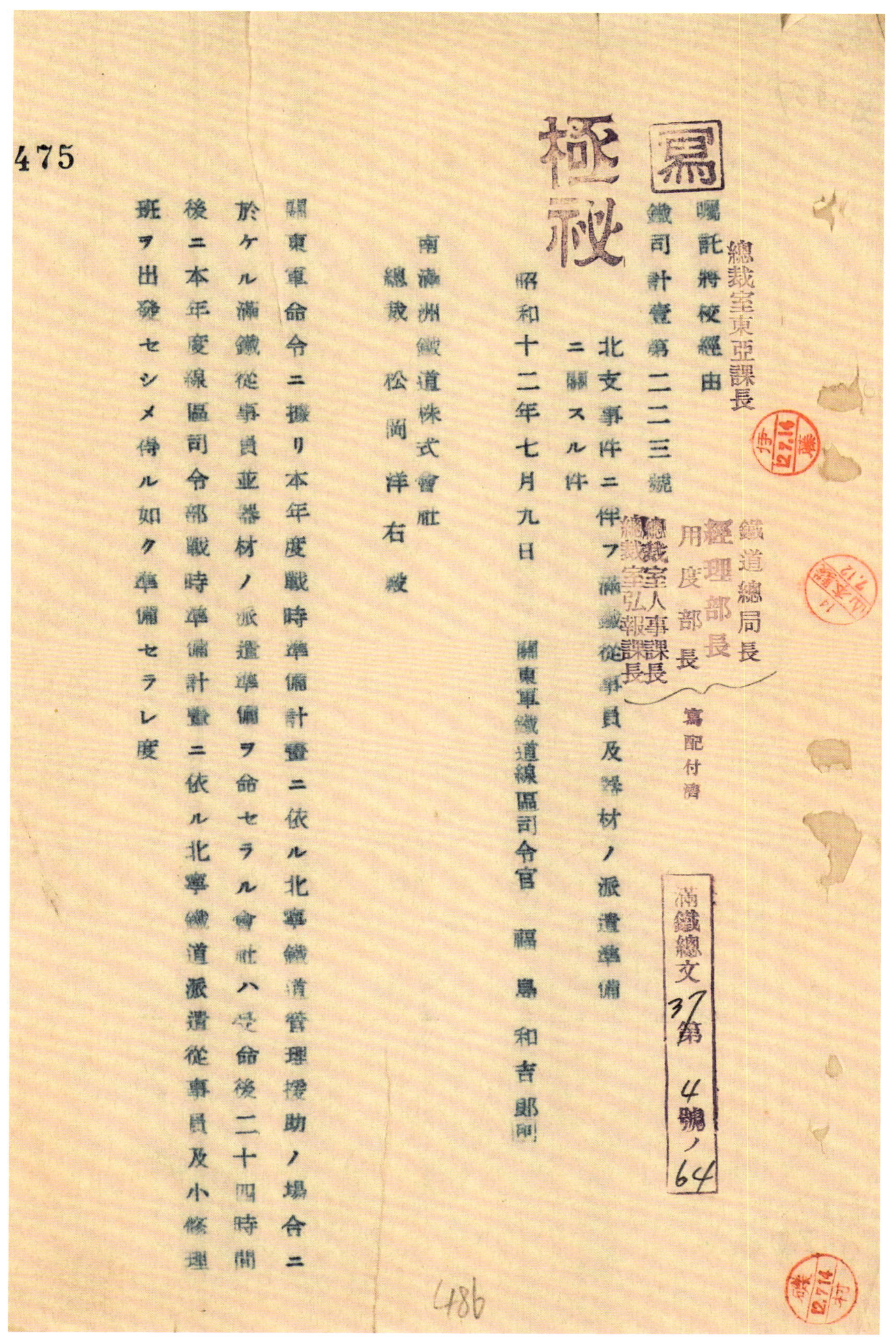
475

寫

極秘

總裁室東亞課長
鐵道總局長
經理部長
用度部長
總裁室人事課長
總裁室弘報課長

寫配付済

滿鐵總文37第4號ノ64

囑託將校經由
鐵司計畫第二二三號

北支事件ニ伴フ滿鐵從事員及器材ノ派遣準備ニ關スル件

昭和十二年七月九日

關東軍鐵道線區司令官　福島和吉郎（印）

南滿洲鐵道株式會社
總裁　松岡洋右　殿

關東軍命令ニ據リ本年度戰時準備計畫ニ依ル北寧鐵道管理援助ノ場合ニ於ケル滿鐵從事員並器材ノ派遣準備ヲ命セラル會社ハ受命後二十四時間後ニ本年度線區司令部戰時準備計畫ニ依ル北寧鐵道派遣從事員及小修理班ヲ出發セシメ得ル如ク準備セラレ度

486

关东军参谋长、满铁总裁关于军方询问奉天传染病院使用情况的往来文件

关东军参谋长致满铁总裁函（一九三七年八月六日）

320

關經營第五三八三號

奉天傳染病院使用方ノ件照會

昭和十二年八月六日　關東軍參謀長　東條英機㊞

南滿洲鐵道株式會社

總裁　松岡洋右殿

軍事上急速必要トスル處有之貴社經營ニ係ル奉天傳染病院ノ內現在空室（餘裕收容力）ト相成居ルモノ全部當分ノ間當軍ニ使用方特ニ御配慮相煩シ度至急得貴意候也

追而使用ニ關シテハ從來ノ例ニ據ルコトトシ尚本件ハ取急キ居ルニ付電報回答得度爲念申添候

328

满铁总裁致关东军参谋长函（一九三七年八月七日）

318

電報回議箋

文書番號	指定	電報番號
		ウナ・ニカ・ムニ・ヨイ

起案	決裁	發電
昭和　年　月　日　時　分	昭和　年　月　日　時　分	昭和12年8月7日16時50分

起案箇所：地方部衛生課

箇所長　主任者　擔任者　電話

回議者印

發電取扱者印

件名　奉天傳染病院使用方ノ件　回答

宛名　關東軍參謀長　東條英機

發信者　總裁名

八月六日附關經營第五三八三號ヲ以テ御照會ニ係ル奉天傳染病院（共立醫院）使用方ノ件御申越ノ通御使用差支ナキニ付右回答ス（既定收容力一四八床中現在收容數一二〇名）

南滿洲鐵道株式會社

ヨ-8016　B列5　(10. 9 2,000部 實成堂納)

326

关东军参谋长关于向华北派遣铁路工作人员事致满铁总裁的函（一九三七年八月十六日）

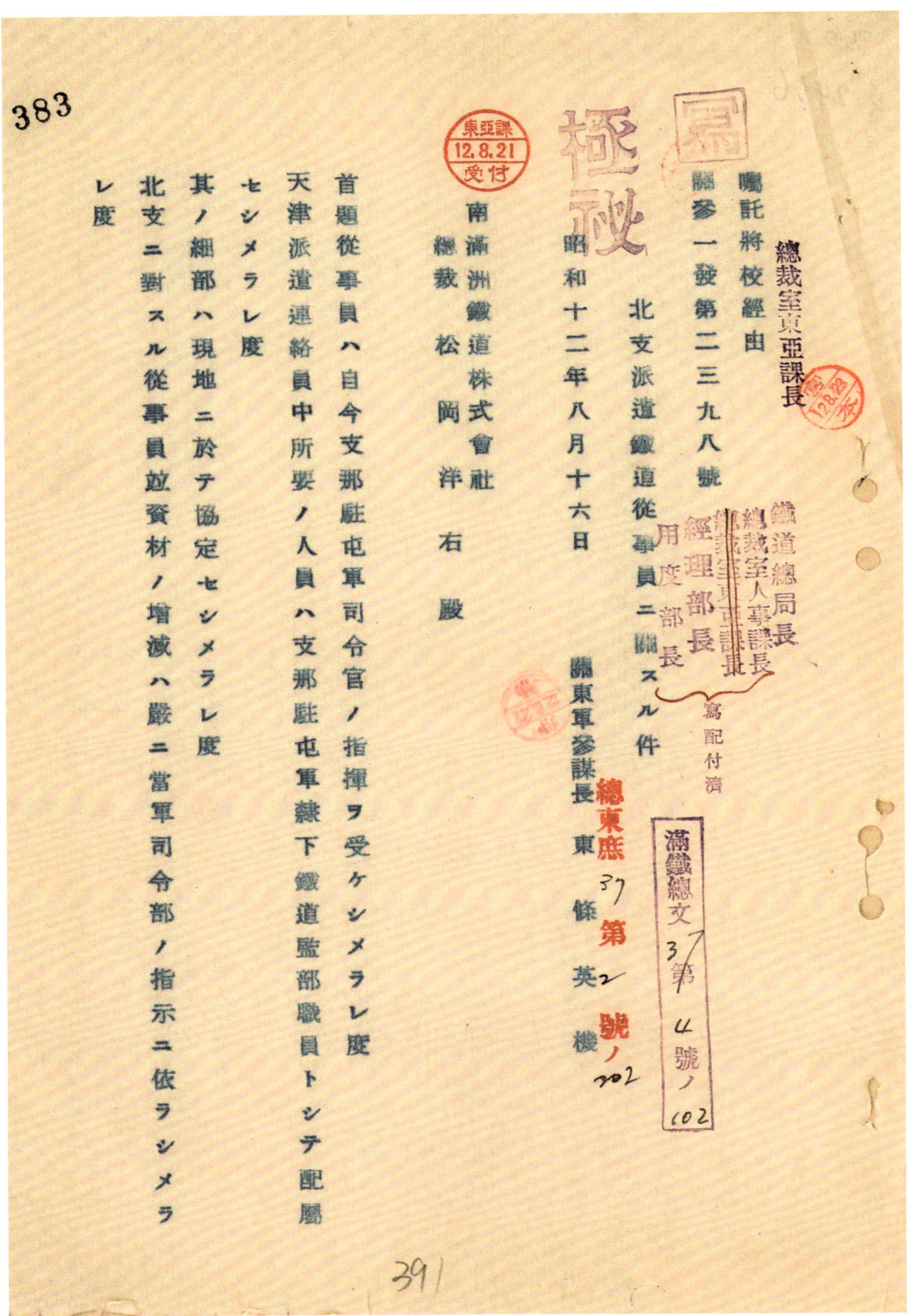
383

極秘

寫

東亞課 12.8.21 受付

總裁室東亞課長

囑託將校經由

關參一發第二三九八號

北支派遣鐵道從事員ニ關スル件

鐵道總局長
總裁室人事課長
總裁室東亞課長
經理部長
用度部長
寫配付濟

昭和十二年八月十六日

關東軍參謀長 東條英機

總東庶 37 第2號ノ202

滿鐵總文 37 第4號ノ102

南滿洲鐵道株式會社
總裁 松岡洋右 殿

首題從事員ハ自今支那駐屯軍司令官ノ指揮ヲ受ケシメラレ度

天津派遣連絡員中所要ノ人員ハ支那駐屯軍隷下鐵道監部職員トシテ配屬セシメラレ度

其ノ細部ハ現地ニ於テ協定セシメラレ度

北支ニ對スル從事員竝資材ノ增減ハ嚴ニ當軍司令部ノ指示ニ依ラシメラレ度

391

436

寫

東亞課
12.8.23
受付

總裁室東亞課長

囑託將校經由

關參一發第二四五二號

總裁室人事課長
經理部長
用度部長

寫配付濟

總東庶37第2號ノ226

滿鐵總文36第4號ノ106

極秘

北支ニ對シ人員資材派遣追送ニ關スル件

昭和十二年八月十九日

關東軍參謀長　東條英機

南滿洲鐵道株式會社
總裁　松岡洋右殿

八月二十一日頃ヨリ約一週間以內ニ左記人員資材ヲ支那駐屯軍司令官ニ交付セラレ度

細部ハ現地機關ヲ通シ直接交渉セラレ度又右人員ノ出動ニ伴フ補充ハ滿鐵自ラ之ヲ計畫セラレ度但シ教育ニ時間ヲ要シ全般ノ鐵道能力保持上顧慮ヲ要スルモノハ直接鐵道省從事員ヲ以テ補充スル如ク取計フヘキニ付取纒メ通報セラレ度此ノ人員數ハ成ルヘク少數ナル如ク配慮セラレ度

左記

445

437

人員約千　修理列車一　枕木一萬挺

其ノ他修理資材若干

通信資材　二百粁四條分

446

关东军参谋长关于向华北派遣满铁高级社员事致满铁总裁的函（一九三七年八月十九日）

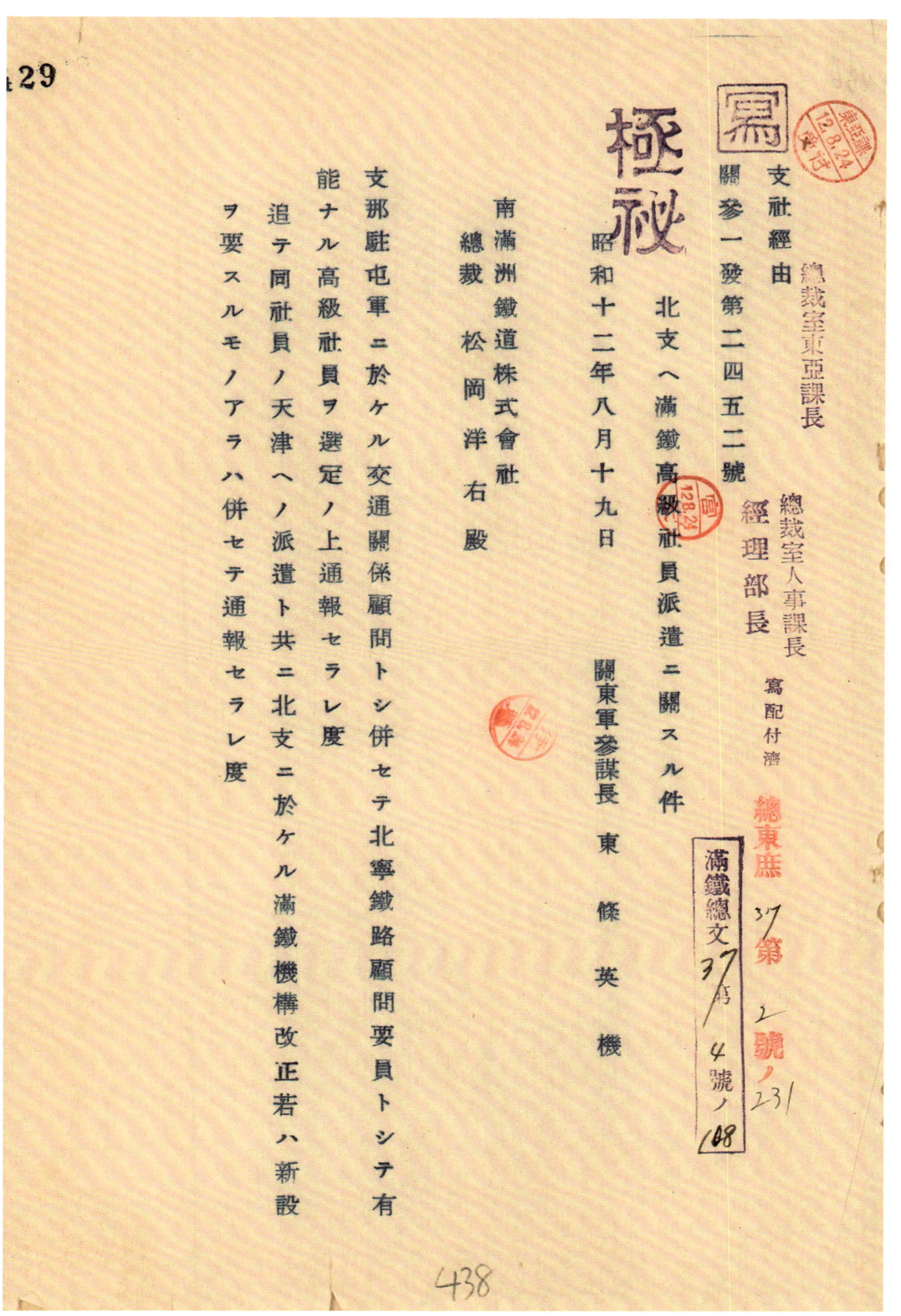
29

寫

總裁室東亞課長
總裁室人事課長
經理部長

寫配付濟

極秘

支社經由

關參一發第二四五二號

北支ヘ滿鐵高級社員派遣ニ關スル件

昭和十二年八月十九日　關東軍參謀長　東條英機

南滿洲鐵道株式會社
總裁　松岡洋右殿

支那駐屯軍ニ於ケル交通關係顧問トシ併セテ北寧鐵路顧問要員トシテ有能ナル高級社員ヲ選定ノ上通報セラレ度

追テ同社員ノ天津ヘノ派遣ト共ニ北支ニ於ケル滿鐵機構改正若ハ新設ヲ要スルモノアラハ併セテ通報セラレ度

滿鐵總文 37寫4號ノ108

總東庶 37第2號ノ231

438

关东军参谋长关于请向张北派遣奉天医科大学外科医生十名事致满铁副总裁的电文（一九三七年八月二十二日）

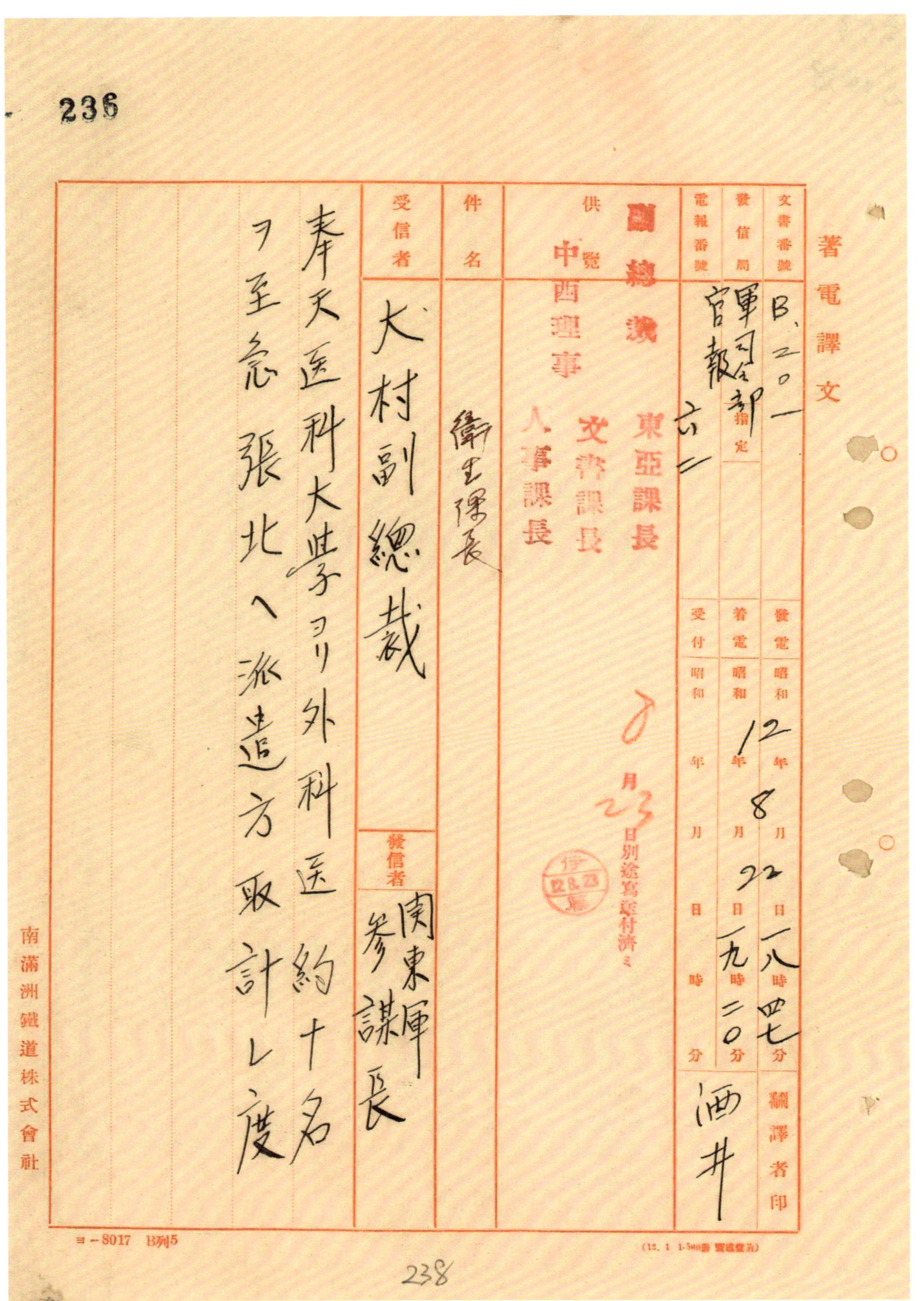
236

著電譯文

文書番號 B、二〇一
發信局 軍司令部
電報番號 官報 六二

指定

供覽 總裁 中西理事 東亞課長 文書課長 人事課長 衛生課長

發電 昭和12年8月22日一八時四七分
着電 昭和年月日一九時二〇分
受付 昭和 8月23日 別途寫送付済ミ

譯者印 酒井

受信者 大村副總裁

件名

發信者 関東軍参謀長

奉天医科大学ヨリ外科医約十名ヲ至急張北ヘ派遣方取計レ度

南滿洲鐵道株式會社

ヨ-8017 B列5

238

关东军参谋长关于请奉天医科大学向张北派遣救护班事致满铁副总裁的函（一九三七年八月二十七日）

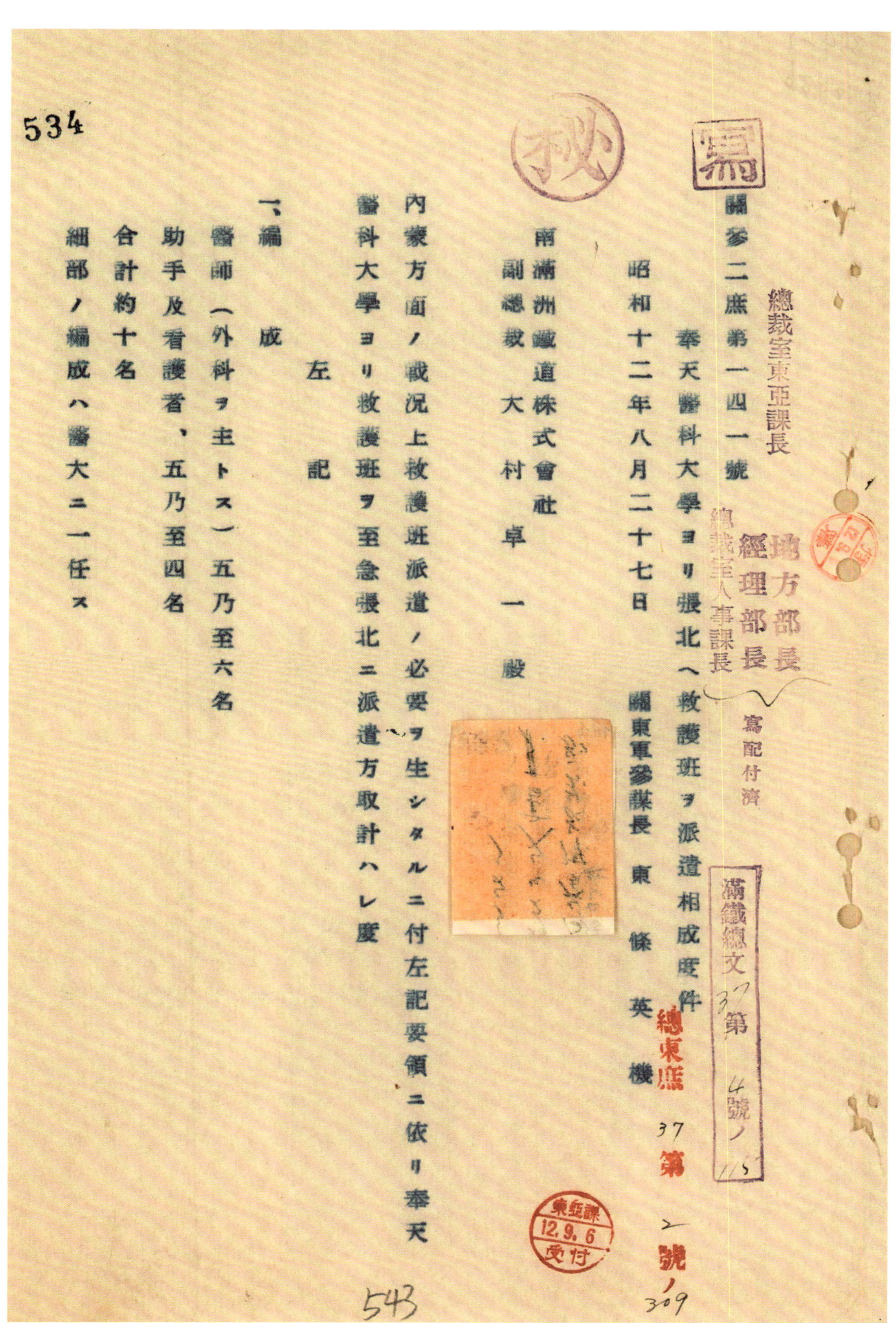

534

寫

秘

總裁室東亞課長

地方部長
經理部長
總裁室人事課長

寫配付濟

滿鐵總文 37第4號ノ115

關參二庶第一四一號

奉天醫科大學ヨリ張北ヘ救護班ヲ派遣相成度件

昭和十二年八月二十七日　關東軍參謀長　東條英機

總東庶 37第2號ノ309

東亞課 12.9.6 受付

南滿洲鐵道株式會社

副總裁　大村卓一殿

內蒙方面ノ戰況上救護班派遣ノ必要ヲ生シタルニ付左記要領ニ依リ奉天醫科大學ヨリ救護班ヲ至急張北ニ派遣方取計ハレ度

左記

一、編成

醫師（外科ヲ主トス）五乃至六名

助手及看護者、五乃至四名

合計約十名

細部ノ編成ハ醫大ニ一任ス

543

536

二、經費ノ支出區分

(1)俸給(加俸共)ハ滿鐵負擔トス

(2)其ノ他ハ軍ノ負擔トス、例ヘハ左ノ如シ

往復旅費

滯在旅費(食事官給ノ場合ハ食費ヲ控除ス)

衛生材料(主トシテ消耗品類)購入費

輸送費等

右經費ハ救護班奉天ニ歸還ノ後精算ノ上軍參謀部第二課ニ請求相成度若前渡金ヲ必要トスルトキハ、出發前ニ在リテハ、奉天特務機關若ハ軍參謀部第二課ヘ、出發後ニ在リテハ、張北東條部隊若ハ張北特務機關ニ申出ツルモノトス

(3)給養ハ張北特務機關ニテ擔任ス

但シ狀況之ヲ許セハ滯在旅費ヲ給シ救護班ヲシテ自ラ給養セシムルコトアリ(旅館給養)

三、準備携行品ノ概要

545

(1) 衛生材料

患者三千人分ヲ目途トシ、主トシテ外科醫療器具及繃帶材料竝若干ノ重患者用食料品等

(2) 冬用被服類（毛布共）及日用品若干

但シ防寒被服ハ昨昭和十一年末、救護班ヲ張北ニ派遣セル際購入セルモノヲ携行使用スルモノトス

本項ノ經費ハ各自ノ負擔トスルヲ原則トス

四、輸送

準備完了次第奉天ヨリ鐵道輸送ニ依リ承德ニ至リ、爾後ハ兵站自動車隊ニ依リ張北ニ至ルモノトス

但シ承德－張北間ハ醫師及看護者ニ限リナルヘク軍用機ニ依ル如ク東條部隊ニ於テ手配スルモノトス

鐵道輸送請求ハ奉天特務機關ヨリ奉天鐵道司令部ニ提出スルモノトス

之カ爲救護班長ハ人員、携行器材ノ種類、數量、出發期日等ヲ至急奉天特務機關ニ通報スルモノトス

538

出發時刻ニ關シテハ奉天鐵道司令部ノ指示ニ依ルモノトス

五、身分

各其ノ職務ニ應シ軍囑託、臨時雇員、同傭人トスルニ付履歷書二通ヲ

關東軍參謀部第二課ヘ送付アリタシ

(寫送付先　奉天機關、審大、承德機關、軍醫部、東條部隊、張北機關)

547

九、满铁总裁

满铁总裁关于感谢北平事务所所员为七七事变效力事致北平事务所所长的电文（一九三七年七月十三日）

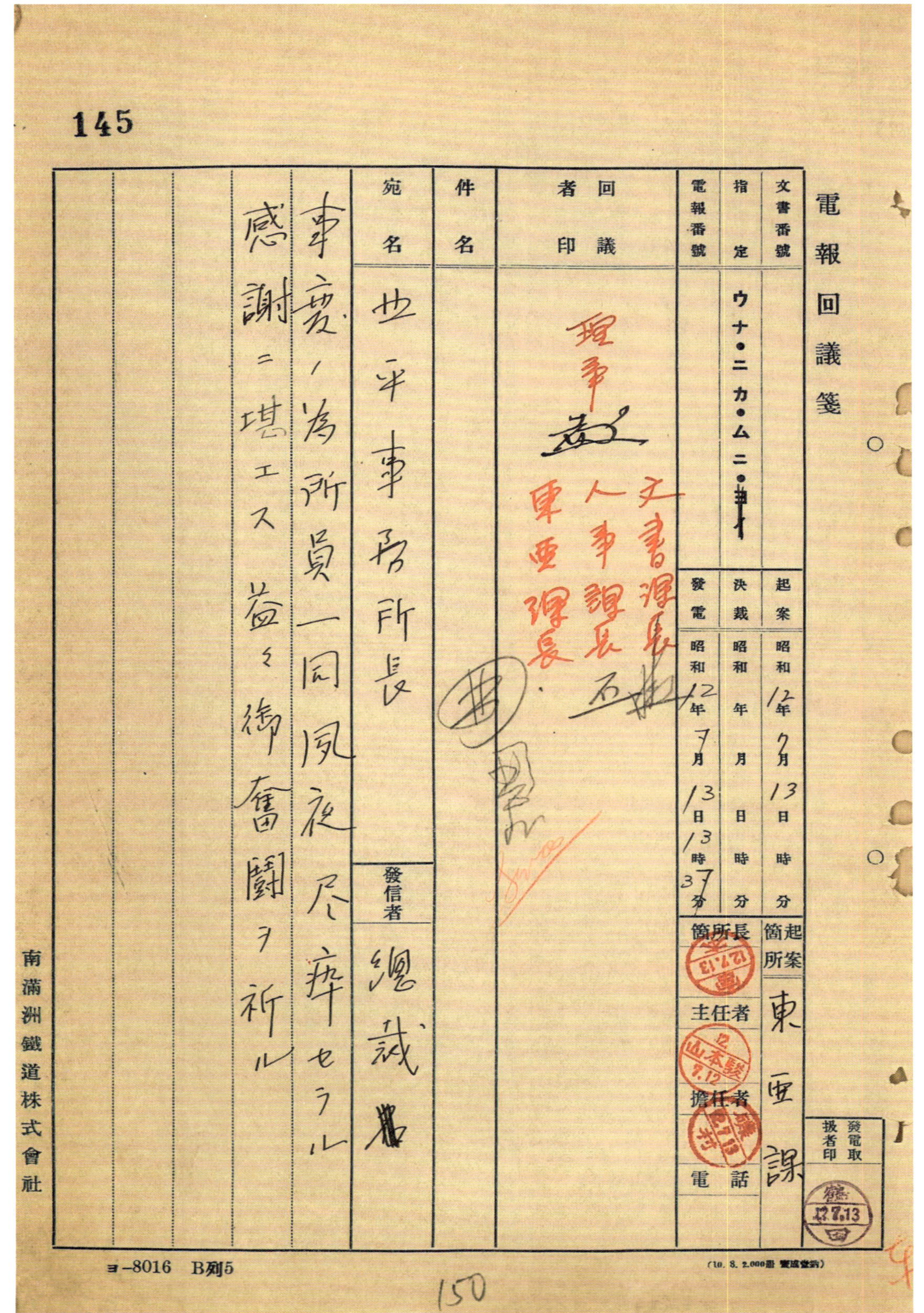

145

電報回議箋

文書番號	
指定	ウナ・ニカ・ムニ・ヨイ
電報番號	
起案	昭和12年7月13日　時　分
決裁	昭和　年　月　日　時　分
發電	昭和12年7月13日13時37分
起案箇所	東亞課
箇所長	
主任者	
擔任者	
電話	
發電取扱者印	

回議者印：理事　文書課長　人事課長　東亞課長

件名：

宛名：北平事務所長

發信者：總裁

事変ノ為所員一同夙夜尽瘁セラルヽ感謝ニ堪エス益々御奮闘ヲ祈ル

南滿洲鐵道株式會社

ヨ-8016　B列5

150

木原顾问、满铁总裁关于希望满铁继续慰问并吊唁派往华北将兵的往来文件

木原顾问致满铁总裁函（一九三七年七月二十七日）

111

昭和十二年七月二十七日　　木原顧問

松岡總裁閣下

北支派兵慰問及弔慰件付意見具申

前略過般御上京中ハ失禮ヲ重ネ恐縮ニ存候御出發前日一寸御話申上候北支派遣部隊ノ犠牲者ニ對スル滿鐵トシテノ弔慰ニ關シ其ノ後取調ヘノ結果滿洲内ニ於テハ現在尚交付ヲ繼續シアリ又上海派兵ノ際ハ出征陸海軍人慰問トシテ各金壹萬圓宛及兩軍犠牲者ニ對シ金五萬圓ノ弔慰金ヲ支出セル前例アリ現在出兵ノ地域的事情ハ事滿洲内ニアラサル點全然上海派兵ト類似シ而モ地理上滿洲トノ關係深キコト上海ノ比ニアラス尚北支ニハ最近滿洲駐劄部隊ノ移動セルモノアリ（朝鮮及内地ヨリ移動ノ部隊アルモ後段ノ如ク弔慰スルモノトセハ之ヲ除外スルコト

116

穩當ナラス）又滿鐵トシテハ北支地方ニ多數ノ社員ヲ派遣シアリテ平時ニ於テ既ニ支那駐屯軍ヨリ多大ノ便宜ヲ得ツツアリ（此ノ點御互様ノ感ナキニアラサルモ）今回ノ事變勃發以來既ニ約三十名ノ戰死者約七十名ノ戰傷者ヲ出シ軍司令部以下各員灼熱炎暑ノ下不眠不休ノ活動ヲ繼續シツツアリテ大ニ慰問ノ價値アルモノト被存候就テハ此ノ際滿鐵トシテ自發的ニ前諸例ヲ參酌シ相當ノ寄進ヲナスコトハ現在及將來ノ爲軍鐵一致ノ感情上ニモ尠ナカラサル好影響ヲ及スヤニ愚考致候間特ニ御詮議ノ上御配慮ヲ煩ハサレテハ如何哉右私見及具申候　敬具

追テ尚聞クトコロニヨレハ犧牲者ニ對スル官邊ノ下賜金交付ハ手續ニ時日ヲ費スニ比シ滿鐵ノ弔慰金ハ急速ニ鄕里遺族ノ手ニ渡リ葬儀其ノ他應急ノ用途ニ充テ得ル點ニ於テ頗ル恩德トセラレ居ル由依テ本件可決セラルルトセハ余リ遷延セサルヲ全般ノ關係上良好ト存ス

尚北支事變今後一層擴大セラレ日支宣戰ノ場合トモナラハ本文ノ如キ取扱ハ打切リトスヘキコト勿論ト存ス爲念申添候

117

木原顾问致满铁总裁函（一九三七年八月六日）

119

昭和十二年八月六日

木原顧問

松岡總裁閣下

北支派兵陣中見舞金ノ件ニ付再意見具申

前略首題ノ儀ニ付去ル七月二十七日附ヲ以テ意見上申致候處同月卅一日附庶第三七第七號ノ一一三ヲ以テ東京支社長宛總裁室庶務課長ヨリ本社ノ御意向傳承仕難有存候右ニヨレハ當時戰死者十八名負傷者四十一名計五十九名ニ過キス就テハ今次事變今後ノ推移ニヨリ不幸多數ノ犧牲者ヲ生シタル場合會社トシテモ相當考慮ノ要アルモ滿洲ニ於ケル例ニ準シ取扱フコトハ差控ヘ度但シ天津軍ニ對スル不取敢ノ處置トシテハ早速適當ノ方法ヲ講スルコトニ可相成由承知仕誠ニ御尤ノ次第ト

124

存候然ルニ爾後約旬日ヲ過キ其間平津地方ノ第二十九軍掃蕩及通州事件等相次テ惹起シタル爲メ八月三日〆切陸軍省調査ニヨレハ戰死三百六十四名負傷八百六十九名合計千二百三十三名ニ達シ上海事變陸海軍犧牲者總數ニ比スレハ其半數ニ及ハサル次第ナルカ今日迄ノ事態ノ推移ニ鑑ミ近キ將來ヲ判斷スルトキハ第二十九軍ノ不信行爲ニ對シ所謂局地的膺懲ノ戰鬪ハ今ヤ玆ニ一段落ヲ告ケ今後若シ大衝突アリトセハ彼我更ニ大兵ヲ北支ノ野ニ集中シタル後日支兩國軍眞面目ノ戰爭ヲナスモノト見做ヲ至當トシ例令形式上兩國宣戰布告ヲナサルル迄モ其性質ハ卽チ兩國開戰ト何等異ナルナク過日來第二十九軍相手ノ事變トハ其趣キヲ異ニスルモノト被存從ツテ會社トシテ犧牲者ニ對スル弔慰ノ如キモ全然其見方ヲ違ヘテ可ナリト存候

過日モ申上ケタル如ク國家ヨリノ下賜金ハ甚タシク時日ヲ要シ遺族トシテハ例令少額ナリトモ、モット早ク入手スルヲ得ハ效果的ナル實情

125

121

ニ有之今ヤ逐次遺骨ノ内地還送モ遠カラスト被存候一方犧牲者數モ既ニ相當數ニ達シ候ニ付此際ヲ以テ一旦弔慰ノ儀實施相成候事機宜ニ適スルモノト愚考仕候

尤モ前述判斷ノ如ク今後日支兩軍大衝突アルモノトスルモ其時期迄尚小競合ヒハ必然可有之ニ付其犧牲者モ前記八月三日〆切（戰死三百六十四名）ヨリ尚多少增加スルモノトシ假リニ之ヲ五百名トシ當方ノミノ見方トシテ一名平均金百圓（上海ノ際ハ四十圓程度ナリシモ稍少額ニ失スト存候）見當ト見積此際金五萬圓ヲ一括シテ支那駐屯軍司令部ニ呈出サレテハ如何ヤト存候但シ各犧牲者ニ對スル弔慰金額及實際ノ〆切時期ハ軍司令部ニ一任スルコトトシ且今次事變ニ對スル會社トシテノ弔慰金ハ是ヲ以テ打切トシ今後若シ巳ヲ得サル必要アレハ實際ノ情況ニ應シ改メテ考慮スル場合モ可有之由十分ニ軍司令部ニ說明シ置クコト必要ト存候

176

戦況ノ推移ハ中々臆断ヲ許サス前記ノ如ク今後更ニ大ナル犠牲者ヲ生スル場合アリトセハ即チ日支両國開戦ノトキト被存候モ或ハ政治上其他ノ關係ヨリ遂ニ大衝突ヲ來タスコトヽナリ所謂持久戦トナリテ遷延久シキニ亘ルコトナシトセス寧ロ其傾キ多キニアラスヤトモ思ハル就テハ本事變終了ヲ待チ其犠牲者ノ總數ヲ知リ初メテ弔慰金額算出ノ基礎トスルカ如キハ大部分效果ヲ失スルコト前々申上タル通リニ付キ此際主題ノ件御詮議可然ト存潜越ヲ省ミス重ネテ愚見及上申候　敬具

追而此際支那駐屯軍ニ對シ慰問ノタメ何等カノ處置ヲ採ラルルトセハ海軍ニ對シテモ之レニ準スルコト必要カト存候モ海軍ノ犠牲者ハ殆ント皆無ニ等シキ今日當分弔慰ノ詮議ニハ及フ要ナキモノト被候候

127

满铁总裁致木原顾问函（一九三七年八月十二日）

118

寫

昭和十二年八月十二日

南滿洲鐵道株式會社

總裁　松岡洋右

木原顧問閣下

北支派兵陣中見舞金ノ件

八月六日附ノ貴信接到御意見拝承致候然ルトコロ右貴信ト行違ニ滿鐵本社ヨリ御知ラセ致候コトト想像スルトコロ本件ハ既ニ重役會議ニ於テ決定シ其ノ決定ニ基キ天津ニ於テ處置濟ト存候

拙者ノ記憶ニテハ不取敢金三萬圓見舞金トシテ贈ルコトニシタル筈ニ御座候

先ハ不取敢右御返事迄

ヨ—0101　B列5　南滿洲鐵道株式會社　(10.6.1,000)

123

满铁总裁关于向通州遇难殉职社员进行慰问吊唁事致东拓总裁及驻中国军队顾问的电文（一九三七年八月五日）

612

寫

電報回議箋

文書番號	指定	電報番號
	ウナ•ニカ•ムニ•ヨイ	

起案	決裁	發電
昭和 年 月 日 時 分	昭和12年8月 日 時 分	昭和 年 月5日 時 分

箇所長

起案箇所

主任者

擔任者

電話

發電取扱者印

回議者印

件名

宛名：東拓總裁 安川雄之助（一）
支那駐屯軍顧問 吉田新七郎（二）

發信者：總裁名

（一）通州ニ於ケル弊社殉職社員ニ對シ御鄭重ナル弔電ヲ賜ハリ御芳志ノ段深謝ス

（二）通州ニ於ケル弊社社員ノ遭難ニ際シ種々御高配ヲ辱フシ御芳志ノ段厚ク御禮申上ク。

南滿洲鐵道株式會社

ヨ-8016 B列5

（10 9. 2.000冊 雙暖堂納）

627

满铁总裁关于派理事中西慰问日军表达感谢事致第三舰队司令长官上海特别陆战队司令官等的电文（一九三七年九月十八日）

133

電報回議箋

文書番號	指定	電報番號
	ウナ・ニカ・ムニ・ヨイ	

起案	決裁	發電
昭和　年　月　日　時　分	昭和　年　月　日　時　分	昭和12年9月18日8時30分

回議者印：副總　中西理事　總、庶務課長

件名：

宛名：長谷川第三艦隊司令長官、大川内上海特別陸戰隊司令官、松井大將

發信者：總裁

今次ノ事變ニ於ケル皇軍勇士諸君ノ労苦ニ感謝ニ堪ヘス當社ヲ代表シ中西理事ヲ派遣シ労ヲ犒ヒ申上ケシム　労ヲ萬謝ス　ソ

箇所長　主任者　擔任者　電話　起案箇所　發電取扱者印

南滿洲鐵道株式會社

ヨ-8016 B列5　(10.9.2,000冊 寶成堂納)

138

~~在中華民國駐劄特命全權大使　川越茂~~

在上海總領事　岡本季正

第三艦隊司令長官　中將　長谷川清

上海特別陸戰隊司令官　少將　大川内傳七

在中華民國日本大使館附陸軍武官　少將　原田熊吉

在中華民國日本大使館附海軍武官　少將　本田忠雄

（上海派遣軍司令官）　大將　松井石根

南滿洲鐵道株式會社

ヨ-0003　B列5　（12. 3. 15,000冊 滿日社納）

满铁总裁关于向战斗在上海的日军表达感谢向战死者表示哀悼事致第三舰队司令部上海特别陆战队司令官等的函（一九三七年九月二十日）

135

中西理事 了

總、庶務課長 了

謹啓 今次ノ事變勃發以来 皇軍ノ赴ク處陸ニ海ニ空ニ連戰連勝、赫々タル武威ヲ中外ニ示サレタル我忠勇ナル將士ノ以奮闘ニ對シ銃後ノ國民タル者感激ニ堪ヘサルトコロニ有之候

上海附近ハ自然ノ要害ヲ形成シ而モ其ノ防禦ニハ支那軍ノ最優良部隊ヲ以テシ之ヲ死守シツヽアル處將兵各位ノ困苦モ誠ニ察スルニ餘リアリ感謝ノ念更ニ切ナルモノ有之候

此ノ間不幸戰病殁相成タル勇士ノ英靈ニ對シ謹ンテ哀悼ノ意ヲ表スルト共ニ戰傷病將士各位ニ對シテハ其ノ御快癒ノ一日モ速カナランコトヲ祈念シテ已マサル次第ニ有之候

殊ニ氣候風土ヲ異ニスル現地ニ於テ活躍セラルヽ將

南滿洲鐵道株式會社

ヨ-0003 B列5 (12. 3. 15,000冊 滿日社印)

140

兵各位ニ於カセラレテハ邦家ノ為一層ノ自重アラン
コトヲ切望致シ
茲ニ聊カ陣中ノ慰問ノ微意ヲ表シ武運ノ
長久ヲ祈ルト共ニ[illegible]　敬具

昭和十二年九月　日

南満洲鉄道株式会社

総裁　松岡洋右

第三艦隊司令長官　海軍中将　長谷川清

上海特別陸戦隊司令官　海軍少将　大川内傳七

在中華民国日本大使館附陸軍武官　陸軍少将　原田熊吉

同　海軍武官　海軍少将　本田忠雄

陸軍大将　松井石根

宛

南滿洲鐵道株式會社

ヨ-0003　B列5　(12.3.15,000冊 滿日社納)

141

满铁总裁松冈洋右关于赠送苹果以示慰问事致伤病将兵的慰问信（一九三七年十月五日）

414

北支関係傷病者ヲ收容シ居ラサル病院宛ノモノ

謹啓　時下秋冷相催候處愈御清適之段奉賀候

陳者今次支那事變勃發スルヤ皇軍ノ赴ク處陸ニ海ニ空ニ連戰連勝以テ赫々タル武威ヲ中外ニ示サレタル我忠勇ナル將士ノ御奮鬪ニ對シ我々銃後ノ國民タル者感激ニ堪エサルトコロニ有之候

而シテ氣候風土ヲ異ニセル最前線敵彈雨飛ノ下ニ連日不眠不休ノ奮鬪ヲ續ケ遂ニ名譽アル戰傷病者トシテ凱旋セラレタル勇士各位ニ對シテハ衷心御見舞申上クルト共ニ其ノ御快癒ノ一日モ速カナラムコトヲ祈念シテ已マサル次第ニ御座候

就テハ弊社ニ於テ聊カ御慰問ノ微意ヲ表シ度別便ヲ以テ滿洲產林檎　箱御送付申上候間事務御多端ノ折柄御手數恐入候へ共貴院並御管下ノ各地病院ニ入院中ノ今次支那事變並滿洲ニ於テ傷病セラレタル將士各位ニ可然御分配相煩度此段御見舞旁御依賴迄如斯御座候　敬具

昭和十二年十月　日

南滿洲鐵道株式會社
總裁　松岡洋右

450

415

○印ハ北支關係傷病兵入院病院ナリ

病院名	病院長名	林檎箱數
哈爾濱陸軍病院	大佐 中野織治	二〇
○奉天〃	大佐 朝川献夫	三五
○新京〃	大佐 伊吹月雄	一五
牡丹江〃	大佐 兵頭周吉	一五
齊齊哈爾〃	中佐 戸渡庸二郎	一〇
○旅順〃	大佐 後藤鐐枝	二五
海拉爾〃	大佐 倉田省三	一〇
○公主嶺〃	大佐 山田正雄	一〇
佳木斯〃	大佐 木村虎次郎	一〇
孫呉〃	大佐 末永代四郎	二
密山〃	中佐 檜山春二	三
新站〃	中佐 上牧猛	五
○承德〃	少佐 三浦大三郎	二五

451

416

穆稜陸軍病院	中佐 澤田芳見	五
阿城 〃	中佐 奥村尚輔	二
○錦州 〃	中佐 菅原丙夫	三〇
湯原 〃	中佐 本多隆元	三
北安鎮 〃	中佐 近藤佐太郎	五
勃利 〃	中佐 島豐喜	五
綏芬河 〃	中佐 元吉慶四郎	二
東寧 〃	中佐 小田民治	三
○海城 〃	中佐 長岡正人	一五
○遼陽 〃	中佐 山村惠伴	一〇
黒河 〃	中佐 荻本弘	二
寶清 〃	中佐 鹽加井勝	二
合計		二六九

452

432

病院名	林檎箱數
陸軍	
東京第一陸軍病院	七五
名古屋陸軍病院	五〇
岐阜陸軍病院	三〇
豐橋陸軍病院	三五
大阪陸軍病院	六〇
廣島陸軍病院	一二〇
善通寺陸軍病院	五〇
小倉陸軍病院	六〇
姬路陸軍病院	二五
岡山陸軍病院	二五
松山陸軍病院	二五
德島陸軍病院	二五
高知陸軍病院	二五

458

423

病院	数
龍山陸軍病院	三〇
小計	六三五
海軍	
横須賀海軍病院	一五
呉海軍病院	一五
佐世保海軍病院	二〇
別府海軍病院	一〇
湊海軍病院	一〇
嬉野海軍病院	一〇
小計	八〇

459

满铁总裁关于祝贺日军占领太原事致寺内军司令官的电文（一九三七年十一月八日）

194

電報回議箋

文書番號	指定	電報番號
ウナ・ニカ・ムニ・ヨイ		

起案	決裁	發電
昭和12年11月8日 時 分	昭和 年 月 日 時 分	昭和12年11月8日16時10分

箇所長　起案箇所　主任者　擔任者　電話

發電取扱者印　（山下 12.11.8）

回議者印：中西理（12.11.8）　總、庶務課長（賀 12.11.8）

件名：

宛名：天津 寺内軍司令官

發信者：總裁名

皇軍長驅太原占領ノ快報ニ接シ誠ニ御同慶ニ堪ヘス忠勇ナル將士各位ノ御奮闘ニ対シ深甚ナル謝意ヲ表スルト共ニ尊キ犠牲者ノ英靈ニ対シ謹テ哀悼ノ意ヲ表ス

南滿洲鐵道株式會社

ヨ-8016　B列5　　(10. 9. 2.000冊 寶成堂納)

200

满铁总裁关于祝贺日军占领南京事致军司令官松井第三舰队司令长官谷川等的电文（一九三七年十二月十一日）

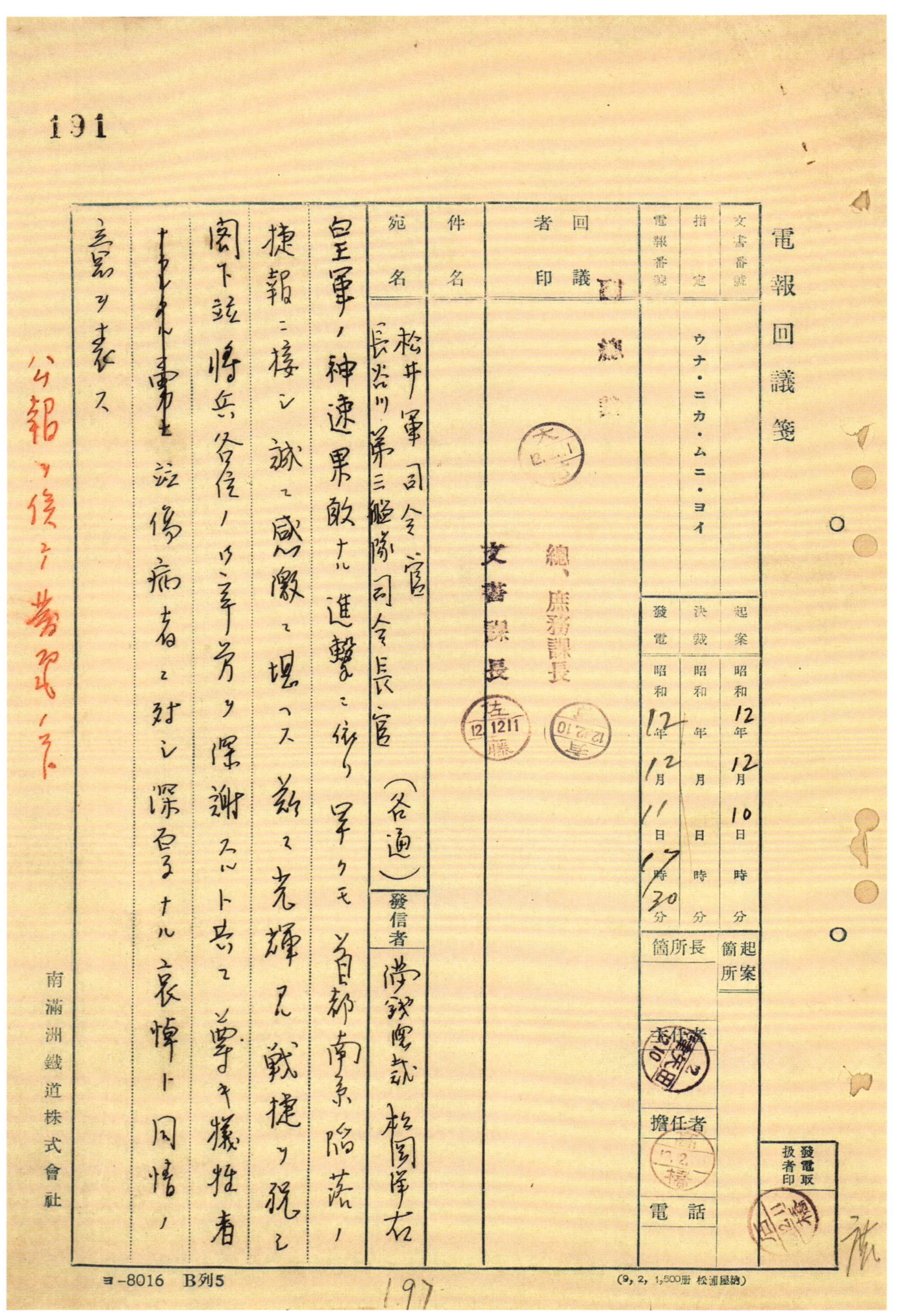

191

電報回議箋

文書番號

指定 ウナ・ニカ・ムニ・ヨイ

電報番號

起案 昭和12年12月10日 時 分

決裁 昭和 年 月 日 時 分

發電 昭和12年12月11日17時30分

回議者印 總、庶務課長 文書課長

件名

宛名 松井軍司令官 長谷川第三艦隊司令長官（各通）

發信者 満鉄総裁 松岡洋右

皇軍ノ神速果敢ナル進撃ニ依リ早クモ首都南京陥落ノ捷報ニ接シ誠ニ感激ニ堪ヘス茲ニ光輝アル戦捷ヲ祝シ閣下並将兵各位ノ御辛労ヲ深謝スルト共ニ尊キ犠牲者並傷病者ニ対シ深甚ナル哀悼ト同情ノ意ヲ表ス

箇所長 起案箇所

主任者

擔任者

電話

發電取扱者印

南滿洲鐵道株式會社

ヨ-8016 B列5

(9, 2, 1,500冊 松浦印刷)

满铁总裁关于祝贺日军占领南京事致总理大臣军令部次长参谋次长等的函（一九三七年十二月）

192

總理大臣宛

首都南京陥落ノ快報ニ接シ慶賀ノ至リニ堪ヘス茲ニ

謹ミテ御祝辞申上ク

總裁

參謀次長

軍令部次長　宛

總裁

忠勇ナル皇軍将士ノ御奮闘ニ依リ早クモ首都南京

陥落ノ快報ニ接シ慶賀ノ至リニ堪ヘス茲ニ謹ミテ

御祝辞申上ク

右総長（軍令部総長）宮殿下ニ御執成~~相成度~~御取計乞フ

陸、海軍大臣宛

總裁

忠勇ナル皇軍将士ノ御奮闘ニ依リ早クモ首都南京

陥落ノ快報ニ接シ慶賀ノ至リニ堪ヘス茲ニ謹ミテ

御祝辞申上ク

南滿洲鐵道株式會社

ヨ-0003　B列5　　(12. 3. 15,000冊 滿日社納)

198

满铁总裁关于祝贺日军占领徐州事致华北方面军司令官寺内华中方面军司令官等的电文（一九三八年五月二十日）

190

發電回議箋

文書番號	指定	電報番號
		ウナ・ニカ・ムニ・ヨイ

起案	決裁	發電
昭和13年5月20日　時　分	昭和　年　月　日　時　分	昭和13年5月20日15時50分

起案箇所 | 箇所長 | 主任者 | 擔任者 | 電話

發電取扱者印

回議者印：中西理事　總、庶務課長　文書課長

件名：

宛名：寺内北支方面軍司令官　畑中支方面軍司令官　及川第三艦隊司令長官

發信者：滿鐵總裁　松岡洋右

皇軍ノ神速果敢ナル進撃ニ依リ四十九日徐州占領ノ快報ニ接シ誠ニ感激ニ堪ヘス茲ニ光輝アル戰捷ヲ祝シ忠勇ナル將士各位ノ奮鬪ニ對シ深甚ナル謝意ヲ表スルト共ニ戰没勇士ノ英靈ニ對シ謹テ哀悼ノ意ヲ表ス

南滿洲鐵道株式會社

ヨ－8016　B列5　　195　　（12. 5. 3,000册 南海堂納）

满铁总裁关于祝贺日军占领汉口事致华北方面军司令官寺内华中方面军司令官等的电文（一九三八年十月二十五日）

189

發電回議箋

文書番號	
指定	ウナ・ニカ・ムニ・ヨイ
電報番號	
起案	昭和　年　月　日　時　分
決裁	昭和　年　月　日　時　分
發電	昭和　年　月　日　時　分
回議者印	中西理事　總、庶務課長
件名	
宛名	寺内北支方面軍司令官 畑中支方面軍司令官 及川第三艦隊司令長官
發信者	滿鐵總裁　松岡洋右

漢口攻擊開始以来皇軍ノ神速果敢ナル進擊ニ依リ敵ノ堅陣相次テ潰ヘ早クモ漢口占領ノ快報ニ接シ誠ニ感激ニ堪ヘス、茲ニ偉大[illegible]祝シ併セテ忠勇ナル將兵各位ノ奮闘ノ勞苦ヲ奉謝スルト共ニ陣殁將士ノ英靈ニ對[illegible]悼ノ意ヲ表ス

南滿[illegible]

(13. 4. 4,000冊—番館納)

194

满铁总裁关于祝贺日军占领广东汉口事致古庄华南方面军司令官、军舰妙高盐泽司令长官的电文
（一九三八年十月二十七日）

195

發電回議箋

文書番號

指定 ウナ・ニカ・ムニ・ヨイ

電報番號

起案 昭和13年10月27日　時　分

決裁 昭和　年　月　日　時　分

發電 昭和　年　月　日　時　分

起案箇所

長所箇

主任者

擔任者

電話

發電取扱者印

回議者印

件名

宛名 古荘南支方面軍司令官
軍艦妙高塩沢司令長官

發信者 満鐵總裁
松岡洋右

皇軍ノ神速果敢ナル進撃ニヨリ曩ニ南支抗日ノ本據廣東ヲ陥レ今又漢口ヲ占領ノ快報ニ接シ誠ニ感激ニ堪ヘス茲ニ偉大ナル戦捷ヲ祝シ併セテ忠勇ナル将兵各位ノ此奮闘ニ対シ満腔ノ謝意ヲ捧ケルト共ニ陣歿将士ノ英霊ニ対シ謹ンテ哀悼ノ意ヲ表ス

南滿洲鐵道株式會社

スヨ-8016　B列5

(12. 5. 3,000冊 南海堂納)

201

十、总裁室人事课

总裁室人事课长关于专科以上毕业的新员工实习工资支付办法事致总裁室庶务课长、总裁室东亚课长的函（一九三七年七月八日）

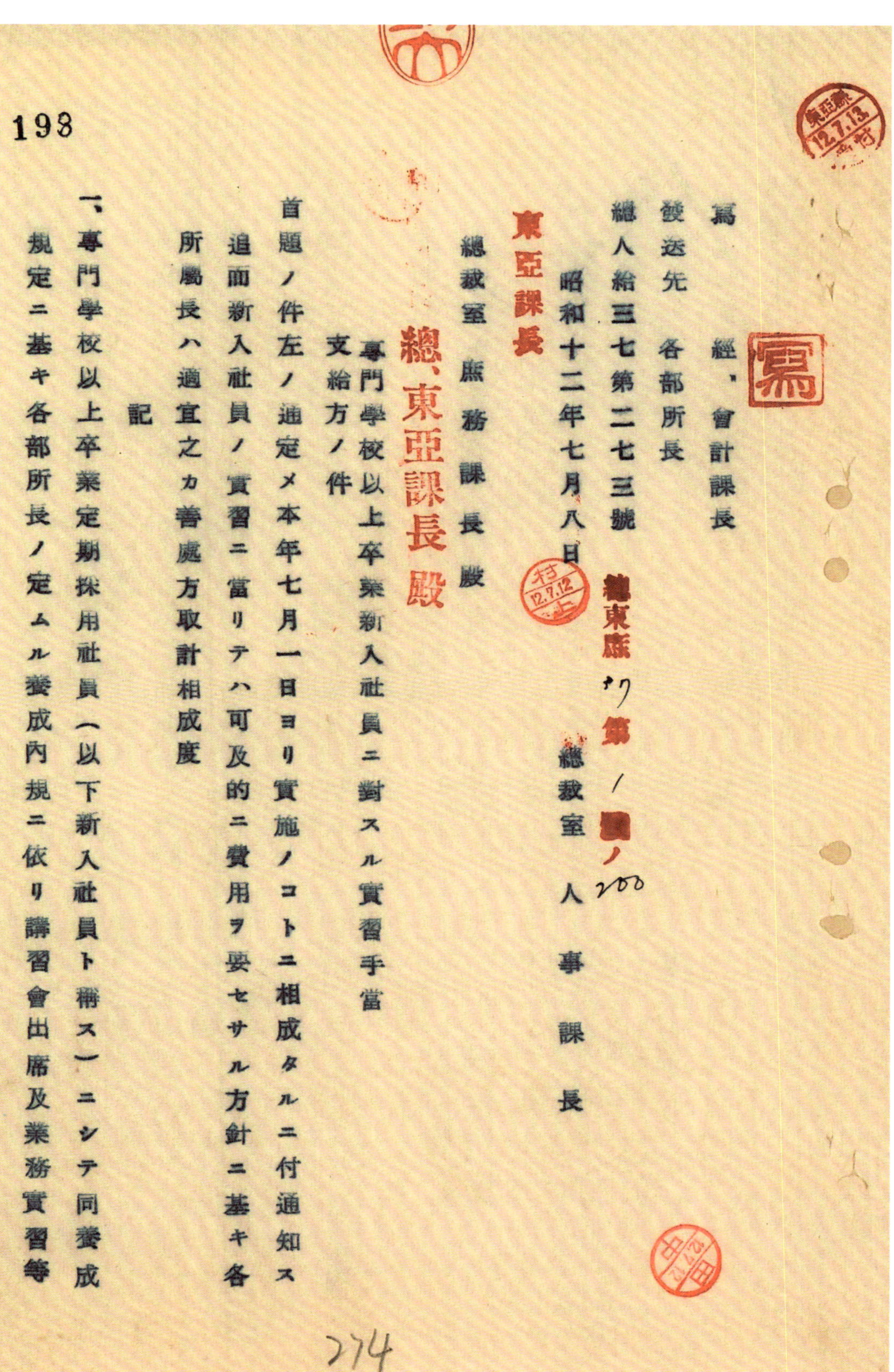

198

寫

宛　經、會計課長
發送先　各部所長

總人給三七第二七三號
昭和十二年七月八日

總東庶37第1號ノ200

總裁室人事課長

東亞課長
總裁室庶務課長殿
總、東亞課長殿

專門學校以上卒業新入社員ニ對スル實習手當
支給方ノ件

首題ノ件左ノ通定メ本年七月一日ヨリ實施ノコトニ相成タルニ付通知ス
追而新入社員ノ實習ニ當リテハ可及的ニ費用ヲ要セサル方針ニ基キ各
所屬長ハ適宜之カ善處方取計相成度

記

一、專門學校以上卒業定期採用社員（以下新入社員ト稱ス）ニシテ同養成
規定ニ基キ各部所長ノ定ムル養成內規ニ依リ講習會出席及業務實習等

274

199

（以下實習ト稱ス）ノ爲在勤地外ニ旅行スル者ニ對スル服務及給與ハ左ニ依リ取扱フ、但シ「鐵道業務講習會受講社員取扱規程」ノ適用ヲ受クル者ハ此ノ限ニ在ラス

二、實習ノ爲ノ派遣期間（出發ノ日ヨリ歸著ノ前日迄以下同）ハ出勤トス

但シ實習ヲ缺キタルハ缺勤トス

前項但書ノ缺勤ト雖實習箇所ノ定例休日ハ出勤トシ一般ノ扱ニ依ル

三、前號派遣期間ニ對シテハ次ノ實習手當ヲ支給シ旅費ハ支給セス

(イ)日額　金六圓

(ロ)同一地ニ於ケル派遣期間カ引續キ十四日以上ニ及ヒタルトキハ其ノ地宿泊中日額金四圓トス、但シ會社建物（之ニ準スルモノヲ含ム）ニ宿泊シタル場合ハ其ノ日ヨリ日額金二圓トス

四、本手當ハ所屬經費（雜手當）支辨トシ派遣日數ニ應シ概算額ノ範圍內ニ於テ假拂ヲ爲スコトヲ得、但シ歸任後ハ遲滯ナク精算スヘシ

附　記

五、新入社員ノ養成期間中ノ業務出張ハ可及的之ヲ避クヘシ、但シ已ムヲ

275

得サル事由ニ依リ出張セシムル場合ハ豫メ總裁室人事課長ニ事由ヲ具シ申請スヘシ

276

总裁室人事课长关于禁止赴华北、北满地区旅行事致总裁室庶务课长的电文（一九三七年七月十二日）

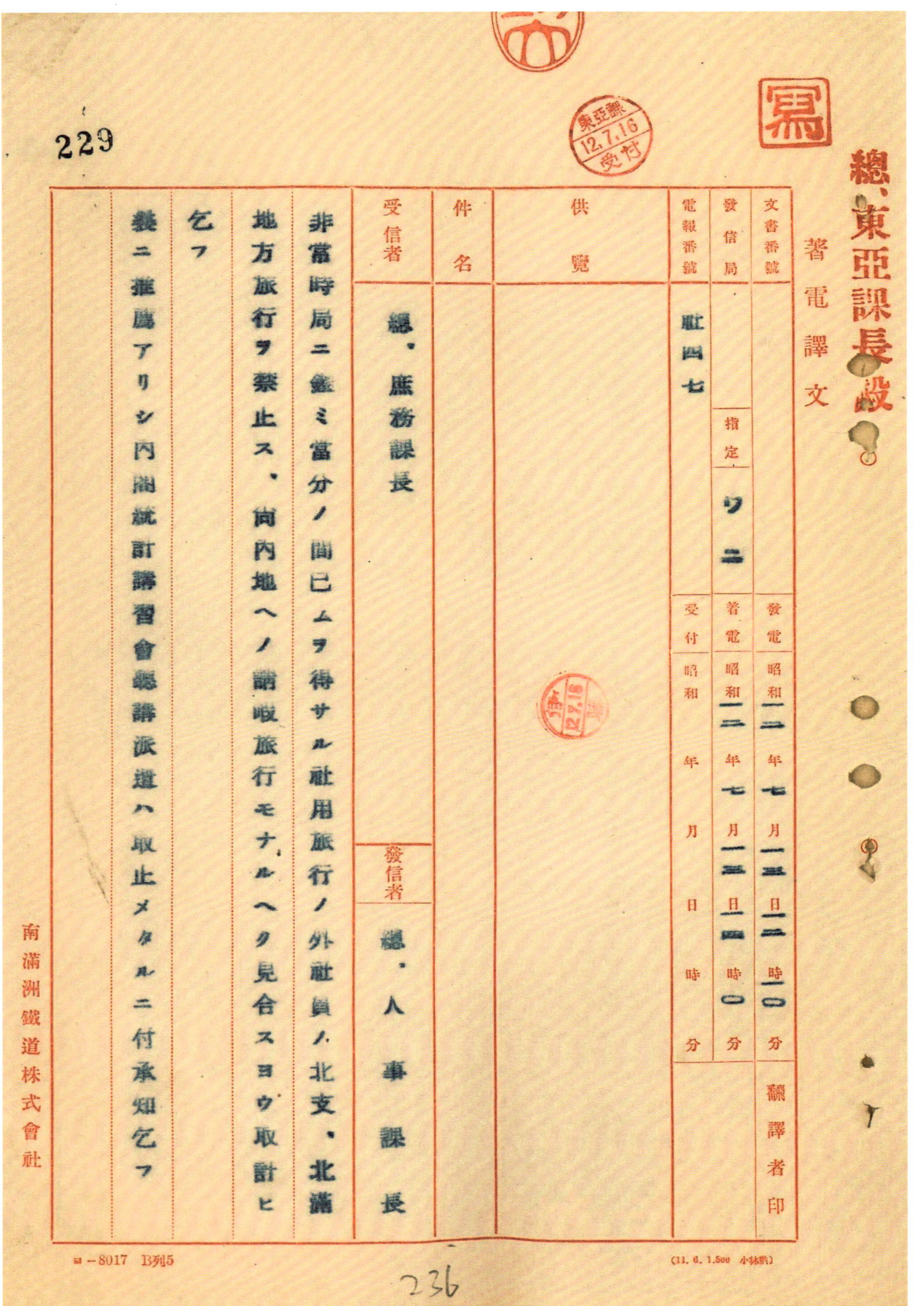
229

冩

東亞課 12.7.16 受付

總、東亞課長殿

著電譯文

文書番號	發信局	電報番號
	指定 ウニ	社四七

發電	着電	受付
昭和一二年七月一二日一二時一〇分	昭和一二年七月一二日一四時〇分	昭和　年　月　日　時　分

飜譯者印

供覽

件名

受信者　總・庶務課長

發信者　總・人事課長

非常時局ニ鑑ミ當分ノ間已ムヲ得サル社用旅行ノ外社員ノ北支、北滿地方旅行ヲ禁止ス、尚内地ヘノ請暇旅行モナルヘク見合スヨウ取計ヒ乞フ

曩ニ推薦アリシ内閣統計講習會聴講派遣ハ取止メタルニ付承知乞フ

南滿洲鐵道株式會社

ロ－8017　B列5　(11.6.1.500 小林活)

236

总裁室人事课长关于通知派遣社员姓名事致天津事务所长、总裁室东亚课长的电文（一九三七年七月二十一日）

456

著電譯文

文書番號	發信局	電報番號	供覽	件名	受信者
		八七	東亞課	派遣社員ニ関スル件（回答）	天津事務所長 東亞課長
	指定	ウナヨイ			
發電 昭和12年7月21日19時50分	着電 昭和　年　月　日20時5分	受付 昭和　年　月　日　時　分			發信者 人事課長
飜譯者印					

十九日四〇四電（報）ニヨル派遣社員回答、文書課傭員奥山弘報課傭員平原國幸（キ）ニ、稲葉三郎、人事課傭員中村幸二、金納隆康、本日船ニテ、産業部雇員山本正夫本日十七列車ニテ福祉課職員柏原三郎、横山大作二十二日アジア、人事課傭員千田隆三、二十二日列車ニテ産業部傭員、

南滿洲鐵道株式會社

ヨ－8017 B列5

(12. 1 1.5萬冊 實業堂刊)

467

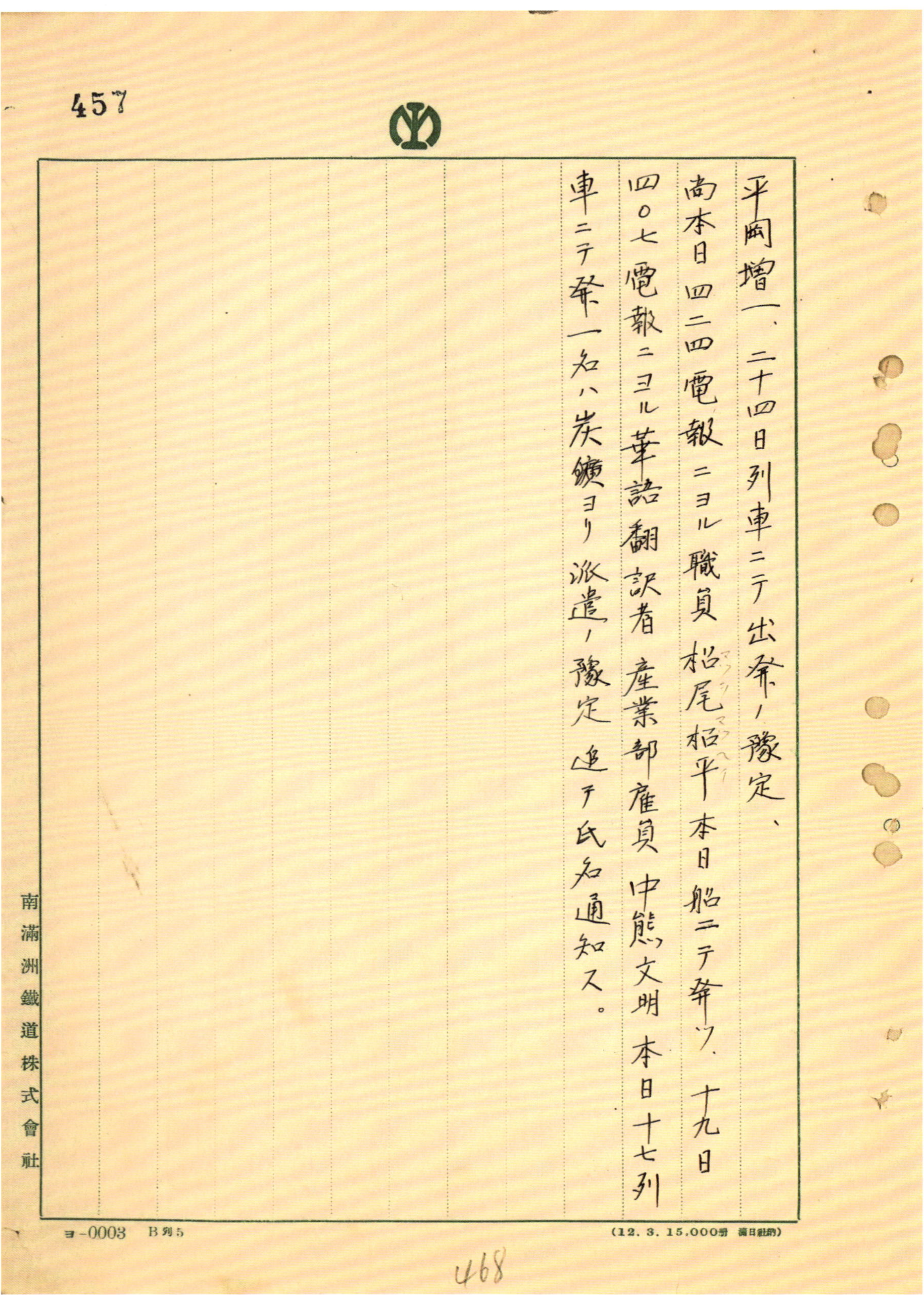

457

平岡増一、二十四日列車ニテ出発ノ豫定、

尚本日四二四電報ニヨル職員松尾松平本日船ニテ発ツ、十九日

四〇七電報ニヨル華語翻訳者 産業部雇員 中熊文明 本日十七列

車ニテ発、一名ハ炭鑛ヨリ派遣ノ豫定 追テ氏名通知ス。

南滿洲鐵道株式會社

ヨ-0003 B列5 (12.3.15,000冊 滿日社納)

468

派遣社员名簿（一九三七年七月二十二日）

001　54 1-17　[illegible]2607

ヨ—1252　A列4

申請月日	命令番號	職名資格	給額	氏名	用務	地名	豫定日數	決
7.22	天事更37.第29号				天事長—人事課長			山口 12.7.22
7.17	発令				支那事変化軍事務ヲ嘱託ス（無給）			
		奏任扱		淵脇巖（天事庶.職）				
		〃		大矢信彦（天事 記）				
		〃		山中四郎（産.庶 職）				
		判任扱		二宮龍暘（天事 〃）				
		〃		木村昭平（天事調 雇）				
		〃		橋本 平（〃 仆）				
		〃		木村五郎（〃 准仆）				
		〃		片山英夫（〃 仆）				
		〃		前田正則（産.交 雇）				
				—〃—				
7.18	発令	奏任扱		芥川光蔵（總 映）				
		〃		山口武三（〃）				
		〃		杉浦 要（〃）				
		〃		山田 栄（〃）				
		〃		芦澤道男（〃）				
		〃		菅野正司（弘）				
		〃		川崎保蔵（〃）				

169

裁	延期日數	決裁	延期事由	出發 月日	歸著 月日	日數	旅費支辨科目	旅費假拂 要否	月日	番號	金額	精算 月日	番號	金額
				10 3	10 29	27								
				〃	〃	〃								
				〃	〃	〃								
				〃	〃	〃								
				〃	〃	〃	旅費ナシ							
				11 19 (20)	12 30	41								
				11 20	12 2	13								
				11 29										
				11 28	12 30									
				11 29										
				7 11	11 12	125	[illegible]							
				7 31	11 12	105								
				10 30										

2

002

ヨ—1252 A列4

申請月日		命令番號	職名資格	給額	氏名	用務	地名	豫定日數	決
11	18		傭員	139	野本ヤスエ	時局事務	奉天	21	
	〃		〃	120	前フミ	〃	〃	〃	
	〃		〃	120	高橋喜代子	〃	〃	〃	
	〃		〃	127	伊藤ミネ	〃	〃	〃	
	〃		〃	129	高木フサ	〃	〃	〃	
11	19		雇員	244	溝口初芳	北支ニ於ケル農事行政施設視察通譯	北平天津	42	案亜
	〃		嘱託	110—	長島方春	弘報業務打合及關係宣傳パンフレット資料蒐集	天津北京	14	张
11	26		傭人	177	宇野竹一	助勤	北京	30	〃
11	26		嘱託	178	荒木孝雄	事變資料写真撮影ノ為メ	天津	21	〃
	〃		傭人	192	米井勝義	北支事務局弘報事務打合	天津	20	
12	1		〃	200	鈴木正	業ノ技術上ノ指導	山海関天津	10	文
	〃		職員	63.—	森田康忠	軍事關係聯絡ノ業務	天津	7	〃
			〃		鈴木伊佐	宣撫工作	〃	30	

3

裁	延期日數	決裁	延期事由	出發月日	歸著月日	日數	旅費支辨科目	旅費假拂 要否	月日	番號	金額	精算 月日	番號	金額
				11 12	12 11	30								
				11 11										
				10 6										
				11 18										
				11 21	12 30									
				〃	〃									
				〃	〃									
				〃	〃									
				〃	〃									
				〃	〃									
				〃	〃									
				〃	〃									
				〃	〃									
				〃	〃									
				〃	〃									
				〃										
				〃	〃									
				11 14										

4

003

ヨ—1252 A列4

申請月日		命令番號	職名資格	給額	氏名	用務		地名	豫定日數	決
11	12		傭	128	谷崎秀子	時局事務		天津	21	
〃			囑	88	髙木首一	〃		新京	3	
〃			雇		大熊義博	阪倍理事用務		天津		
11	16		傭		宮本道治	市要界係業務連絡		東京	14	
〃			雇		瀬川ミヅヱ	時局事務	輸送班	天津	21	
〃			〃		塩田幸子	〃		〃	21	
〃			傭		池田照子	〃	汽車公司	〃	21	
〃			〃		宇都宮瑞子	〃	〃	〃	21	
〃			〃		鈴木道子	〃	北寧鐵路	〃	21	
〃			雇		山下美知子	〃	北京特務所	〃	21	
〃			傭		林ゆき子	〃	〃	〃	21	
〃			〃		小島壽美子	〃	豊台輸送事務所	〃	21	
〃			〃		松岡ケツ	〃	〃	〃	21	
〃			〃		最上キクノ	〃	事務局プール	〃	21	
〃			〃		宮崎シヅヨ	〃	〃	〃	21	
〃			〃		片桐欣	〃	〃	〃	21	
〃			〃		中道敏子	〃	〃	〃	21	
〃			職		宮地義郎	時局事務、(軍特務部関係)		天津	30	

裁	延期日數	決裁	延期事由	出發月	出發日	歸著月	歸著日	日數	旅費支辨科目	旅費假拂要否	旅費假拂月日	旅費假拂番號	旅費假拂金額	精算月日	精算番號	精算金額
				11	6	4	4	15-1								
				9	29	10	19	21								
				10	3	11	2	31								
				11	13 8	12	3		（報告濟之）							
				11	10	11	21	12								
				10	19	10	24	6								
				9	15	10	5	19								
				10	1	10	7	7								
映画製作所				10	3	11	2	30								
				10	30	12	2									
				〃		12	2									
				〃		12	2									
				11	12	12	30	49								
				〃		12	11	30								
				〃		12	11	30								
				〃		12	11	30								
				〃		12	11	30								
				〃		12	11	30								

6

004

ヨ—1252 A列4

申請月日		命令番號	職名資格	給額	氏名	用務	地名	豫定日數	決
11	2		参与		田所耕耘	支那駐屯軍関係用ノ為	天津、北京	30	
11	5		職		城所英一	北支事務局助勤	天津	21	
〃			〃	130	川崎保清	北支那・中支那建設状況撮影ノ為	古北口 張家口 通州 北京	15	
11	6		〃	123—	市川脩	業務事務打合	上海	21	
11	9		〃	150—	湯地利市	時局事務	天津	10	
10	10		嘱託	1—	赤木英道	北支現状視察	天津北京保定石家荘	10	
〃			〃		原哲	北支政権樹立ニ関スル資料蒐集	天津北京張家口	20	
〃			雇	53	伊藤太郎	北支事務局打合セノ為	天津	10	
〃			准傭		松屋喜信	華北交通大倉系鉄道ノ予測量林道運搬状況撮影ノ為	華北交通天津	15	
10	12		傭人	129	野村よし子	時局事務 天津ヨリ新	天津	21	
〃			〃	128	能美政子	〃	〃	21	
〃			〃	132	宮内フヂ	〃 量元	〃	21	
〃			〃	165	野見山ミツエ	〃	〃	〃	
〃			〃	129	宝川富美子	〃	〃	〃	
〃			〃	128	斉藤郁子	〃	〃	〃	
〃			〃	129	宇沢寿子	〃	〃	〃	
〃			〃	133	有馬春子	〃	〃	〃	
〃			〃	128	本多ミツエ	〃	〃	〃	

7

裁	延期日數	決裁	延期事由	出發 月日	歸著 月日	日數	旅費支辨科目	旅費假拂 要否	旅費假拂 月日	旅費假拂 番號	旅費假拂 金額	精算 月日	精算 番號	精算 金額
				10 26	2 4	108								
				10 30	12 2	34								
				10 30	12 3	35								
				10 30	12 3	35								
				〃	12 2	34								
				〃	12 2	34								
				〃										
				〃	12 3	35								
				〃	12 2	34								
				〃	12 2	34								
				〃	12 2	34								
				〃										
				〃	12 4									
				〃	12 30	61								
				〃										
				〃	〃 3									
11.		[illegible]		11 2										
11.		〃		11 3										

8

ヨ—1252 A列4

申請月日	命令番號	職名資格	給額	氏名	用務	地名	豫定日數
7 26	(派)	囑託		吉永源藏	時局派遣	上海	30
〃 27	(〃)	打字手 分会		小山タエ子	時局事務（北寧）	天津	21
	(〃)	〃		松田ハツ子	〃（北京）	〃	〃
	(〃)	〃		澤田律子	〃（〃）	〃	〃
	(〃)	〃		平井浩	〃（汽車公司）	〃	〃
	(〃)	〃		山本早苗	〃（〃）	〃	〃
	(〃)	〃		佐々木照子	〃（豊台）	〃	〃
	(〃)	〃		井上妙	〃（〃）	〃	〃
	(〃)	雇員		三町三鶴子	〃（輸送班）	〃	〃
	(〃)	分会		古館房子	〃（〃）	〃	〃
	(〃)	〃		城島タツ	〃（[illegible]）	〃	〃
10 29	福	職		榊本正延	全派遣（宣撫工作班）	天津	30
〃 〃	福	雇		小川吉春	〃（〃）	〃	30
〃 〃	弘	雇		大野進二	〃（〃）	〃	30
〃 〃	[illegible]	傭		宮脇保土	〃（〃）	〃	30
〃 〃	技	職		木村[illegible]	フィルム携行（全二本籍打合）	〃	~~30~~ 35
11 2	弘	傭		吉津復雄	北支事務局（事務打合）	[illegible]	
〃 〃	〃	職		城所英一	（弘報事務打合）	奉天 新京	

9

裁	延期日數	決裁	延期事由	出發月日	歸著月日	日數	旅費支辨科目	旅費假拂 要否	月日	番號	金額	精算 月日	番號	金額
				10 18	11 18									
				10 30										
				〃	11 18									
				〃	11 18									
				〃	11 18									
				〃	11 18									
				〃	11 18									
				〃	11 18									
				10 17	11 15	60								
				10 19	10 24	6								
				10 8	11 6									
				10 8										
				10 8										
				10 27	12 5	—								
				10 26										
				10 30	12 10	42								
				10 30	12 10	42								
				10 26										

10

006

ヨ—1252 A列4

申請月日	命令番號	職名資格	給額	氏名	用務	地名	豫定日數
10.15	派	雇員		小野信子	時局特務（軍宣傳）	天津	21
〃	〃	傭員		~~松田ハツ子~~	~~〃（事務向淨書）~~	~~〃~~	~~〃~~
	〃			橋爪福子	〃（〃）	〃	〃
	〃			田中エミ子	〃（〃）	〃	〃
	〃			中村長子	〃（〃）	〃	〃
	〃			北岡輝子	〃（軍副官部）	〃	〃
	〃			植松小枝	〃（〃）	〃	〃
	〃			高橋嘉美子	〃（軍宣傳）	〃	〃
10.18	〃	囑託職員	61.00	石井一男	事變用務ノ爲（特高）	天津	60
10.16	弘	〃	122.—	水野登茂	弘報事務連絡ノ爲	天津北平	6
10.7	〃	庶 傭員		佐々木邦夫	河北汽車公司ヘ派遣	天津（保定）	30
〃	〃	人 職員		榎原寛	〃	〃	30
〃	〃	福 〃		村川勇	〃	〃	30
10.25	弘	傭		篠原宏	北支方面事變資料寫真撮影ノ爲	天津	30
10.23	〃	福 職		田中幸雄	北支事務局勤務ノ爲	〃	30
〃 26	〃	雇員		岩崎一子	時局事務	上海	30
26	〃	傭員		佐藤艶子（竹川馨）	〃	〃	30
〃 24	〃	〃		岡宮豪夫	〃	〃	30

11

裁	延期日數	決裁	延期事由	出發月日	歸著月日	日數	旅費支辨科目	旅費假拂				精算		
								要否	月日	番號	金額	月日	番號	金額
				10 6	11 5			[illegible]町20，24						
				〃	11 5			花園町50.						
				〃	〃			天津街62.2.4						
					〃			山縣街41.2.8.						
				〃	〃									
					〃									
				〃	〃									
					〃			[illegible]街3						
				〃	11 5			二葉町13 島田方						
				〃	11 5			[illegible]129.						
				〃	11 5			近江町7、近江寮						
				〃	11 5			三室町17 [illegible]方						
				10 4	10 22									
				〃										
				10 7										
				10 12	10 30	19								
				10 9										
				10 12	10 22	11								
				10 15										
				10 15										

[illegible]

12

037

ヨ—1252　A列4

申請月	申請日	命令番號	職名資格	給額		氏名	用務	地名	豫定日數
10	2	文書	職員	56	—	佐藤クニ(31)	時局業務	天津	21
〃		〃	備員(〃)	1	42	小川雅子(22)	〃	〃	〃
〃		〃	〃(〃)	1	55	石井絹子(23)	〃	〃	〃
〃		〃	〃(〃)	1	39	伊藤ハヨ子(21)	〃	〃	〃
〃		〃	〃(〃)	1	48	林照子(23)	〃	〃	〃
〃		〃	〃(〃)	1	52	柳沢静江(24)	〃	〃	〃
〃		〃	〃(〃)	1	20	渡辺ミサオ(22)	〃	〃	〃
〃		〃	〃(〃)	1	20	寺田喜保子(21)	〃	〃	〃
〃		〃	〃(〃)	1	44	池田静子(22)	〃	〃	〃
〃		〃	〃(〃)	1	30	渡辺菊江(22)	〃	〃	〃
10	4	〃	雇員(〃)	200	—	朝倉好信	時局業務	天津、北平	16
〃		〃	職員(〃)	58	—	花保春海	〃	天津	20
10	5		参事	500	—	田所耕耘	支那駐屯軍関係用務ノ為	東京、大阪	25
〃	6	人事				人見雄三郎	事務打合 ([illegible])		
10	9	弘報	嘱託(〃)	220	—	西尾国光	時局事務~~援~~援助ノ為（特務機関依頼）	塘沽、天津	20
10	9	弘報	職員(〃)	98	00	岡田信一	時局事務~~助勤~~援助	天津、北平	10
10	11	東亜	職員	94	00	磯村幸男	事変関係事務打合セ	天津	10
10	11	弘	〃(〃)			根本清	上海事務援助ノ為	上海	30
10	11	〃	〃(〃)			杉岡元	〃	〃	30

裁	延期日數	決裁	延期事由	出發月日	歸著月日	日數	旅費支辨科目	旅費假拂要否	月日	番號	金額	精算月日	番號	金額
				9 22			昌平町7 千田部方							
	11.3 [illegible]			9 23										
				9 24			対山家							
				9 27			桃源台299							
				9 26			夏家河子							
				〃			花園町30							
				〃			大和町26.112							
				〃			橘花台171							
				〃			聖德街一丁目109							
				〃			伏見町67 志部方							
				〃			若狭町6.77							
				〃			夏家河子							
				10 5										
				10 6										
				10 3										
				10 23										

佐々木 12.9.24

佐々木 12.9.28

14

008

ヨ—1252 A列4

申請月日	命令番號	職名資格	給額	氏名	用務	地名	豫定日數
9 20	弘	職員	79-	笹季興 26	時局事務	天津	30
9 22	〃	〃	69-	秋山祥造 28	臨時情報事務ノ援助	〃	30
〃 〃	〃	傭員	152	稲葉三郎 23	情報事務ノ補助	〃	30
9 24	弘報	職員	120-	塚本貞一	北支事務ノ各事務ノ援助ノ為	天津	21
9 25	文書	傭員	152	中尾ケヨ 28	時局事務	天津	21
	〃	〃	152	吉富英[illegible] 25	〃	〃	〃
	〃	〃	150	西村綾 (20)	〃	〃	〃
	〃	〃	120	川崎[illegible]子 (20)	〃	〃	〃
	〃	〃	120	野口[illegible] (19)	〃	〃	〃
	〃	〃	120	吉永とし (20)	〃	〃	〃
	〃	〃	154	中村芳枝 (23)	〃	〃	〃
	〃	〃	140	中尾[illegible] 26	〃	〃	〃
10 4		[illegible] 参事	230.00	宮本通治	[illegible]	天津北平	5
9 30	事務課	嘱託	165-	北川[illegible]		天津北平	14
10 1	人			木島喜次郎	北支事務ノ応援	天津	30
10 1	人			境信義			30
〃		職	143-	山口四郎 (47)		天津北平	〃

15

裁		延期日數	決裁	延期事由	出發月日	歸著月日	日數	旅費支辨科目	旅費假拂 要否	月日	番號	金額	精算 月日	番號	金額
		2			8 20	9 11	23								
					8 20 9 5	10 4									
					9 15	11 18			聖德街 3.6.9						
					9 14	9 24	11		撫順 13						22
					9 16	10 3									
	11.3 [illegible]				9 16	10 3									
	11.3 [illegible]				9 17										
					9 18	10 10	23		北[illegible] 5 9						
					9 18 9 18 9 15	10 3 (22) 10 3	16		里[illegible] 357						
					9 17	~~8 26~~ 9 28			里[illegible] 764 豐[illegible] 63.10.2						
					9 17	~~9 26~~ 10 6 (内[illegible]2日)	18								
					9 18	10 3									
				9.30出發[illegible]延期	9 20 9 20	12 19	41		長[illegible] 36.2.7						

16

009

ヨ—1252 A列4

申請月日	命令番號	職名資格	給額	氏名	用務	地名	豫定日數
	人事	雇 旅	252	波数伊一郎	時局業務ノ処理	天津	21
	人	嘱 〃		石井義雄		〃	21
9 14	弘報	嘱託	105	田中四一	時局資料蒐集	〃	30
〃	〃		85	荒木秀雄	〃	〃	〃
9 14	人事	主事	190	吉益薫 48	人事ノ打合	新京、北平	10
	旅	嘱託	155	田中豊穂 36	上海以南北支ノ事情調査	上海	16
	〃	職	50	森光行 28	〃	〃	〃
9 16	弘報	職	126	小森正一	時局情報処理	天津	30
〃	東亜	嘱託	190	伊藤秀雄 40	中西理事随行慰問	上海	14
〃	弘報	職	125	芝田辰三 34	事務連絡（理事一行）	〃	17
9 15	人	〃		安部修一	人事班ノ内地派遣ニ付	〃	14
9 17	〃	嘱 旅	220	川上清 48	北支事務応援	天津	10
〃	〃	職	53	金丸桂 34	〃	〃	10
〃	理事			中西敏憲	軍事班社員慰問ノ為	上海	12
9 20	総	雇		酒井守市	軍ニ要スル用務ノ為	天津	30
9 20	人	雇	215	森田三郎 30	本社修理	通州	30

裁	延期日數	決裁	延期事由	出發月日	歸著月日	日數	旅費支辨科目	旅費假拂 要否	月日	番號	金額	精算 月日	番號	金額
				9 6	10 1	26								
				9 6	4									
				9 6	4									
				9 6	10 3	28						No.35		
				9 8	10 7									
				9 5										
				9 5	11 21	78								
				8 10	10 8									
				9 13	10 12									
				9 9	10 8									
				9 9	11 7									
				9 9	10 8									
				9 5	12 18	108	萬山 空保需							
				9 11	11 5									

18

ヨ―1252　A列4

申請月日	命令番號	職名資格	給額	氏名	用務	地名	豫定日數
9 4	〃 文	雇員	195	山下美緒子(27)	時局事務	天津	21
〃	〃	傭員	132	山野ヒロ子(22)	〃	〃	21
〃	〃	〃	151	縄形澄子(25)	〃	〃	21
〃 6	〃 弘	嘱託	220.00	西巻周光(46)	特高警察ノ依頼ニ依ル事務ノ援助	塘沽	30
9 7	〃	弘職	80.―	伊地知 進	北平天津事務局勤務	北平、天津	30
9 6	〃	满職 雇	62.―	坂上 茂	第二班ノ派遣	支那沿岸	30
	〃	〃雇	221	宇野新吉	〃	〃	〃
9 8	〃	弘 職 满職	135.―	鈴木義比	北平特高警察ノ要請ニ依ル経済事業助成	北平	30
〃	〃 〃	弘職 傭	210	片山兼武	情報事務ノ援助 [illegible]	天津	30
〃	〃	映製 〃嘱		堀江加齋	戰況寫真撮影	上海、南京	30
9 8		〃雇	58.―	小河恭男	〃	〃	30
9 9	〃 (事)	弘職	77.―	近藤清	通譯 軍特殊組 [illegible]	→	30
9 10	〃	文傭	158	布施ハル(24)	時局事務	天津	21
	〃	〃	157	小野好子(24)	〃	〃	〃
	〃	〃	158	平嶋晴子(24)	〃	〃	〃
	〃	〃	151	井上ハル子(23)	〃	〃	〃
	〃		132	楢崎ヤス子(20)	〃		

20

19

裁	延期日數	決裁	延期事由	出發月日	歸著月日	日數	旅費支辨科目	旅費假拂 要否	月日	番號	金額	精算 月日	番號	金額
			✓	9 12	10 11	30								
			✓	〃		〃								
			✓	〃		〃								
			✓	〃		〃								
			✓	〃		〃								

21

010 ヨ—1252 A列4

申請月日	命令番號	職名資格	給額	氏名	用務	地名	豫定日數	決
9 9	派	雇		松井ヨシノ	時局事務	天津		
	〃	雇		大房喜美子	〃	〃		
	〃	仝		森多正子	〃	〃		
	〃	仝		妹尾勝喜子	〃	〃		
	〃	仝		宍戸アツ	〃	〃		
9 11	文発	雇員		岩崎一子	時局事務	奉天		
	〃	傭員		小島寿美子	〃	〃		
		〃		岡野律子	〃	〃		
		〃		神園ミチ	〃	〃		
		〃		長野ノリ	〃	〃		
		〃		隈元郁子	〃	〃		
		〃		神戸さよ	〃	〃		
		〃		北浦ヤスヱ	〃	〃		
		〃		谷口フサヱ	〃	〃		
		〃		前田文子	〃	〃		22

裁	延期日數	決裁	延期事由	出發月日	歸著月日	日數	旅費支辨科目	旅費假拂 要否	月日	番號	金額	精算 月日	番號	金額
			✓	9 13	10 5	23								
			✓		〃									
			✓	9 17	12 2	77								
			✓		〃									
			✓		〃									
			✓		〃									
			✓		〃									
			✓		〃									
			✓		〃									
			✓		〃									

23

裁		延期日數	決裁	延期事由	出發月日	歸著月日	日數	旅費支辨科目	旅費假拂要否	月日	番號	金額	精算月日	番號	金額
			西公園町115.高野方		8 26	10 28	64								
			山手町5.4		8 26		36						26/8	報告No.20	27/8 發送
11.3 [illegible]			須磨町14.弦本方												
1.3 [illegible]			惠比須町187.4桑原方		8.26	12 16	108						12.8.28	報告No.21.	28/8 發送
			長生町179.2		8 30								30/8	報告No.22	
					8 31	10 15	46						12.8.31		
					8 31	9 20	21							報告No.23	
					9 1	9 30	✓30								
					9 3	10 1	29								
							✓ 4								
							✓ 4								
							✓ 4								
							✓ 4								
					9 5	11 25	74								
					9 3										
					9 7	10 22	36							報告No.24	

24

011—1252 A列4

申請月日	命令番號	職名資格	給額	氏名	用務	地名	豫定日數	決
8.25	弘	竹.事	180	吉津俊雄 25	事務ノ援(文書課関係)	天津	26/8 30	
	福	〃	212	西野久左エ門 27	〃	〃	28/8 30	
26	蔵	竹運	185	椎野善三 26	事変派遣	〃	28/8 30	
	〃	〃	200	多比良初次 31	〃	〃	28/8 30	
	快委	雇事	208	~~酒井與市~~ 21	~~特信班~~ 取止メ	〃	3/8 30	
28	人	職	70-	田中通德 35	北支事時局用務	〃	3/8 15	
30	弘	託	11000	中田又四郎 37	資料蒐集写真撮影	〃	3/8 21	
		理事		阪谷理事	時局	〃	3/8 15	
	~~文~~	~~竹~~		~~鈴木 正~~	~~会社[illegible]~~	~~天津北平~~	~~30~~	
9.2	弘	雇		紫□かつ	時局事務	〃	3/9 21	
		竹		安田房江	〃	〃	〃	
				桑子スマ子	〃	〃	〃	
				赤羽夫美	〃	〃	〃	
				衣笠ミさ子	〃	〃	〃	
9.2	弘	庶		藤井正司	時局資料写真撮影	上海	5/9 30	
9.2		参事		田所耕耘	支那駐屯軍関係用務	天津北平 張家口	3/9 30	
9.3	弘	技術		一色辰夫	時局資料写真撮影ノ為	上海	5/9 21	

25

裁	延期日數	決裁	延期事由	出發月日	歸著月日	日數	旅費支辨科目	旅費假拂要否	月日	番號	金額	精算月日	番號	金額
				8 15	8 27	13						山口 12.8.16	報告No.15	18/8
				8 16	8 28								報告No.16	19/8
			南山寮	8 19	3 20									
明治町 1.1.3				8 19	10 26	67						山口 12.8.20	報告No.17	21/8
			大和町 26.4.9	8 23	9 15	24								
												山口 12.8.24	報告No.18	24/8
				8 26	8 31									
				8 24	-28								報告No.19	
				8 26										

012
ヨ—1252 A列4

申請月日	命令番號	職名資格	給額	氏名	用務	地名	豫定日數	決
8 14	弘	職	261	金丸精武 34	打合及資料蒐集	天津北平	15/8 8	
16	東	職	100	土井章 33	事務打合	天津	7	
19	弘	社員	199	吉崎 30	事変報告	上海	30	
〃	〃	〃	185	高下友己 25	〃	〃	30	
23	文	雇	155	平井治 22	臨時業務	奉天		
			141	順志田美代 22	〃	〃		
			138	吉田タツ 22	〃	〃		
			136	江頭千代子 23	〃	〃		
			137	安部節子 23	〃	奉天	21/8 21	
			131	杉野浪栄 20	〃	〃		
			132	富内フデ 21	〃	〃		
			128	永見稲代 22	〃	〃		
			130	保家梅子 19	〃	〃		
			120	松原春江 22	〃	〃		
24	文	職	115	清水芳勝 45	事務打合	天津	7	
·	東	参	230	宮本通治 41	〃	〃	4	
25	弘	職	53	宮崎繁太郎 33	事務応援（文書課関係）	〃	26/8 30	

27

裁	延期日數	決裁	延期事由	出發月日	歸著月日	日數	旅費支辨科目	旅費假拂 要否	月日	番號	金額	精算 月日	番號	金額
				8.6	8.15	10								
				8.6	8.14	9						12.8.9	報告No.11	9/8 発送
		霞町16.北35		8.8	9.9	33								
		旅順朝日町29.		8.8	9.9	33								
				8.8	9.9	33						12.8.9	報告No.12	10/8 発
〔?〕 事変關係ニ非ス取消ス														
		楠町27		8.14	9.2	20						12.8.13		
		聖德街3.69		8.13	9.3	22							報告No.13	14/8 発
		須磨町32.迫方		8.14	11.27	106								
				8.14	8.21 9.21 9.21	39								
		旅順元宝町87		8.14	9.17	35								
		青雲台50.1		〃	〃									
		不老街223.3永野方		〃	〃									
		乃木町11.7泰順ビル		〃	〃									
		薩摩町関東館係301.		〃	〃							12.8.14	報告No.14	15/8

28

013

ヨ—1252 A列4

申請月日	命令番號	職名資格	給額	氏名	用務	地名	豫定日數	決
8 6	福	職	68-	上野五郎 33	出先社員慰問	北平、天津	10	
〃		雇	260	戸高松夫 39	〃	〃	10	
	東	竹.事	192	赤堀芳松 21	〃	〃	10	
7	文	竹.打	139	林わし子 22	時局業務	天津	8/8 21	
	〃	〃	137	北山睦子 21	〃	〃	8/8 21	
	〃	〃	165	野見山ゆく江 21 ~~野見山エフエ 21~~	〃	〃	8/8 21	
~~10~~	~~〃~~	~~職~~	~~100-~~	~~乃万安絕 40~~	~~軍要書類輸送~~	~~奉天、新京~~	~~9/8 4~~	
12	弘	准竹	300	一色辰夫 30	寫真撮影	天津（北支）	13/8 21	
〃	〃	〃	280	荒木孝雄 42	〃	〃	13/8 21	
13	東	雇	261	德永弥武 26	時局業務	天津	14/8 30	~~30~~
	文	〃	227	松重忠 28	〃	奉天、錦州、山海関	14/8 7	
	弘	職	63-	吉田昇一 25	〃	天津	14/8 30	
	文	竹.打	139	野本ヤスエ 30	〃	〃	14/8 21	
	〃	〃	139	酒井光枝 20	〃	〃	〃 21	
	〃	〃	135	幸本トシ 23	〃	〃	〃 21	
	〃	〃	132	渡辺富久 20	〃	〃	〃 21	
	〃	〃	132	浦上登喜子 21	〃	〃	〃 21	

29

裁	延期日數	決裁	延期事由	出發月日	歸着月日	日數	旅費支辨科目	旅費假拂 要否	旅費假拂 月日	旅費假拂 番號	旅費假拂 金額	精算 月日	精算 番號	精算 金額
				8 1	8 3									
	~~蔦町望米森~~			~~7.31~~	~~11.12~~	~~105~~						報告 山口 12.8.2		No.7 3/8 發送
	聖德街3.172			8 1	8 21	21						報告 山口 12.8.3		No.8
				8 2	8 6	5								4/8 發送
				8 3	8 25	23								
					〃									
					〃									
					〃									
					〃									
				8 3	8 25	23								
					〃									
					〃									
					〃									
					〃									
					〃							山口 12.8.[illegible]		
												報告No.9		5/8 發送
				8 3	8 4							山口 12.8.5		
				8 5	8 14							報告No.10		5/8 發送
	県手町7. 中田新三郎方			8 6	8 14	40								
11.3	[illegible]			8 10	8 14	11								

30

014 ヨ—1252 A列4

申請月日	命令番號	職名資格	給額	氏名	用務	地名	豫定日數	決
7 31	文	託	20000	朝倉好信 44	時局業務連絡	奉天	1/8 7	
〃	〃	職	63—	~~藤田泉忠~~ 22	〃	山海關 天津	1/8 7	7
8 2	東	職	106—	山本駿平 32	〃	天津北平	1/8 45	
〃	庶	〃	126—	高橋平次 34	無電關係	天津	7	
3	文	傭	190	佐藤ケトセ 35	時局業務	奉天	21	
	〃	〃	140	沢田律子 23	〃	〃	21	
	〃	〃	136	山本早苗 22	〃	〃	21	
	〃	〃	136	守永カズエ 21	〃	〃	21	
	〃	〃	130	春田俊 22	〃	〃	21	
	〃	〃	144	上野きよ 22	〃	〃	21	
	〃	〃	130	小山タエ子 21	〃	〃	21	
	〃	〃	143	松田初子 21	〃	〃	21	
	〃	〃	139	新田アキヨ 22	〃	〃	21	
	〃	〃	128	百武以志枝 21	〃	〃	21	
4	東	參課	230—	宮本通治 41	〃	〃	3/8 2	
	〃	職	9300	那須嘉明 28	〃	天津北平通州	5/8 10	
6	弘	職	75—	笹李興 26	〃	天津	20	
〃	福	囑	155—	田中幸雄 36	出先社員慰問	天津北平	4/8 12	

31

裁	延期日數	決裁 / 延期事由	出發月日	歸著月日	日數	旅費支辨科目	旅費假拂 要否	月日	番號	金額	精算 月日	番號	金額
帰着													
		水明莊14.	7 21	8 22	33								
		台北370.10（電40402）	7 24										
		不老街223	7 21			妻							
		薩摩町南山寮	7 21	8 6	15	加							A7046
		土佐町朝日寮	7 21	8 27	38								C5583
		櫻町21.	7 22	8 10	20	5							E3022
			7 22	8 27									23/7発送
			7 22										報告 No.2（12.7.22）
			7 14	16	3								
		黒瑪北 青見寮	7 23	8 14	23								A7655
			7 22	8 6	16						報告（12.7.24）		24/7発送
											報告（12.7.25）		26/7発送
25		乃木町橋北寮	7 29	8 19	55		C7529						
		聖德街1.193	7 27	田よ休 8 6			D824						
		初音町314 ＝回	妻ツル30.長女文子8.次女1.妹吳花20. A6963								報告（12.7.27）		28/7発送
			7 29	8 8									
			7 30	8 8							報告（12.7.30）		
1ヶ月30日間延期		日出町2番地2.10				8.1 11-30. 12.25							A7726
1ヶ月30日間延期		尾上町150.北斗莊3階3号.				8-1. 11-30 12.25							

015

ヨ—1252 A列4

申請月日	命令番號	職名資格	給額	氏名	用務	地名	豫定日數	決
7 21	總	參與參事	50000	田所耕耘 51	事務打合（軍）	天津、北平	20	
〃	〃	託	40000	金井清 54	總裁特命	上海	32	
〃	人	職	14000	松尾松平 37	事務補助	天津	14	
〃	〃	代事	180	金納隆康 22	〃（天津）	〃	14	
〃	〃	〃	187	中村好治 28	〃	〃	14	
〃	〃	〃	190	仙田隆造 25	〃	〃	14	
〃	福	職	68—	柏原三郎 31	宿舍事務補助	〃	21	
〃	〃	代事	190	横山恭作 25	〃	〃	21	
23		理事		阪谷希一	社用		3	
〃	庶	雇	210	大瀧義博 26	阪谷理事隨行	〃	25	
〃		理事		阪谷理事	社用	〃	25	
7 12	文	雇	287	萩原春海 26	特信班	奉天、承德	27	
〃 26	弘	職	69—	秋山洋造 28	天津情報事務應援	天津	30	
〃	人	〃	63	清水顯 24	軍派遣	〃	30	
〃	〃	代	230	坂上庄太郎 37	〃	〃	30	
29	文	職	100—	乃万安紀 40	時局關係	奉天、錦縣、山海關、天津	10	
〃	東	雇	261	德永彌武 26	〃	哈爾濱、齊齊哈爾、牡丹江、吉林	10	
〃	映	代工手	185	栗山秀一 32	映画製作	北平、天津	21	交通杜絕ニ付延期
〃	〃	臨代	110—	星野齊 33	〃	〃	21	

33

裁 歸着	延期 日數	決裁	延期事由	出發 月日	歸著 月日	日數	旅費支 辨科目	旅費假拂 要否	月日	番號	金額	精算 月日	番號	金額
8 5				7 15	8 5	22								
8 5					5									
					5									
8 5					5									
			芝生町120.5.2(電3-1068) 母クマ54 妻ヤスヨ28 長男健一3 長女明子1.	7 17	9 11	57								A506
				7 18	7 21									
				7 5	7 12	8								
				7 13	7 15	3								
				7 1?	7 7	2								
[illegible]			鳴鶴台19.2.2 母サダ68. 妻千代30. 長男龍馬8.	7 18	9 6	51					A 7277	22/7 発送 山口 12.7.21		
			對馬町30白蘭荘	7 19	7 22	4	[illegible]							
				7 21?	9 11	53						20/7 報告スミ		
[illegible]			蔦町91. 望洋寮	7 14	5 6	55								A7005
[illegible]			蔦町對山寮46(電4-0379)	7 21	9 11	53								A6477
			大江町6 橋立渚作方	7 21										A7451
818				7 21	8 18	29								
818				7 21	8 18	29								
			神明町124福田方(通報受信者文書課記録係)	7 21	8 2									A8400

34

016

ヨ—1252 A列4

申請月日	命令番號	職名資格	給額	氏名	用務	地名	豫定日數	決
7 15	派	サ 事務 文	138	植松小技 22	助勤	奉天	21	
〃	派	〃 〃 〃	135	田中エミ子 23	〃	〃	21	
〃	派	〃 〃 〃	120	佐藤艶子 20	〃	〃	21	
~~〃~~		~~職 審 文~~	~~118~~	~~清水芳勝 45~~	~~非常要員教育~~	~~奉天、新京、牡丹江~~	~~7~~	
~~〃~~		~~サ 事 〃~~	~~205~~	~~今野英藏 27~~	~~〃~~	~~〃~~	~~〃~~	
~~16~~		~~職 監~~	~~93~~	~~天野富一 30~~		~~鞍山~~	~~2~~	
〃		〃 弘	126.00	水谷國一 34	情報処理	天津	17/7 14	14日延期
17		副 東	190	伊藤香象	事務連絡	〃	18/7 7	
7.12		参		宮本通治		天津	13/7 3	
7 12		参 東	230	宮本通治 41	(催行機) 〃	〃	13/7 3	
7 16		〃 〃		〃	〃	奉天	16/7 2	
7 17	派	職 弘	80	伊地知進 34	事務応援 (ヨヨ)	天津	18/7 30	
7 19		[illegible]		[illegible]	[illegible]	[illegible]		
20	派	囑託 弘	220	西巻周光 46	特務機関事務應援	青島	21/7 30	
14	派	弘 付 事	210	片山康武 25	事務援助	北平	14	30日間延期
21	〃	付 事	192	稲葉三郎 23	〃	天津	30	
〃	〃	〃	180	平原國二 22	〃	〃	30	
〃	〃	文 付 打	140	南一枝 20	助勤	〃	21	
〃	〃	〃	133	有馬春子 19	〃	〃	21	
〃	〃	付 事	170	奥山勤 25	事務援助	〃	30	

35

土佐町　朝日寮

裁 歸着	延期日數	決裁	延期事由	出發月日	歸着月日	日數	旅費支辨科目	旅費假拂 要否	月日	番號	金額	精算 月日	番號	金額
		眞金町26	母イト39 弟尚雄25 妹雛子19 妹信子17 妹美代子15 弟勇10	7 13	10 25									A4567
		芙蓉町81.1.4	妻ユミ28 長女常子7 次女富美子5 三女幹子3	7 13	10 [illegible]									A377
		眞弓町3	父新五郎61 母ミカ57	7 13	12 27									A4716
		芝生町80.6.1	妻いふ33 長男一正14 二男賢二13 三男正美6 二女仁エ3	7 14	8 27	45								
	45	大和町41.3.5	妻マサ子37 次男敏行9	7 14	9 17 917	66								A7
8 17		伏見町14.28.2		7 15	8 17	34								
8 6		薩摩町36.2.6	妻ヨ子25	7 15	8 6	23								A7727
8 6		尾上町150 北斗莊3階		7 15	8 6	23								
		菖蒲町14		7 15	9 22	70								
		花園町16 花園ビル9号		7 15	9 22	70								
		薩摩町 南山寮		7 13										
8 5				7 15	8 5	22								
〃														
〃														
〃														
〃														
〃														
〃														

36

017

支変派遣 及 支変出張

ヨ—1252 A列4
文 仆對 200 鈴木正 25 事務雇傭 天津 15/7 10

申請月日	命令番號	職名資格	給額	氏名	用務	地名	豫定日數	決
7 14	派	文書課 職	61.00	鷲見剛二 26	時局事務	山海關	14/7 30	
〃	派	文書課 雇	282	和田熊助 37	文書課特信班用務	〃	13/7 30（天津ニ変更）	
〃	派	文書課 雇	235	竹内兵平 26	〃	北平（15/8/31 豊台）	30	
〃		弘報課 託	344	菅野正司 44	~~映画撮影~~ 記録寫真撮影	北支各地	21	14日延期
〃		弘報課 仆	273	川崎保城 48		〃	〃	〃
〃		映画製作所 嘱託	350.00	芥川光蔵 54	映画撮影	天津北平	15/7 10	
〃		〃 仆	170	山田榮 27	〃	〃	15/7 30	
〃		〃 嘱	110.00	杉浦要 28	〃	〃	15/7 30	
〃		〃 嘱	110.00	山口武三 28	〃	〃	15/7 30	
〃		〃 [illegible]	220	芦澤道男 26	〃	〃	15/7 30	
15	派	人事課 雇	240	後藤忠一 24	通信事務	山海關	15/7 14	
〃	派	文書課 雇	201	小野信子 27	助勤	奉天	21	
〃	〃	仆	130	渡辺菊枝 22	〃	〃	21	
〃	〃	〃	130	北岡輝子 21	〃	〃	21	
〃	〃	〃	120	橋爪福子 22	〃	〃	21	
〃	〃	〃	128	寺田美保子 21	〃	〃	21	
〃	〃	〃	138	中村長子 22	〃	〃	21	
〃	〃	〃	134	伊藤ちよ子 (21)	〃	〃	21	

37

总裁室人事课长关于向军部特种班派遣辅助人员事致天津事务所长的电文（一九三七年七月二十六日）

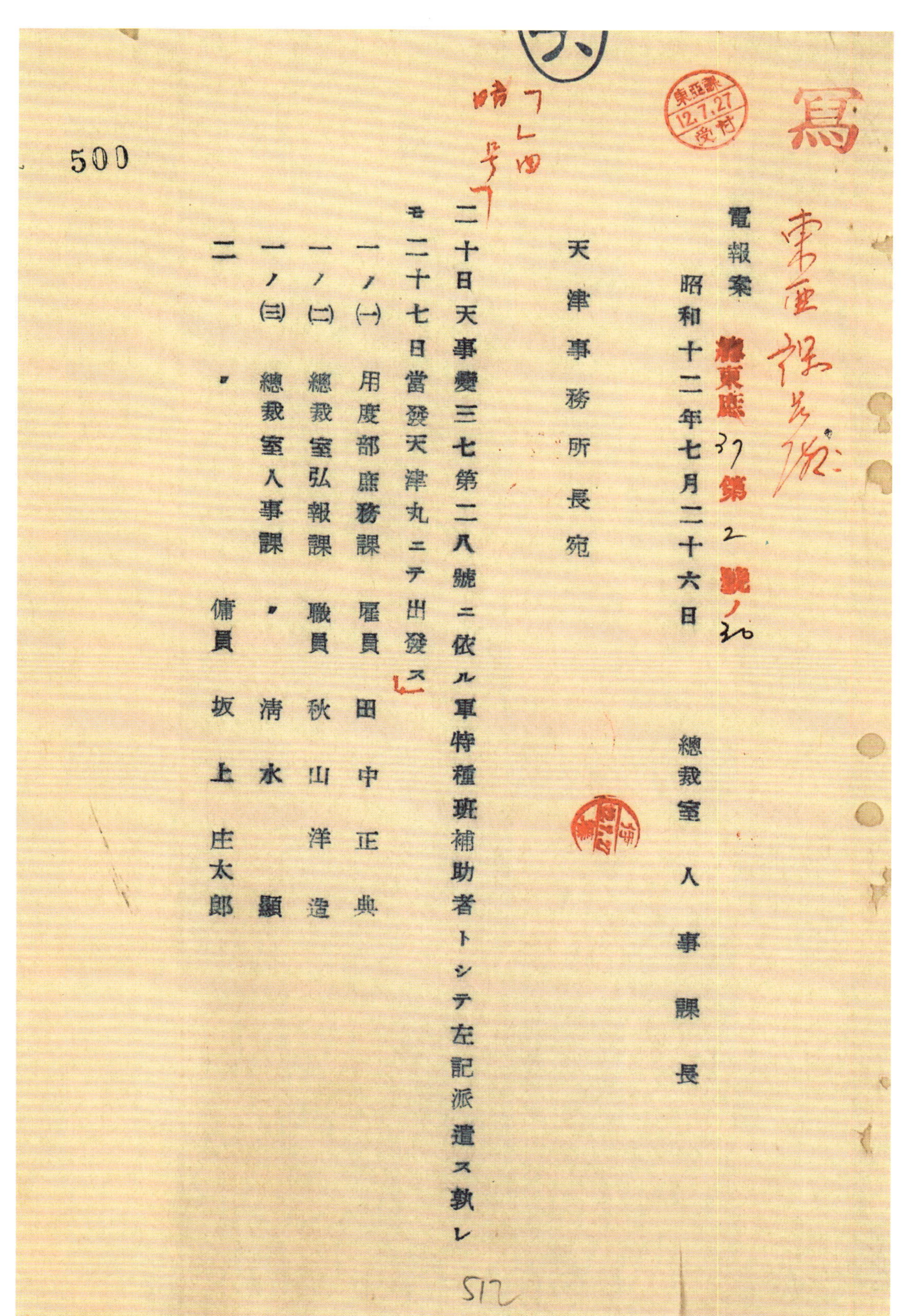

寫

東亜課長殿

東亜課 12.7.27 受付

500

電報案

昭和十二年七月二十六日　總東庶37第2號ノ20

總裁室人事課長

天津事務所長宛

二十日天事變三七第二八號ニ依ル軍特種班補助者トシテ左記派遣ス執レモ二十七日當發天津丸ニテ出發ス

一ノ(一)　用度部庶務課　雇員　田中正典

一ノ(二)　總裁室弘報課　職員　秋山洋造

一ノ(三)　總裁室人事課　〃　清水顯

二　〃　傭員　坂上庄太郎

512

总裁室人事课长关于已派遣厨师五名及追加四名请与输送班联络事致天津事务所长、总裁室东亚课长的电文（一九三七年八月九日）

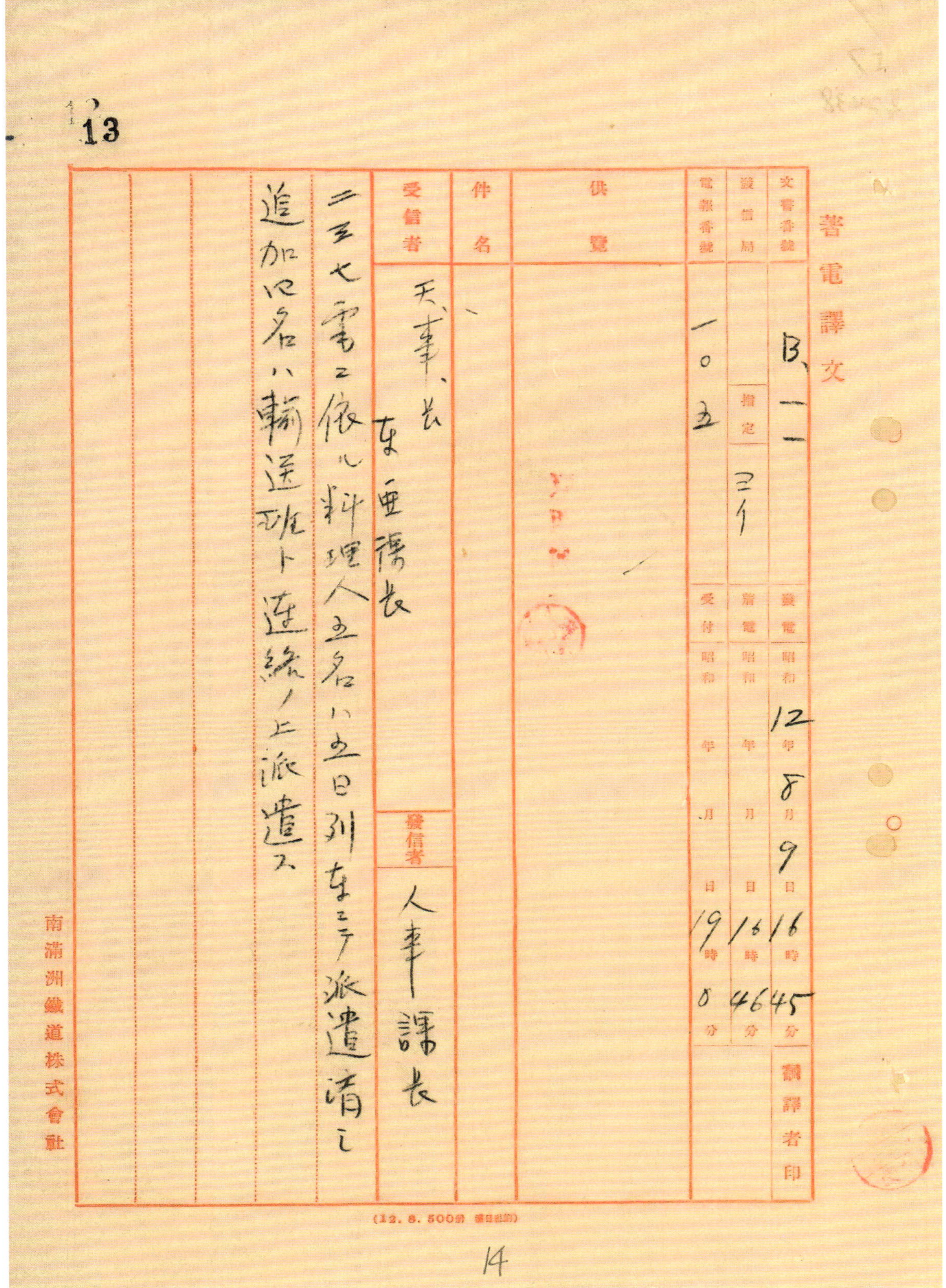

13

著電譯文

文書番號	發信局	電報番號
B、一一		一〇五
	指定 ヨイ	

發電	着電	受付
昭和12年8月9日16時45分	昭和 年 月 日16時46分	昭和 年 月 日19時0分

翻譯者印

受信者：天、事、長　東亞課長

件名：

供覽

發信者：人事課長

二五七電ニ依ル料理人五名ハ五日列車ニテ派遣済ミ
追加四名ハ輸送班ト連絡ノ上派遣ス

南滿洲鐵道株式會社

(12. 8. 500冊 ……)

14

总裁室人事课长关于告知出差行程事致天津事务所长、总裁室东亚课长的电文（一九三七年八月九日）

420

著電譯文

文書番號	發信局	電報番號	供覽	件名	受信者
B一二		一〇六	東亞課長		天事長、東亞課長

指定：二一

	發電	着電	受付
昭和	12年8月9日16時45分	年月日16時46分	年月日19時0分

發信者：人事課長

奥村庶務次長一三日大連發赴津ノ平參事ト同行ス

飜譯者印

南滿洲鐵道株式會社

(12. 8. 500冊 滿日印刷)

429

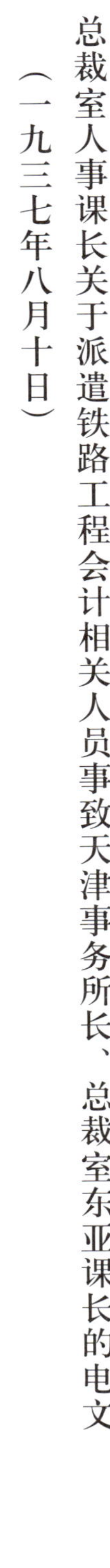

总裁室人事课长关于派遣铁路工程会计相关人员事致天津事务所长、总裁室东亚课长的电文（一九三七年八月十日）

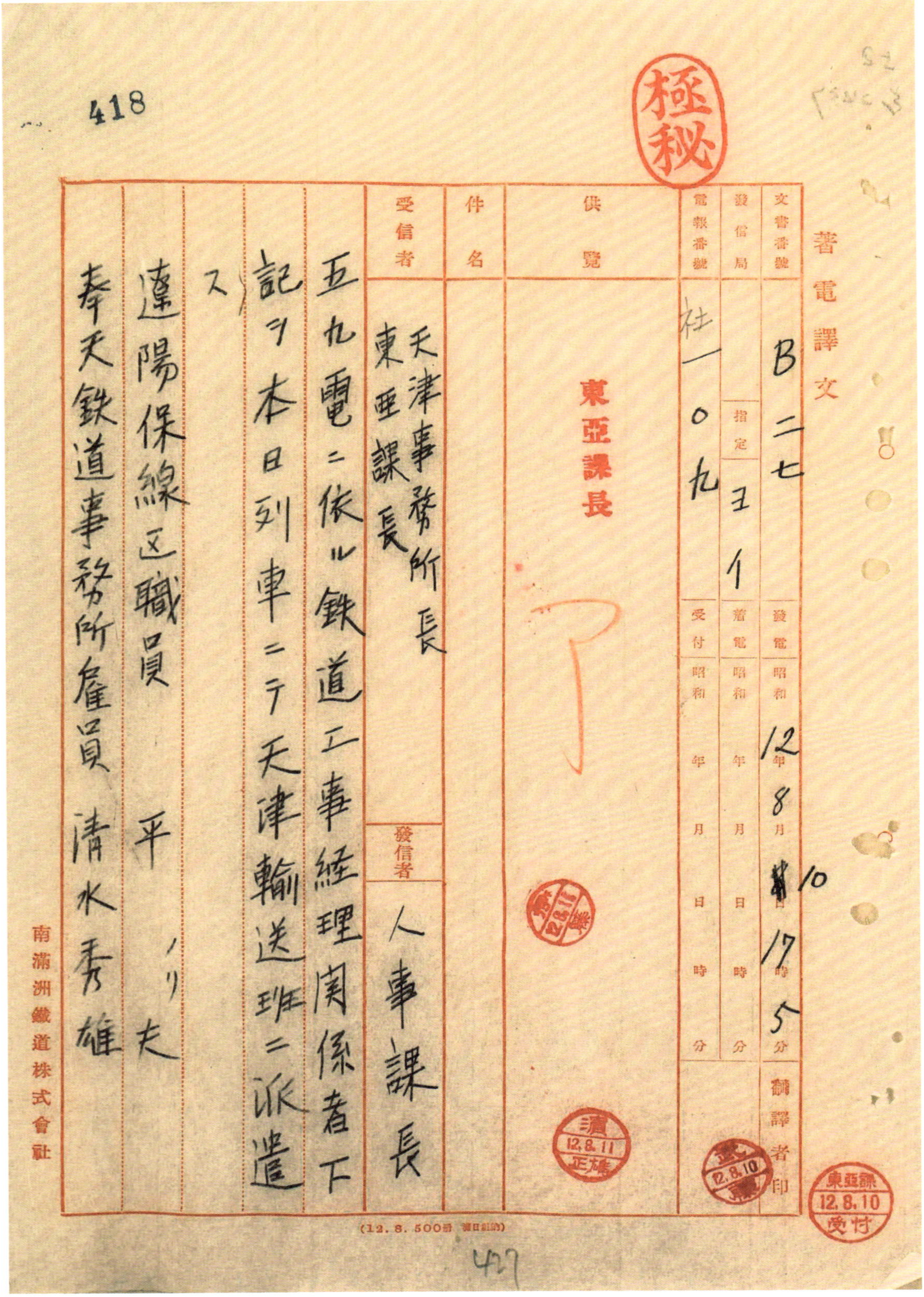

418

極秘

著電譯文

文書番號 B二七
發信局
電報番號 社一〇九
指定 ヨイ
發電 昭和12年8月10日17時5分
受付 昭和 年 月 日 時 分
着電 昭和 年 月 日 時 分

供覧 東亞課長

受信者 天津事務所長 東亞課長

發信者 人事課長

五九電ニ依ル鉄道工事経理関係者下記ノ本日列車ニテ天津輸送班ニ派遣ス

遼陽保線区職員 平ノリ夫

奉天鉄道事務所雇員 清水秀雄

南滿洲鐵道株式會社

（12.8.500冊）

427

总裁室人事课长关于派遣产业部交通课课员事致天津事务所长、总裁室东亚课长的电文
（一九三七年八月十二日）

67

著電譯文

文書番號 ｱ五四
發信局
指定 ヨイ
電報番號 社八九
發電 昭和12年8月12日15時45分
着電 昭和〃年〃月〃日15時48分
受付 昭和〃年〃月〃日16時45分

供覽 東亞課長

件名

受信者 天津事務所長 東亞課長
發信者 総裁室人事課長

派遣人
寛見產、交通課（伊藤清司）十三日飛機ニテ

翻譯者印

南滿洲鐵道株式會社

(12. 8. 500冊)

68

总裁室人事课长关于打字员以及南和江、有马春子工作交接事致天津事务所长、总裁室东亚课长、文书课长的电文

（一九三七年八月十三日）

82

寫

著電譯文

文書番號	B 六八
發信局	社
電報番號	六〇
指定	
發電	昭和12年8月13日15時40分
着電	昭和〃年〃月〃日15時42分
受付	昭和〃年〃月〃日17時10分
翻譯者印	

供覧：東亜課長

件名：

受信者：東亜課長、天津事務所長、文書課長

發信者：人事課長

四一電ニヨルタイピスト及ビ南和江、有馬春子ノ交替トシテ下記五名十四日船ニテヤル、通関、宿、塘沽迄迎ヘ頼ム

尚南、有馬引継次第帰還セシメラレ度シ。

傭員 山本安江、坂井美津江、寺本トシ、渡辺フク、浦上時子

南滿洲鐵道株式會社

(12. 8. 500冊 滿日印刷)

83

总裁室人事课长关于护士田中丰继任者十六日乘船从大连出发事致天津事务所长、总裁室东亚课长的电文（一九三七年八月十六日）

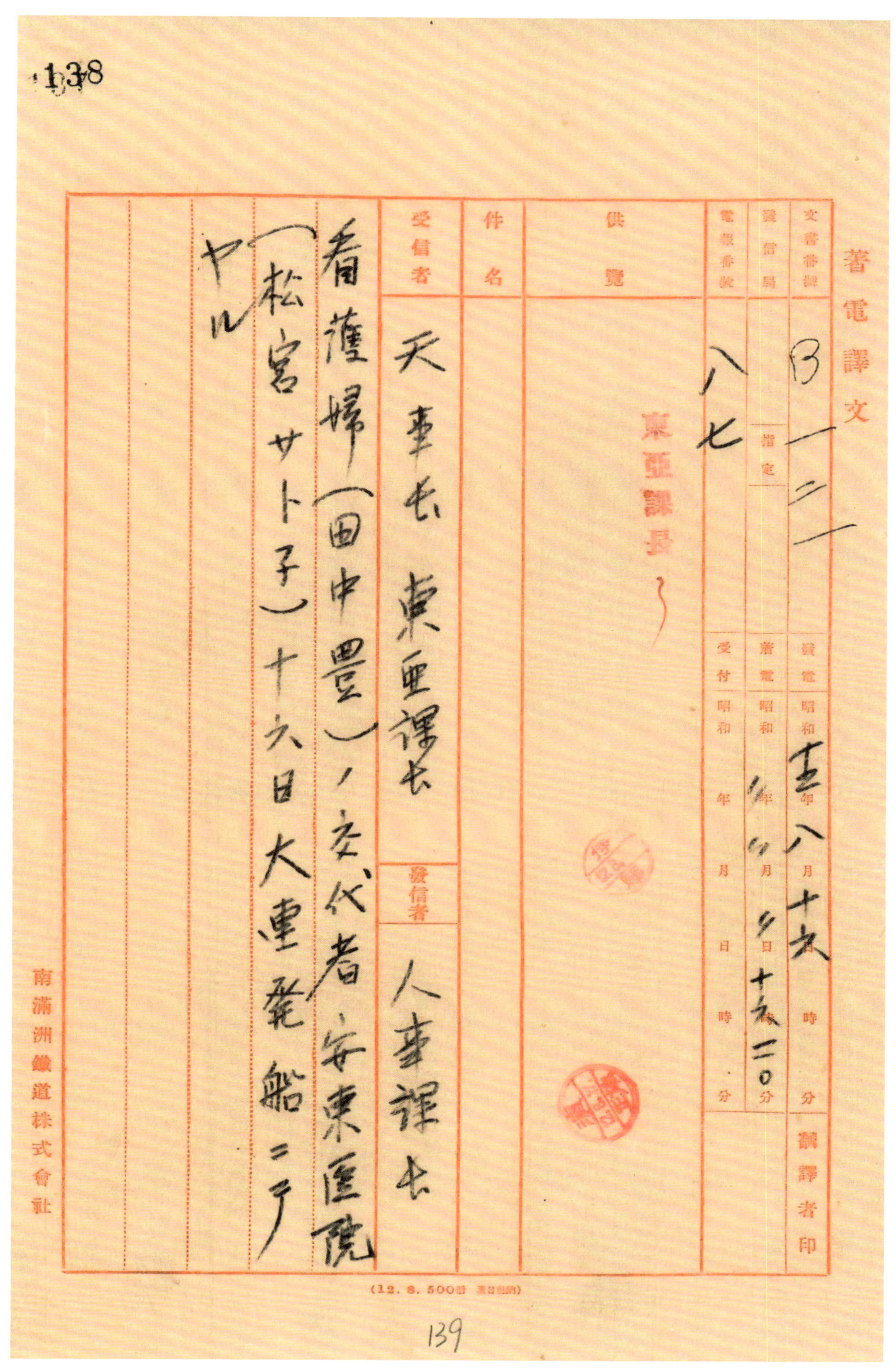
138

著電譯文

文書番號 13—二一

電報番號 八七

供覽 東亞課長

發電 昭和十二年八月十六日
著電 昭和12年8月16日20時

受信者 天事長 東亞課長

發信者 人事課長

看護婦（田中豊）ノ交代者、安東醫院（松宮サト子）十六日大連發船ニテヤル

南滿洲鐵道株式會社

(12. 8. 500部)

139

总裁室人事课长关于负责资料工作的庶务课雇员齐藤勉十八日乘船从大连出发事致总裁室东亚课长的电文（一九三七年八月十七日）

156

著電譯文

文書番號	發信局	電報番號
13一三七		社一〇五

指定

發電	着電	受付
昭和　年　月　日18時9分	昭和12年8月17日18時11分	昭和　年　月　日19時45分

飜譯者印

供覧：東亜課長

件名：

受信者：東亜課長

發信者：人事課長

電見、庶務課柴原ハ業務ニ差支ヘアリ、資料担当者、庶務課雇員齋藤勉代リトシテ十八日大連發船ニテ資料携行派遣ス。

南滿洲鐵道株式會社

（12.8.500冊）

158

总裁室人事课长关于久田光三等三人十八日乘船从大连出发事致天津事务所长、天津运输班、总裁室东亚课长等的电文（一九三七年八月十八日）

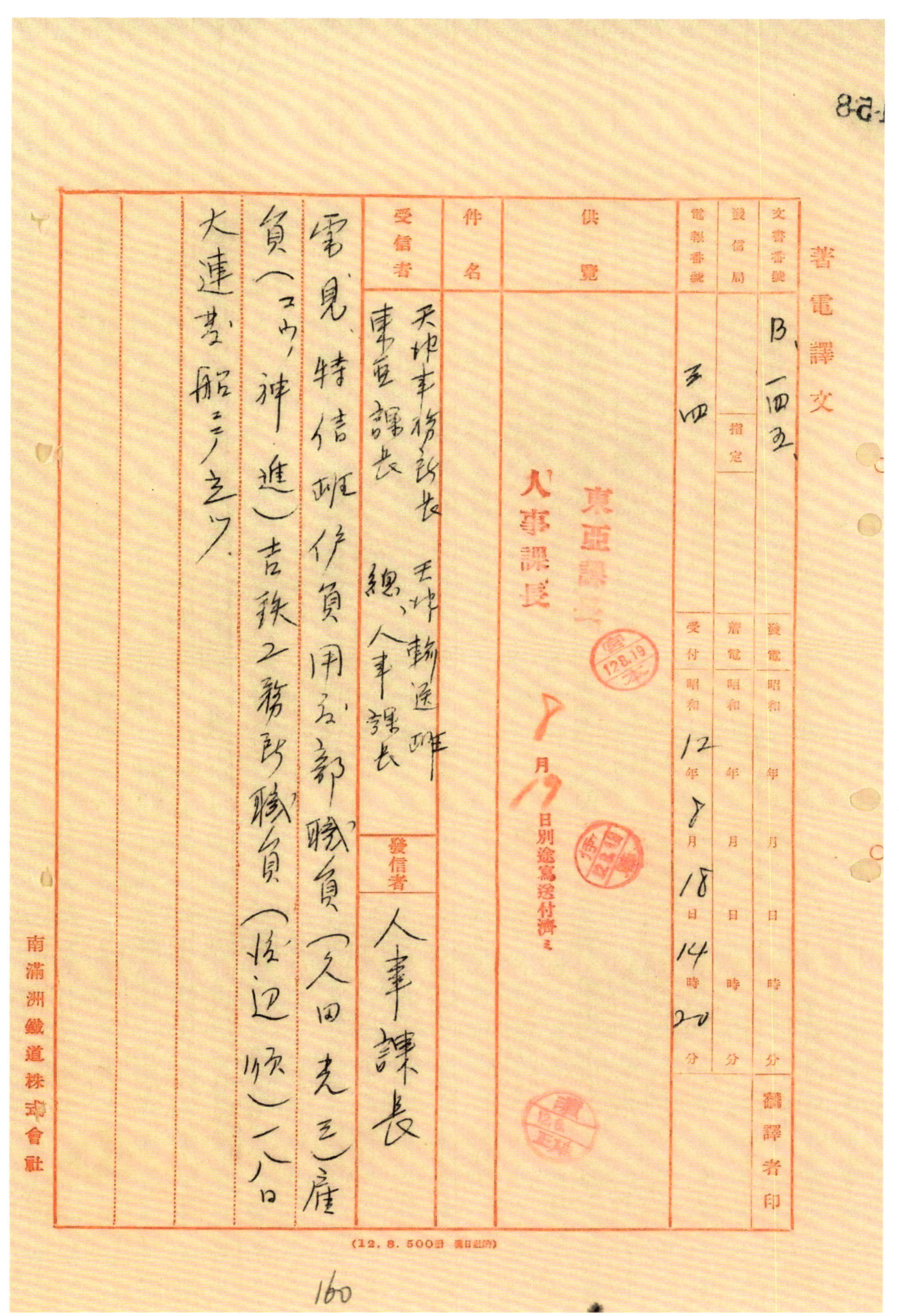

著電譯文

文書番號	發信局	電報番號	供覽	件名	受信者
B、一四五、		三四	東亞課長　人事課長		天津事務所長　天津輸送班　東亞課長　総、人事課長

指定：

發電　昭和　年　月　日　時　分

着電　昭和　年　月　日　時　分

受付　昭和12年8月18日14時20分

8月19日別途寫送付濟ミ

發信者：人事課長

電見、特信班要員用ニ本部職員（久田光三）雇員（コウノ神進）吉鉄工務所職員（林迎順）一八日大連乗船ニテ立ツ

翻譯者印

南滿洲鐵道株式會社

（12. 8. 500冊 滿日印刷）

160

总裁室人事课长关于中村幸次的替任者人事课雇员今日乘船从大连出发事致总裁室东亚课长的电文（一九三七年八月二十日）

195

東亜課 12.8.20 受付

著電譯文

文書番號	發信局	電報番號	供覽	件名	受信者
B一六六		社七三			東亜課長

發電	着電	受付
昭和12年8月20日16時1分	昭和 年 月 日 時 分	昭和 年 月 日17時50分

發信者：人事課長

東亜課長　人事課長　8月21日　別途寫送付濟ミ

二三六電ニ依ル（中村幸次（コウジ））ノ代リ人事課傭員（石井ヨシテル）、九日歸任セル（千田龍造（リウゾウ））ノ代リ人事課雇員（サジヤイノロウ）本日大連發天津丸ニテ派遣ス　尚ホ（中村幸次（コウジ））業務ノ都合アリ病氣快癒次第至急歸還セシメラレ度シ

翻譯者印

南滿洲鐵道株式會社

（12.8.500冊）

197

总裁室人事课长关于派遣产业部交通课员阪田常雄事致天津事务所长、总裁室东亚课长的电文
（一九三七年八月二十三日）

380 379

著電譯文

文書番號 B二一五

發信局

電報番號 社九四

指定

發電 昭和12年8月23日21時0分

着電 昭和 年 月 日21時4分

受付 昭和 年 月 日23時55分

飜譯者印 （印）

供覽 （天津事務所印）

件名

受信者 天津事務所長、東亜課長

發信者 人事課長

二〇日二九二電返產業部交通課「阪田常雄」ヲ本日二二時列車ニテ發派遣ス

南滿洲鐵道株式會社

(12. 8. 500册 滿日印刷)

389

总裁室人事课长关于向张北紧急派遣四名护士担任救护班工作人员事致抚顺医院长、卫生课长的电文

（一九三七年八月二十六日）

575

著電譯文

文書番號	發信局	電報番號
		一一一
	指定 ウナヨイ	

發電	着電	受付
昭和12年8月26日18時5分	昭和年月日18時11分	昭和年月27日8時20分

飜譯者印

供覽

件名

受信者 撫順醫院長 衛生課長

發信者 人事課長

救護班要員トシテ看護手四名張北へ至急派遣手配乞フ、出發日其ノ他醫大醫師六名派遣ニ付醫大學長ト打合セ、尚四名ノ氏名知ラセテ

南滿洲鐵道株式會社

■-8017 B列5

(11. 1. 1.5⁰⁰冊 小林納)

584

总裁室人事课长关于请派遣六名医生与抚顺医院四名护士同赴张北事致医大学长、卫生课长的电文（一九三七年八月二十六日）

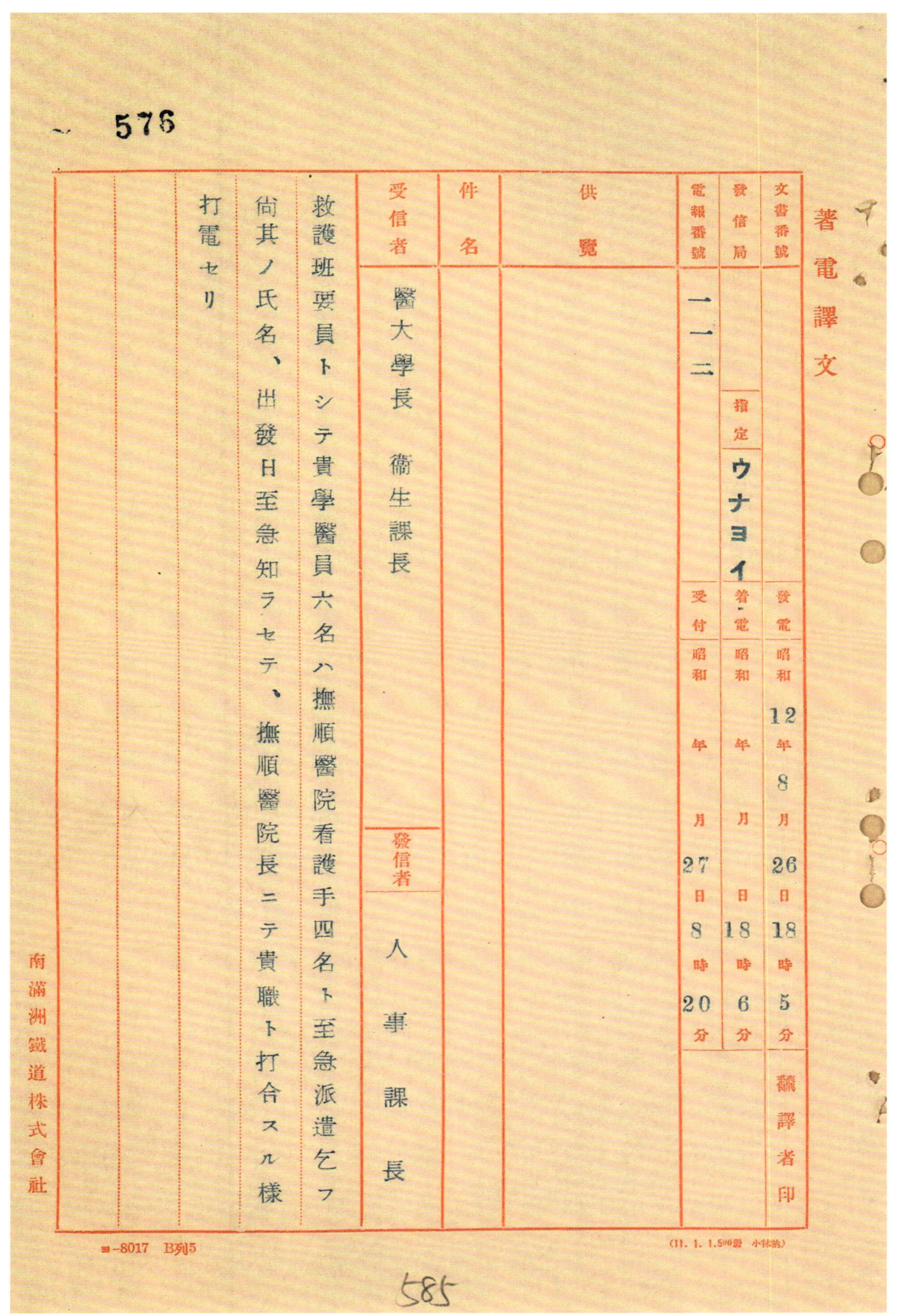
576

著電譯文

文書番號	發信局	電報番號	供覽	件名	受信者
		一一二			醫大學長　衛生課長
	指定 ウナヨイ				發信者 人事課長

發電	着電	受付
昭和12年8月26日18時5分	昭和　年　月　日18時6分	昭和　年　月27日8時20分

飜譯者印

救護班要員トシテ貴學醫員六名ハ撫順醫院看護手四名ト至急派遣乞フ
尚其ノ氏名、出發日至急知ラセテ、撫順醫院長ニテ貴職ト打合スル樣
打電セリ

南滿洲鐵道株式會社

■-8017　B列5　(11. 1. 1.500冊 小林納)

585

总裁室人事课长关于近期选派雇员事致天津事务所长、总裁室东亚课长、产业部庶务课长等的电文

（一九三七年八月二十六日）

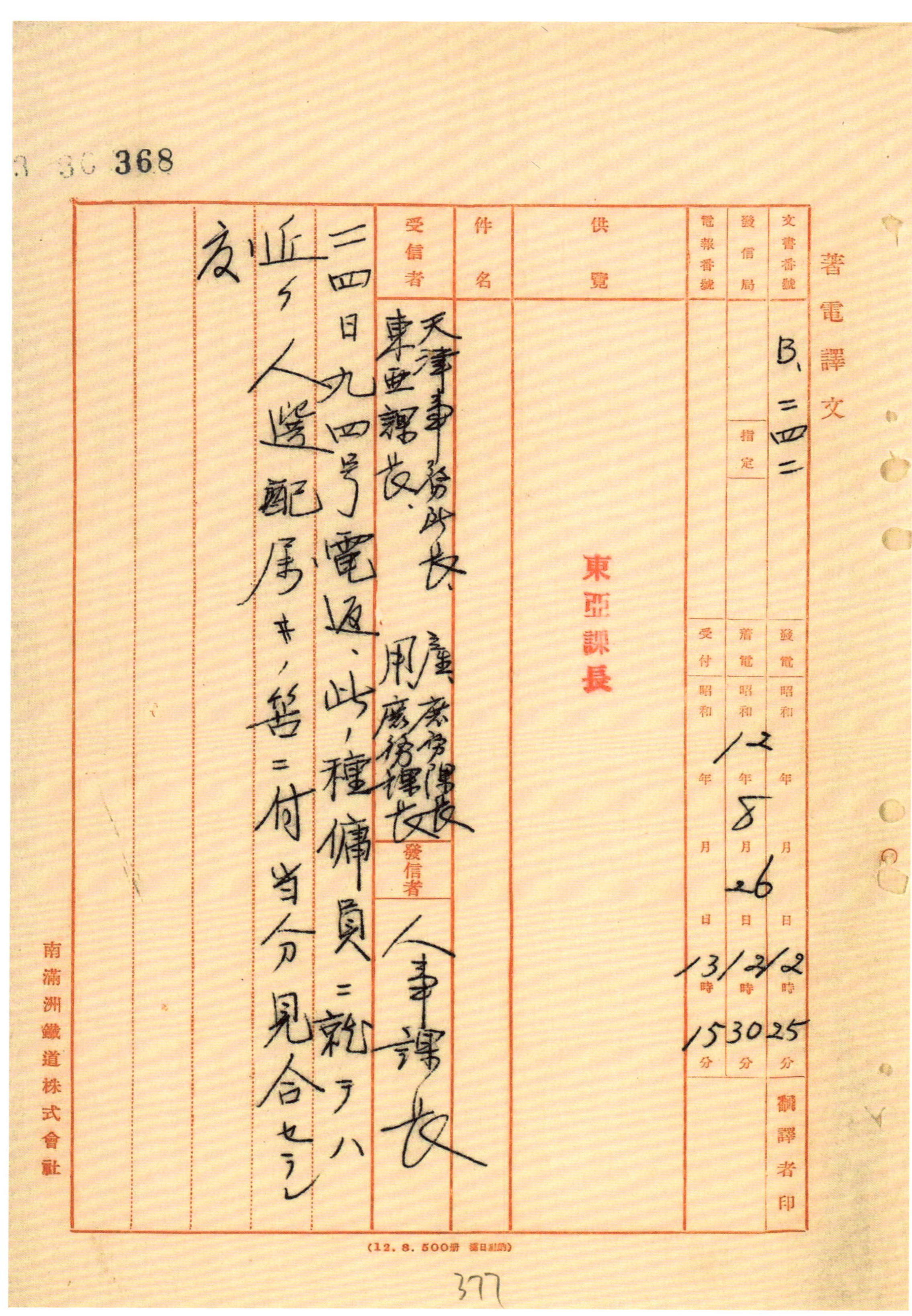
368

著電譯文

文書番號 B、二四二

發電 昭和12年8月26日12時25分
著電 昭和　年　月　日13時30分
受付 昭和　年　月　日13時15分

受信者 天津事務所長、東亜課長、產業部庶務課長

發信者 人事課長

東亞課長

二四日九四号電返、此ノ種傭員ニ就テハ近ク人選配属ノ筈ニ付当分見合セラレ度

南滿洲鐵道株式會社

（12. 8. 500冊）

377

总裁室人事课长关于弘报课佐佐秀与等延长出差时间及费用事致天津事务所长、总裁室东亚课长、庶务课长的电文（一九三七年八月二十六日）

544

著電譯文

文書番號	發信局	電報番號	供覽	件名	受信者
B.二五〇		一一四.	東亞課長		天津事務所長 東亞課長 庶務課長

發電	着電	受付
昭和12年8月26日18時45分	昭和　年　月　日18時6分	昭和　年　月　日18時30分

發信者：人事課長

弘報課

卜一電返（佐々秀與）産業部（平岡増一）延期差支ナシ尚佐々ノ旅費假拂手配スミ

557

南滿洲鐵道株式會社

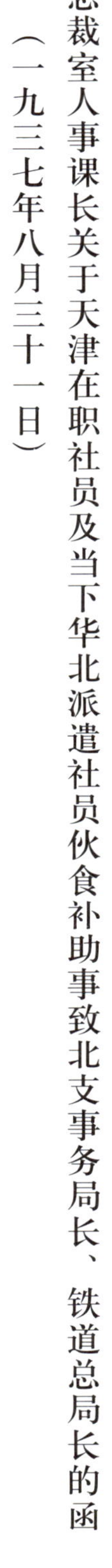

总裁室人事课长关于天津在职社员及当下华北派遣社员伙食补助事致北支事务局长、铁道总局长的函（一九三七年八月三十一日）

211

寫 經、主計課長 總、東亞課長

總人給三七第四一六號

昭和十二年八月三十一日

總裁室人事課長

主計課長

北支事務局長殿

鐵道總局長殿

庶務係 第一豫算係 第二豫算係 決算係 審査係

天津在勤社員及時局ノ爲北支派遣社員ニ對スル食事社給ニ關スル件

本年八月天事變三七第一二二號ヲ以テ東亞課長宛申出アリタル首題ニ關スル件特ニ左記ノ通詮議相成タルニ付通知ス

記

一、日支事變ニ際シ天津事務所及鐵道總局ニ於テ天津在勤社員及北支派遣社員ニ對シ一括調辨ヲ爲シタル食事ハ應急已ムヲ得サル當時ノ事情ヲ考慮シ既ニ配給濟ノ分ニ付テノミ特ニ社給ノコトトス

221

212

二、爾後ノ分ニ付テハ一切社給ノ取扱ヲ爲サス從テ事情尙一括調辨ノ必要アル場合ハ適宜善處シ各個人ヨリ相當食費徵收ノ手配ヲ爲スモノトス

三、本件食事社給ニ依ル經費（事變費）ハ一括シテ天津事務所假拂トセス輸送班調辨ノ分ハ鐵道總局假拂雜手當トシ其ノ他ニ就テハ天津事務所假拂雜手當トシテ整理スルコト

222

总裁室人事课长关于根据军方委托内定派遣两名社员事致总裁室东亚课长、北支事务局长的电文（一九三七年九月二日）

360

著電譯文

文書番號 B二九九
發信局
電報番號 一一五
指定 連名親展
發電 昭和12年9月2日16時44分
着電 昭和12年9月2日22時10分
受付 昭和12年9月3日8時20分
翻譯者印

供覽 東亞課長

受信者 東亞課長 北支事務局長

發信者 人事課長

八月二一日二〇七電返、軍ヨリ依頼有リタル北平特務機関配属救済担当福祉課職員（鈴木義作）（大正六年早大専門部卒一三五一）天津治安維持會財政局支出官補佐經理部庶務課職員（大槻輝夫）昭和四年拓大商科卒一〇七一）ヲ派遣ノ事ニ内定ス差支ヘナキヤ

南滿洲鐵道株式會社

（12. 8. 500 [illegible]）

369

~ 1361

著電譯文

文書番號	發信局	電報番號
	指定	

發電	着電	受付
昭和　年　月　日　時　分	昭和　年　月　日　時　分	昭和　年　月　日　時　分

飜譯者印

供覽　東亞課長

件名

受信者

發信者

返待ツ．尚電気関係監査役付職員（秋山政夫）派遣ス

南滿洲鐵道株式會社

(12. 8. 500冊 滿日印刷)

370

总裁室人事课长关于本日派出产业部职员秋山政夫事致总裁室东亚课长、北支事务局长、产业部长的电文

（一九三七年九月三日）

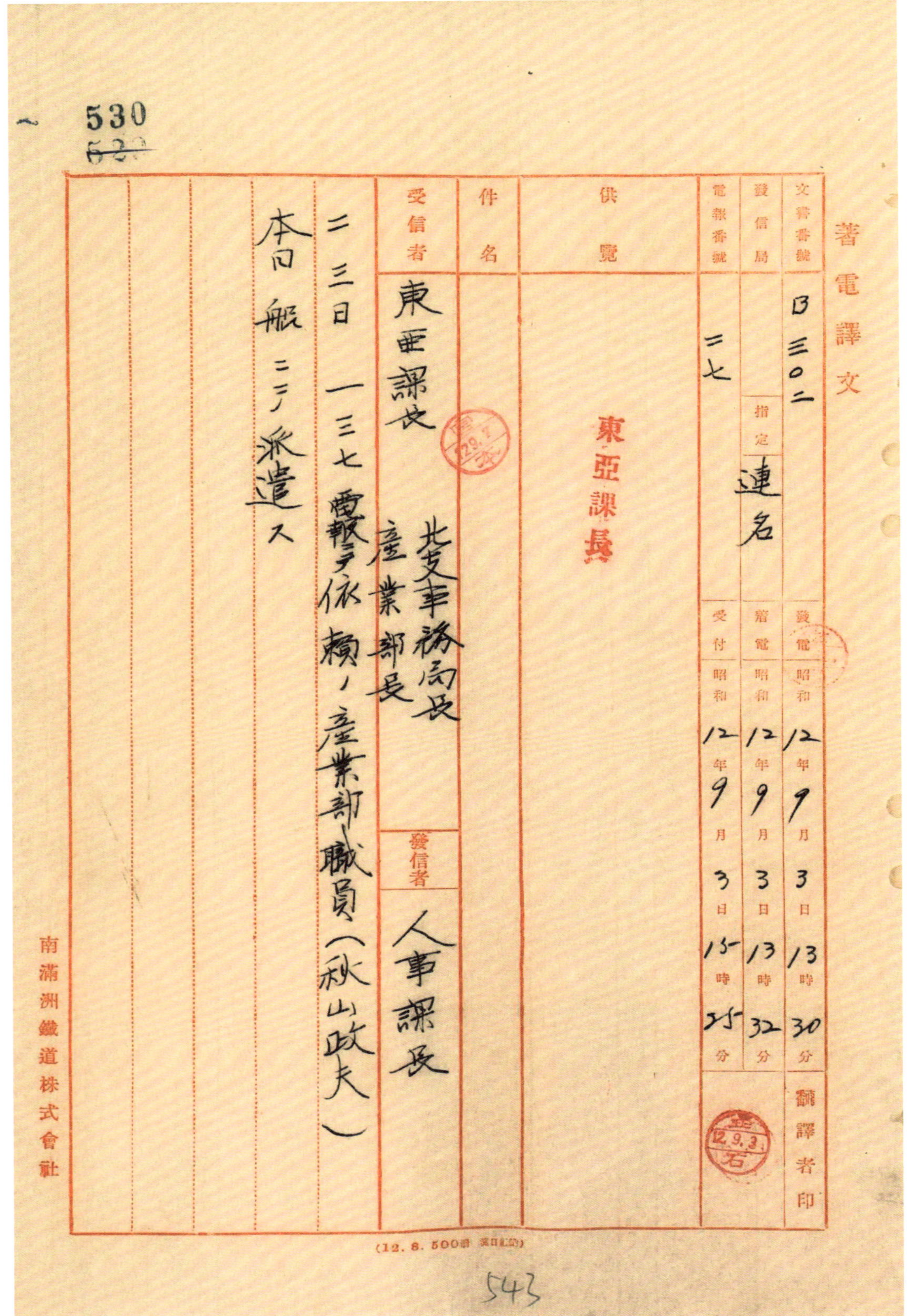

530

著電譯文

文書番號	日三〇二
發信局	
電報番號	二七
指定	連名
發電	昭和12年9月3日13時30分
着電	昭和12年9月3日13時32分
受付	昭和12年9月3日15時25分

供覽：東亞課長

受信者：東亞課長　北支事務局長　產業部長

發信者：人事課長

件名：

二三日一三七電報ヲ依頼ノ產業部職員（秋山政夫）本日船ニテ派遣ス

南滿洲鐵道株式會社

(12. 8. 500冊)

543

总裁室人事课长关于渊上金丸替任者弘报课员野坂俊二前往天津事致总裁室东亚课长、北支事务局长、弘报课长的电文（一九三七年九月九日）

5514

著電譯文

文書番號：B三五三
發信局：社
電報番號：六七
指定：ヨイ
發電：昭和12年9月9日16時10分
着電：昭和　年　月9日16時15分
受付：昭和　年　月10日8時40分
翻譯者印

供覽：東亞課長

件名：

受信者：東亞課長　北支事務局長　弘報課長

發信者：人事課長

一〇一電返（渊上金丸）業務上數日間派遣出来ズ代リニ弘報課員職員（野坂俊二）赴津セシメ打合セノ上材料携帯当地ニテ畫報、寫眞帖編輯シテハ如何返待ツ

南滿洲鐵道株式會社

(12. 8. 500冊 ……)

527

总裁室人事课长关于因七七事变招募社员以外工作人员工资等项事致总裁室庶务课长的函（一九三七年九月十一日）

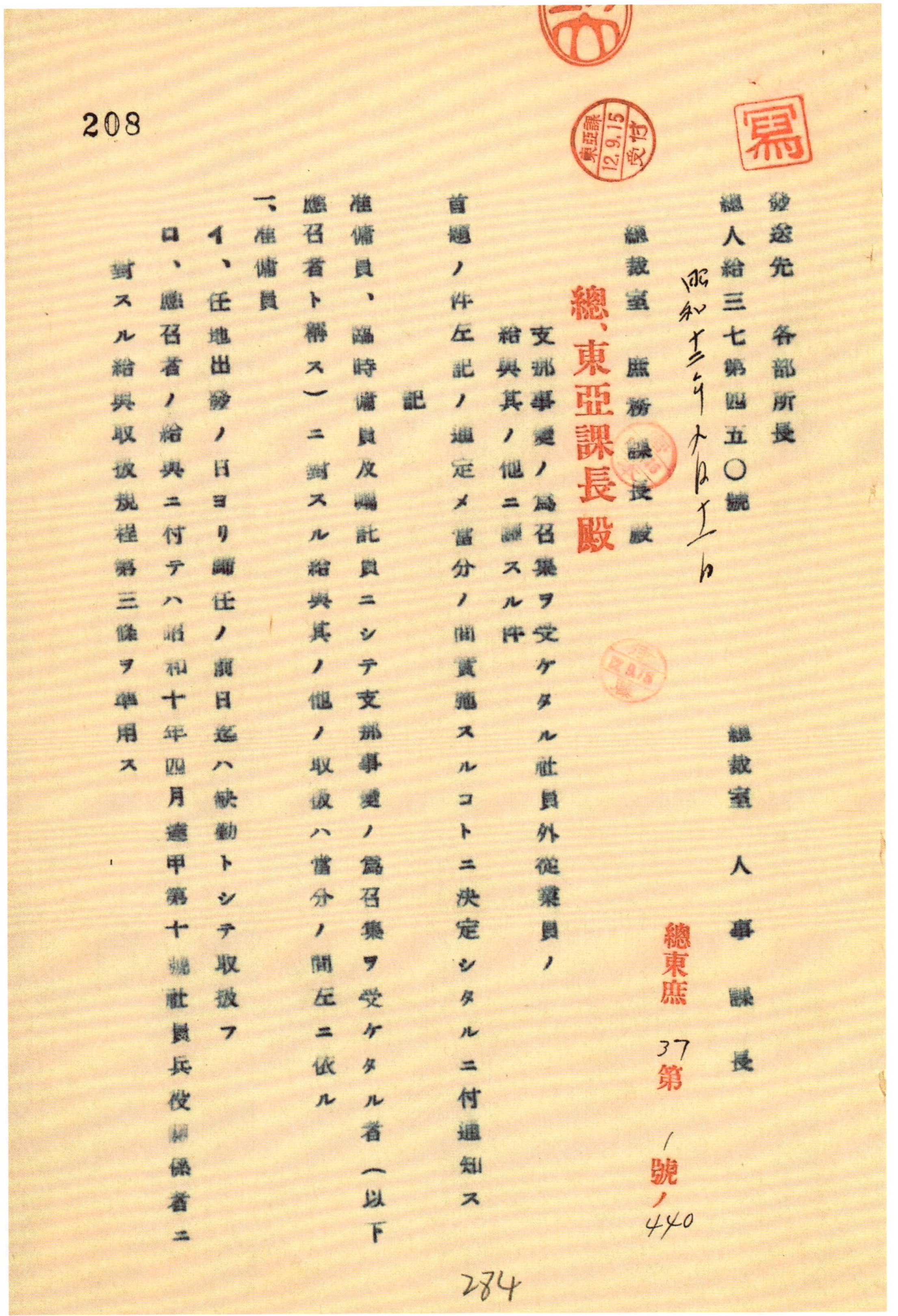

208

寫

東亞課 12.9.15 受付

總裁室 人事課長

昭和十二年九月十一日

發送先 各部所長

總人給三七第四五〇號

總裁室 庶務課長殿

總、東亞課長殿

總東庶 37第1號ノ440

支那事變ノ為召集ヲ受ケタル社員外從業員ノ給與其ノ他ニ關スル件

首題ノ件左記ノ通定メ當分ノ間實施スルコトニ決定シタルニ付通知ス

記

一、準備員

準備員、臨時傭員及囑託員ニシテ支那事變ノ為召集ヲ受ケタル者（以下應召者ト稱ス）ニ對スル給與其ノ他ノ取扱ハ當分ノ間左ニ依ル

イ、任地出發ノ日ヨリ歸任ノ前日迄ハ缺勤トシテ取扱フ

ロ、應召者ノ給與ニ付テハ昭和十年四月達甲第十號社員兵役關係者ニ對スル給與取扱規程第三條ヲ準用ス

284

前項ノ入隊手當支給上ノ本俸ノ計算ハ現ニ受クル日給額（加給金ヲ除ク）ヲ基準トス

ハ、入、除隊ニ關スル諸手續ハ社員ニ準シテ取扱フ

三、臨時傭員及囑託員

イ、應召者ニ對シテハ應召手當トシテ左ノ金額ヲ支給ス

單　身　者　　金三十圓

有家族者　　金五十圓

前項ノ有家族者トハ社員在勤手當補給金支給規程ニ定ムル家族ヲ有スル者ヲ謂フ

ロ、特ニ必要アリト認メタル者ニ就テハ准傭員ニ準シ取扱フコトアルヘキニ付應召者アル場合所屬部所長ハ雇傭目的、雇傭期間、給額、年齡、學歷、經驗、勤務成績及扶養家族ノ狀態ヲ詳具ノ上總裁室人事課長ニ申請スヘシ

前項ニ依リ准傭員ニ準シ取扱フモノニ對シテハ應召手當ハ之ヲ支給セス

210

入隊手當支給上本俸計算ノ基準トナルヘキ給額ハ總裁室人事課長之ヲ査定ス

286

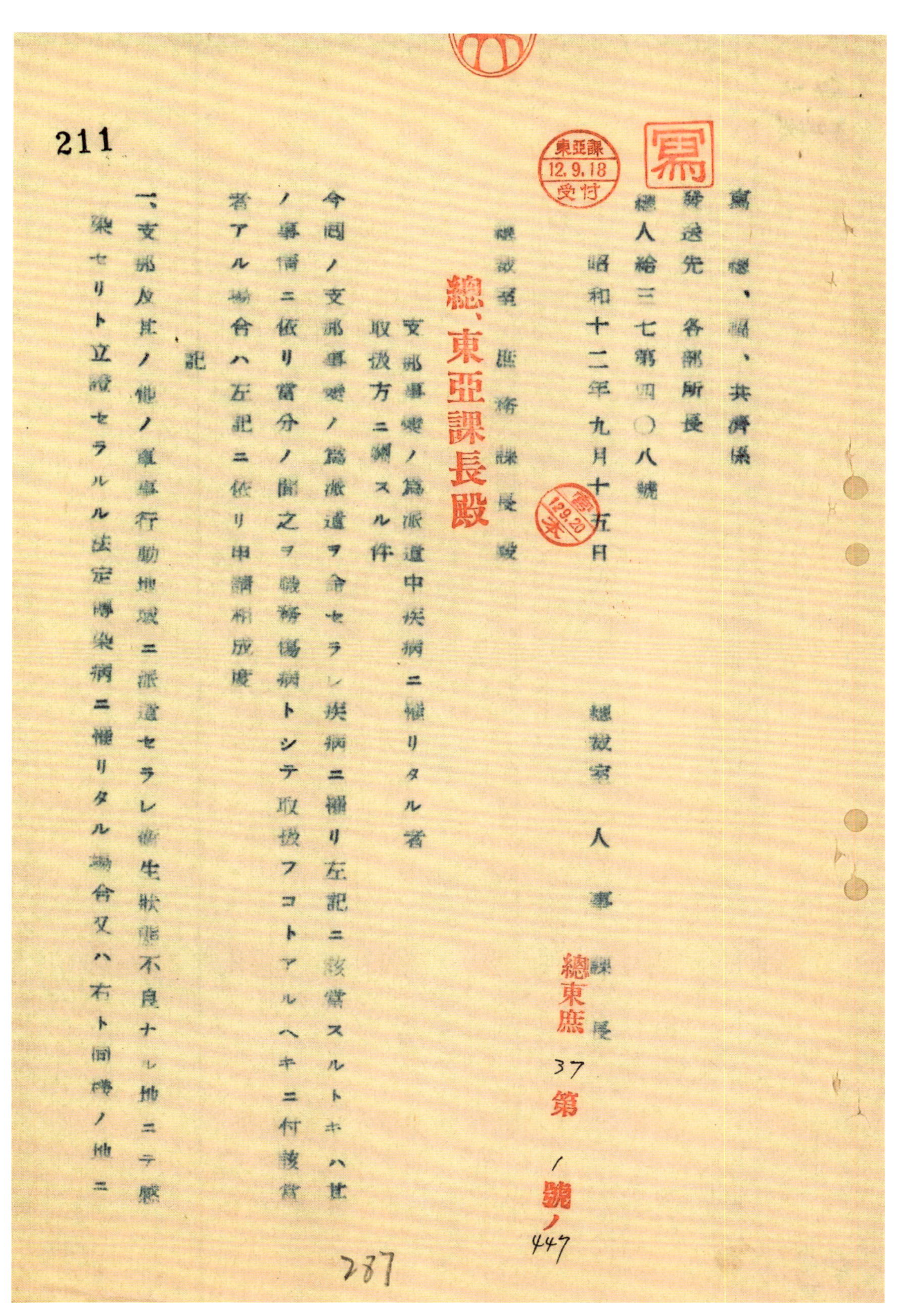

211

寫

寫 總、調、共濟係

發送先 各部所長

總人給三七第四〇八號

昭和十二年九月十五日

總裁室人事課長

總裁室庶務課長殿

總、東亞課長殿

東亞課 12.9.18 受付

總東庶 37 第 1 號ノ447

支那事變ノ爲派遣中疾病ニ罹リタル者取扱方ニ關スル件

今回ノ支那事變ノ爲派遣ヲ命セラレ疾病ニ罹リ左記ニ該當スルトキハ其ノ事情ニ依リ當分ノ間之ヲ職務傷病トシテ取扱フコトアルヘキニ付該當者アル場合ハ左記ニ依リ申請相成度

記

一、支那及其ノ他ノ軍事行動地域ニ派遣セラレ衛生狀態不良ナル地ニテ感染セリト立證セラルル法定傳染病ニ罹リタル場合又ハ右ト同樣ノ地ニ

287

总裁室人事课长关于通知七七事变派遣员工患病处理办法事致总裁室庶务课长的函（一九三七年九月十五日）

212

テ其ノ他ノ疾病ニ罹リ之カ適當ナル治療ヲ受クルコト能ハサリシ爲其ノ病勢ヲ增悪シタル場合

三、前號該當者ニ對スル申請ハ社員職務傷病死亡給與規程細則第四號2ニ依ルコト但シ特ニ急ヲ要スル場合ハ電報ヲ以テ申請シ關係書類ハ後送スルモ差支ナシ

此ノ場合ノ電報ニハ特ニ左記事項ヲ必ス記載スルコト

イ、派遣月日及其ノ地名

ロ、發病月日及其ノ地名並病名

ハ、休養及入院開始月日

288

总裁室人事课长关于通知战时充当日本红十字会救护员之社员身份及工资情况事致总裁室庶务课长的函（一九三七年十月六日）

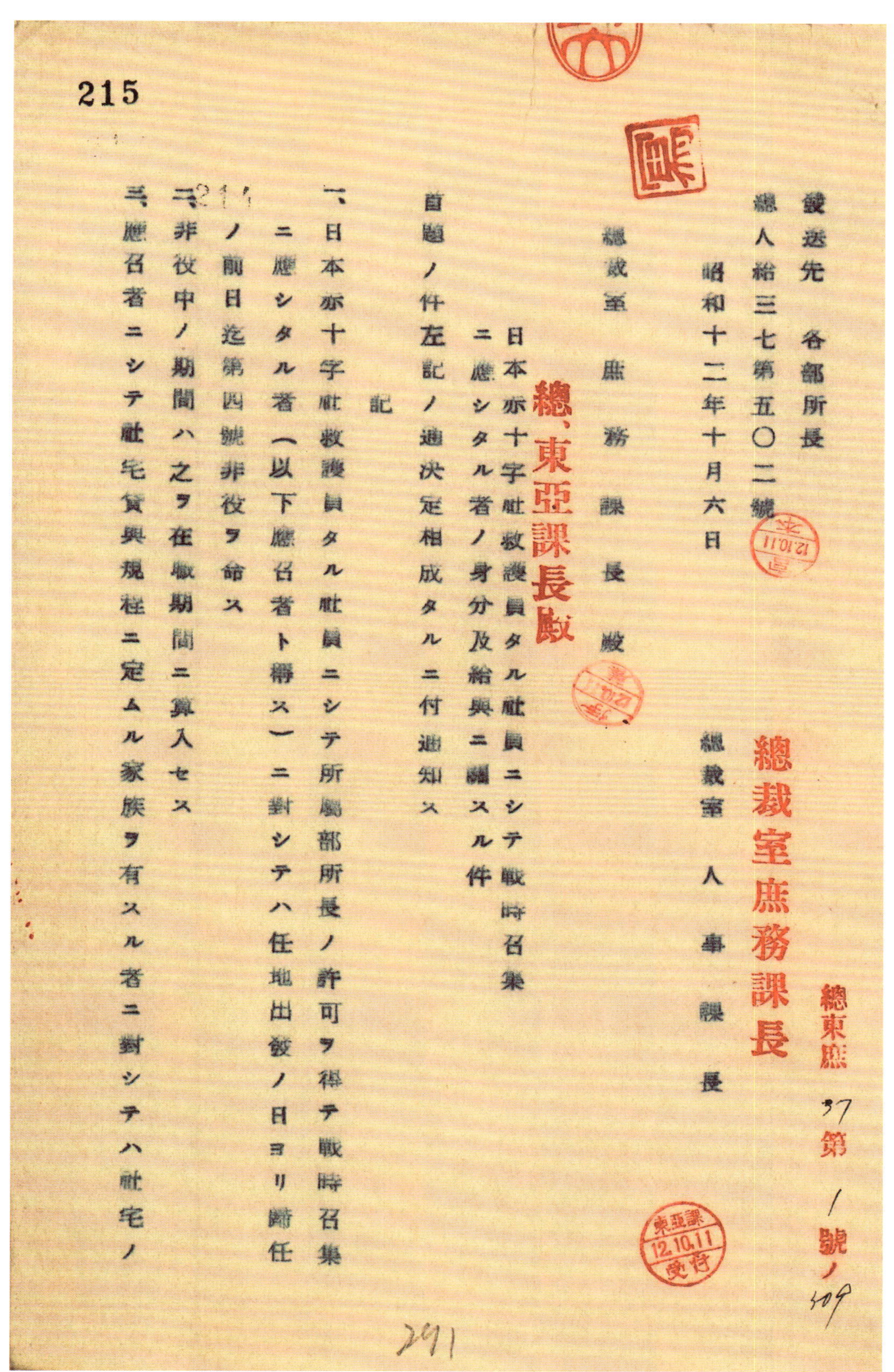

215

總東庶37第1號ノ509

東亞課 12.10.11 受付

總裁室庶務課長

總裁室 人事課長

總人給三七第五〇二號

昭和十二年十月六日

發送先 各部所長

總裁室 庶務課長 殿

總、東亞課長殿

日本赤十字社救護員タル社員ニシテ戰時召集ニ應シタル者ノ身分及給與ニ關スル件

首題ノ件左記ノ通決定相成タルニ付通知ス

記

一、日本赤十字社救護員タル社員ニシテ所屬部所長ノ許可ヲ得テ戰時召集ニ應シタル者（以下應召者ト稱ス）ニ對シテハ任地出發ノ日ヨリ歸任ノ前日迄第四號非役ヲ命ス

二、非役中ノ期間ハ之ヲ在職期間ニ算入セス

三、應召者ニシテ社宅貸與規程ニ定ムル家族ヲ有スル者ニ對シテハ社宅ノ

291

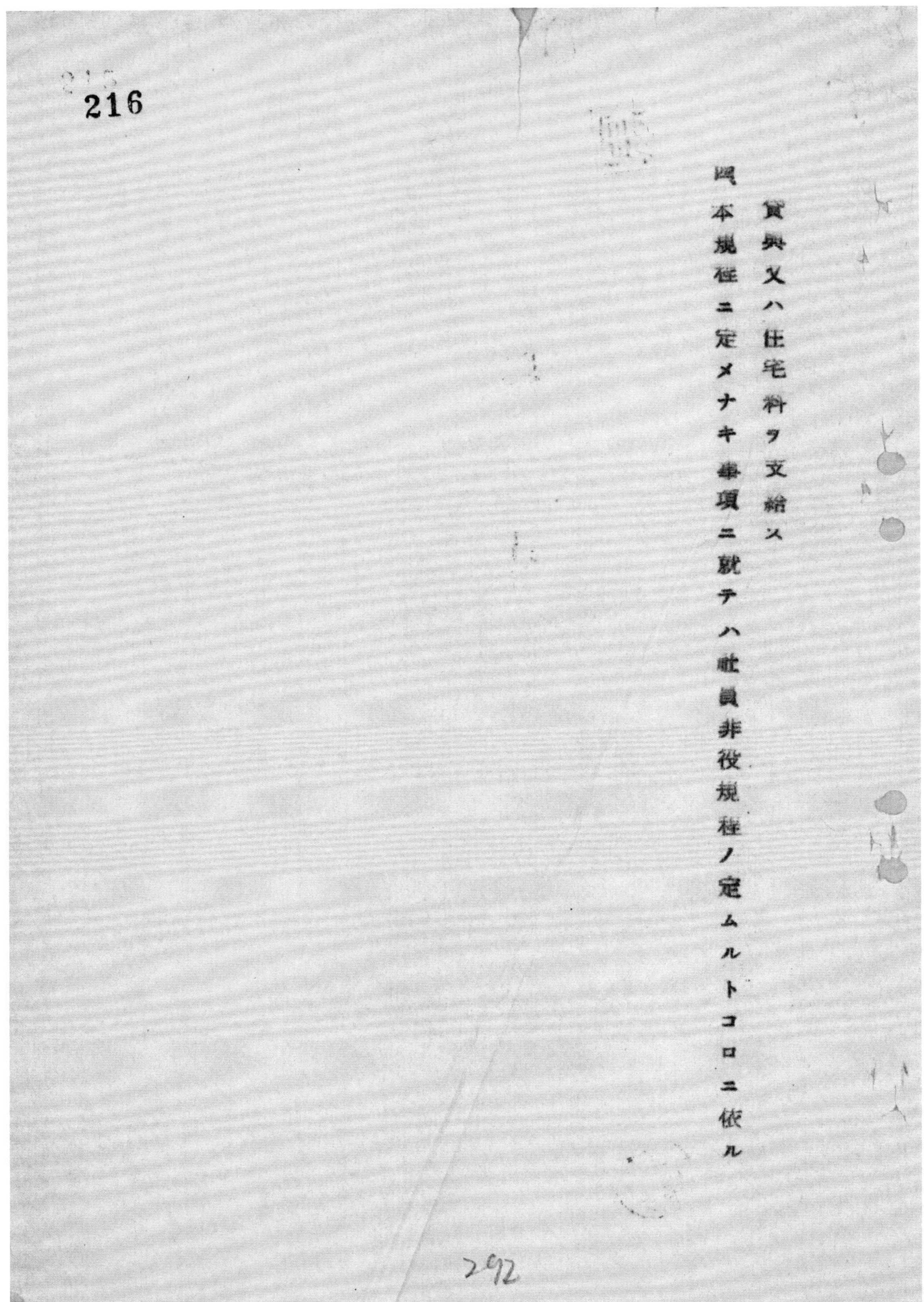

216

貸與又ハ住宅料ヲ支給ス

四、本規程ニ定メナキ事項ニ就テハ社員非役規程ノ定ムルトコロニ依ル

292

总裁室人事课长关于七七事变相关社员工资处理办法事致总裁室庶务课长的函（一九三七年十月十一日）

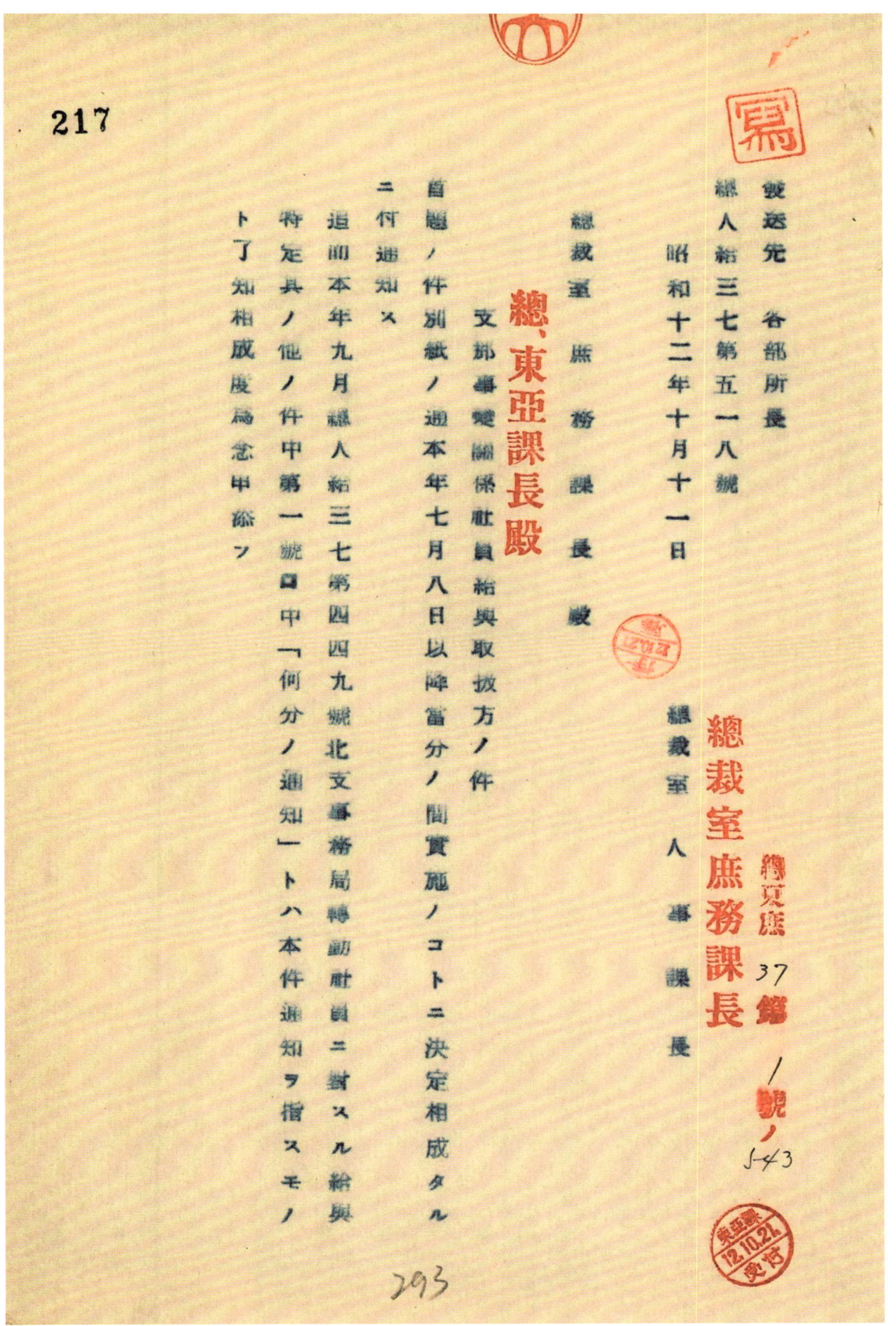
217

寫

發送先　各部所長

總人給三七第五一八號

昭和十二年十月十一日

總裁室人事課長

總裁室庶務課長殿

總、東亞課長殿

支那事變關係社員給與取扱方ノ件

首題ノ件別紙ノ通本年七月八日以降當分ノ間實施ノコトニ決定相成タルニ付通知ス

追而本年九月總人給三七第四四九號北支事務局轉勤社員ニ對スル給與特定其ノ他ノ件中第一號篇中「何分ノ通知」トハ本件通知ヲ指スモノト了知相成度爲念申添フ

293

218

支那事務關係社員給與方

A、在勤社員

一、在勤社員（元天津事務所員竝其ノ他箇所所屬員ニシテ事變前ヨリ北支各地ニ在勤スル者ヲ謂フ以下同シ）ニ對シテハ本年七月八日以降當分ノ間事變手當トシテ左ノ金額ヲ支給ス

イ、第一種手當（十月末日迄適用ノ分）

資格區分 給額	職員 三〇〇圓以上者	職員 二〇〇圓以上者	職員 一五〇圓以上者	職員 一〇〇圓以上者	職員 七〇圓以上者	職員 七〇圓未滿者	雇員	傭員
手當日額（單位元） 日本人	六・〇	五・〇	四・〇	三・〇	二・五	二・〇	一・五	一・〇
手當日額（單位元） 滿人 華人	四・五	三・五	二・五	二・〇	一・五	一・〇	〇・七	〇・四

294

219

ロ、第二種手當（十一月一日以降適用ノ分）

資格給額區分	職員 三〇〇圓以上者	職員 二〇〇圓以上者	職員 一五〇圓以上者	職員 一〇〇圓以上者	職員 七〇圓以上者	職員 七〇圓未滿者	雇員	傭員
手當日額（單位元） 日本人	五・〇	四・〇	三・〇	二・五	二・〇	一・五	一・一	〇・八
手當日額（單位元） 滿人 華人	四・〇	三・〇	二・二	一・七	一・二	〇・八	〇・五	〇・三

二、事務手當ノ支給方ニ關シテハ在勤手當支給規程ヲ準用ス但シ別ニ旅費ノ支給ヲ受クル期間ニ對シテハ事變手當ハ支給ノ限ニ在ラス

三、事變手當ノ支給ヲ受クル期間中ハ諸勤務手當ハ之ヲ支給セス

B、派遣社員

四、派遣社員（事變ノ爲北支各地ニ派遣ヲ命セラレタル者ヲ謂フ以下同シ）六箇月ノ間派遣手當トシテ任地出發ノ日ヨリ六〇日間ハ普通旅費日額相當額（二二日目ヨリ五分ノ一ヲ減額ス又食事附船舶內宿泊ノ日ハ其ノ半額トス以下同シ）ヲ六一日目ヨリハ號俸數日額相當額ヲ

295

220

仕地歸着ノ日ハヘ號旅費日額相當額ヲ支給ス但シ十月十五日迄ニ六〇日ヲ超過スル者ニ限リ十月十五日迄普通旅費日額相當額ヲ十月十六日以降ハハ號旅費日額相當額ヲ支給ス

五、前號ニ依リハ號旅費日額相當額ノ支給ヲ受クルニ至リタル場合ト雖別ニ指定シタル地域ニ在ル期間ニ對シテハ普通旅費日額相當額トハ號旅費日額相當額トノ差額ヲ割增派遣手當トシテ支給ス

割增派遣手當ノ支給方ニ關シテハ旅費規程ヲ準用ス

割增派遣手當ヲ支給スヘキ地域ノ指定ハ時期ノ推移ト情勢ノ變化ニ應シ北支事務局長ニ於テ適宜之ヲ行ヒ其ノ都度總裁室人事課長及關係部所長宛通報スルモノトス

六、第四號乃至第五號中普通旅費日額相當額トハ十月十五日迄ニ支給ノ分ニ付テハ旅費規程所定ノ普通旅費日額相當額（民國內ハ銀幣所定額、滿洲內ハ金幣所定額）ヲ謂ヒ十月十六日以降支給ノ分ニ付テハ滿洲所定ノ普通旅費日額相當額（金圓幣ヲ其ノ儘銀元幣ト看做ス）ヲ謂フ

296

七、派遣社員ニシテ派遣業務又ハ其ノ他ノ用務ニ依リ北支以外ノ地ニ出張シタル場合ハ出發ノ日ヨリ歸著ノ日迄規定ニ依リ普通旅費ヲ支給ス但シ在勤地滯在中ハ支給ノ限ニ在ラス

昭和八年十月總人給第一四三五號日本人社員自己ノ都合ニ依ラス別居セル者ニ對シ特別給與方ノ件本年七月總人給三七第三〇一號北支事變ノ爲引揚社員近家族ニ對スル取扱方ノ件及八月總人給三七第三七三號時局ノ爲引揚社員近家族ニ對スル取扱方ノ件ニ依ル家族別居地ニ出張シタル場合旅費ハ其ノ地到著ノ日ヨリ出發ノ前日迄所定旅費日額ノ三分ノ一額トス

本號出張期間ハ第四號ノ旅費支給上之ヲ通算セス

八、派遣社員任地ニ歸還シ再ヒ派遣社員ノ扱ヲ受クヘキ場合ハ本扱ノ派遣手當支給上前後期間ハ之ヲ通算ス

九、本扱ニ依リ派遣手當ノ支給ヲ受クル期間ニ對シテハ乘務旅費、乘務手當及其ノ他ノ諸勤務手當ハ之ヲ支給セス

297

222

C、北支事務局勤務ヲ命セラレタル社員

一〇、北支事務局勤務ヲ命セラレタル社員（元大津事務所員ヲ除ク）ハ任地出發ノ日ヨリ六〇日間ハ之ヲ派遣社員ト看做シBノ各號ニ依リ取扱ヒ六一日目ヨリ任勤社員トシテAノ各號ニ依リ取扱フモノトス

一一、派遣社員ニシテ派遣中北支事務局勤務ヲ命セラレタル者ハ其ノ發令日附カ派遣ノ爲任地出發ノ日ヨリ六〇日經過後ナル場合ハ發令當日ヨリ又六〇日未滿ノ場合ハ發令日附ニ拘ラス六一日目ヨリ在勤社員トシテAノ各號ニ依リ取扱フ

D、滿洲内派遣社員

一二、事變ノ爲滿洲内（山海關ヲ含ム以下同シ）ニ派遣サレタル社員ニ對スル派遣費支給方ハ規定ニ依ル但シ鐵道現業從事員（隣區從事員及列車其ノ他ノ警備從事員竝自動車從事員等ヲ謂フ以下同シ）トシテ派遣（待機ヲ含ム）サレタル者ハ助勤ト看做ス

前項該當者ト雖事變ノ爲ノ用務ニ依リ北支ニ入リタル期間ニ限リ派遣社員ト看做シBノ各號ニ依リ取扱フ但シ滿洲内ニ在リタル期間ト

298

北文ニ入リタル期間ト八派遣手當支給上通算スルモノトス

E、徴傭社員

一、徴傭社員（軍ノ要求ニ依リ會社ノ許可ヲ得テ軍ノ用務ニ従事シ軍ヨリ手當其ノ他ノ給與ヲ受クルモノヲ謂フ以下同シ）ハ派遣社員ト看做シBノ各號ニ依リ取扱フ

徴傭社員ノ軍ヨリ受クル諸給與ハ一切之ヲ會社ニ納入スルモノトス但シ艦船乗込ノ者ニシテ食費ノ自辨ヲ爲シタル場合ハ之カ相當額ヲ控除シタル殘額ヲ納入スルモノトス

F、文部省留學生

一、留學地ニ在リテ會社又ハ軍ノ用務ニ従事スル者ハ在勤社員ニ準シAノ各號ニ依リ學費手當ヲ支給ス但シ手當額ハ資格、給額ノ如何ニ拘ラス甲種留學生ニ對シテハ職員七〇圓以上者相當額ヲ、乙種留學生ニ對シテハ雇員相當額ヲ支給ス

留學地ヲ離レ會社又ハ軍ノ用務ニ従事スル者ハ派遣社員ニ準シBノ各號ニ依リ派遣手當ヲ支給ス但シ第四號任地出發ノ日ハ七月十五日

299

224

ト看做シ取扱ヒ留學地ニ歸還シ再ヒ前記用務ノ爲留學地ヲ離レタル場合ハ派遣手當支給上ハ前後期間ハ之ヲ通算ス

前項ニ依リ派遣手當ノ支給ヲ受クル期間ニ付テハ學費ハ之ヲ半減支給ス

附

一五、本扱ハ准傭員及常傭方ニ對シ之ヲ準用スルコトヲ得但シ事變手當ハ傭員所定ノ半額トス

一六、本扱ハ北支以外ノ中華民國各地ニ對シ之ヲ準用ス

300

总裁室人事课长关于修改七七事变相关社员工资处理办法事致总裁室庶务课长的函（一九三七年十月十三日）

225

寫

總裁室庶務課長

總裁室 人事課長

發送先 各部所長

總人給三七第五二二號

昭和十二年十月十三日

總、東亞課長殿

總裁室庶務課長殿

總東亞 37第1號ノ546

支那事變關係社員給與取扱方ノ件中訂正ノ件

本年十月總人給三七第五一八號首題ノ件中左記ノ通一部訂正相成度右通知ス

記

五、前號ニ依リ八號旅費日額相當額ノ支給ヲ受クルニ至リタル場合ト雖別ニ指定シタル地域ニ在ル期間ニ對シテハ割增派遣手當トシテ普通旅費日額相當額ト八號旅費日額相當額トノ差額ノ範圍內ニ於テ適當額ヲ支給スルコトヲ得

前項ニ依ル割增派遣手當ノ支給額及支給地域ノ指定ハ時期ノ推移ト情

301

226

務ノ變化ニ應シ北支事務局長ニ於テ適宜之ヲ行ヒ其ノ都度總裁室人事課長及關係部所長宛通報スルモノトス

五ノ二、派遣手當及割增派遣手當ノ支給方ニ關シテハ旅費規程ヲ準用ス

第七號末項中「旅費」ヲ「派遣手當」ニ訂正ス

302

总裁室人事课长关于修改七七事变相关社员工资处理办法部分条款事致总裁室庶务课长的函
（一九三七年十月二十六日）

234

發送先　各部所長

總人給三七第五六一號

昭和十二年十月二十六日

總裁室人事課長

總裁室庶務課長

總東庶37第1號ノ5-66

總裁室庶務課長殿

總、東亞課長殿

支那事變關係社員給與取扱方ノ件中一部改正ノ件

記

本年十月總人給三七第五一八號首題ノ件中左記ノ通一部改正本年七月八日以降當分ノ間實施ノコトニ決定相成タルニ付通知ス

第四號中「派遣社員（事變ノ云々）」ノ次ノ「ハ」ヲ削リ「ニハ旅費ヲ支給セス」ヲ加フ

第四號第二項トシテ左ノ如ク加フ

船舶乘込ノ儘ノ派遣社員ニ對スル派遣手當ハ前項ニ依ラス任地出發ノ

310

235

日ヨリ六〇日間ハ口號旅費日額相當額（陸地宿泊日數ニ對シテハ普通旅費日額相當額）、六一日目ヨリハ口號旅費日額ノ七割相當額（陸地宿泊日數ニ對シテハハ號旅費日額相當額）、任地歸著ノ日ハヘ號旅費日額相當額トシ前項但書ハ本項ニ就キ之ヲ準用ス

第五號第一項ヲ左ノ如ク改ム

前號ニ依リ手當ノ減額アリタル場合ト雖別ニ指定シタル地域ニ在ル期間ニ對シテハ割増派遣手當トシテ減額前ノ手當額ト減額後ノ手當額トノ差額ノ範圍內ニ於テ適當額ヲ支給スルコトヲ得

第五號ノ二ニ左ノ如ク加フ

但シ第四號第二項及第十三號第一項但書該當ノ場合艦船乘込以後ノ派遣手當ハ日本及滿洲各港灣ニ碇泊待機中ノ日數ニ對シテハ金圓建トシ其ノ他ノ日數ニ對シテハ銀元建トス

第七號第三項ニ左ノ如ク加フ

又該期間ニ對シテハ派遣手當及割増派遣手當ハ之ヲ支給セス

311

第十一號ノ二トシテ左ノ如ク加フ

派遣手當及事變手當ノ支給ニ關シテハ前二號ニ依ルモ其ノ他ノ事項ニ關シテハ一般轉勤者同樣取扱フモノトス但シ派遣手當ノ支給ヲ受クル期間ニ限リ左ノ各目ニ就テハ其ノ定ムルトコロニ依ル

(イ)着任後支給スヘキ在勤手當ハ當所屬在勤地ノ率ニ依ル

(ロ)「日本人社員自己ノ都合ニ依ラス家族ト別居セル者ニ對シ特別給與方ノ件」ハ之ヲ適用セス

(ハ)社宅ノ貸與又ハ住宅料ノ支給ニ就テハ引續キ轉勤前ノ取扱ニ依ル

第十一號ノ三トシテ左ノ如ク加フ

第十一號該當社員ニ對スル轉勤旅費ハ所定ニ依リ支給ス但シ旅費規程第二十七條所定ノ普通旅費日額ハ之ヲ支給セス

第十一號該當社員ニ對スル轉勤旅費支給ニ關シテハ派遣地ヲ出張地ト看做シ旅費規程第三十一條ヲ準用ス

前項ノ旅費計算上派遣手當ハ之ヲ旅費ト看做ス

312

237

第十三號第一項ニ左ノ如ク加フ

但シ艦船乘込ノ者ニ對スル派遣手當ハ任地出發ノ日ヨリ六〇日間ハ八號旅費日額相當額(陸地宿泊日數ニ對シテハ普通旅費日額相當額)、六一日目ヨリハ八號旅費日額ノ七割相當額(陸地宿泊日數ニ對シテハ八號旅費日額相當額)トス

313

总裁室人事课长关于为战时充当日本红十字会救护员之社员家属办理乘车证及其他线路车船优惠证事致总裁室庶务课长的函（一九三七年十月二十九日）

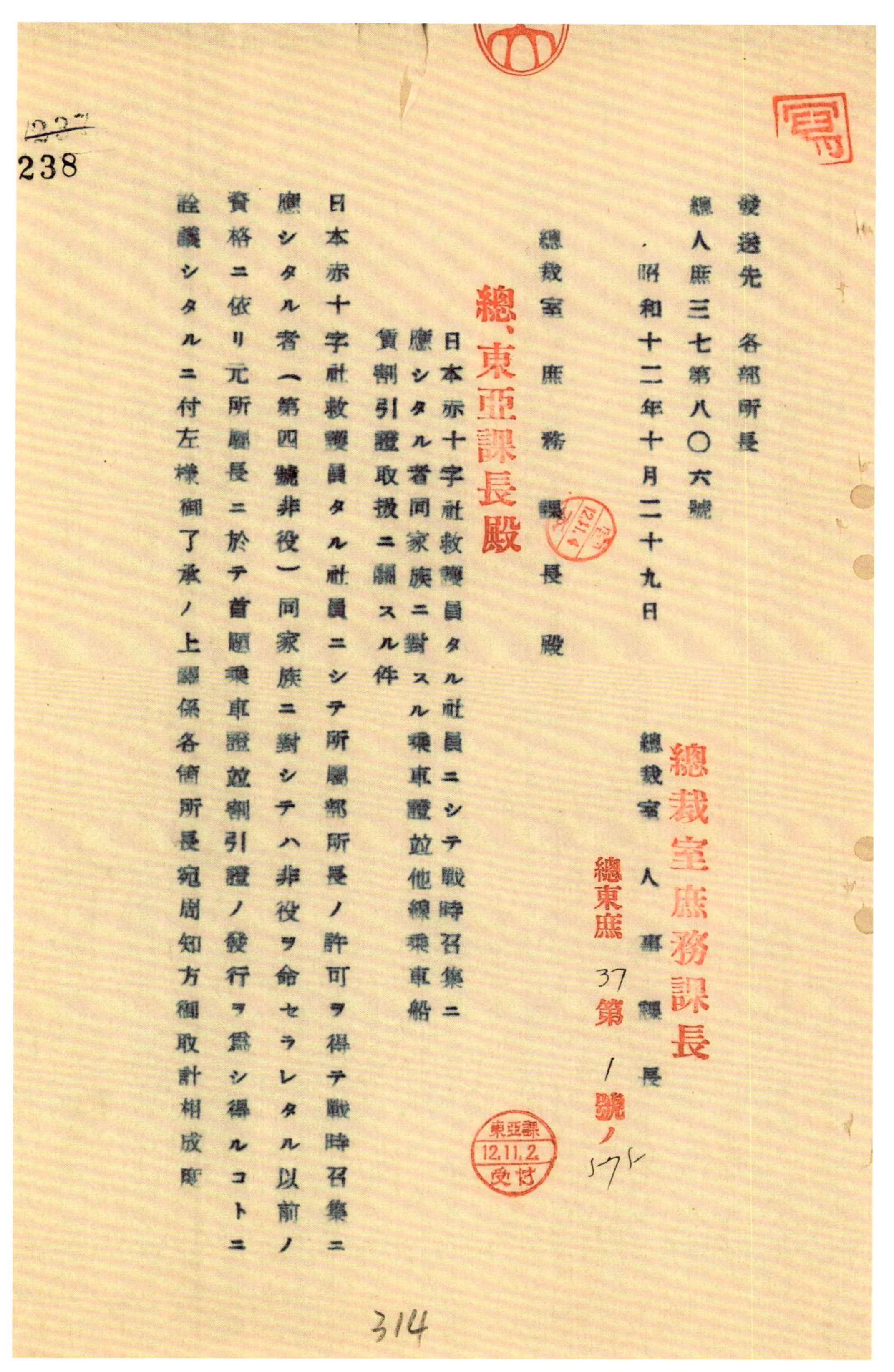

發送先　各部所長

總人庶三七第八〇六號

昭和十二年十月二十九日

總裁室人事課長

總東庶37第1號ノ575

總裁室庶務課長殿

總、東亞課長殿

日本赤十字社救護員タル社員ニシテ戰時召集ニ應シタル者同家族ニ對スル乘車證並他線乘車船賃割引證取扱ニ關スル件

日本赤十字社救護員タル社員ニシテ所屬部所長ノ許可ヲ得テ戰時召集ニ應シタル者（第四號非役）同家族ニ對シテハ非役ヲ命セラレタル以前ノ資格ニ依リ元所屬長ニ於テ首題乘車證並割引證ノ發行ヲ爲シ得ルコトニ詮議シタルニ付左樣御了承ノ上關係各箇所長宛周知方御取計相成度

总裁室人事课长关于修改七七事变相关社员工资处理办法部分条款事致总裁室庶务课长的函（一九三七年十月三十日）

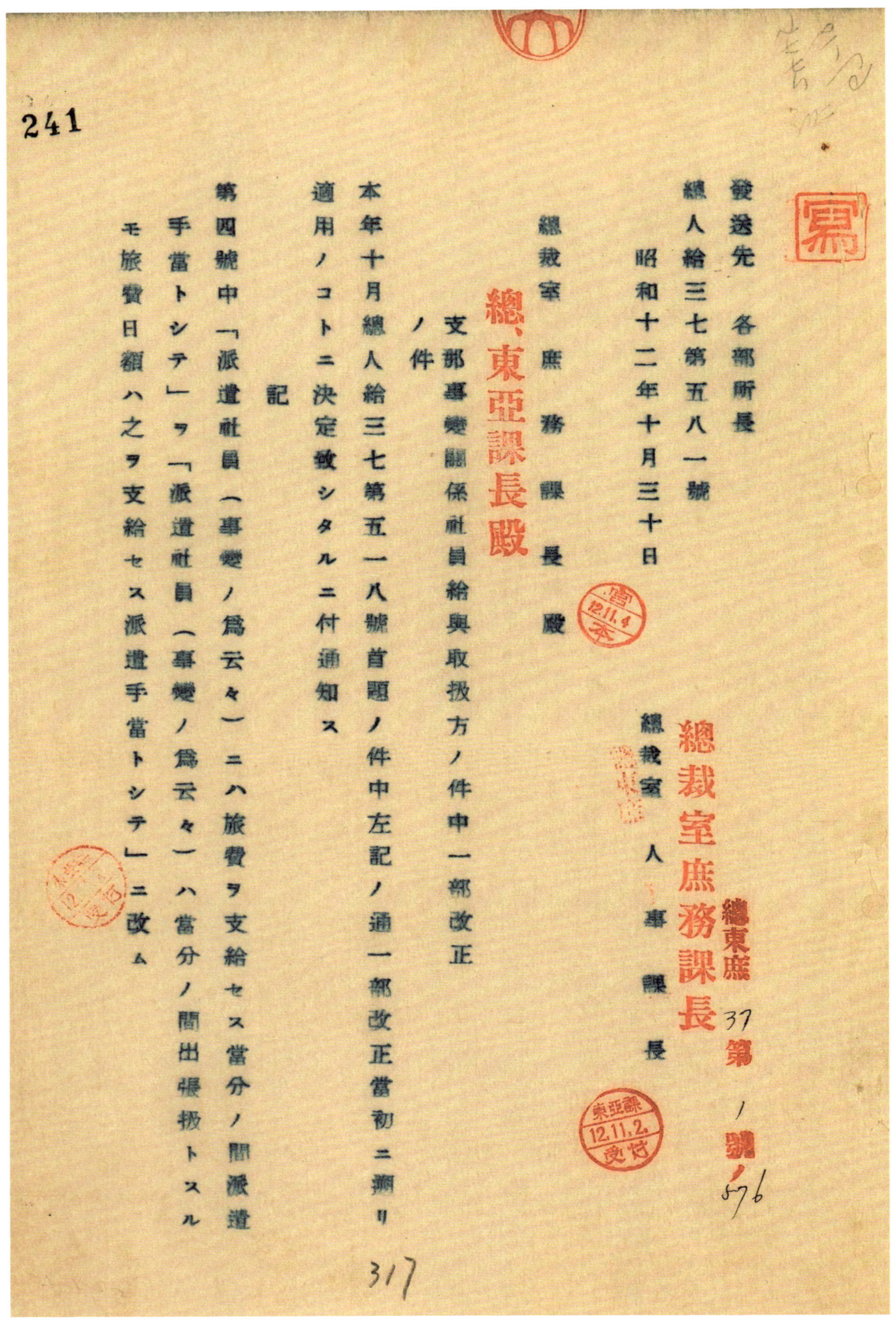

241

寫

總裁室庶務課長

總東庶37第1號
576

總裁室人事課長

昭和十二年十月三十日

總人給三七第五八一號

發送先　各部所長

總裁室庶務課長殿

總、東亞課長殿

支那事變關係社員給與取扱方ノ件中一部改正ノ件

本年十月總人給三七第五一八號首題ノ件中左記ノ通一部改正當初ニ遡リ適用ノコトニ決定致シタルニ付通知ス

記

第四號中「派遣社員（事變ノ爲云々）ニハ旅費ヲ支給セス當分ノ間派遣手當トシテ」ヲ「派遣社員（事變ノ爲云々）ハ當分ノ間出張扱トスルモ旅費日額ハ之ヲ支給セス派遣手當トシテ」ニ改ム

317

24242

第十五號ヲ左ノ如ク改ム

本扱ハ囑託員、准傭員及常役方ニ對シ之ヲ準用スルコトヲ得、但シ手當額ニ就テハ左ノ標準ニ依ル

囑託員　旅費支給標準ニ依ル所定額

准傭員——：事變手當ハ傭員所定ノ半額

常役方——　派遣手當ハ傭員所定額

318

总裁室人事课长关于通知派遣社员津贴支付办法事致总裁室庶务课长的函（一九三七年十月三十日）

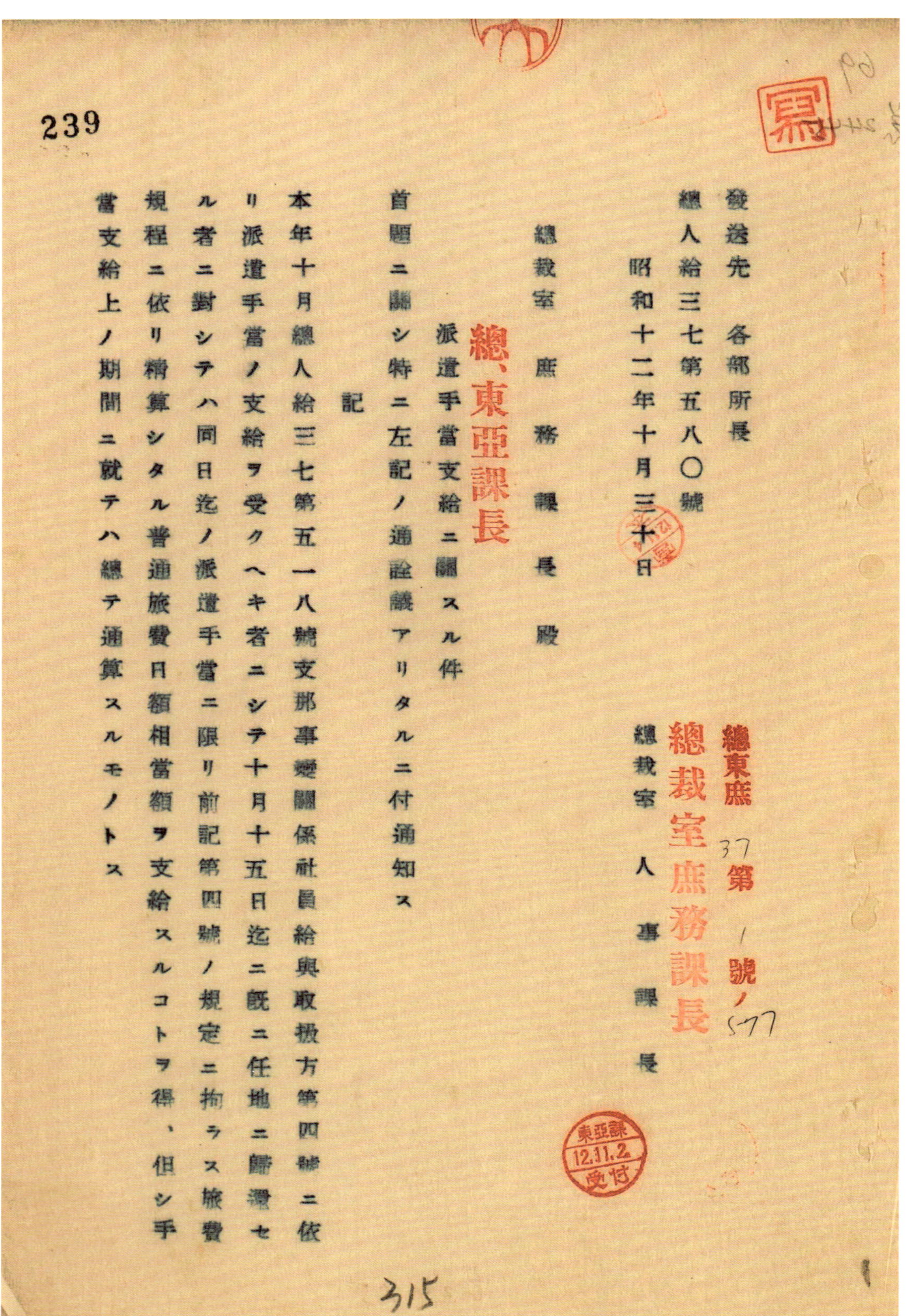
239

發送先　各部所長

總人給三七第五八〇號

昭和十二年十月三十日

總東庶 37 第 1 號ノ577

總裁室人事課長

總裁室庶務課長殿

總、東亞課長

派遣手當支給ニ關スル件

首題ニ關シ特ニ左記ノ通詮議アリタルニ付通知ス

記

本年十月總人給三七第五一八號支那事變關係社員給與取扱方第四號ニ依リ派遣手當ノ支給ヲ受クヘキ者ニシテ十月十五日迄ニ既ニ任地ニ歸還セル者ニ對シテハ同日迄ノ派遣手當ニ限リ前記第四號ノ規定ニ拘ラス旅費規程ニ依リ精算シタル普通旅費日額相當額ヲ支給スルコトヲ得、但シ手當支給上ノ期間ニ就テハ總テ通算スルモノトス

315

总裁室人事课长关于参加上海方面战事大捷庆祝活动人员接待办法事致总裁室庶务课长的函（一九三七年十月三十日）

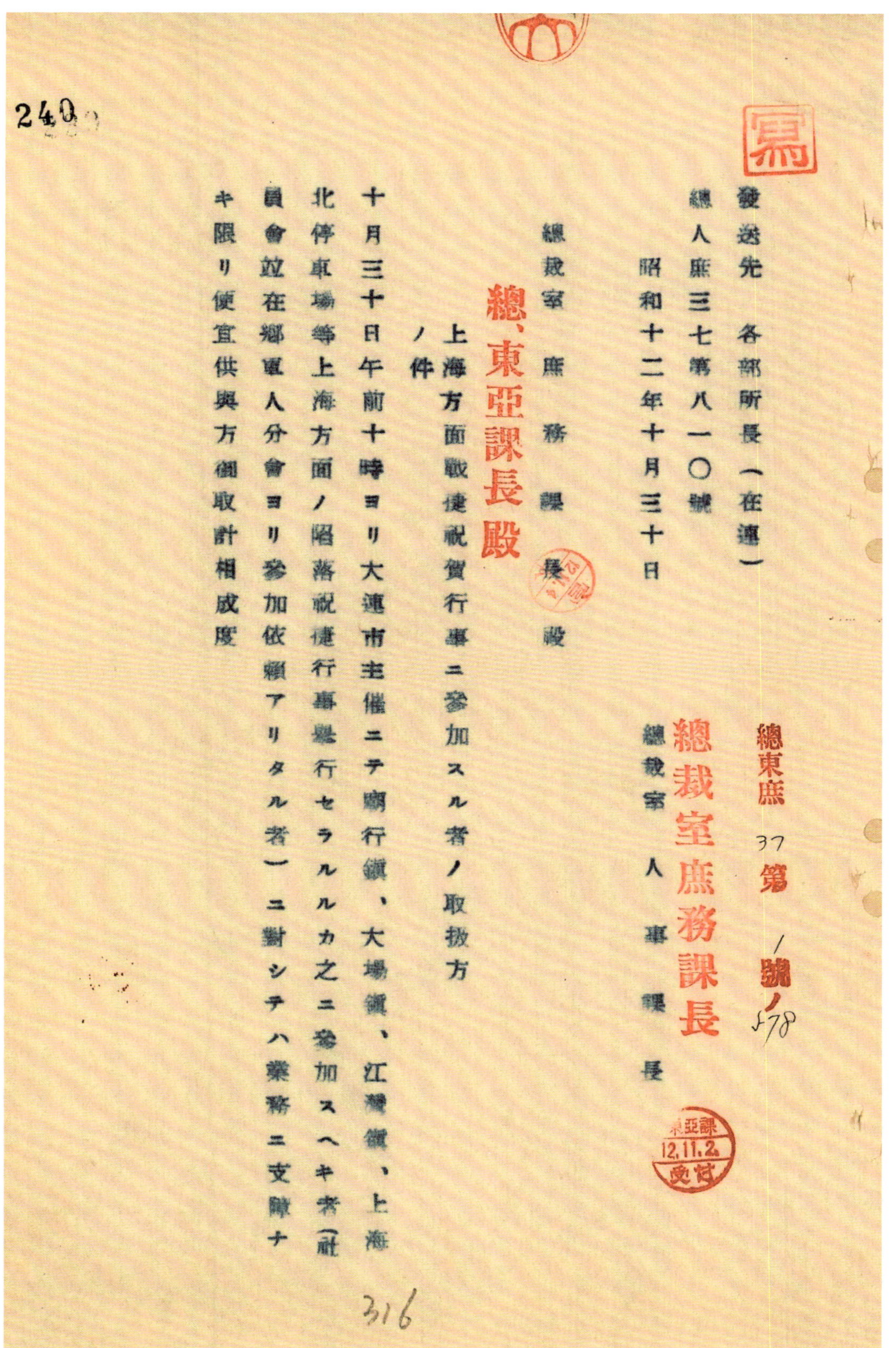

240

寫

總東庶 37 第 1 號ノ578

發送先 各部所長（在連）

總裁室庶務課長

總人庶三七第八一〇號

總裁室人事課長

昭和十二年十月三十日

總、東亞課長殿

總裁室庶務課長殿

上海方面戰捷祝賀行事ニ參加スル者ノ取扱方ノ件

十月三十日午前十時ヨリ大連市主催ニテ廟行鎮、大場鎮、江灣鎮、上海北停車場等上海方面ノ陥落祝捷行事舉行セラルルカ之ニ參加スヘキ者（社員會並在郷軍人分會ヨリ參加依頼アリタル者）ニ對シテハ業務ニ支障ナキ限リ便宜供與方御取計相成度

東亞課 12.11.2 受付

316

总裁室人事课长关于修改派遣社员津贴支付办法事致总裁室庶务课长的函（一九三七年十一月十五日）

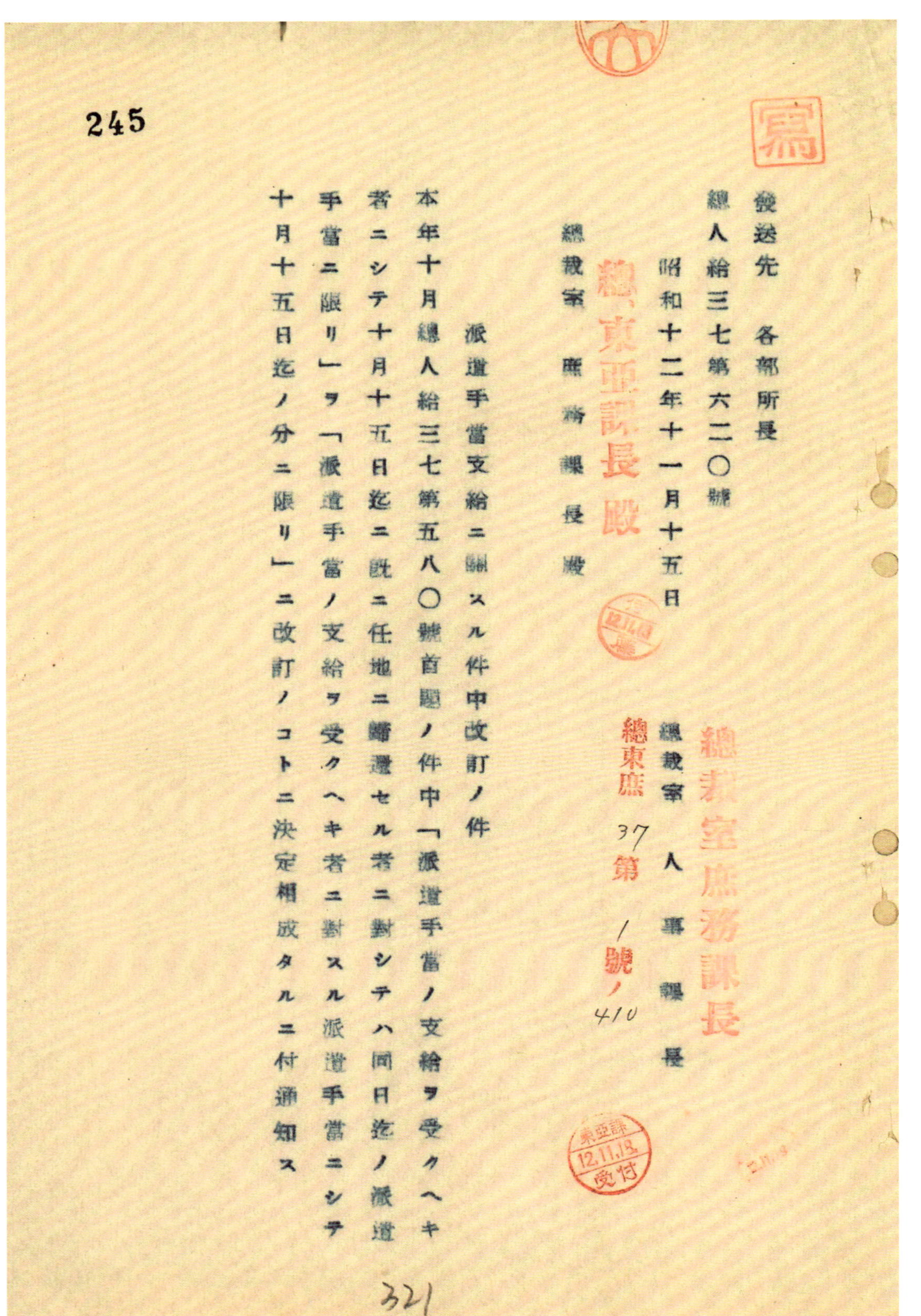
245

寫

發送先 各部所長

總人給三七第六二〇號

昭和十二年十一月十五日

總東亞課長殿

總裁室 庶務課長殿

總裁室庶務課長

總裁室 人事課長

總東庶37第1號ノ410

派遣手當支給ニ關スル件中改訂ノ件

本年十月總人給三七第五八〇號首題ノ件中「派遣手當ノ支給ヲ受クヘキ者ニシテ十月十五日迄ニ既ニ任地ニ歸還セル者ニ對シテハ同日迄ノ派遣手當ニ限リ」ヲ「派遣手當ノ支給ヲ受クヘキ者ニ對スル派遣手當ニシテ十月十五日迄ノ分ニ限リ」ニ改訂ノコトニ決定相成タルニ付通知ス

東亞課 12.11.18 受付

321

总裁室人事课长关于修改七七事变相关社员工资处理办法部分条款事致总裁室庶务课长的函
（一九三七年十一月十八日）

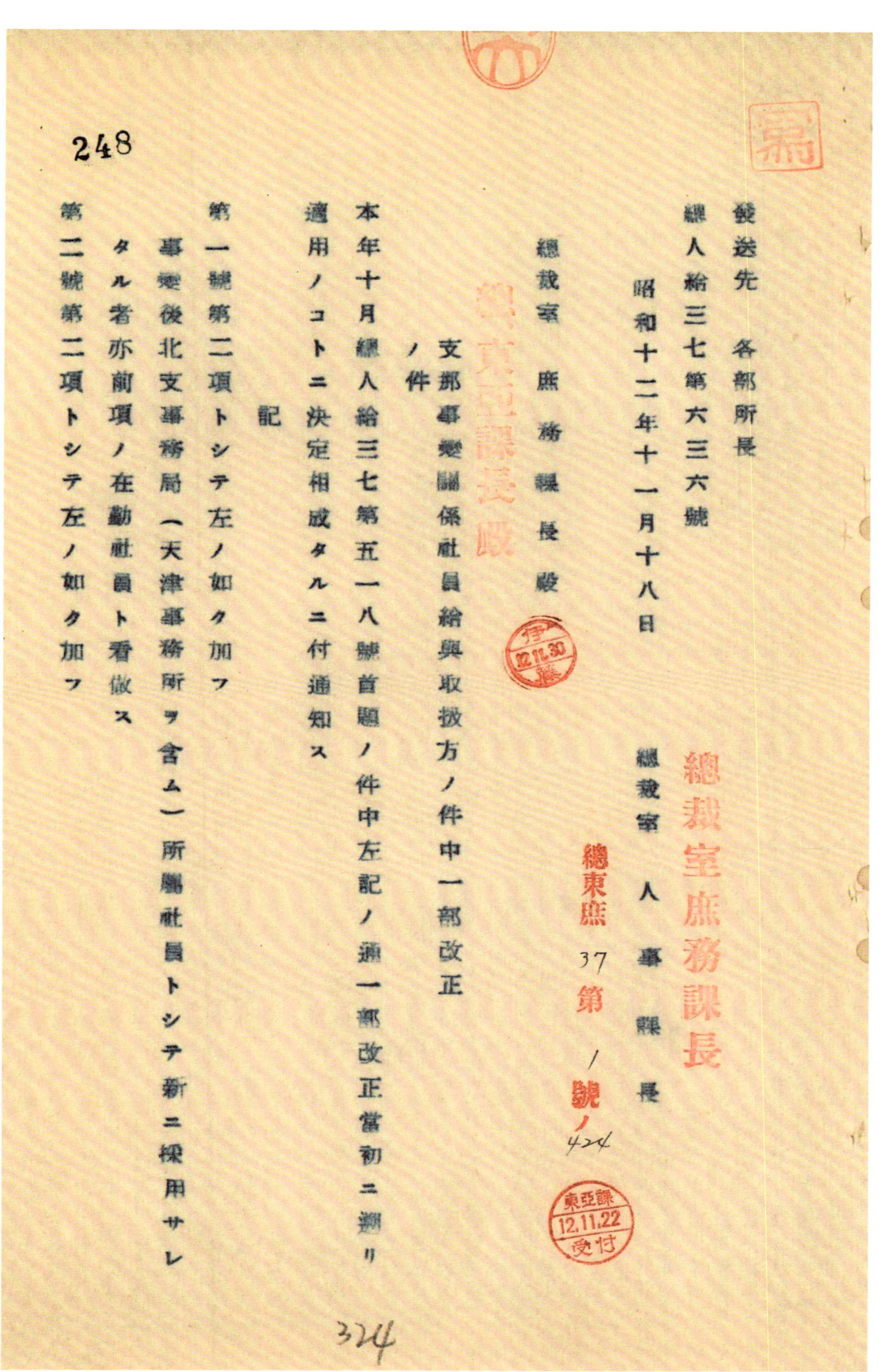

248

發送先　各部所長

總人給三七第六三六號

昭和十二年十一月十八日

總裁室　人事課長

總東庶37第1號ノ424

總裁室　庶務課長殿

支那事變關係社員給與取扱方ノ件中一部改正ノ件

本年十月總人給三七第五一八號首題ノ件中左記ノ通一部改正當初ニ遡リ適用ノコトニ決定相成タルニ付通知ス

記

第一號第二項トシテ左ノ如ク加フ

事變後北支事務局（天津事務所ヲ含ム）所屬社員トシテ新ニ採用サレタル者亦前項ノ在勤社員ト看做ス

第二號第二項トシテ左ノ如ク加フ

324

249

前項但書ノ期間ト雖其ノ受クヘキ旅費日額カ事變手當ヨリ低額ナル場合ハ旅費日額ヲ支給セス所定ノ事變手當ヲ支給スルコトヲ得

第四號第一項中「六十一日目ヨリ」ノ次ニ「派遣地滞在中」ヲ加フ

第四號第三項トシテ左ノ如ク加フ

第一項ノ派遣地トハ鐵道現業機關（驛、區、列車警備、鳩連絡、自動車乘務又ハ以上ニ準スル機關ヲ謂フ以下同）ノ業務ニ從事スル者ニ在リテハ北支一帶、通州建設事務所ノ業務ニ從事スル者ニ在リテハ其ノ建設區間、其ノ他ノ者ニ在リテハ主タル派遣地（派遣替ヲ命セラレタルトキヲ含ム）ヲ謂フ

第五號ノ三トシテ左ノ如ク加フ

派遣社員ニシテ普通旅費日額相當額ヨリ低キ派遣手當ノ支給ヲ受クヘキ者ト雖左ノ日數ニ對シテハ普通旅費日額相當額ヲ派遣手當トシテ支給スルコトヲ得

(イ)北支内ニ於ケル派遣地外ヘノ旅行日數（派遣地歸着當日及派遣替ノ場合ヲ除ク）

325

(ロ)派遣又ハ歸任ノ爲ノ任地派遣地間往復旅行日數（任地歸著當日ヲ除ク）

(ハ)特ニ指定シタル者ニ限リ派遣地滯在中ノ日數

前項(ハ)ニ該當スル指定ハ派遣用務ノ性質、旅行ノ實際等ヨリシテ減縮派遣手當ヲ以テシテハ用務遂行上支障アリト認メタル者ニ限リ北支事務局長之ヲ爲スモノトシ該指定ヲ爲シタルトキハ適宜ノ方法ニヨリ證明スルト共ニ出張報告及出張日程明細表ニ其ノ旨記入セシムルモノトス

前項ノ指定ヲ受ケムトスルモノハ本人ヨリ北支事務局長宛申シ出スルコトヲ要ス

第六號中「第四號乃至第五號中」ヲ「前各號中」ニ改ム

第十二號中「鐵道現業從事員（驛區從事員及列車其ノ他ノ警備從事員竝自動車從事員等ヲ謂フ以下同）」ヲ「鐵道現業機關從事員」ニ改ム

326

总裁室人事课长关于北支事务局兼职社员因公外出时根据七七事变相关社员薪酬处理方法支付薪酬事致总裁室庶务课长的电文（一九三七年十二月四日）

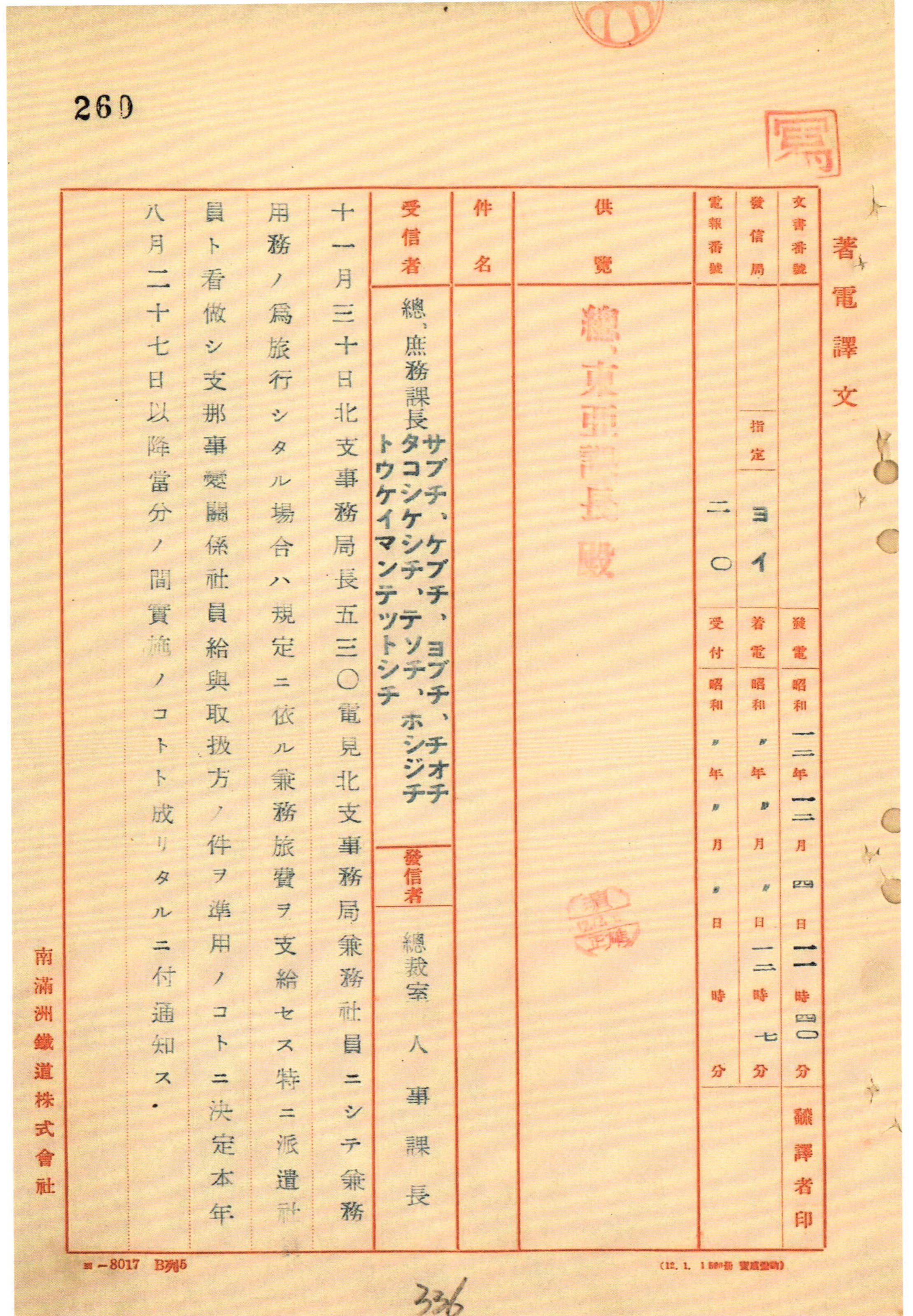

260

著電譯文

文書番號	發信局	指定	電報番號
		ヨイ	二〇

發電 昭和一二年一二月四日一一時四〇分
着電 昭和〃年〃月〃日一二時七分
受付 昭和〃年〃月〃日 時 分
飜譯者印

供覽：總、東亞課長殿

件名：

受信者：總、庶務課長 サブチ、ケブチ、ヨブチ、チオチ タコシケシチ、テソチ、ホシジチ トウケイマンテツトシチ

發信者：總裁室人事課長

十一月三十日北支事務局長五三〇電見北支事務局兼務社員ニシテ兼務用務ノ爲旅行シタル場合ハ規定ニ依ル兼務旅費ヲ支給セス特ニ派遣社員ト看做シ支那事變關係社員給與取扱方ノ件ヲ準用ノコトニ決定本年八月二十七日以降當分ノ間實施ノコトト成リタルニ付通知ス．

南滿洲鐵道株式會社

336

总裁室人事课长关于修改专科以上学历新员工实习工资支付办法事致总裁室庶务课长的函（一九三七年十二月八日）

261

寫

總・會計課長

發送先　各部所長

總人給三七第七二一號

昭和十二年十二月八日

總裁室　人　事　課　長

總裁室　庶　務　課　長　殿

總東庶 37 第 1 號 4/84

東亞課 12.12.17 受付

專門學校以上卒業新入社員ニ對スル實習手當支給方ノ件

本年七月七日附總人給三七第二七三號首題ノ件中左記ノ通一部改正相成タルニ付通知ス

記

四本手當ハ所屬經費（雜手當）支辨トシ支給ニ關シテハ旅費規程ヲ準用ス、但シ任地歸著ノ日ト雖本手當ハ全額支給ス

337

总裁室人事课长关于通知服兵役社员身份认定及工资处理办法事致总裁室庶务课长的函（一九三七年十二月二十四日）

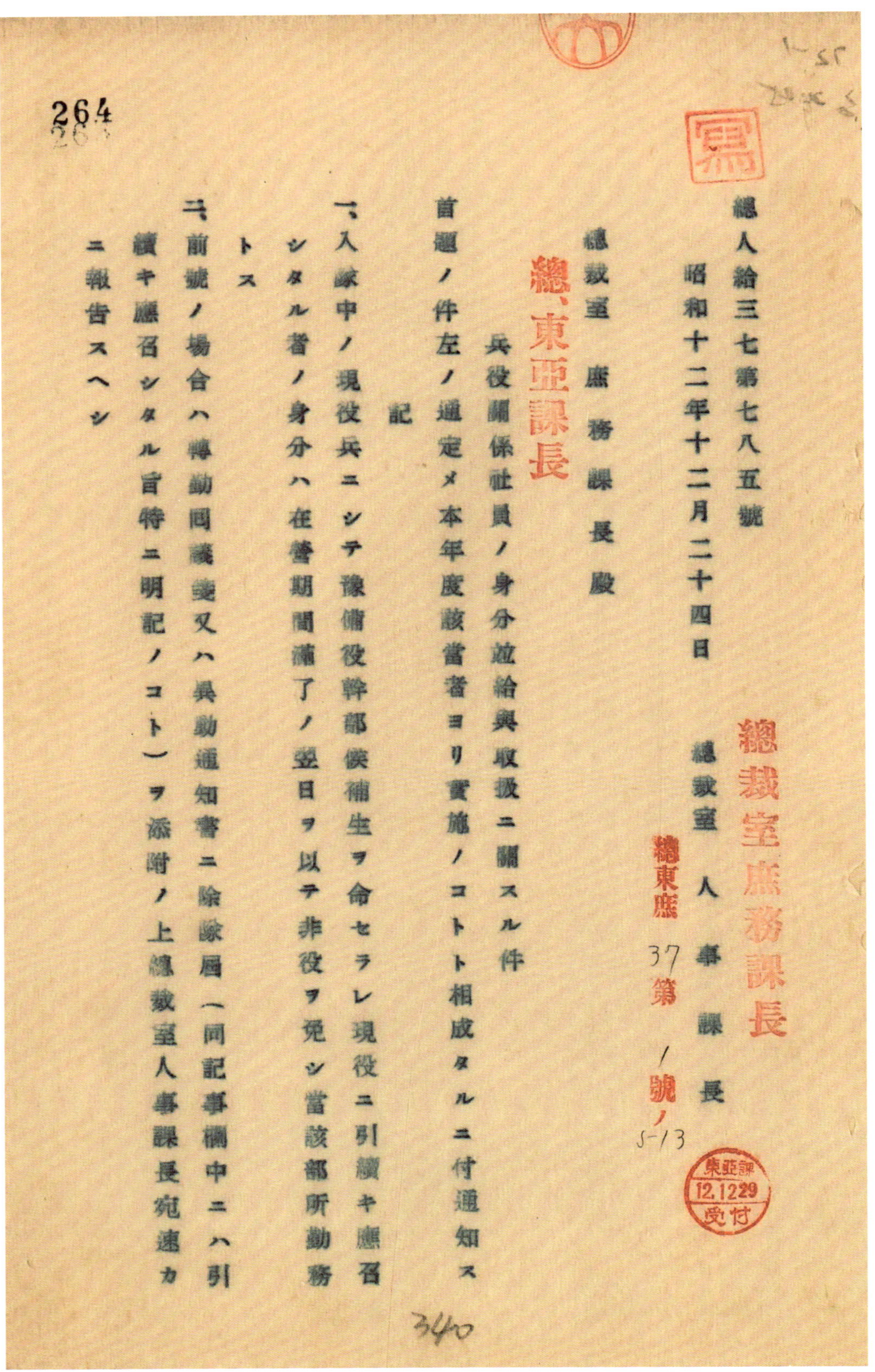

264

總人給三七第七八五號

昭和十二年十二月二十四日

總裁室人事課長

總裁室庶務課長殿

總、東亞課長

總裁室庶務課長

總東庶 37第 1號ノ 5-13

東亞課 12.12.29 受付

兵役關係社員ノ身分竝給與取扱ニ關スル件

首題ノ件左ノ通定メ本年度該當者ヨリ實施ノコトト相成タルニ付通知ス

記

一、入隊中ノ現役兵ニシテ豫備役幹部候補生ヲ命セラレ現役ニ引續キ應召シタル者ノ身分ハ在營期間滿了ノ翌日ヲ以テ非役ヲ免シ當該部所勤務トス

二、前號ノ場合ハ轉勤同議書又ハ異動通知書ニ除隊屆（同記事欄中ニハ引續キ應召シタル旨特ニ明記ノコト）ヲ添附ノ上總裁室人事課長宛速カニ報告スヘシ

340

265

三、第一號該當者ノ應召期間ハ（所定復路日數ヲ含ム）缺勤扱トシ其ノ給與取扱方ハ「社員兵役關係者ニ對スル給與取扱規程」第四條ヲ準用ス

四、前各號ニ定ナキ事項ニ關シテハ兵役關係規程ヲ準用ス

341

总裁室人事课长关于规定因业务需要离岗社员之考勤办法事致总裁室庶务课长的函（一九三七年十二月二十四日）

263

寫

寫　　滿鐵社員會幹事長

發送先　各部所長

總人給三七第七八四號

昭和十二年十二月二十四日

總東庶 37 第 1 號ノ5-14

總裁室　人事課長

總裁室庶務課長

總裁室　庶務課長殿

總、東亞課長殿

社員會用務ノ爲社務ヲ離レタル社員ニ對シ出勤扱ノ件

十二月二十二日社庶一二第二一號七ノ一ヲ以テ社員會幹事長ヨリ申請アリタル北支開發滿鐵案ノ中央情勢經過說明並之ニ對スル社員會打合會ニ社務ヲ離レ出席スル社員會役員又ハ之カ代理者ニ對シテハ所要日數ニ限リ出勤扱ノコトニ詮議アリタルニ付通知ス

追而本出勤扱ヲ受ケタル社員ニ對シテハ所屬氏名及期間ヲ遲滯ナク總裁室人事課長宛報告相成度

12.12.29 受付

339

总裁室人事课长关于向华北派遣宣抚人员支付派遣津贴事致财务部长、其他各部部长的电文（一九三八年一月十六日）

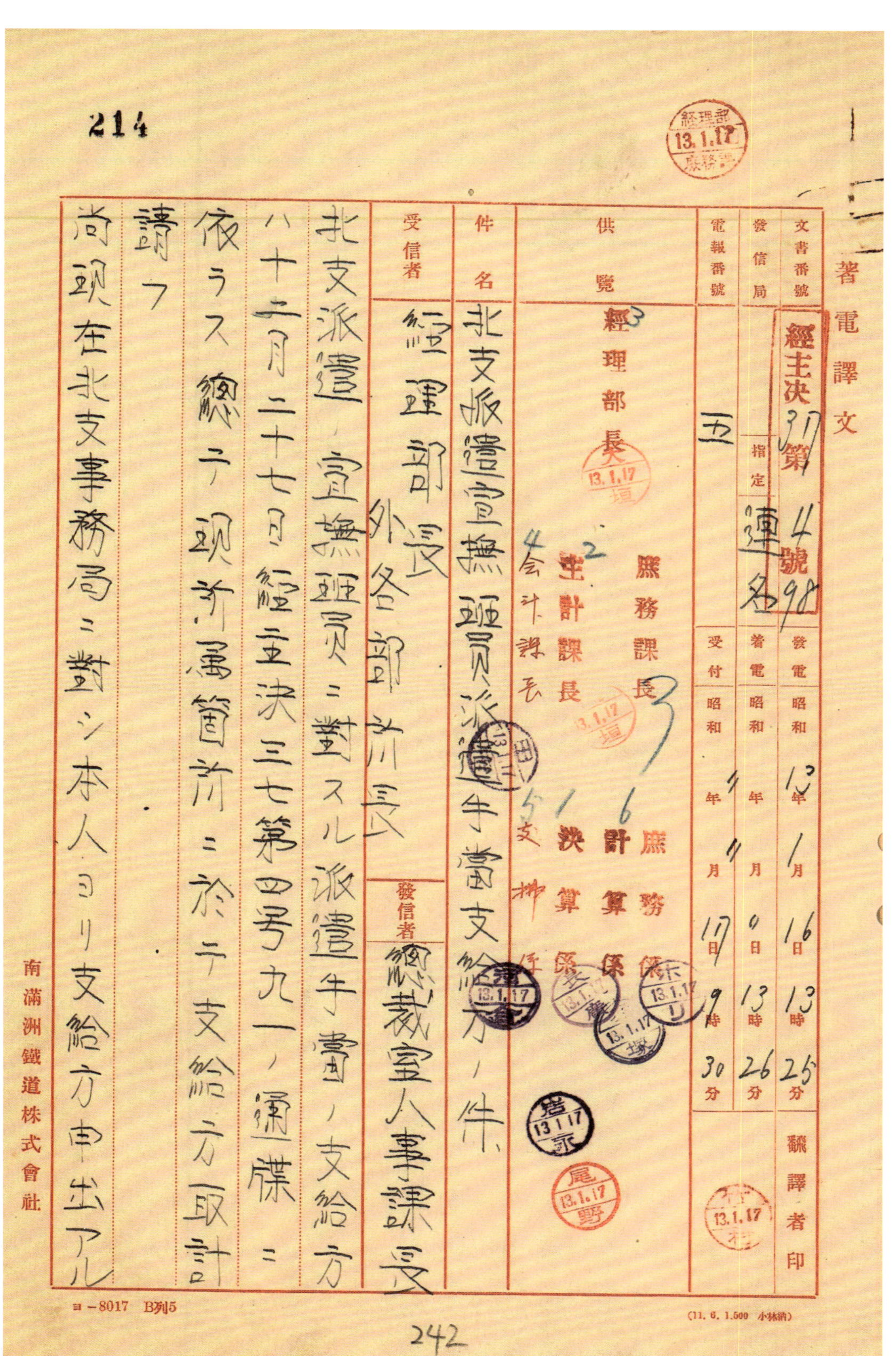

214

著電譯文

文書番號	經主決37第4號98
發信局	
電報番號	五
指定	連名
發電	昭和13年1月16日13時25分
著電	昭和 年1月 日13時26分
受付	昭和 年 月17日9時30分

供覽：經理部長　庶務課長　主計課長　會計課長　庶務係　計算係　決算係　支拂係

件名：北支派遣宣撫班員派遣手當支給方ノ件

受信者：經理部長　外各部所長

發信者：總裁室人事課長

北支派遣ノ宣撫班員ニ對スル派遣手當ノ支給方ハ十二月二十七日經主決三七第四号九一ノ通牒ニ依ラス總テ現所属箇所ニ於テ支給方取計請フ

尚現在北支事務局ニ對シ本人ヨリ支給方申出アル

南滿洲鐵道株式會社

ヨ－8017　B列5　　(11. 6. 1.500 小林納)

242

215

ニ就キ支拂依頼手配願フ。

南滿洲鐵道株式會社

ヨ-0003 B列5 (12.10.20,000冊 滿日社納)

243

总裁室人事课长关于通知离职（死亡）人员处理办法事致总裁室庶务课长的函（一九四〇年二月九日）

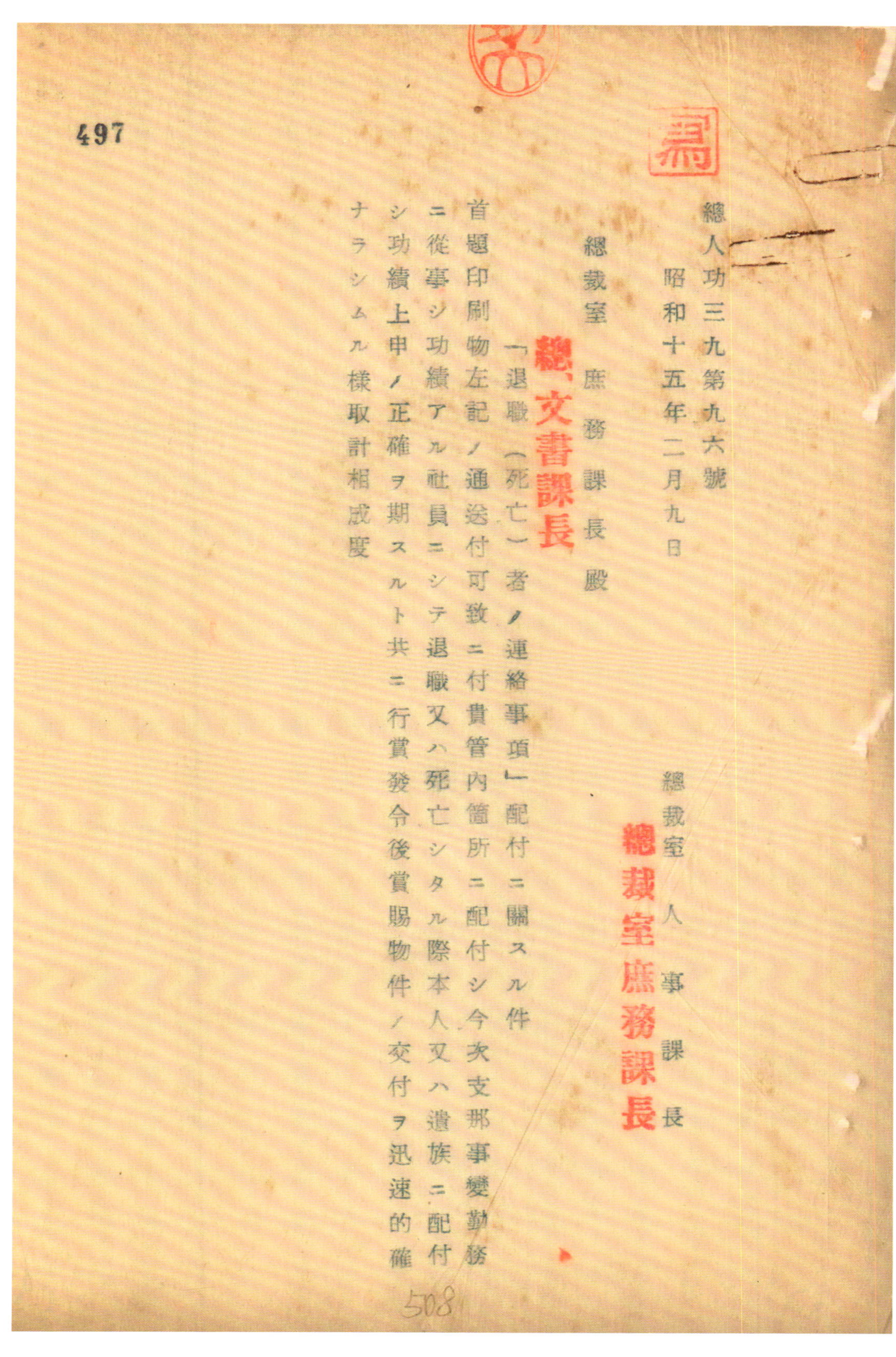

497

總人功三九第九六號

昭和十五年二月九日

總裁室人事課長

總裁室庶務課長殿

總、文書課長

「退職（死亡）者ノ連絡事項」配付ニ關スル件

首題印刷物左記ノ通送付可致ニ付貴管内箇所ニ配付シ今次支那事變勤務ニ従事シ功績アル社員ニシテ退職又ハ死亡シタル際本人又ハ遺族ニ配付シ功績上申ノ正確ヲ期スルト共ニ行賞發令後賞賜物件ノ交付ヲ迅速的確ナラシムル様取計相成度

508

附：离职（死亡）人员联络事项

498

497

退職（死亡）者ノ連絡事項

満鐵總裁室人事課功績調査班

昭和十二年七月七日以後ノ事變勤務ニ從事シ功績アル者ニ對シ後日何分ノ御沙汰アルヤノ趣ニ付功績上申ノ正鵠ヲ期スルト共ニ行賞發令ノ曉ニ於テ賞賜物件ノ交付ヲ迅速的確ナラシムル等必要アルニ付退職又ハ死亡後左記各號ノ異動事項發生シタルトキハ其ノ事由及年月日竝在社當時ノ所屬氏名ヲ明記シ其ノ都度速ニ本人又ハ遺族ヨリ當班宛確實ニ通報相成度

左記

一、本籍地又ハ居住所ヲ異動セルトキ

二、官、位、勳、功、爵、氏名ニ異動アリタルトキ

三、死亡シタルトキ

四、生死（所在）不明トナリ又ハ生死（所在）不明ノ者生死（所在）判明シ若ハ失踪宣告確定シタルトキ

五、刑事事件ニ關シ起訴セラレ又ハ拘禁留置中ノ者ニシテ無罪若ハ免訴ノ言渡ヲ受ケ其ノ裁判確定シ又ハ放免セラレタルトキ

六、處刑セラレタルトキ

七、刑ノ執行猶豫中ノ者ニシテ猶豫ノ期間ヲ經過シタルトキ又ハ猶豫ノ言渡ヲ取消サレタルトキ

八、退職後再ビ軍、官廳、會社等ニ於テ事變勤務ニ從事セルトキ（通報ノ際軍、官廳、會社名等ヲ附記スルコト）

九、遺族（相續人但シ二人以上アル場合ハ其ノ代表者）ニ於テ第一號乃至第四號（除官位勳功爵）ノ異動アリタルトキ

（註）氏名、本籍、本人死亡ノ異動報告ニハ戶籍抄本ヲ添附セラレ度

509

十一、总裁室东亚课

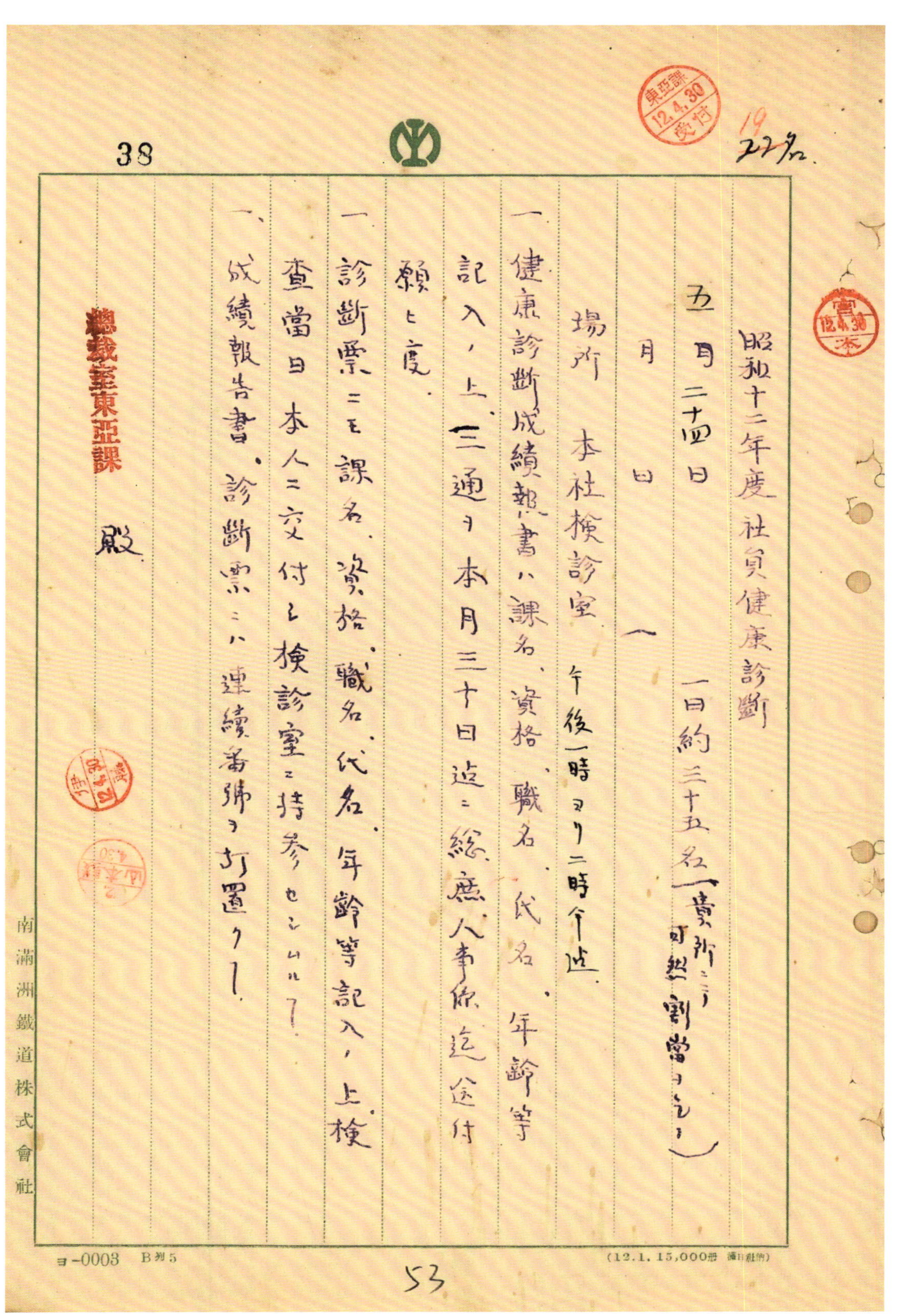

38

東亞課 12.4.30 受付

19 22名

昭和十二年度社員健康診斷

五月二十四日　一日約三十五名（貴所ニテ可然割當ヲ乞フ）

月　日　一

場所　本社検診室　午後一時ヨリ二時迄

一、健康診斷成績報告書ハ課名、資格、職名、氏名、年齢等記入ノ上、三通ヲ本月三十日迄ニ総庶人事係迄送付願ヒ度。

一、診斷票ニモ課名、資格、職名、氏名、年齢等記入ノ上検査當日本人ニ交付シ検診室ニ持参セシムルコト

一、成績報告書・診斷票ニハ連續番號ヲ打置クベシ

總裁室東亞課　殿

南滿洲鐵道株式會社

ヨ-0003　B列5　(12.1.15,000冊)

53

总裁室东亚课一九三七年度社员体检报告书（一九三七年五月）

社員健康診斷成績報告書

所屬 總.東亞課　　昭和12年5月　日　　檢査醫

番號	資格	職名	氏名	年齡	一般成績	視器成績	聽器成績	視力 裸眼 左	視力 裸眼 右	視力 矯正 左	視力 矯正 右	辨色力	聽力	要治療疾患	其ノ他ノ疾患	備考
1	參事	課長	宮本通治	34												
2	副參事	主任	伊藤武雄	38												
3	職員	〃	山本紀平	30												
4	〃		濱正雄	32												
5	〃		外山軍一	43												
6	〃		藤原鉄造	40												
7	〃		村上國平	31												
8	〃		濱田常勝	33												
9	〃		上井孝	31												
10	〃		那須泰门	21												
11	〃		野路武敏	24												
12	〃		田中太郎	28												
13	〃		向島孝	27												39
14	雇員	事務助手	德永勝武	25												
15	〃	〃	溝口初芳	23												

ヨチ—5412　B列5　　54　　(11. 9. 20,000枚 西川印)

社員健康診斷成績報告書

所屬 總。東亞課　　昭和12年5月　日　　檢查醫

番號	資格	職名	氏名	年齡	一般成績	視器成績	聽器成績	視力 裸眼 左	視力 裸眼 右	視力 矯正 左	視力 矯正 右	辨色力	聽力	要治療疾患	其ノ他ノ疾患	備考
16	[illegible]	[illegible]	上迫田貞[illegible]	20												
17	[illegible]	[illegible]	[illegible]北[illegible]濱	18												
18	〃		森田茂夫	17												
19	〃		[illegible]山[illegible]雄	21												
															40	

ヨチ—5412　B列5　　55　　(11. 9. 20,000枚 西川納)

昭和12年度社員健康診断　7月24日執行

1.	宮本	39.11	13.	西島	27.7
2.	伊藤	38.5	14.	鈴木	25.4
3.	山本	30.5	15.	溝口	23.2
4.	濱	32.4	16.	上迫田	20.10
5.	外山	43.2	17.	廿松	18.2
6.	藤原	40.2	18.	森田	17.3
7.	村上	31.6	19.	横山	21.10
8.	濱地	33.11			
9.	土井	31.8			
10.	那須	26.5			
11.	野路	24.11			
12.	田中	28.4			

41

56

南滿洲鐵道株式會社

ヨ-0003　B列5　(11.8.10,000冊 滿日納)

在天津事务所的总裁室东亚课长关于通知于十五日返回大连事致总裁室东亚课长的电文（一九三七年七月十四日）

661

十五日帰任

暗號

著電譯文

文書番號	發信局	電報番號
		一四一

指定 ウナ

發電 昭和　年　月　日 17時　分

着電 昭和12年7月14日22時50分

受付 昭和　年　月　日　時　分

飜譯者印

件名 東亞課長

受信者 東亜課

發信者 天津事務所ニテ 東亜課長

小職明十五日午前六時当地発飛行機ニテ帰連ス、尚軍佐藤大尉同行ス
迎ヘ頼ム 右産業部交通課筆田主任ニモ傳ヘ乞フ。

南滿洲鐵道株式會社

旧-8017 B列5

(11. 1. 1.5000冊 小林納)

676

总裁室东亚课长关于事态严重时保全天津、北平公共设施事致天津事务所长的函（一九三七年七月十七日）

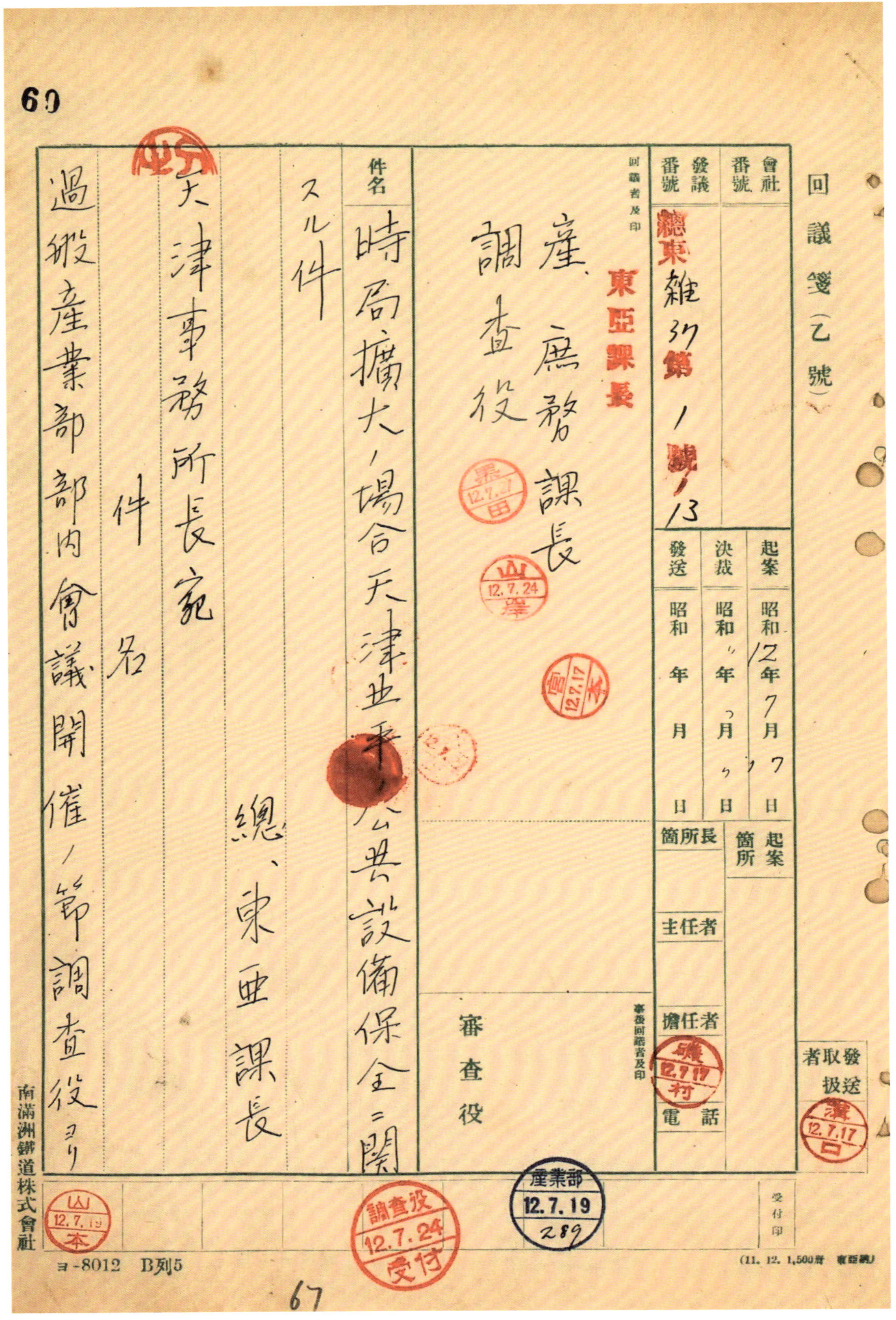
60

回議箋（乙號）

會社番號

發議番號 總東雜37第1號ノ13

回議者及印 東亞課長

産、庶務課長

調査役

起案 昭和12年7月7日

決裁 昭和〃年〃月〃日

發送 昭和　年　月　日

起案箇所

箇所長

主任者

擔任者

電話

發送取扱者

審査役

件名 時局擴大ノ場合天津共事ノ公共設備保全ニ關スル件

天津事務所長宛

總、東亞課長

件名

過般産業部部内會議開催ノ節調査役ヨリ

南滿洲鐵道株式會社

受付印

ヨ-8012　B列5

(11. 12. 1,500冊 東亞課)

67

水道、電気、~~電信~~機関等ノ公共機関ハ第一ノ場合治安維持上軍ニ於テ第一番ニ確保セラルルモノト信ユルモ爾後ノ保全ニ付満鉄ハ他ノ協力ヲ求メラルルモノナラバ之ガ方法派遣人員等ヲ豫確定シ置クヲ必要トスベク當方ニテハ斯ル場合ヲ豫想シテ一応ノプランヲ立テ居ルモ軍ニ於テ別途考慮中ナルヤモ不知ルニ付一応此点確メ何分ノ御回報相煩度

南滿洲鐵道株式會社

总裁室东亚课长关于天津事务所请求连络事致铁道总局长的电文（一九三七年七月三十日）

636

電報回議箋

文書番號	總東庶37第2號ノ64
指定	ウナ・ニ・カ・ム・ニ・ヨイ
電報番號	七七
起案	昭和　年　月　日22時10分
決裁	昭和12年7月30日　時　分
發電	昭和　年　月　日22時30分
起案箇所	
箇所長	
主任者	
擔任者	
電話	
回議者印	東亜課長
件名	
宛名	鐵道総局長
發信者	東亜課長

左記天津事務所長ヨリ連絡依頼アリタ

イ、昨十八时帰来セルモノ（東站総計）

イ、東站駅務関係二十三名（内負傷一名）

ロ、同機務関係三十名

ハ、列車区関係三名

南滿洲鐵道株式會社

ヨ-8016　B列5

(10. 8. 2.000冊 實成堂承)

651

637

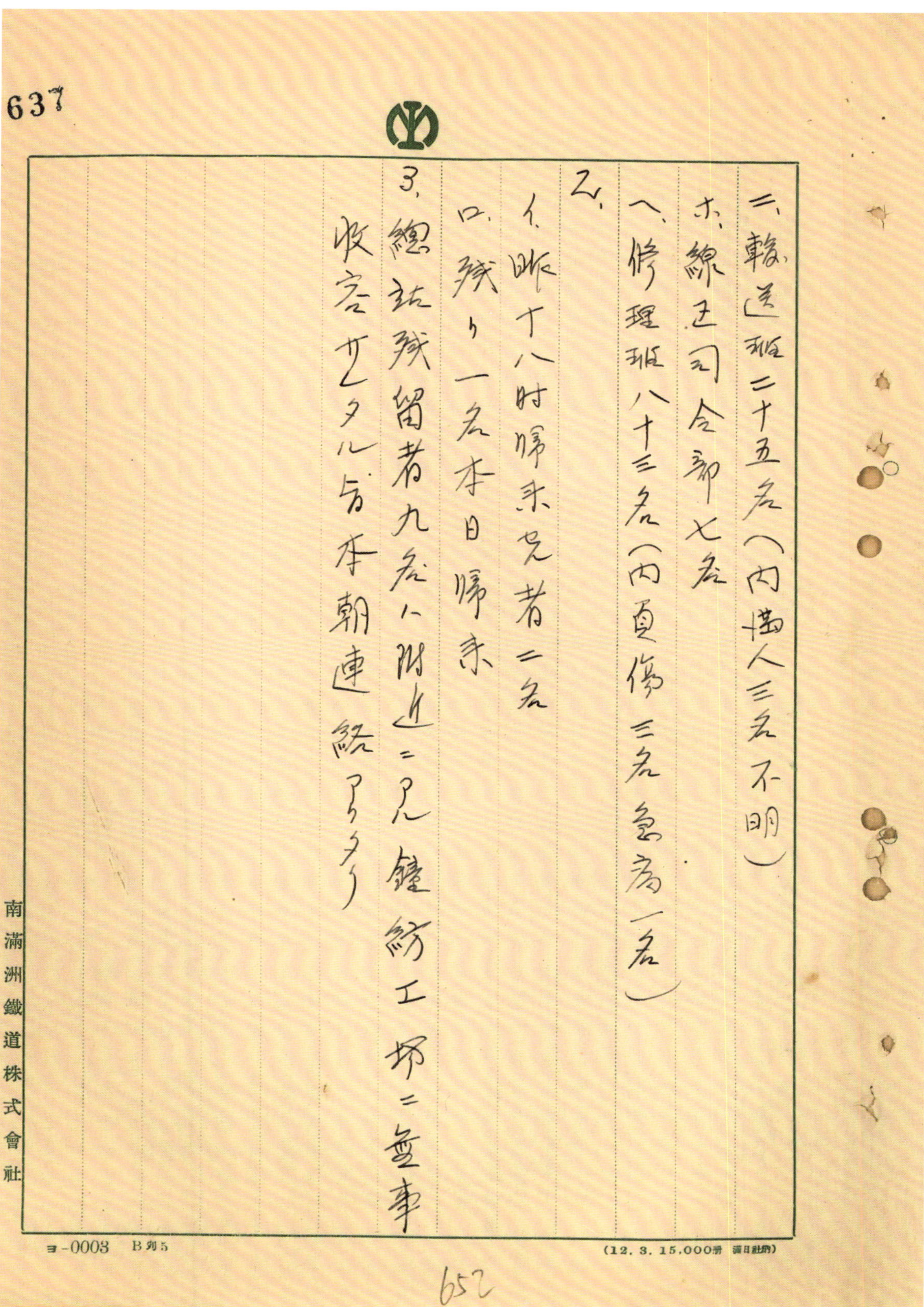

二、輸送班二十五名（内満人三名不明）

ホ、線区司令部七名

ヘ、修理班八十三名（内負傷三名急病一名）

乙、

イ、昨十八時帰来セル者二名

ロ、残リ一名本日帰来

3、総站残留者九名ハ附近ニアル鐘紡工場ニ無事

収容サレタル旨本朝連絡アリタリ

南滿洲鐵道株式會社

ヨ-0003　B列5　　(12. 3. 15.000冊 滿日社印)

652

总裁室东亚课长、天津事务所长等关于时局严峻望为国效力事的往来电文

总裁室东亚课长致天津事务所长电（一九三七年七月三十一日）

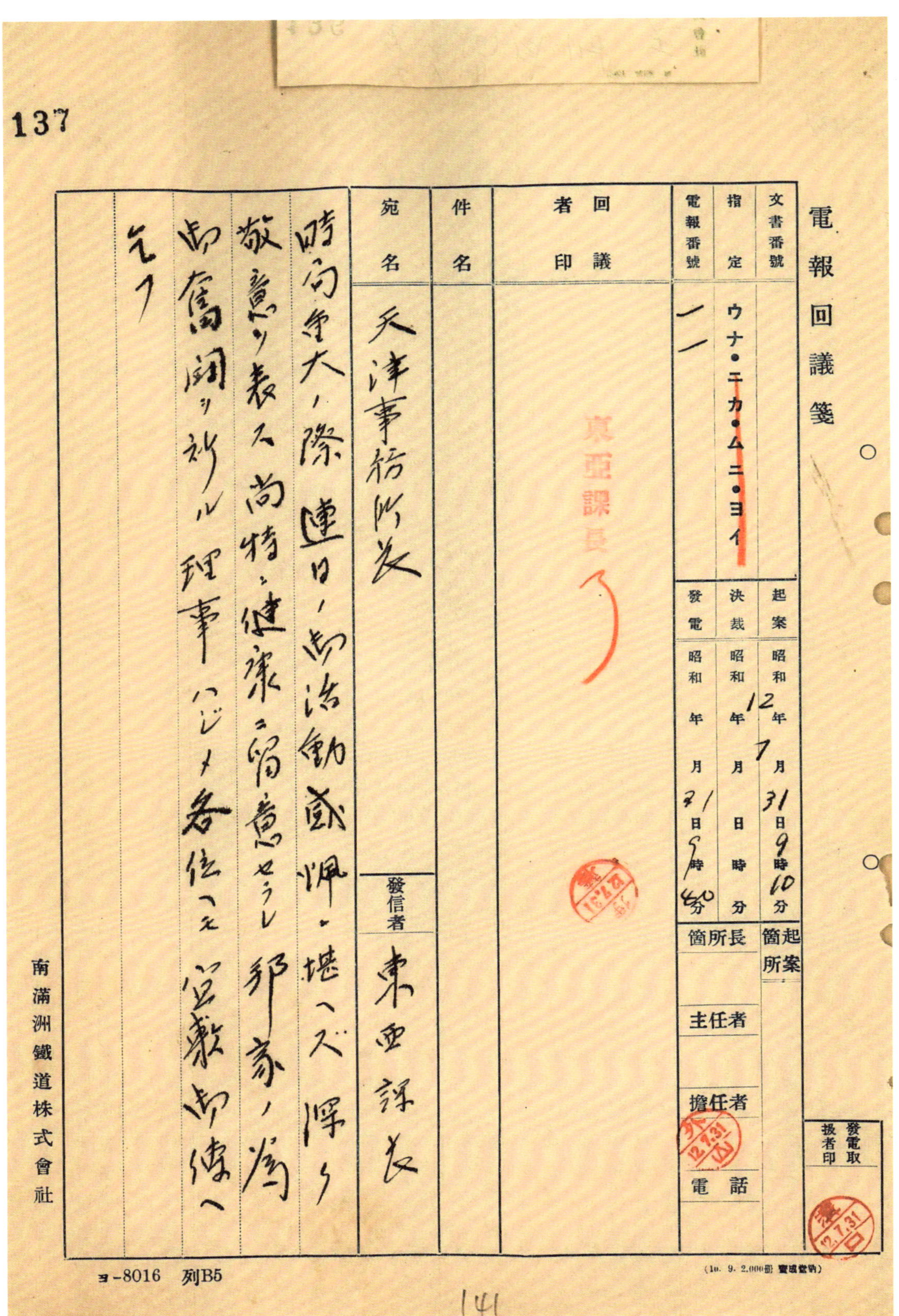
137

電報回議箋

文書番號	指定	電報番號
	ウナ・ニカ・ムニ・ヨイ	一一

起案	決裁	發電
昭和12年7月31日9時10分	昭和　年　月　日　時　分	昭和　年　月31日9時40分

宛名：天津事務所長

件名：

回議者印：東亜課長

發信者：東亜課長

時局重大ノ際連日ノ御活動感佩ニ堪ヘズ深ク敬意ヲ表ス尚特ニ健康ニ留意セラレ邦家ノ為御奮闘ヲ祈ル理事ハジメ各位ヘモ宜敷御傳ヘ乞フ

起案箇所：　箇所長：　主任者：　擔任者：　電話：　發電取扱者印：

南滿洲鐵道株式會社

ヨ-8016　列B5　（10．9．2,000冊　滿洲書籍）

141

总裁室庶务课长致总裁室东亚课长电（一九三七年八月十二日）

68

著電譯文

文書番號	發信局	電報番號
13五五	新京	公一〇六

指定

供覽

人事課長
東亞課長

8月13日別途寫送付濟ミ

發電	着電	受付
昭和12年8月12日13時56分	昭和〃年〃月〃日14時35分	昭和〃年〃月〃日16時45分

飜譯者印

件名

受信者 東亞課長

發信者 日滿商事庶務課長

貴下宛時局ニ関スル貴社天津事務所長発電拝承」弊社員時局関係事務ニ協力ノ件、委細了承」天津事務所長ニ右傳ヘラレ度シ」

南滿洲鐵道株式會社

ヨ－8017 B列5 (12. 1. 1.5000冊 東京堂刷)

69

总裁室东亚课长、财务部会计课长关于请安排管区驻在员及其家属撤离并发放补贴事致上海事务所长的函

（一九三七年八月三日）

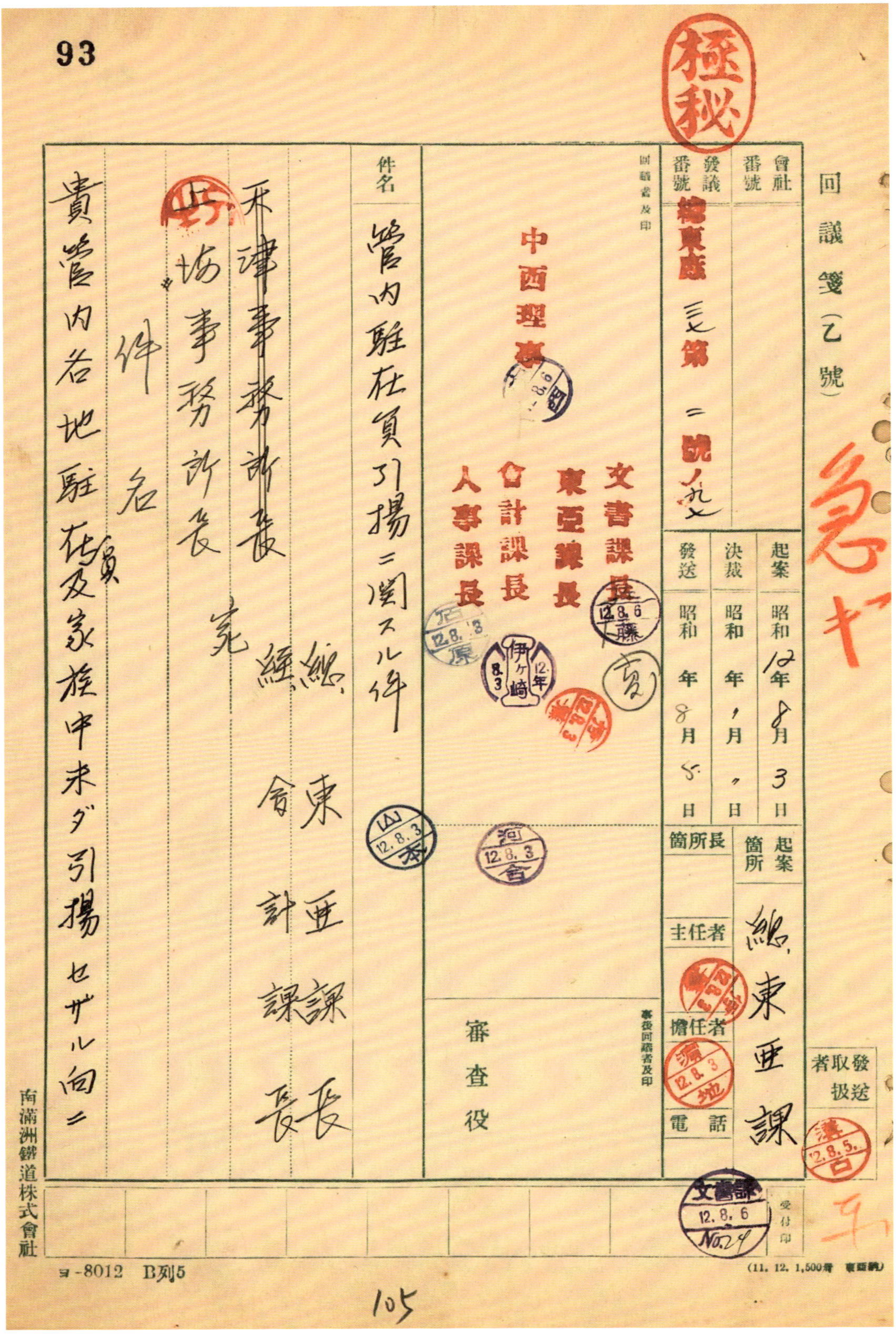

93

回議箋（乙號）

極秘

急ギ

會社番號	發議番號	回議者及印
	總東庶 三七第二號ノ九七	中西理事　文書課長　東亞課長　會計課長　人事課長

起案	決裁	發送
昭和12年8月3日	昭和年8月7日	昭和年8月5日

起案箇所　總、東亜課

箇所長　主任者　擔任者　電話

發送取扱者

件名　管内駐在員引揚ニ關スル件

審査役

事後回議者及印

~~天津事務所長~~

上海事務所長　殿

總東亜課長

總會計課長

件名

貴管内各地駐在員及家族中未ダ引揚セザル向ニ

受付印

南滿洲鐵道株式會社

ヨ-8012　B列5

105

就テハ通州事件ノ例モアリ軍及外務省関係出先ト連絡ノ上適宜引揚ヲ為サシムルコウ特ニ御配慮相煩度、

尚引揚ゲニ要スベキ資金ハ（一ヶ所金一〇〇〇円程度迄）貴方ニ於テ適宜送金願ヒ度若シ貴方ニテ直接送金困難ナル場合ハ本社其他関係機関ニ協力ヲ求メラレ度念、

南満洲鐵道株式會社

ヨ-0003 B列5 (12. 3. 15,000冊)

总裁室东亚课长关于管区驻在员归国应发放补贴事致上海事务所长的电文（一九三七年八月三日）

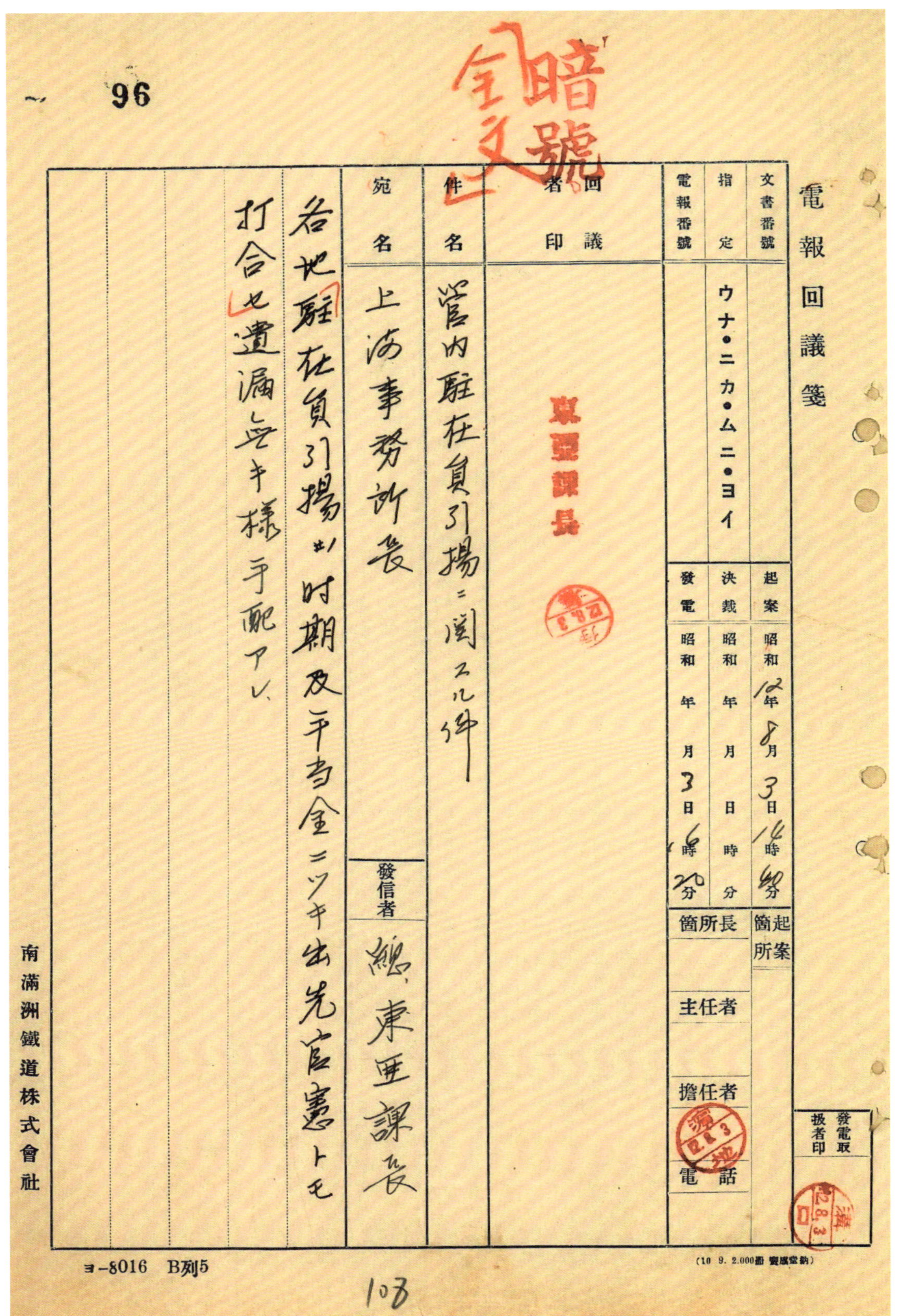

96

暗號

電報回議箋

文書番號	指定	電報番號
	ウナ・ニカ・ムニ・ヨイ	

起案	決裁	發電
昭和12年8月3日14時40分	昭和　年　月　日　時　分	昭和　年　月3日16時20分

回議者印：東亞課長

件名：管内駐在員引揚ニ関スル件

宛名：上海事務所長

發信者：総東亞課長

各地駐在員引揚ノ時期及手当金ニツキ出先官憲トモ打合セ遺漏無キ様手配アレ

南滿洲鐵道株式會社

ヨ-8016 B列5

108

总裁室人事课长、东亚课长关于举办葬礼悼念高桥余庆等六名殉职者事致天津事务所长的电文
（一九三七年八月十四日）

731

寫

東亞課 12.8.14 交付

東亞課主管

電報回議箋

文書番號

指定 ウナ・ニカ・ムニ・ヨイ

電報番號

起案 昭和　年　月　日　時　分

決裁 昭和　年　月　日　時　分

發電 昭和　年　月　日　時　分

起案箇所

箇所長

主任者

擔任者

電話

發電取扱者印

回議者印

件名

宛名 天津事務所長

發信者 人事課長 東亞課長

殉職者高橋餘慶以下六名ノ遺骨明十四日當地到著ノ上ハ常安寺ニ安置シ遺族、近親者竝關係社員（總裁室庶務課、人事課、東亞課、福祉課弘報課及産、農林課）ニ於テ二十日迄通夜ヲナシ二十一日午後三時協和會館ニ於テ天津事務所葬ヲ以テ葬儀執行（葬儀委員長福祉課長）仍テ貴職又ハ代理者參列乞フ若シ業務多忙ノ爲出連不可能ナラハ東亞課

南滿洲鐵道株式會社

ヨ-8016 B列5

747

(10. 8. 2.000冊 ……)

732

長ニ於テ代理スヘキニ付出運ノ能否返乞フ葬儀ニハ末永熊太郎ノ遺族ノミ未定ニテ他ハ全部參列ノ旨通知アリタ

尚九日三四三貫電ノ合同葬儀ノ件錦、齊鐵路局所屬ノ殉難者ニ對シテハ夫々鐵路局葬ヲ執行シ國際運輸ニ於テモ葬儀執行ノ由ニ付當地ノ葬儀ハ貴所屬員ノミノ葬儀ト御了承願度念

748

总裁室东亚课长关于送交粮食及枪支事致上海事务所长的电文（一九三七年八月十九日）

~~23~~ 24

暗號

電報回議箋

文書番號	
指定	
電報番號	ウナ・ニカ・ムニ・ヨイ
起案	昭和　年　月　日　時　分
決裁	昭和　年　月　日　時　分
發電	昭和12年8月19日16時40分
起案箇所	總、東亜課
箇所長	
主任者	
擔任者	
電話	

回議者印：東亜課長

件名：

宛名：上海事務所長

發信者：總、東亜課長

食糧品二〇分及拳銃十挺海軍借上ノ當社小蒸気大連丸便ニテ送ツタ海軍ト打合セ受取ラレ度食糧品ハ日満商事出張中ヘモ分配シ明細書作成送附セラレ度又拳銃ノ輸入許可証ヲ總領事館ヨリ貰ヒ受ケ送付アレ

南滿洲鐵道株式會社

ヨ-8016　B列5

26

总裁室东亚课长关于发放满铁社员自卫用枪炮火药的文件（一九三七年八月二十日）

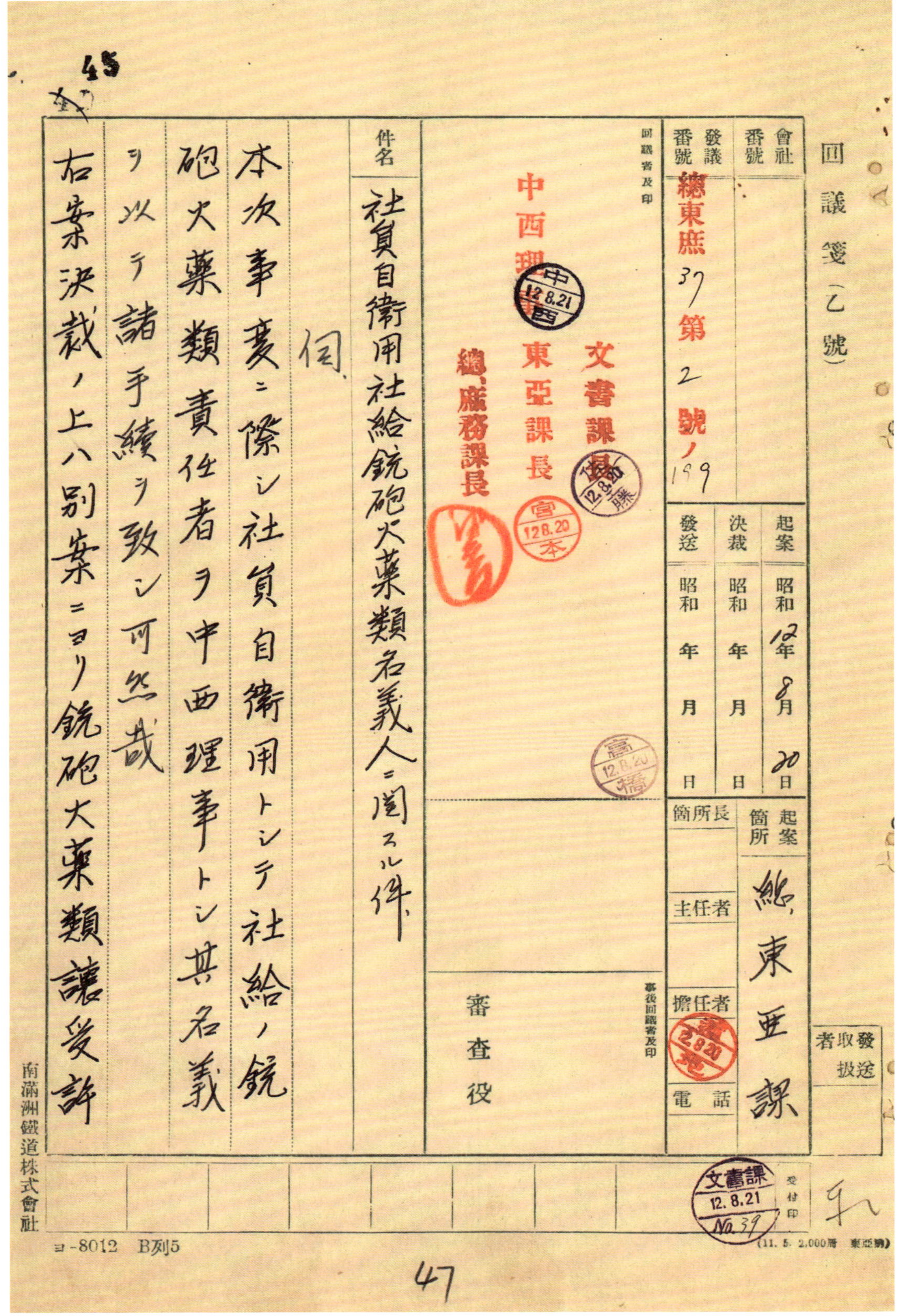
45

回議箋（乙號）

會社番號

發議番號 總東庶37第2號ノ159

起案 昭和12年8月20日

決裁 昭和 年 月 日

發送 昭和 年 月 日

起案箇所 總東亜課

件名 社員自衛用社給銃砲火薬類名義人ニ関スル件

伺

本次事変ニ際シ社員自衛用トシテ社給ノ銃砲火薬類責任者ヲ中西理事トシ其名義ヲ以テ諸手續ヲ致シ可然哉

右案決裁ノ上ハ別案ニヨリ銃砲火薬類讓受許

中西理事

東亜課長

文書課長

總庶務課長

審査役

南滿洲鐵道株式會社

ヨ-8012 B列5

文書課 12.8.21 No.39

47

46

可願ヲ大連警察署長宛提出致シ度

備考

上海事務所ヨリ別添ノ通リ所員自衛用トシテ拳銃並ニ実包ノ請求アリヨツテ不取敢用度事務所ヨリ大連警察署ノ了解ヲ得中西理事名義ヲ以テ拳銃十挺、実包二千発ヲ購入八月十九日大連丸ニテ送附セリ

南滿洲鐵道株式會社

ヨ-0003 B列5 (12. 3. 15,000冊 满日社納)

48

总裁室东亚课长关于通州殉职社员追认军队编制事致天津事务所长的电文（一九三七年八月二十一日）

693

電報回議箋

文書番號

指定 ウナ・ニカ・ムニ・ヨイ

電報番號

起案 昭和12年8月21日14時25分

決裁 昭和 年 月 日 時 分

發電 昭和 年 月 日 時 分

起案箇所

箇所長

主任者

擔任者 濱地 12.8.21

電話

發電取扱者印 濱地 12.8.21

回議者印 東亞課長

件名 通州殉職社員軍属任命ニ関スル件

宛名 天津事務所長

發信者 東亞課長

通州殉職社員軍属任命ノ件ニ関シ東京支社ヨリ左記ノ通電アリ 急

「東京 通州殉職社員軍属任命ノ件、陸軍省補任課ヘ確メタル処本件ハ天津駐屯軍司令官ノ專決事項ニ属シ東京ヘ申請ノ要ナク。且之ニ付何等報告ニモ接シ居ラズトノコト」

南滿洲鐵道株式會社

ヨ-8016 列B5

总裁室东亚课长关于开具手枪借用证书事致满铁运动会射击部干事的函（一九三七年八月二十一日）

31

借用證書

一、拳銃モーゼル形貳號　貳銃番號四九一六〇一號
　　　　　　　　　　　　　　　四九一六〇四號

二、拳銃皮サツク及補助押彈庫（共ニ貳挺分）

右ハ北支事變ノ爲滿鐵社員現場出動勤務ニ當リ是レカ護身用トシテ携行スル爲借用ス就而是レカ事故ヲ生シタルトキハ當課ニ於テ全責任ヲ負フモノトス又著社ト同時ニ返納ヲ致スモノトス以上ノ通實施致スヘキニ付貸與相成度候

昭和十二年八月二十一日

南滿洲鐵道株式會社
總裁室東亞課長　宮本通治

滿鐵運動會射擊部
幹事　石原重高殿

33

在天津事务所的总裁室东亚课长关于东亚课长宫本归任事致总裁室东亚课长的电文（一九三七年八月二十六日）

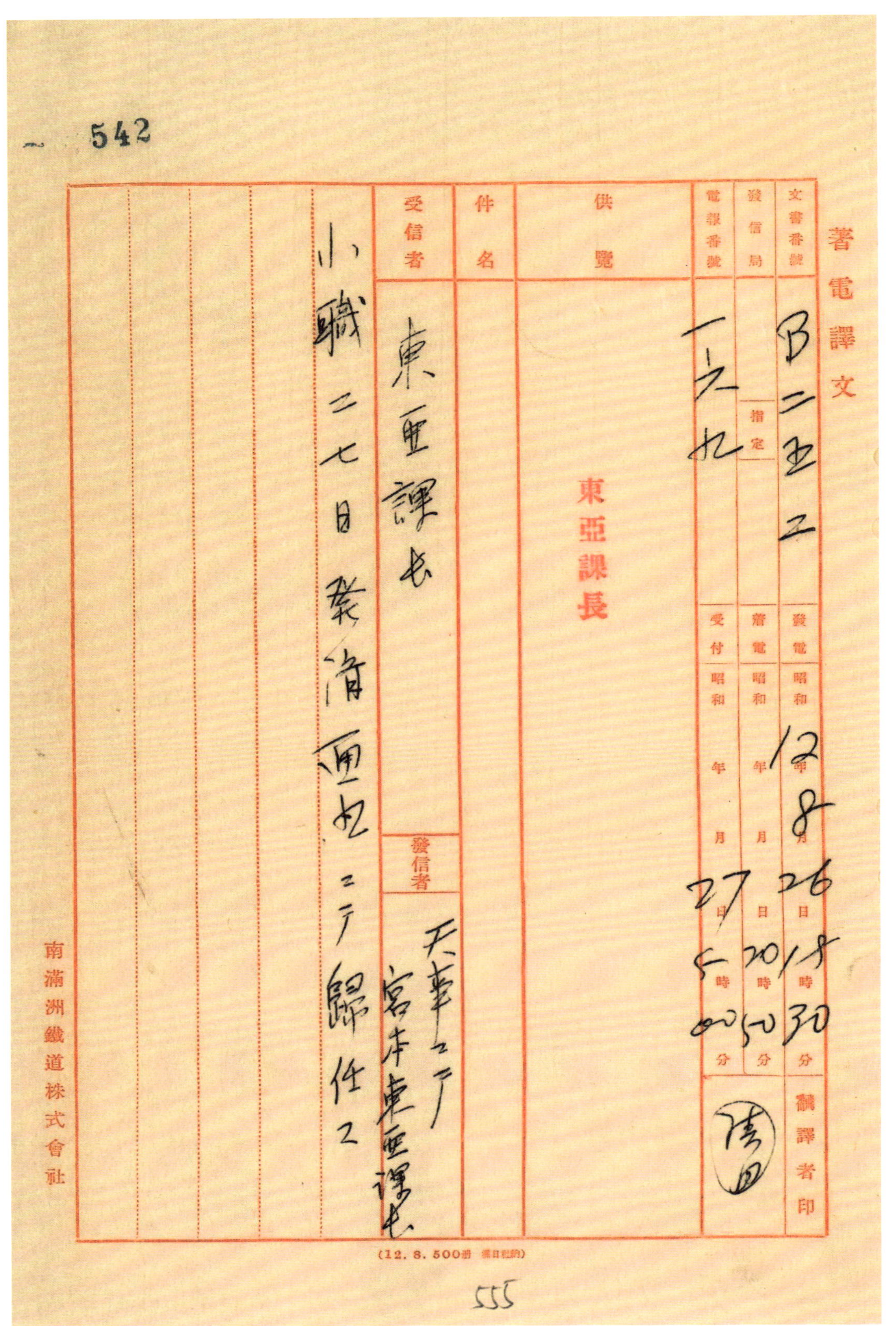
542

著電譯文

文書番號	發信局	電報番號	供覧	件名	受信者
B二五二		一六九	東亞課長		東亞課長

指定

	發電	着電	受付
昭和 年	12		
月	8		
日	26		27
時	18	20	8
分	30	50	00

飜譯者印

發信者 天津ニテ 宮本東亞課長

小職二七日發濟通ニテ歸任ス

南滿洲鐵道株式會社

(12. 8. 500冊)

555

在天津事务所的总裁室东亚课长关于请转告中西理事来津事件已办妥明日返回事致总裁室东亚课长的电文（一九三七年八月二十六日）

550

著電譯文

文書番號	發信局	電報番號	供覽	件名	受信者
B二四九		一七五、	中西理事 人事課長 文書課長		東亜課長

發電 昭和12年8月26日21時0分
着電 昭和年8月26日22時17分
受付 昭和年月27日5時0分

8月27日別途寫送付濟ミ

譯者印：（陳）

發信者：天津東亜課長

左記中西理事ニ傳ヘラレ度シ
来津ノ用件ニツキ軍ノ諒解済ミタリ
小職明日済通セニテ歸任ス

南滿洲鐵道株式會社

（12.8.500冊）

563

总裁室东亚课长关于七艘摩托艇离港事致北支事务局长的电文（一九三七年十月六日）

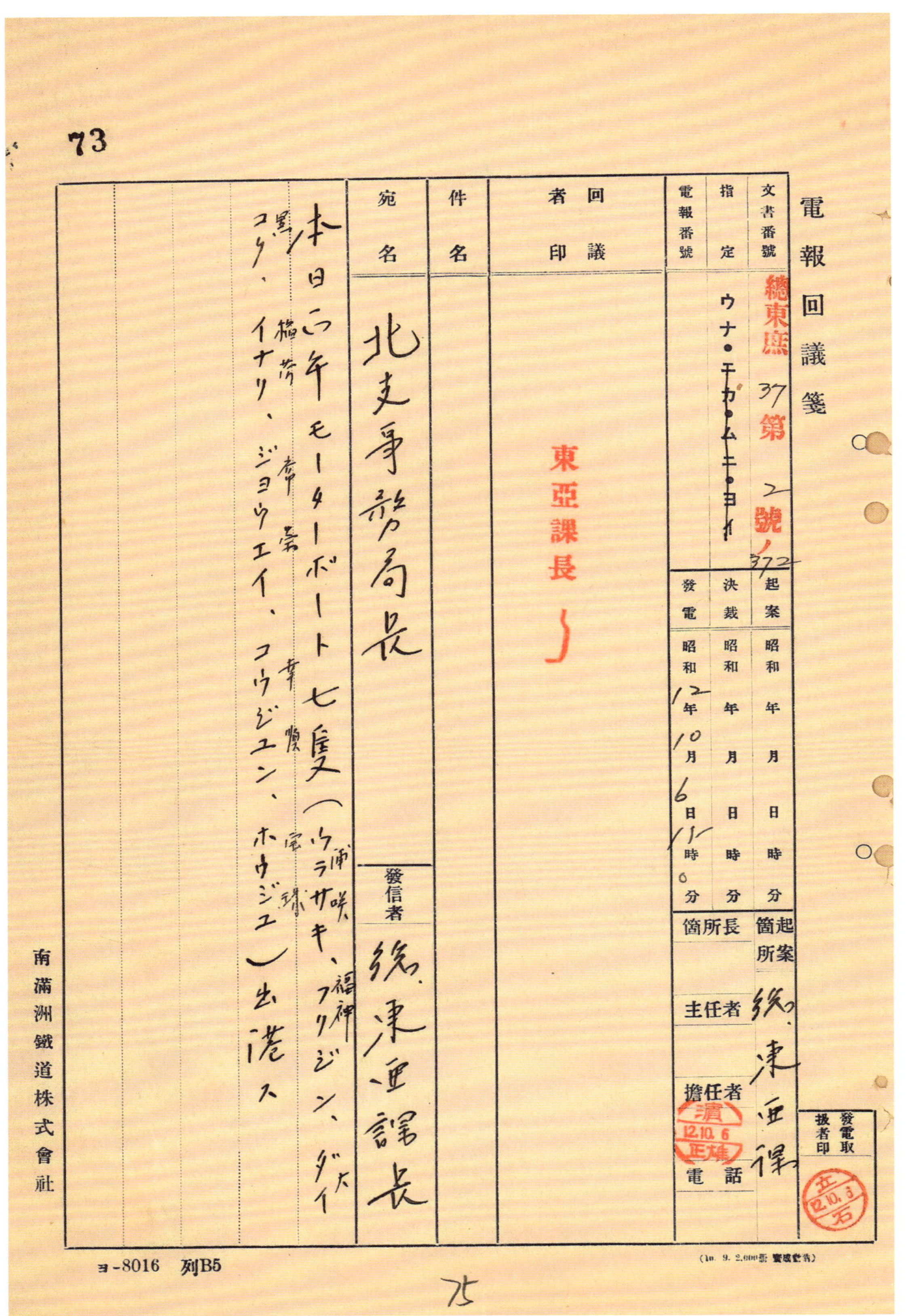

73

電報回議箋

文書番號 總東庶 37 第 2 號ノ372

指定 ウナ・エカ・ムエ・ヨイ

起案 昭和 年 月 日 時 分

決裁 昭和 年 月 日 時 分

發電 昭和 12 年 10 月 6 日 11 時 0 分

回議者印 東亞課長

件名

宛名 北支事務局長

發信者 總、東亞課長

起案箇所 總、東亞課

本日六年モーターボート七隻（浦崎ウラサキ、福神フクジン、大栄ダイエイ、稲荷イナリ、常栄ジヨウエイ、幸運コウウン、寶運ホウウン、黒潮クロシオ、）出港ス

南滿洲鐵道株式會社

ヨ-8016 列B5

75

总裁室东亚课长、北支事务局长、抚顺煤炭庶务课长等关于接收井陉煤矿的往来电文

总裁室东亚课长致北支事务局长电（一九三七年十月七日）

72

電報回議箋

文書番號 總東庶37第2號ノ371

指定 ウナ・ナカ・ムナ・ヨイ

電報番號

回議者印 東亜課長

起案 昭和年月日時分

決裁 昭和年月日時分

發電 昭和12年10月7日16時10分

起案箇所 總、東亜課

箇所長

主任者

擔任者

電話

發電取扱者印

件名

宛名 北支事務局長

發信者 總、東亜課長

石家莊ノ占領モ近ヅキ井陘炭坑ノ接收ニ關シ準備ヲ進ムル必要アルニ就キ本件ニ関スル軍ノ方針ニ就キ充分軍ト打合セノ上至急何分ノ返乞フ

南滿洲鐵道株式會社

ヨ-8016 列B5

74

总裁室东亚课长致北支事务局长电（一九三七年十月八日）

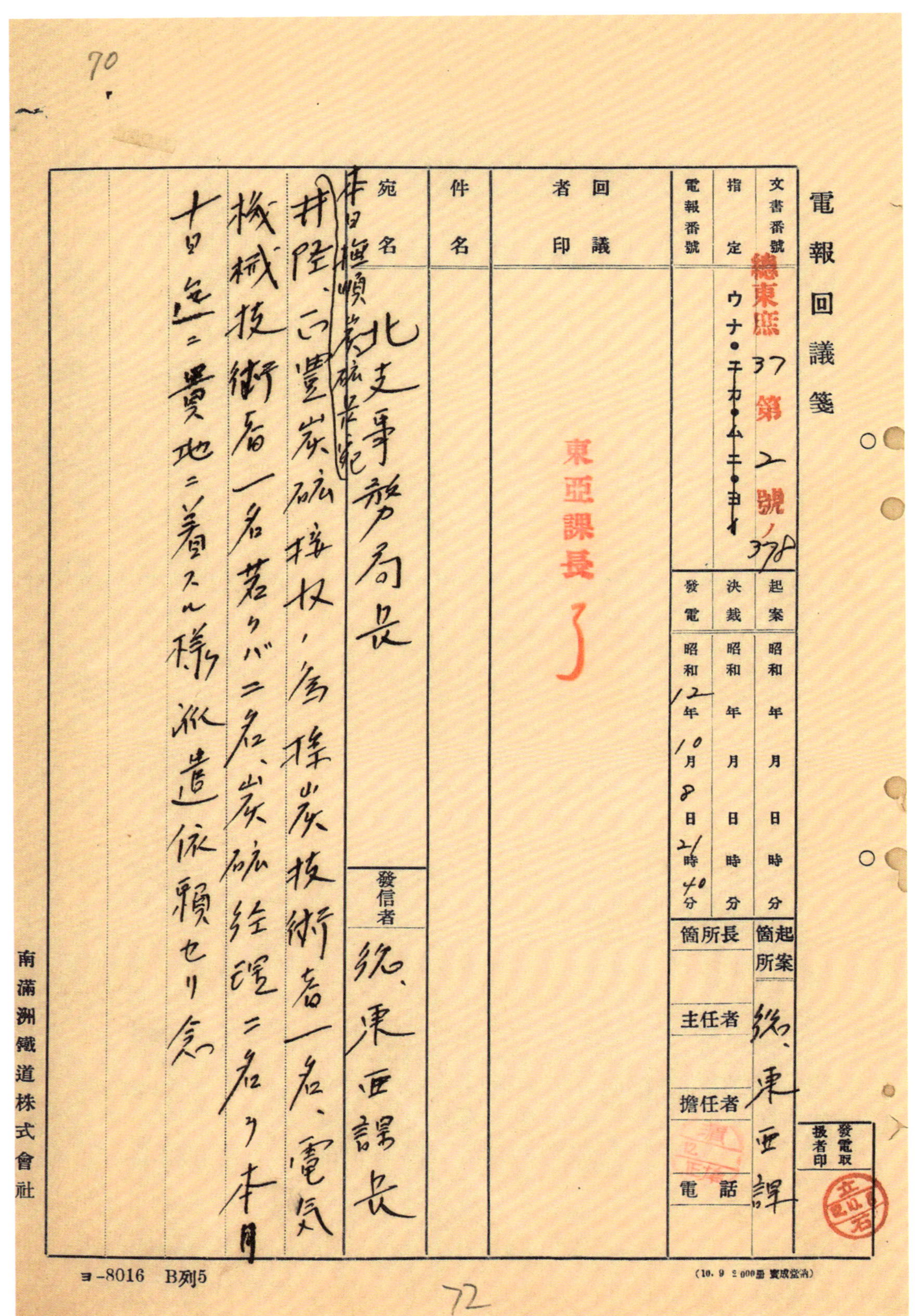

電報回議箋

文書番號：總東庶37第2號ノ378
指定：ウナ・チカ・ム・キ・ヨ
電報番號：

起案：昭和　年　月　日　時　分
決裁：昭和　年　月　日　時　分
發電：昭和12年10月8日21時40分

起案箇所：総、東亜課
箇所長：
主任者：
擔任者：
電話：

回議者印：東亜課長

件名：

宛名：北支事務局長

發信者：総、東亜課長

本日撫順炭砿長宛
井陘、正豊炭砿接収ノ為採炭技術者一名、電気機械技術者一名若クバ二名、炭砿経理ニ一名ヲ本月十日迄ニ實地ニ着スル様派遣依頼セリ　念

南滿洲鐵道株式會社

ヨ-8016　B列5

（10.9 2,000冊 實成堂納）

75

写

電報回議箋

暗號（一）

文書番號	總東鑛三七第一〇號ノ三
指定	ウナ・ニカ・ムニ・ヨイ
電報番號	
起案	昭和一二年一〇月九日一五時二〇分
決裁	昭和一二年一〇月九日一六時一〇分
發電	昭和一二年一〇月九日一七時〇分
起案箇所	總裁室東亞課
箇所長	
主任者	
擔任者	
電話	
發電取扱者印	

回議者印：中西理事　產業部次長　東亞課長　人事課長　產、庶務課長

件名：井陘、正豐、保晉及石家莊（電燈公司）接收員ノ件

宛名：北支事務局長

發信者：總裁室東亞課長

（井陘、正豐接收）ノ爲昨電通撫順炭礦員四、五名、產業部員三名派遣方手配濟ナルカ、軍ヨリ興中ニ對シテモ同樣ノ依賴アリ、興中ニテハ齋藤弼洲ヲ連絡員トシテ派遣ノ意向故、同人ハ當社派遣員ノ區處ヲ受クルコトニ打合セタルニ付オ含ミノ上、關係者ニ右徹底方處置乞フ」

（平定、保晉公司接收員）トシテ撫順炭礦員四名及產業部鳥居職員ヲ

南滿洲鐵道株式會社

ヨ-8016　B列5

77

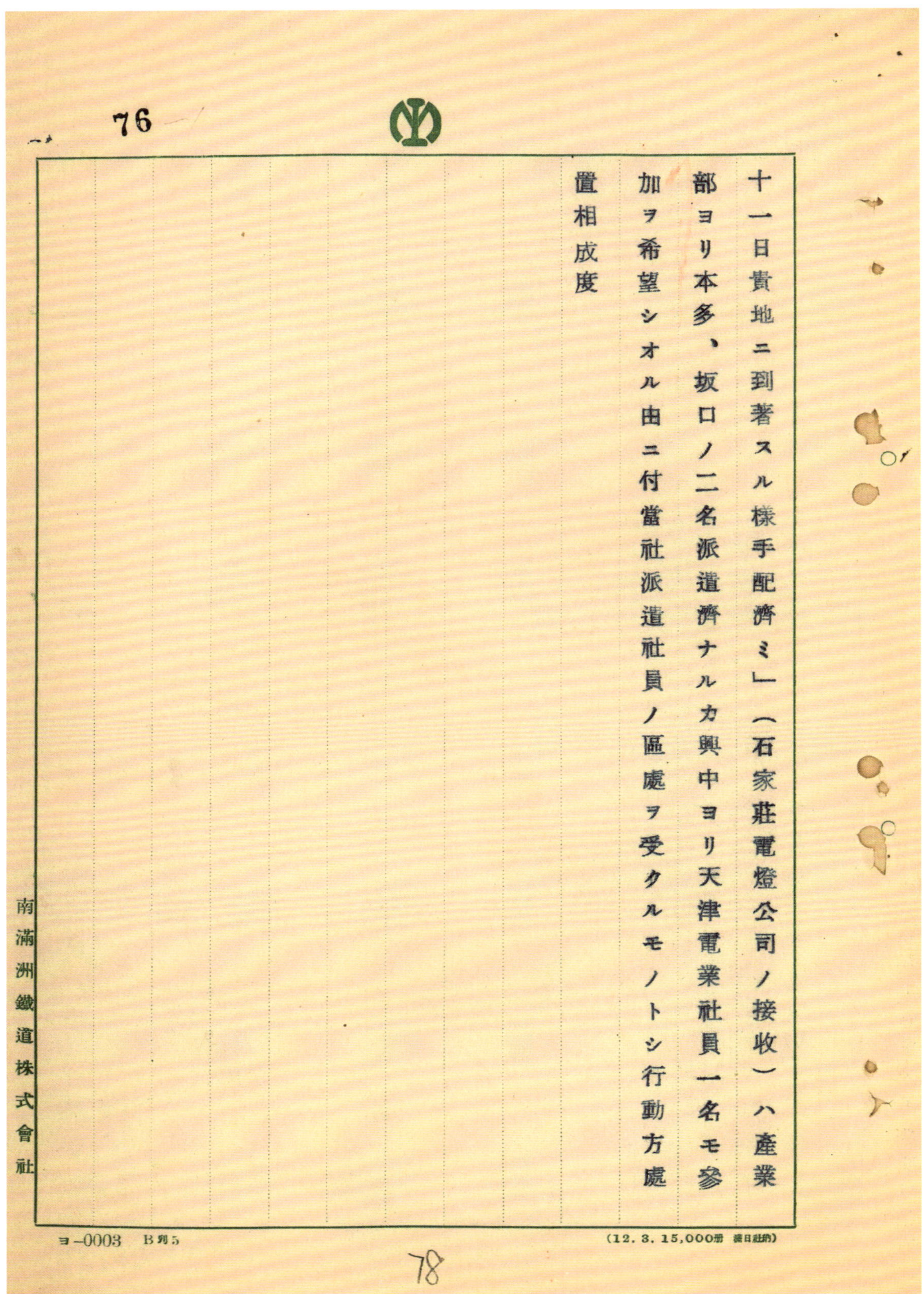

76

十一日貴地ニ到著スル樣手配濟ミ」（石家莊電燈公司ノ接收）ハ産業部ヨリ本多、坂口ノ二名派遣濟ナルカ興中ヨリ天津電業社員一名モ參加ヲ希望シオル由ニ付當社派遣社員ノ區處ヲ受クルモノトシ行動方處置相成度

南滿洲鐵道株式會社

ヨ-0003 B列5 (12.3.15,000冊 湊日社納)

78

总裁室东亚课长致抚顺煤炭庶务课长电（一九三七年十月二十九日）

62

電報回議箋

文書番號	總東庶37第2號 421
指定	ウナ・ニカ・ム・ニ・ヨイ
電報番號	一二九
起案	昭和12年10月29日 時 分
決裁	昭和 年 月 日 時 分
發電	昭和12年10月29日16時0分
回議者印	東亞課長
件名	
宛名	撫順炭礦庶務課長
發信者	總、東亞課長
起案箇所	
箇所長	
主任者	總、東亞課
擔任者	
電話	
發電取扱者印	

本日北支事務局長ヨリ下記電アリタ「臨城炭坑接収員栗谷職員以下三名二五日着津、目下北平ニテ軍特務部ト打合中、井陘炭坑接収隊ニ〇日石家荘発現地ニ向フ、予定保晋公司接収隊ハ石家荘待機中、煉焦廠接収隊ハ一九日ヨリ事務ヲ開始セリ」

南滿洲鐵道株式會社

ヨ-8016 B列5

64

兴中□□致总裁室东亚课长电（一九三七年十一月十七日）

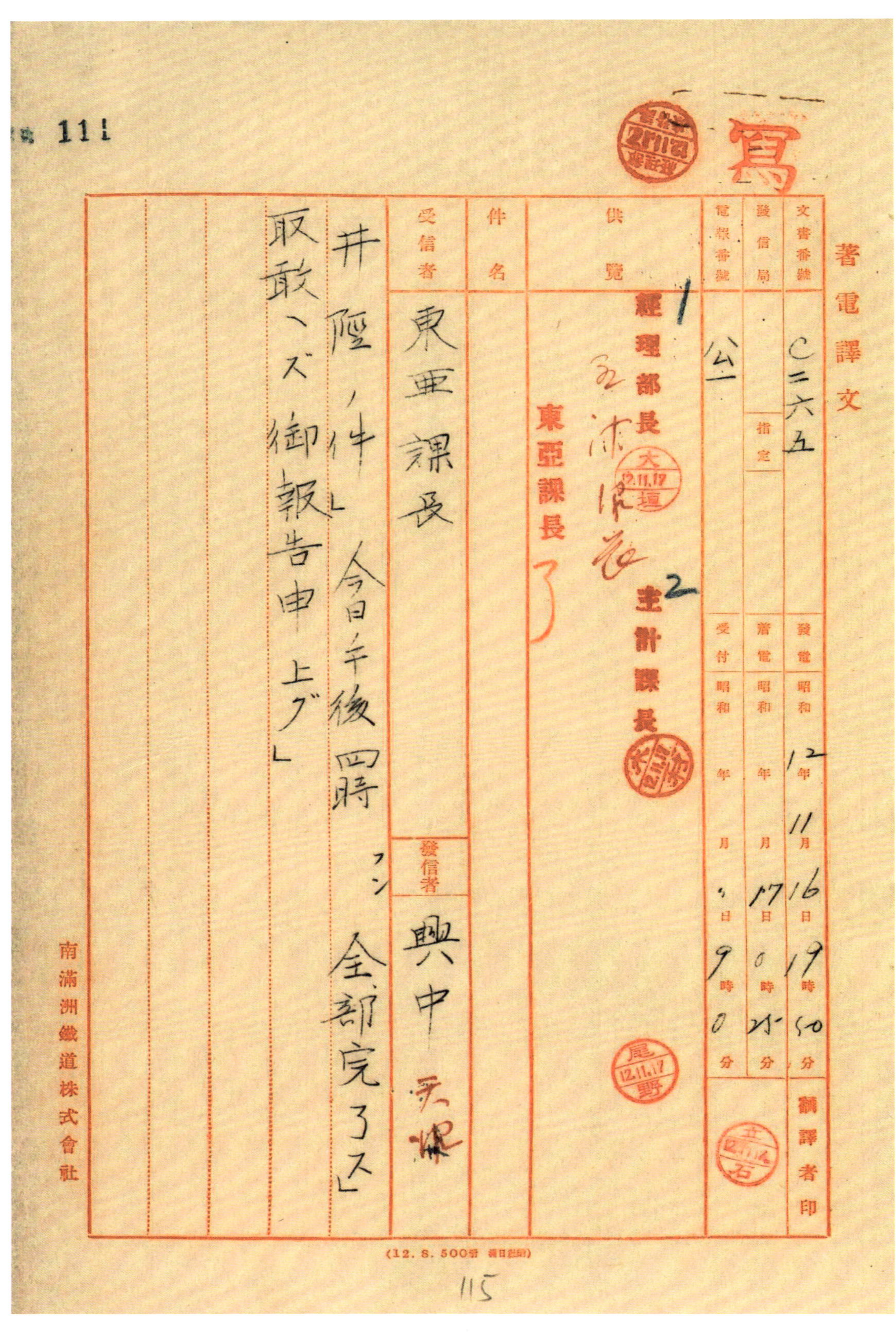
111

寫

著電譯文

文書番號	C二六五
發信局	
電報番號	公一
指定	
供覽	經理部長　東亞課長　主計課長
件名	
受信者	東亞課長
發信者	興中
發電	昭和12年11月16日19時50分
着電	昭和　年　月17日0時25分
受付	昭和　年　月　日9時0分
飜譯者印	

井陘ノ件「今日午後四時全部完了ス」取敢ヘズ御報告申上グ」

南滿洲鐵道株式會社

(12. 8. 500冊)

115

总裁室东亚课长关于自动巡航艇因故障延迟出港事致北支事务局长的电文（一九三七年十月十二日）

69

電報回議箋

文書番號	總東庶37第2號ノ381
指定	ウナ・ニカ・ム・ニ・ヨイ
電報番號	一五
起案	昭和　年　月　日　時　分
決裁	昭和　年　月　日　時　分
發電	昭和12年10月12日10時40分
起案箇所	箇所長
主任者	總、東亜課
擔任者	總、東亜課
電話	
發電取扱者印	立石 12.10.12

回議者印：東亜課長（宮本 12.10.12）

件名：

宛名：北支事務局長

發信者：總、東亜課長

十一日黄発五四五電見ノ六日自力廻航セル七隻ノ内二隻ハ機関ニ故障ヲ生ジ旅順ニ入港修理ノ上出港ヲ予定サレバ遅レテ到着ノ予定、八日出港ノ第一エビス丸ハ激浪ノタメ十一日十四時四十五分旅順沖ニ於テ沈没セリ乗組員ハ全部救助サレタリ

南滿洲鐵道株式會社

ヨ-8016　B列5

(10. 8. 2.000冊 審議會納)

71

总裁室东亚课长关于光禄丸机关长替任者十一日从大连坐船出发事致上海事务所长的电文

（一九三七年十月十三日）

68

電報回議箋

文書番號	總東庶 37 第 2 號ノ 385
指定	ウナ・テカ・ムニ・ヨイ
電報番號	
起案	昭和 年 月 日 時 分
決裁	昭和 年 月 日 時 分
發電	昭和 12 年 10 月 13 日 15 時 40 分
起案箇所	總、東亜課
箇所長	
主任者	
擔任者	
電話	
發電取扱者印	立 12.10.13 石
回議者印	東亜課長 J
件名	
宛名	上海事務所長
發信者	總、東亜課長

電見、光緑丸機関長、交替者（斎藤市蔵）ハ十一日大連発長崎経由ニテ派遣セリ 機関長ハ同人着滬ヲ待チ帰還セシメラレ度シ

ヨ－8016 B列5

南滿洲鐵道株式會社

70

总裁室东亚课长关于派遣胶济铁路事务管理人员及技术人员事致北支事务局长的电文（一九三七年十月二十一日）

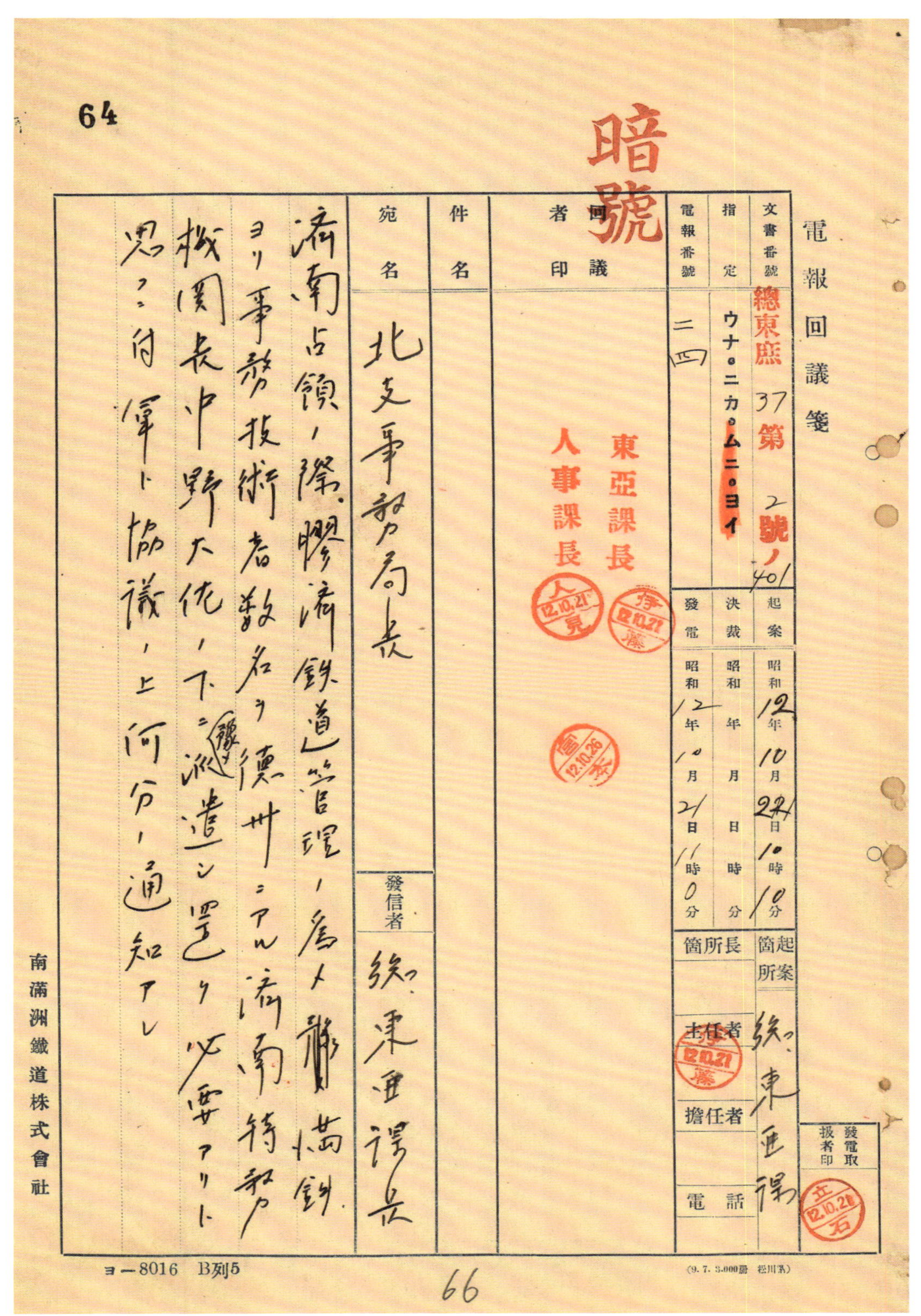

64

暗號

電報回議箋

文書番號	總東庶37第2號ノ401
指定	ウナ・ニカ・ム二・ヨイ
電報番號	二四
回議者印	東亞課長　人事課長
件名	
宛名	北支事務局長
發信者	總、東亜課長
起案	昭和12年10月21日10時10分
決裁	昭和　年　月　日　時　分
發電	昭和12年10月21日11時0分
起案箇所	總、東亜課
箇所長	
主任者	
擔任者	
電話	
發電取扱者印	

済南占領ノ際膠済鉄道管理ノ為メ満鉄ヨリ事務技術者数名ヲ徳州ニアル済南特務機関長中野大佐ノ下ニ派遣シ置クノ必要アリト思ハルニ付軍ト協議ノ上何分ノ通知アレ

南滿洲鐵道株式會社

ヨー8016　B列5

66

总裁室东亚课长关于询问磁县待接收人数及告知华北矿山接收计划书正在制订中事致北支事务局长的电文

（一九三七年十一月六日）

61

電報回議箋

文書番號	總東庶37第2號ノ437
指定	ウナ・エカ・ム・キ・ヨ・イ
電報番號	九三
起案	昭和12年11月6日18時15分
決裁	昭和　年　月　日　時　分
發電	昭和12年11月6日17時31分
起案箇所	
箇所長	
主任者	總、東亜課
擔任者	
電話	
發電取扱者印	

回議者印：東亜課長

件名：

宛名：北支事務局長

發信者：總、東亜課長

本日貴発土の一号電見ル「磁縣接収ニ関シテハ何等ノ依頼電ヲモ受ケ居ラズ　接収ニ必要ナル人員数、構成等不明ニツキ至急回電乞フ

尚北支鉱山接収計画書ハ目下作成中ナレバ出来次第送付ス

南滿洲鐵道株式會社

ヨ-8016　B列5

63

总裁室总东亚课长关于请斡旋大汽轮船首航及要员派驻上海等事致上海事务所长的电文
（一九三七年十一月九日）

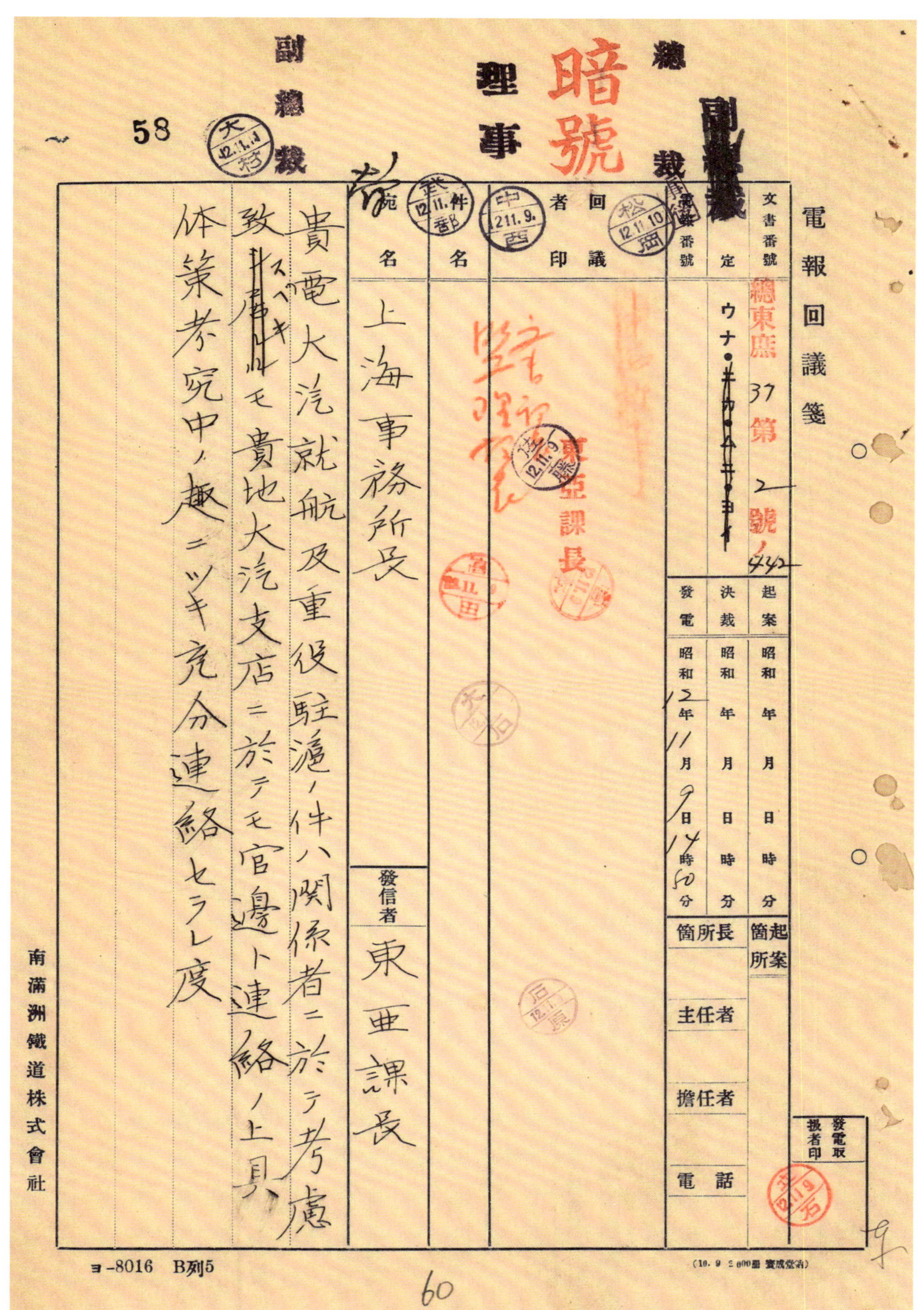

電報回議箋

暗號

総裁　副総裁　理事

58

文書番號　總東應37第2號/442

定　ウナ

起案　昭和　年　月　日　時　分
決裁　昭和　年　月　日　時　分
發電　昭和12年11月9日14時50分

宛名　上海事務所長

發信者　東亜課長

貴電大汽就航及重役駐滬ノ件ハ関係者ニ於テ考慮致スベキモ貴地大汽支店ニ於テモ官邊ト連絡ノ上具体策考究中ノ趣ニツキ充分連絡セラレ度

南滿洲鐵道株式會社

ヨ-8016　B列5

60

总裁室东亚课长关于请准备支付第二批船只租借费、船员工资、修理费等事致北支事务局财务班长的电文
（一九三七年十二月一日）

56

電報回議箋

文書番號	總東庶37第2號
指定	
電報番號	五五
起案	昭和　年　月　日　時　分
決裁	昭和　年　月　日　時　分
發電	昭和12年12月1日13時40分
起案箇所	
箇所長	
主任者	総、東亜課
擔任者	
電話	
發電取扱者印	

回議者印：東亜課長

件名：

宛名：北支事務局経理班長

發信者：総、東亜課長

新天丸二月二五日大連入港、二六日学文、大黒、神吉、天神、第二永広、鵄計六隻ノ積下シ完了、白神丸二八日入港、（二九日）飛二號子、第三號子、新榮、浜榮、伊吹、幸順計六隻ノ積下シ完了、自力廻航ノ宝珠、大黒一号、福神、神咲、常榮、稲荷計六隻ハ二八日入港

南滿洲鐵道株式會社

ヨ-8016　B列5

58

ニ九日入港手續ヲ完了セル之等ノ第二回分ノ傭船料、船員給料、修理費等ノ支拂手配至急願ム

尚中野虎ハ~~月分ハ第十一回分モ未拂ニツキ[illegible]~~ノ傭船料、船員給料等ハ第一回分モ未拂ニツキ含メテ当地ニテ受取レル様支拂手配願ム

南滿洲鐵道株式會社

总裁室东亚课长关于请尽快支付摩托艇及六艘自动巡航艇之租借费、船员工资、修理费等事致北支事务局财务班长的电文（一九三七年十二月三日）

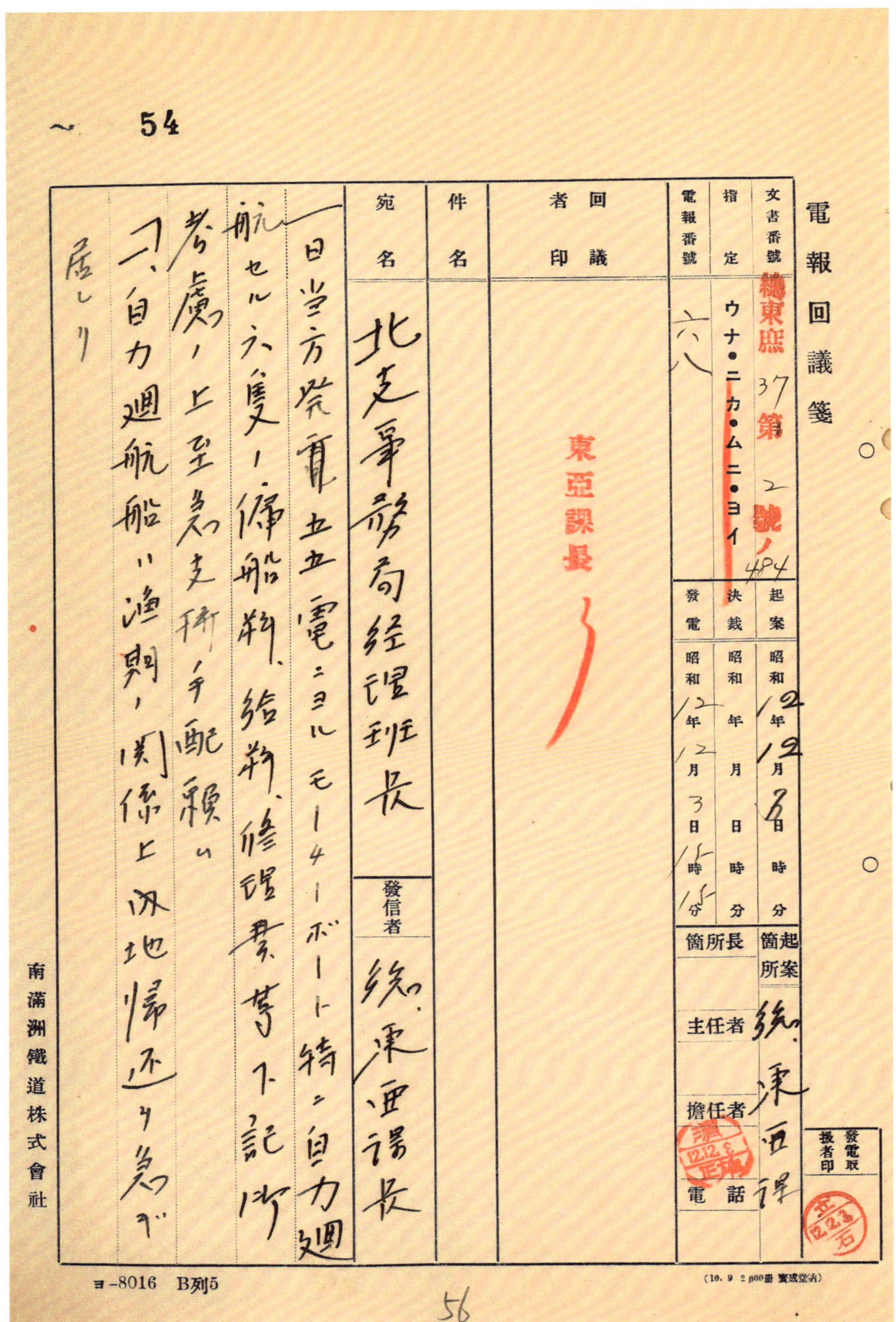

54

電報回議箋

文書番號：總東庶37第2號ノ484
指定：ウナ・ニカ・ムニ・ヨイ
電報番號：六八
回議者印：東亞課長
件名：
宛名：北支事務局経理班長
發信者：總、東亞課長
起案：昭和12年12月2日　時　分
決裁：昭和　年　月　日　時　分
發電：昭和12年12月3日15時15分
起案箇所：
箇所長：
主任者：總、東亞課
擔任者：
電話：
發電取扱者印：

日当方発電五五電ニヨルモーターボート待ニ自力廻航セル六隻ノ傭船料、給料、修理費等下記ノ如考慮ノ上至急支払手配願ヒ
一、自力廻航船ハ漁期ノ関係上以地帰還ヲ急ギ
度シ

南滿洲鐵道株式會社

ヨ-8016　B列5

（10. 9 2,000冊 實成堂納）

56

55

二、給料ノ支払日迄契約期間ノ延長ヲ申出居レリ

南滿洲鐵道株式會社

ヨ-0003 B列5 (12. 3. 15,000冊 滿日社納)

57

总裁室东亚课长关于今日宝珠丸等六艘船只费用已支付完毕事致北支事务局财务班长的电文（一九三七年十二月七日）

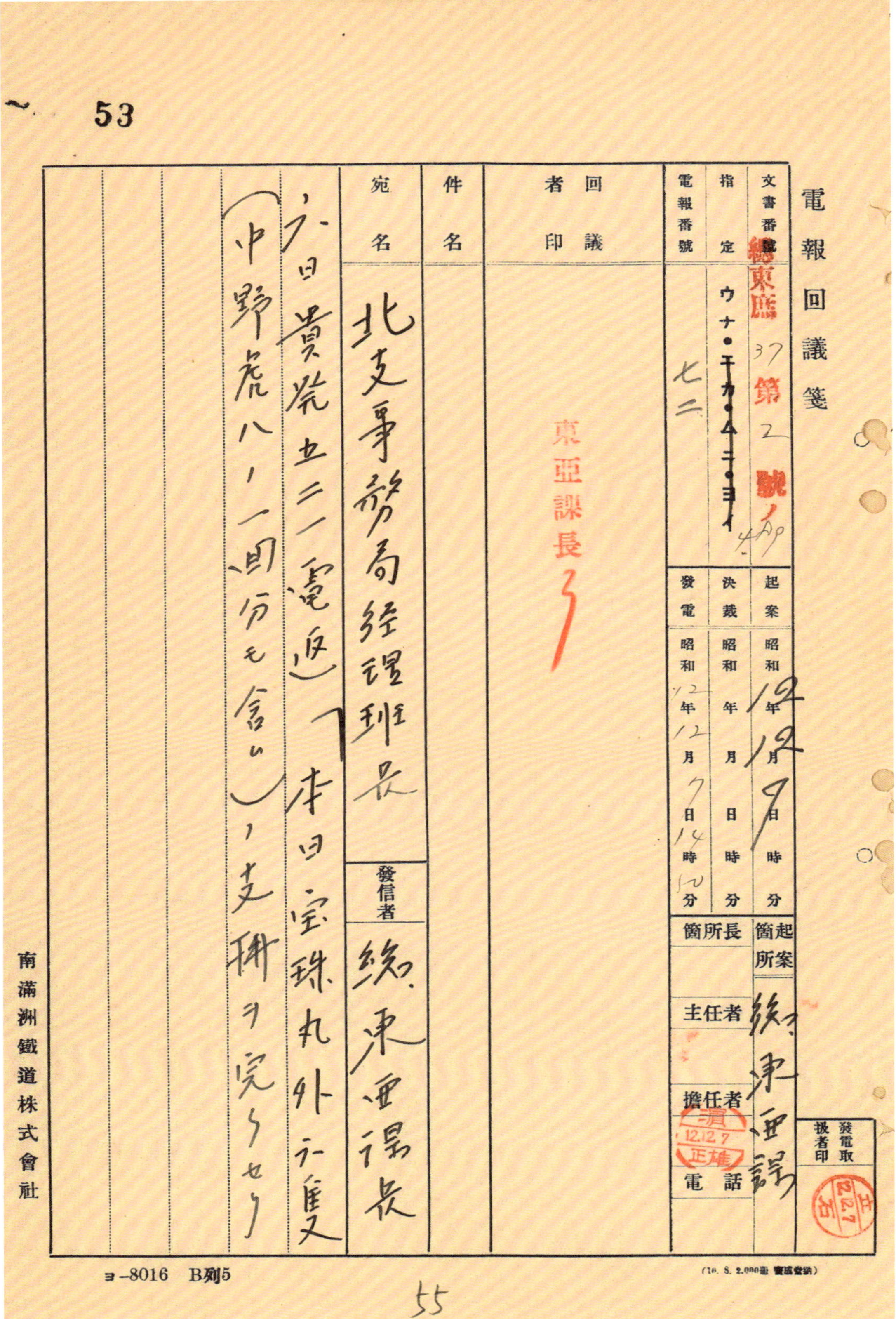

53

電報回議箋

文書番號	總東庶 37 第2號ノ4
指定	ウナ・テカ・ム・ニ・ヨイ
電報番號	七二
起案	昭和12年12月7日 時 分
決裁	昭和 年 月 日 時 分
發電	昭和12年12月7日14時50分
起案箇所	總、東亜課
箇所長	
主任者	
擔任者	（印）
電話	
回議者印	東亜課長（印）
件名	
宛名	北支事務局経理班長
發信者	總、東亜課長

六日貴発五二一電返　本日宝珠丸外五隻（中野着八ノ一四日分モ含ム）ノ支払ヲ完了セリ

南滿洲鐵道株式會社

ヨ-8016　B列5

55

总裁室东亚课长关于上海事务所长建议在南京、苏州、杭州配备驻在员事致东京支社长的电文（一九三七年十二月八日）

50

電報回議箋

文書番號：總東庶37第2號ノ492
指定：ウナ・モ・カ・ム・モ・ヨ・オ
電報番號：
起案：昭和12年12月8日　時　分
決裁：昭和　年　月　日　時　分
發電：昭和12年12月8日11時20分

回議者印：東亞課長

件名：

宛名：東京支社長宛

發信者：總、東亞課長

起案箇所：總、東亞課
箇所長：
主任者：
擔任者：
電話：

上海事務所長ヨリ下記電アリタリ東亞課長ニ傳ヘヨ「情勢ノ進展ト共ニ南京、蘇州及杭州ニ駐在員ヲ置ク必要アリト認メラルルニ付至急置キヨ」

南滿洲鐵道株式會社

ヨ-8016　B列5　(10.9 2000冊 實成堂納)

52

总裁室东亚课一系关于请派遣运营南京水电项目技术人员事致东京支社长转总裁室东亚课长的电文

（一九三七年十二月十日）

48

電報回議箋

文書番號	總東座37第2號 497
指定	ウナ
電報番號	
起案	昭和　年　月　日　時　分
決裁	昭和　年　月　日　時　分
發電	昭和12年12月10日16時0分
起案箇所	
箇所長	
主任者	総、東亜課
擔任者	
電話	
發電取扱者印	

回議者印：東亞課長

件名：

宛名：東京支社長気付東亜課長宛

發信者：総、東、一係

上海事務所長ヨリ下記電アリタ至急何分ノ御指令乞フ

「軍ハ南京ノ電気水道経営ヲ満鉄ニ是非依頼致度若シ永久ニ出来ザル時ハ当分ノ間、即チ軍後方ノ必要期間ダケニテモ差支ナシトノ意ナリ如何ニ処置スベキヤ目下派遣サレタル技術員ニ於テモ迅

南滿洲鐵道株式會社

ヨ-8016　B列5

（10.9 2,000冊 寶成堂製）

50

遠経費ニ関シ立案中ナルガ最小限度ノ電気技術員（撫順ニアルト思フ）及多少ノ仮掛支出経費必要ニ非ズヤト思フノ果中ト、関係電業会社トノ意嚮等併研究セラレ

尚水道技術員ハ鉄道総局ヨリ、電気技術員ハ撫順炭礦ヨリ派遣ヲ得ル見込

南滿洲鐵道株式會社

ヨ-0003 B列5 （12. 3. 15,000冊 滿日納）

总裁室东亚课关于购买社员防身用手枪事的文件（一九三七年十二月十五日）

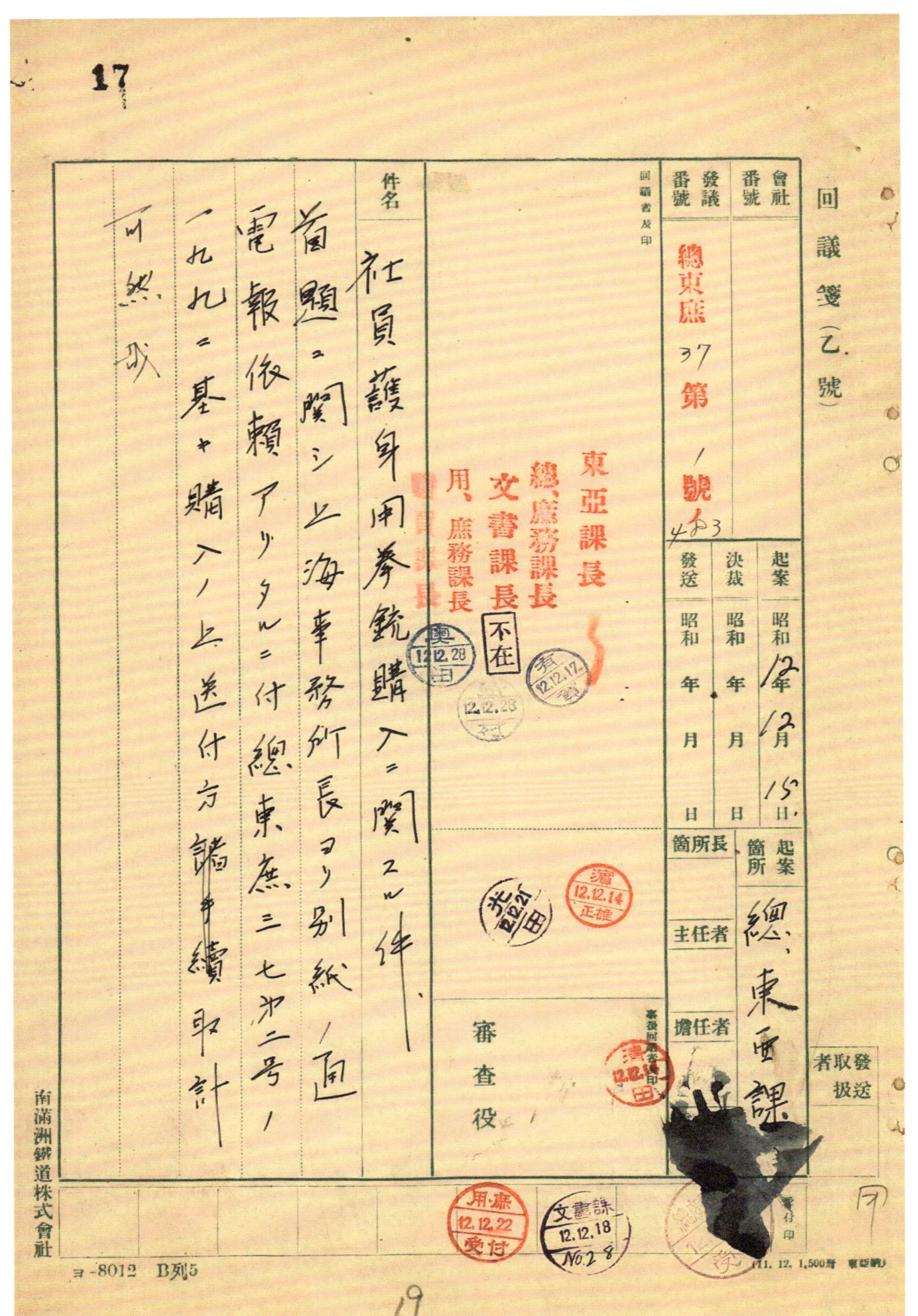

17

回議箋（乙號）

會社番號	發議番號	回覧者及印
	總東庶37第1號	

起案 昭和12年12月15日
決裁 昭和　年　月　日
發送 昭和　年　月　日

起案箇所 總、東亞課

東亞課長
總、庶務課長
文書課長 不在
用、庶務課長

件名 社員護身用拳銃購入ニ關スル件

首題ニ關シ上海事務所長ヨリ別紙ノ通電報依頼アリタルニ付總東庶三七第二号ノ一九九ニ基キ購入ノ上送付方諸手續取計可然哉

審査役

南滿洲鐵道株式會社

ヨ-8012 B列5

19

总裁室东亚课长关于请给交通会社四名派遣员工安排宿舍及办事处事致北支事务局转华北汽车公司总经理的电文
（一九三七年十二月十六日）

46

電報回議箋

文書番號	總東庶37第2號ノ
指定	ウナ・ヨカ・ムキ・ヨイ
電報番號	
起案	昭和　年　月　日　時　分
決裁	昭和　年　月　日　時　分
發電	昭和12年12月16日16時21分

起案箇所：
箇所長：
主任者：
擔任者：
電話：

回議者印：東亞課長

件名：

宛名：北支事務局気付 華北汽車公司總經理

發信者：總 東亞課長

十二月四日五回入電見 交通会社ヨリノ派遣員ハ職員堤禎章
町田三郎 萩原三代十郎 雇員態沢英敏 計四名ナリ
出発ハ二十日カ二十一日ナルモ決定次第電ス 尚天津ニ於ケル宿舎及
事務室ノ手配願度爾余ノ要不要至急通知乞フ
同原職員ハ選任ノ希望ニ依リ同行帰津ス 念

南滿洲鐵道株式會社

ヨ-8016 B列5

48

总裁室东亚课长关于配发社员防身用手枪事致上海事务所长的函（一九三七年十二月十七日）

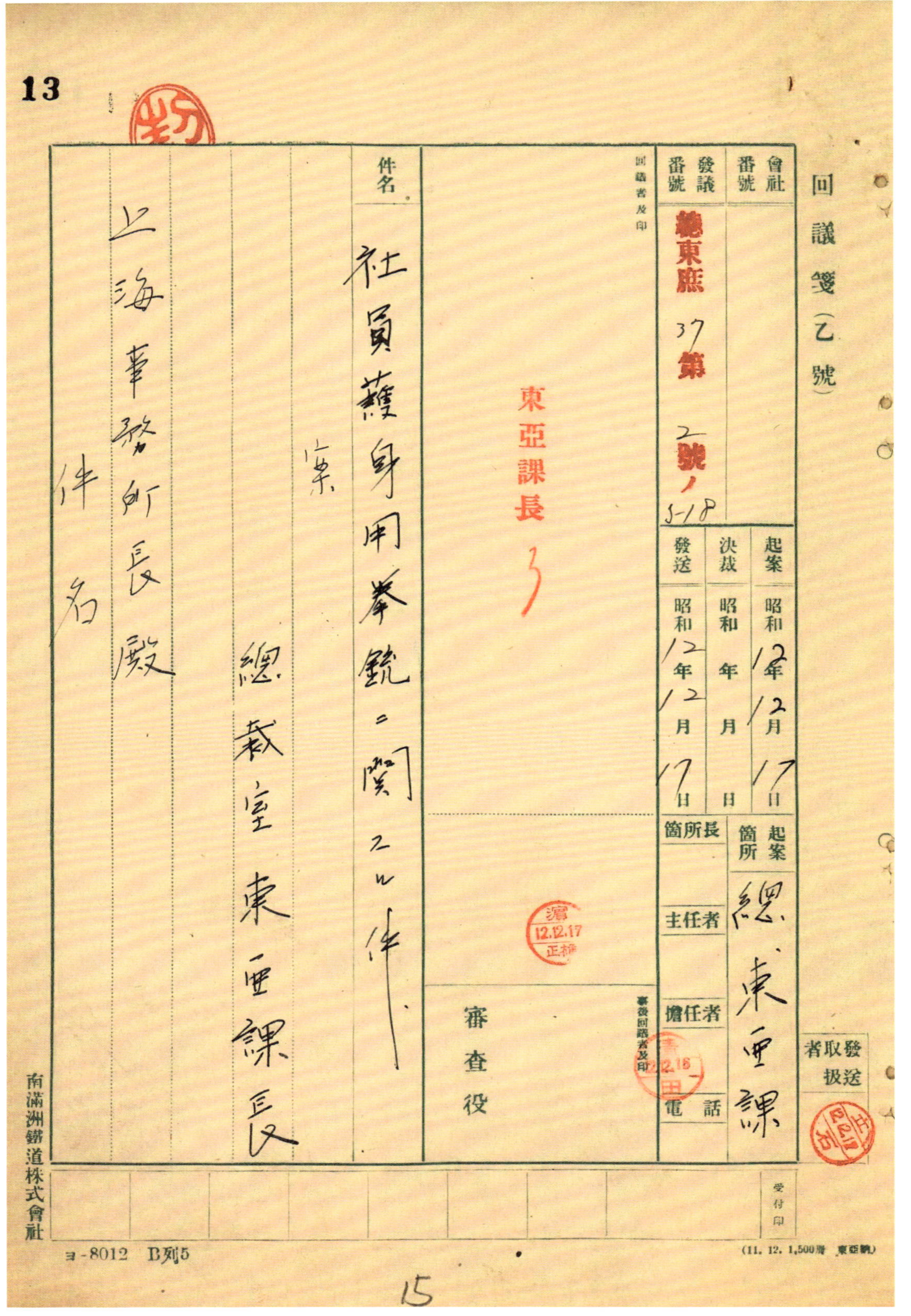

13

回議箋（乙號）

會社番號	發議番號
	總東庶 37 第 2 號ノ 5-18

起案	決裁	發送
昭和 12 年 12 月 17 日	昭和 年 月 日	昭和 12 年 12 月 17 日

起案箇所：總東亞課

箇所長

主任者

擔任者

電話

發送取扱者

審查役

東亞課長

件名：社員護身用拳銃ニ関スル件

案

總裁室東亜課長

上海事務所長殿

件名

南滿洲鐵道株式會社

ヨ-8012 B列5

(11. 12. 1,500冊 東亞號)

15

14

十二月十一日南貴発第十六号電ニ依ル
左記拳銃十五挺ハ十二月十八日當地発
大連丸ニ託送貴所宛発送方取計ヒ
タルニ付御通知ス
尚拳銃輸出許可ノ際ハ輸入地官憲ノ発行
銃砲類輸入証明書ノ提出ヲ俟テ詮議
相成ヘキトコロ當地官憲ニ於テハ上海
方面ノ會社事情ヲ諒解セラレ右手続ヲ
省略シ特ニ許可相成タル次第ニ付否
事情ヲ貴地官憲ニ御説明相願度其筋
ノ注意ニ依リ申添フ

記

南滿洲鐵道株式會社

ヨ-0003 B列5 (12. 3. 15,000冊 滿日社納)

16

总裁室东亚课关于购进两辆宣抚工作用卡车事的文件（一九三七年十二月十七日）

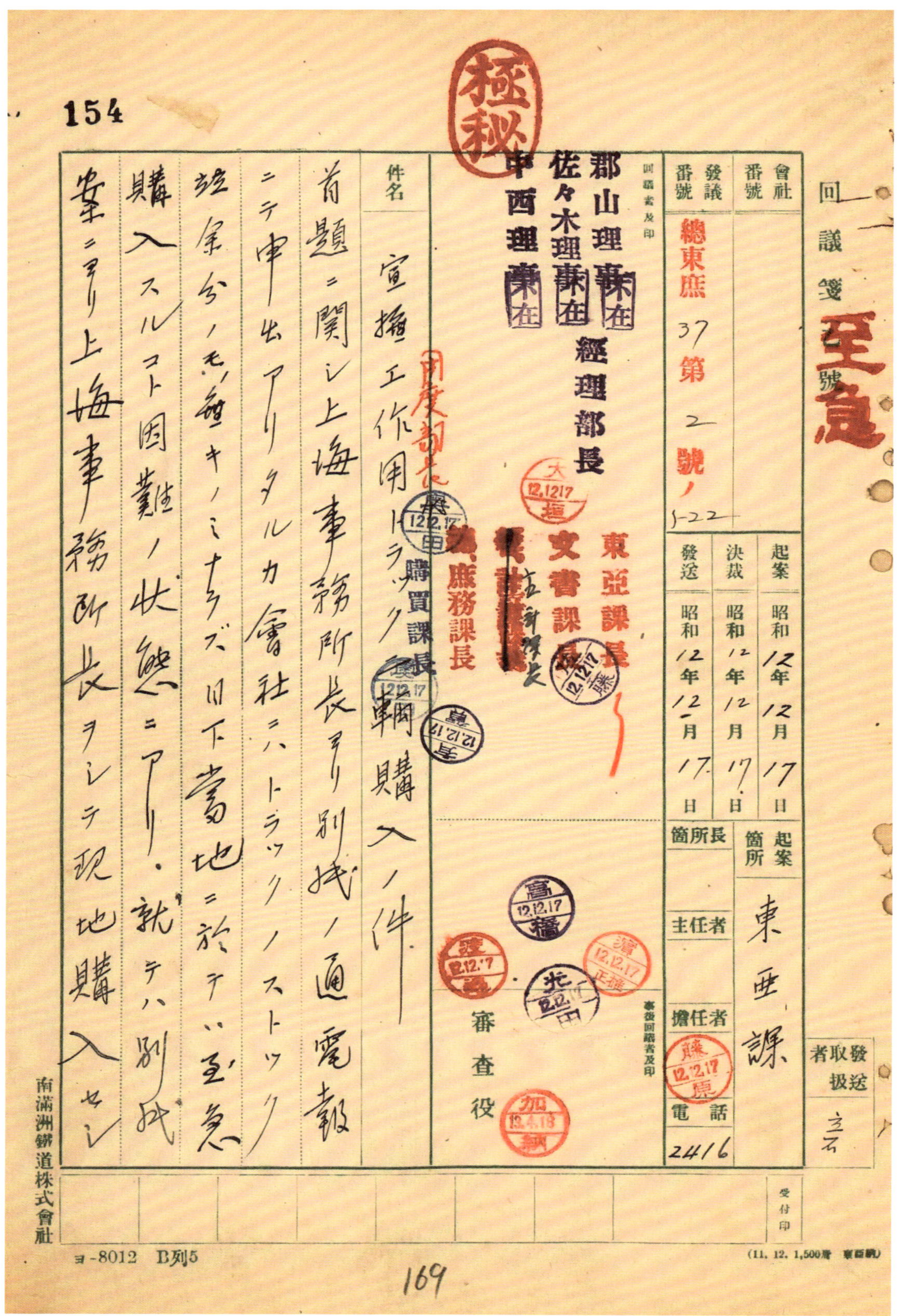

154

極秘

回議箋　至急

號

會社番號	發議番號
	總東庶37第2號ノ5-22

回議當局及印：郡山理事　佐々木理事　中西理事　經理部長

東亞課長　文書課長　庶務課長　購買課長

起案	決裁	發送
昭和12年12月17日	昭和12年12月17日	昭和12年12月17日

起案箇所：東亞課

電話：2416

件名：宣撫工作用トラック二輛購入ノ件

首題ニ関シ上海事務所長ヨリ別紙ノ通電報ニテ申出アリタルカ會社ニハトラックノストックナク且余分ノモノ無キノミナラズ目下當地ニ於テハ至急購入スルコト困難ノ状態ニアリ・就テハ別紙案ニヨリ上海事務所長ヨリシテ現地購入セシ

審査役

南滿洲鐵道株式會社

ヨ-8012　B列5　　(11.12.1,500冊 東西網)

169

155

ムル事ト致可然哉

南滿洲鐵道株式會社

ヨ-0003　B列5　(12. 3. 15,000冊 滿日謄印)

170

总裁室东亚课长关于请整理购进宣抚工作用卡车所需费用事致上海事务所长的电文（一九三七年十二月十七日）

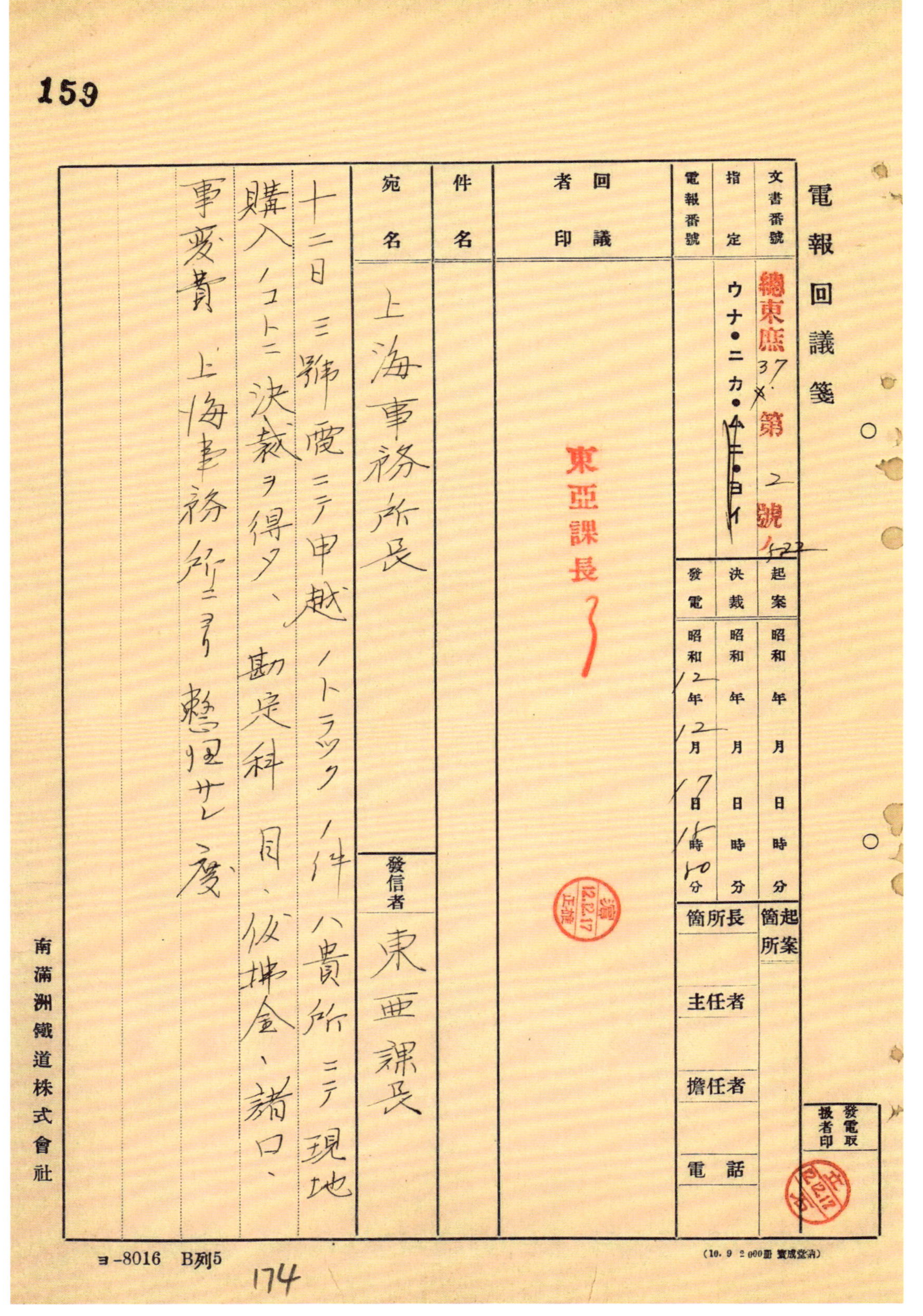
159

電報回議箋

文書番號：總東庶37第2號
指定：ウナ・ニカ・ムニ・ヨイ
起案：昭和　年　月　日　時　分
決裁：昭和　年　月　日　時　分
發電：昭和12年12月17日15時50分

宛名：上海事務所長
發信者：東亜課長

十二日三號電ニテ申越ノトラツクノ件ハ貴所ニテ現地購入ノコトニ決裁ヲ得タ、勘定科目、仮払金、諸口、事変費　上海事務所ニテ整理サレ度

東亜課長

南滿洲鐵道株式會社

ヨ-8016　B列5

174

总裁室东亚课关于借用压路机事致上海事务所的电文（一九三七年十二月十七日）

45

電報回議箋

文書番號　總東庶37第2號ノ1-23

指定　ウナ・チカ・ムキ・ヨイ

電報番號

起案　昭和12年12月17日　時　分

決裁　昭和　年　月　日　時　分

發電　昭和12年12月17日16時15分

起案箇所　東亞課

箇所長

主任者

擔任者

電話

發電取扱者印

回議者印

東亞課長

件名　地均シローラー貸與ノ件

宛名　上海事務所

發信者　東亞課長

ローラーハ在庫品無キモ三、四月頃迄ナラハ左記条件ニテ貸與シ得ル見込ノモノ五台アリ(一)期間延長ハ絶体ナサヌ(二)ローラー手ハ當社員ナルコト(三)作業期日中ハ責任者ヲ時々出張監督セシムルコト。

南滿洲鐵道株式會社

ヨ-8016　B列5

(10. 8. 2.000冊 寶成堂納)

47

总裁室东亚课关于军方希望满铁暂管南京水电事致东京支社长转总裁室东亚课长的电文（一九三七年十二月二十日）

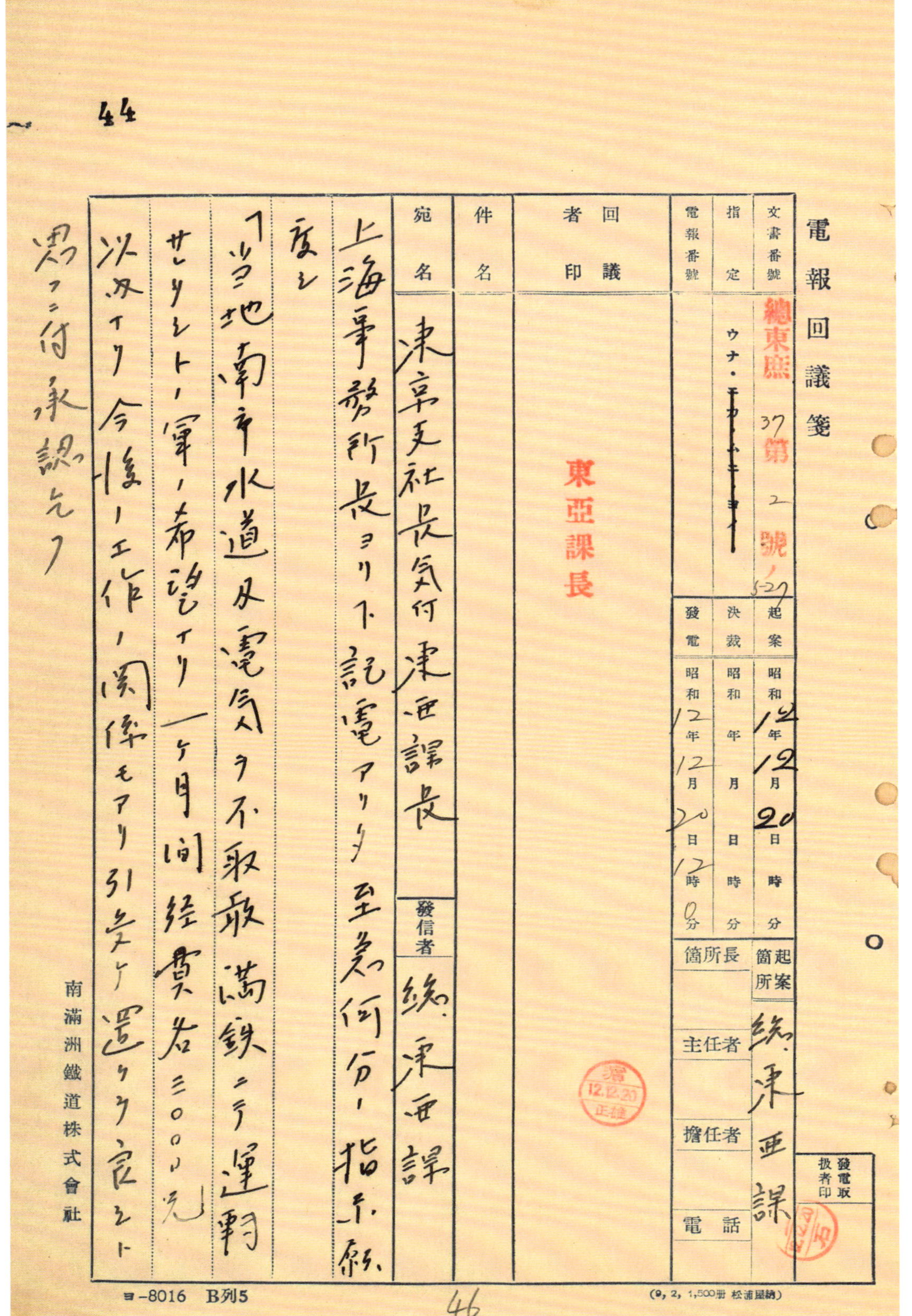

44

電報回議箋

文書番號 總東庶37第2號ノ5-27

指定 ウナ・

起案 昭和12年12月20日　時　分

決裁 昭和　年　月　日　時　分

發電 昭和12年12月20日12時0分

回議者印 東亞課長

宛名 東京支社長気付 東亜課長

件名

發信者 總、東亜課

起案箇所 主任者 總、東亜課

上海事務所長ヨリ下記電アリタ至急何分ノ指示願度シ

「当地南京水道及電気ヲ不取敢満鉄ニテ運轉セシメタシトノ軍ノ希望アリ一ケ月間経費約三〇〇〇円

以外ナリ今後ノ工作ノ関係モアリ引受ケ置クヲ良シト

思フニ付承認乞フ」

南滿洲鐵道株式會社

ヨ-8016 B列5　　46　　(9, 2, 1,500冊 松浦屋納)

总裁室东亚课长关于交通会社派遣员工二十一日出发事致北支事务局转华北汽车公司经理的电文（一九三七年十二月二十一日）

43

電報回議箋

文書番號	總東亞37第2號
指定	ウナ・モカレムニヨナ
電報番號	二八

起案	昭和12年12月21日時分
決裁	昭和年月日時分
發電	昭和12年12月21日12時0分

起案箇所	總、東亞課
箇所長	
主任者	總、東亞課
擔任者	
電話	

回議者印：東亞課長

件名：

宛名：北支事務局氣付 華北汽車公司經理

發信者：總、東亞課長

交通会社ヨリノ派遣員四名二一日一七列車ニテ貴地ニ向ノ関係職員ト同行

備考

職員 堤穎章（主務者） 町田三郎 荻原三竹十郎

雇員 熊沢英敏

發電取扱者印

南滿洲鐵道株式會社

ヨ-8016 B列5

(9, 2, 1,500冊 松浦屋納)

45

总裁室东亚课长关于因朝香宫居于南京军方请求督促恢复水电供应并增派宣抚班事致东京支社长转总裁室东亚课长的电文（一九三七年十二月二十四日）

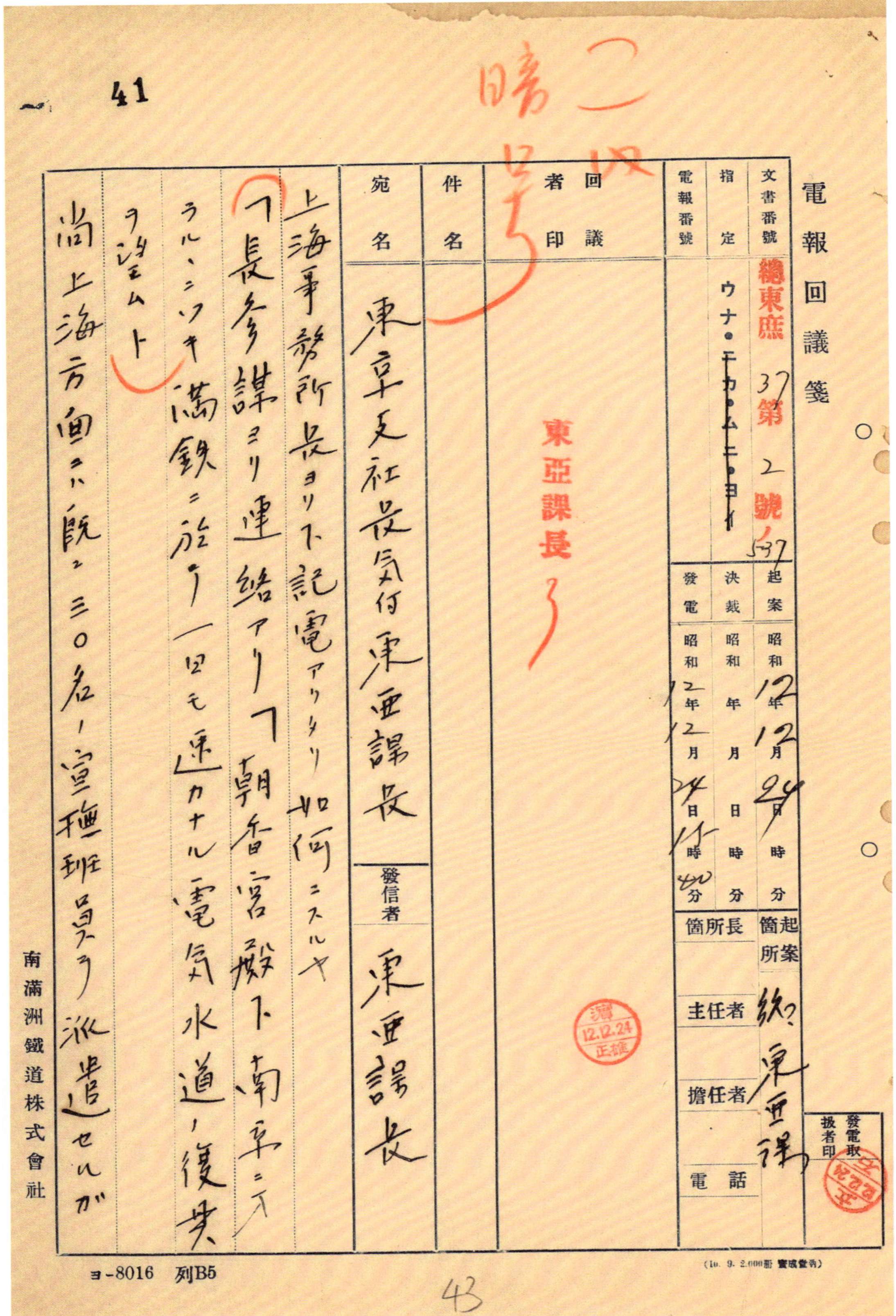

41

電報回議箋

文書番號	總東庶37第2號ノ537
指定	ウナ・ニカ・ムニ・ヨイ
電報番號	
回議者印	東亞課長
件名	
宛名	東京支社長気付 東亜課長
發信者	東亜課長
起案	昭和12年12月24日 時 分
決裁	昭和 年 月 日 時 分
發電	昭和12年12月24日15時40分
起案箇所	東亜課
箇所長	
主任者	
擔任者	
電話	
發電取扱者印	

上海事務所長ヨリ下記電アリタリ如何ニスルヤ

「長参謀ヨリ連絡アリ「朝香宮殿下南京ニ在ラルヽニツキ満鉄ニ於テ一日モ速カナル電気水道ノ復旧ヲ望ムト」

尚上海方面ニハ既ニ三〇名ノ宣撫班員ヲ派遣セルガ

南滿洲鐵道株式會社

ヨ-8016 列B5

43

42

更ニ四名追加派遣方要請アリタルモ如何ニ取計フベキヤ

南満洲鐵道株式會社

ヨ-0003　B列5　　(12. 3. 15,000冊 満日社納)

44

总裁室东亚课长关于请由当地警察向大连警察署长报告满铁进口社员配枪一案事致上海事务所长的电文

（一九三八年一月十八日）

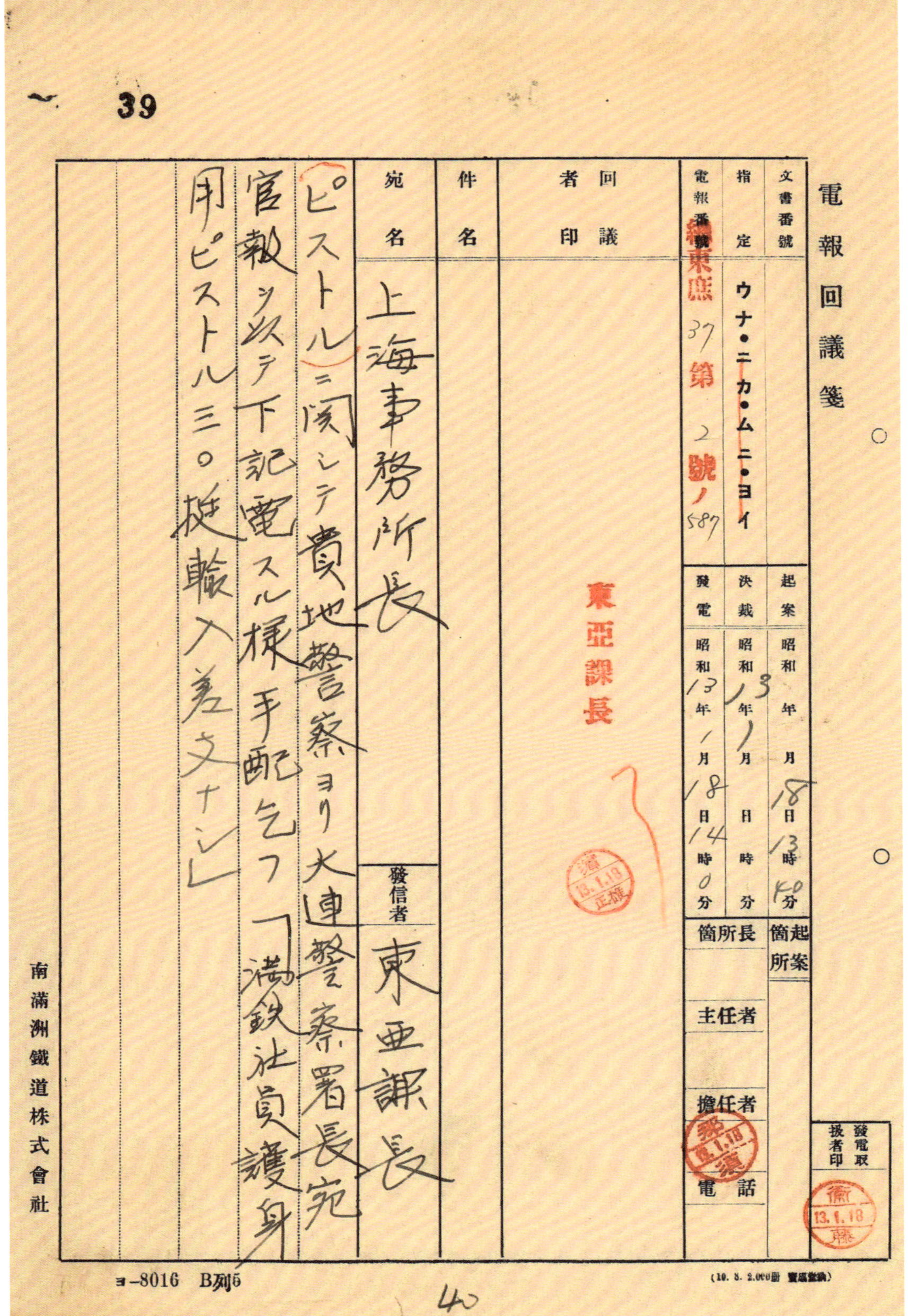
39

電報回議箋

文書番號

指定 ウナ・ニカ・ムニ・ヨイ

電報番號 總東庶37第2號ノ587

起案 昭和　年　月18日13時48分

決裁 昭和13年1月　日　時　分

發電 昭和13年1月18日14時0分

東亜課長

起案箇所

箇所長

主任者

擔任者

電話

發電取扱者印

回議者印

件名

宛名 上海事務所長

發信者 東亜課長

「ピストル」ニ関シテ貴地警察ヨリ大連警察署長宛官報ヲ以テ下記電スル様手配乞フ「満鉄社員護身用ピストル三〇挺輸入差支ナシ」

南滿洲鐵道株式會社

ヨ-8016 B列5

40

总裁室东亚课关于请速交功绩调查书事致东京支社转山本总裁室东亚课长的电文（一九三八年七月十四日）

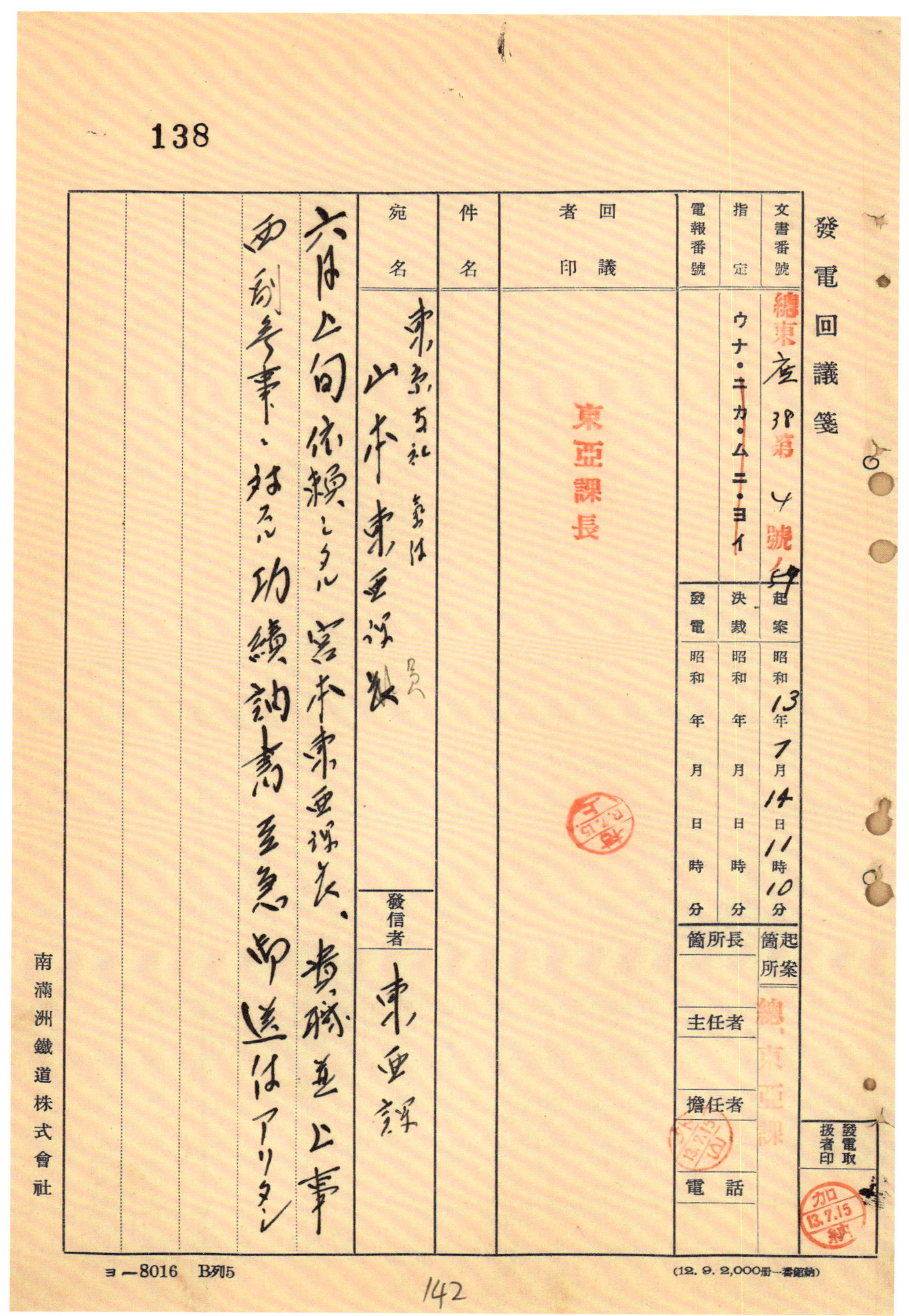

138

發電回議箋

文書番號	總東庶38第4號ノ
指定	ウナ・ニカ・ムニ・ヨイ
電報番號	
起案	昭和13年7月14日11時10分
決裁	昭和　年　月　日　時　分
發電	昭和　年　月　日　時　分
起案箇所	總、東亜課
箇所長	
主任者	
擔任者	
電話	
發電取扱者印	

回議者印：東亜課長

件名：

宛名：東京支社気付 山本東亜課長

發信者：東亜課

六月上旬依頼シタル宮本東亜課長、貴職並上事西科参事、村[illegible]功績調書至急御送付アリタシ

南滿洲鐵道株式會社

ヨ—8016　B列5　(12.9.2,000冊—番館納)

142

总裁室东亚课长关于请速以书面形式报告玉置章等三名职员七七事变功绩事致上海事务所长的电文

（一九三八年七月二十五日）

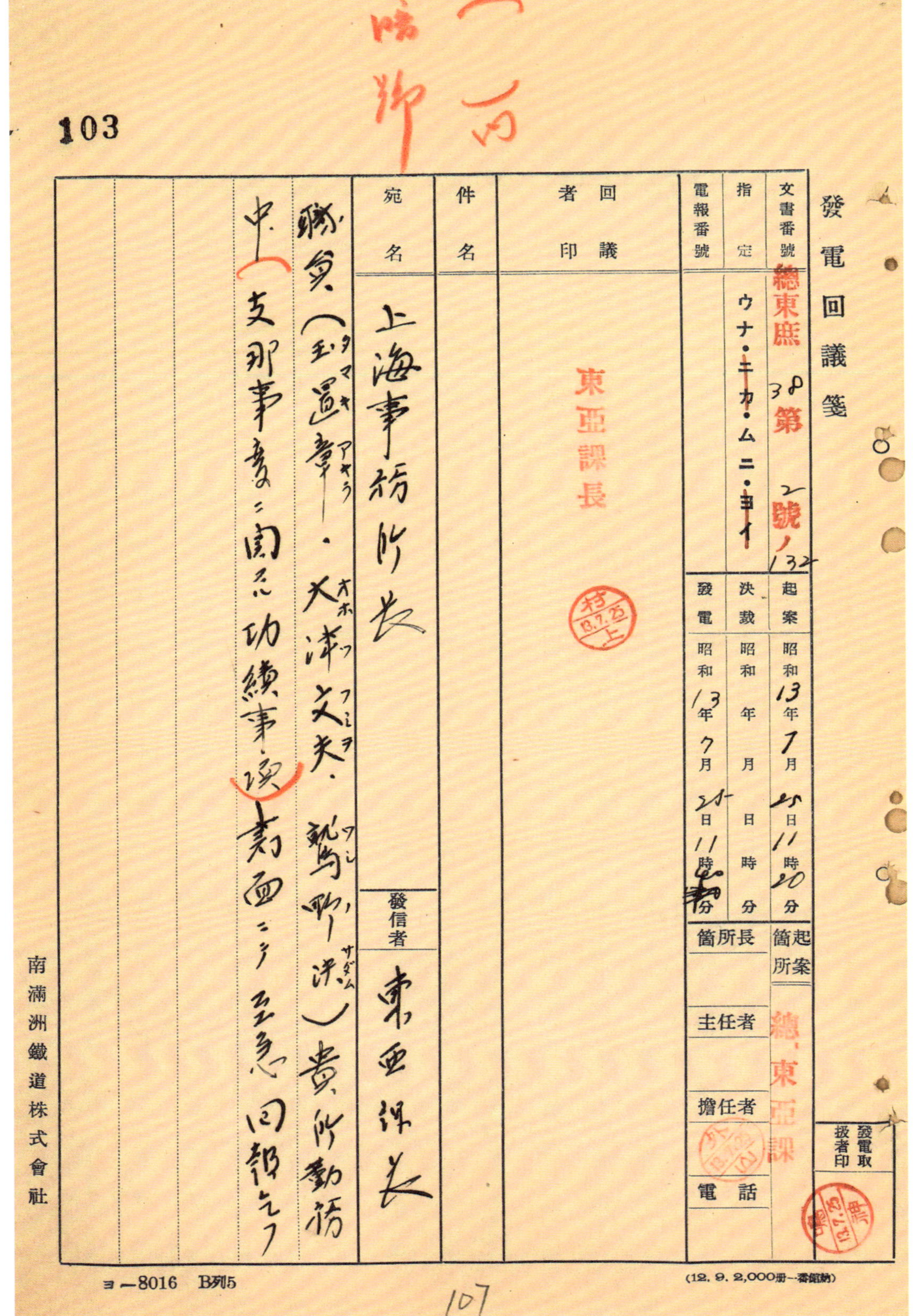
103

發電回議箋

文書番號	總東庶38第2號ノ132
指定	ウナ・ニカ・ムニ・ヨイ
電報番號	
起案	昭和13年7月25日11時20分
決裁	昭和　年　月　日　時　分
發電	昭和13年7月25日11時　分
起案箇所	總、東亜課

回議者印：東亞課長

件名：

宛名：上海事務所長

發信者：東亜課長

職員（玉置章・大津文夫・鷲野洪）貴所勤務中（支那事変ニ関スル功績事項）書面ニテ至急回報乞フ

南滿洲鐵道株式會社

ヨ—8016　B列5　　(12.9.2,000冊—番館納)

107

总裁室东亚课长关于回复委托调查船员一案事致大连码头事务所长的函（一九三八年十月十日）

191

控

寫 北支事務局長

總東變三八第一號ノ一八六

昭和十三年十月十日

總裁室 東亞課長

大連埠頭事務所長殿

船員調査ノ件依頼回報

首題ノ件ニ關シ五月十九日附連埠海三八第一五一號三ノ二ヲ以テ御依頼相成リタル船員調査身許書別紙御送付ス

尚左記ノ者身許調査中ニ付可然取計願度

記

寶珠丸乘組員 山田伍一、橋本太市、宋聖珠

浦唉丸二號 〃 金守己、姜丙生

常榮丸 〃 咸應彬、金逸珠、金茅林、姜命實、李泰根

200

附：船员履历调查书及乘组明细表

192

船名	氏名	生年月日	原籍	現住所
寶珠丸	吉見太助	明治二七、三、一七	香川縣大川郡津田町千七拾四番地	青島陵縣路拾號
〃	石原久雄	〃二七、一二、二	香川縣大川郡鴨庄村	〃
大黒丸一號	祝原淺太郎	〃二九、三、二〇	熊本縣天草郡宮田村一、二六九番地	熊本縣天草郡宮田村一、二六九番地
〃	祝原由太郎	〃四二、一、五	〃	〃
〃	濱崎菊太郎	〃三九、一二、二四	〃一、二一四番地	〃一、二一四番地
〃	濱崎菊市	大正五、一二、三	〃	〃
〃	中本若治	〃七、一、四	棚底村二、四七〇番地	大連市武藏町六二番地　濱本正夫方
〃	川元九郎一	明治三四、九、一五	宮田村一、二九二番地	熊本縣天草郡宮田村一、二九二番地
福神丸三號	福原茂吉	〃三五、三、二三	〃一、二九三番地	〃一、二九三番地

201

193

福神丸三號	坂本一義	明治四〇、六、九	熊本縣天草郡宮田村一、二四八	熊本縣天草郡宮田村一、二四八
〃	脇中惣次郎	〃四一、七、一〇	〃御所浦村九七番地ノ三	〃御所浦村九七番地ノ三
〃	濱崎一利	大正六、一、二一	〃宮田村一、二三九	〃宮田村一、二三九
〃	濱崎金五郎	當年三十一歳	朝鮮人不祥	
〃	金明	〃三十二歳	〃	
浦咲丸二號	浦崎清一	明治三三、八、一	鹿兒島縣出水郡米ノ津町莊參千六百七拾番乙號地	鹿兒島縣出水郡米ノ津町莊參千六百七拾番乙號地
〃	浦崎直	大正六、三、五	鹿兒島縣出水郡米ノ津町莊參千六百七拾番地	〃參千六百七拾番地
〃	島崎實雄	〃七、一、一	〃參千六百六拾八番地	〃參千六百六拾八番地
〃	山元末雄	〃一〇、一三、一三	〃參千六百七拾番地	〃參千六百七拾番地

202

194

幸順丸	辰野淺吉	明治三四、六、一六	愛媛縣八幡濱市大字向灘八八四番地ノ二	大連市紀伊町六拾壹番地 宮岡宇吉郎方
〃	鄭太彦	大正三、一二、一一	朝鮮全羅南道濟州島安德面倉川里	不明
〃	高公珍	明治四一、一、二	朝鮮全羅南道濟州島舊右狭方里壹六八八番地	不明
〃	洪發龍	〃 二六、一二、二八	朝鮮全羅南道濟州島翰林面狭方里	不明
〃	金熺坤	大正五、三、二三	朝鮮全羅南道長城郡北下龍頭里五拾五番地	不明
稻荷丸	福原鶴市	明治二二、一二、一五	熊本縣天草郡宮田村一、二九三	熊本縣天草郡宮田村一、二九三
〃	濱崎龜吉	〃 四二、一二、二五	〃 一、二四二	〃 一、二四二
〃	坂本定吉	大正八、三、三一	〃 一、二四八	〃 一、二四八

195

稻荷丸	濱崎須茂造	明治四三、一、五	熊本縣天草群宮田村一、三〇九	熊本縣天草郡宮田村一、三〇九
〃	鄭尙之	大正一、一二、四	朝鮮慶尙南道南海郡二東面茶丁里	朝鮮慶尙南道南海郡二東面茶丁里
	池田順松	明治三五、六、一八	熊本縣富田村字西原一、三三五ノ一	大連市若狹町一六四青木兼藏方
	勳八等陸軍步兵一等兵西村藤七	〃三一、九、一六	山口縣豐浦郡宇賀村湯玉八、七〇一	〃
	十河政行	〃三四、三、二五	香川縣大川郡志度町志度九六九	〃
	長澤長平	〃三一、一〇、一四	大分縣東國東郡富來町字富來浦三、一七六	〃
	野間重吉	〃一四、三、七	兵庫縣尼ヶ崎市東町一六五	〃
	川上勝次郎	〃一八、三、二九	長崎縣長崎市下縣郡奴加岳村字銘	〃

204

196

	1	2	3	4
	入江五六郎	明治一六、七、一四	大分縣東國東郡田深字西浦	大連市若狹町一六四青木兼藏方
	西田計次郎	〃 二九、六、一四	兵庫縣淡路國津名郡西野町	〃
	泉田淺次郎	〃 二九、一一、一五	熊本縣天草郡上村字女輪	〃
	陸軍步兵上等兵 和田好春	〃 二五、一、三〇	香川縣大川郡津田町一、二三二	〃
	植村久志	〃 三四、五、一	香川縣大川郡志度水町三番地	〃
	栖本兼松	〃 二六、八、五	熊本縣天草郡富田村	〃
	海軍一等兵 八田七造	〃 一八、三、一二	熊本縣天草郡富津村大字崎津五三六	〃
	脇虎男	〃 一四、七、一	愛媛縣宇摩郡上山村三七五	〃
	曲田龜藏	〃 一八、四、二〇	長崎縣巖原町字曲り五〇番地	〃
	秋月常二	〃 一六、五、一五	愛媛縣新居郡新居濱町一一一一番地	〃

205

韓点述	明治三九、三、五	朝鮮慶尙南道亞州郡池水面昇來里	大連市若狹町一六四 青木兼藏方
朴明善	三九歲（七、一四）	朝鮮全羅南道木浦府朝日町十二番地	〃
全相潤	明治二六、七、一	朝鮮平安南道鎭南浦府龍井里二〇四	〃
全大元	〃 三三、一〇、二七	朝鮮慶尙北道喜狀郡安喜面陽极東	〃
陸軍一等兵 祝原松次郎	〃 二七、一〇、一八	熊本縣天草郡富田村一、二六二	〃
船主兼總監督 青木兼藏	〃 二八、一、二〇	靜岡縣因方郡三島町一、一二〇番地	〃
萊奉戶	二十九歲	中華民國山東省儀洲府擧縣	大連市敷島町六 村上淸一方
萊成端	三十七歲	〃	〃
呂桂新	四十歲	大連市老虎灘轉山屯第一一七番地	〃
劉仁斗	二十五歲	山東省來州府高密縣高古	〃

船名	代表者	乗組員数	
幸友丸		2	
第一蛭子丸	（依嶋吉次）二十七	3	
第二蛭子丸		2	
第三蛭子丸		2	
天神丸		2	
大黒丸		2	
第二末広丸		2	
新栄丸		2	
上吉丸		2	
浜栄丸		2	
伊吹丸		2	
かもめ丸		2	
寳珠丸	吉見太助	5	吉見太助、山田伍一（未著）、橋本太市（未著）、石原久雄、宋聖珠（未著）
大黒丸一號	祝原浅太郎	6	祝原浅太郎、濵崎菊次郎、濵崎菊平、祝原由太郎、中本芳蔵、川本九郎市
福神丸三號	福原茂吉	6	福原茂吉、坂本一義、脇中惣次郎、濵崎一利、濵崎金五郎、金明九
浦崎丸二號	浦崎清一	6	浦崎清一、浦崎直、金守己（未著（目下出いさ中））、島崎實雄、姜丙生（未著（目下出漁中））、山元米雄
幸順丸	辰野浅吉	5	辰野浅吉、鄭有庚、高公珍、洪飛竜、金熺坤
常栄丸（究決不明）	咸應彬	5	咸應彬（未著）、金逸珠（未著）、金茅林（未著）、姜命實（未著）、李泰极（未著）
稲荷丸	福原鶴市	5	福原鶴市、濵崎亀吉、坂本安吉、濵崎順茂造、鄭尚之

198

207